3조선
(고조선)

3조선
(고조선)

초판 1쇄 발행 2020년 04월 27일

지은이 최동환
펴낸이 장현수
펴낸곳 메이킹북스
출판등록 제 2019-000010호

디자인 안영인
편집 안영인
교정 김시온
마케팅 오현경

주소 서울특별시 금천구 가산디지털1로 142, 312호
전화 02-2135-5086
팩스 02-2135-5087
이메일 making_books@naver.com
홈페이지 www.makingbooks.co.kr

ISBN 979-11-970064-1-8(03910)
값 15,000원

ⓒ 최동환 2020 Printed in Korea

잘못된 책은 구입하신 곳에서 바꾸어 드립니다.
이 책의 전부 또는 일부 내용을 재사용하려면 사전에 저작권자와 펴낸곳의 동의를 받아야 합니다.

이 도서의 국립중앙도서관 출판예정도서목록(CIP)은 서지정보유통지원시스템
홈페이지(http://seoji.nl.go.kr)와 국가자료공동목록시스템(http://www.nl.go.kr/kolisnet)에서
이용하실 수 있습니다. (CIP제어번호 : CIP2020015352)

홈페이지 바로가기

3조선
(고조선)

최동환

메이킹북스

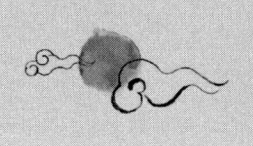

머리말

　3조선이란 단군조선, 후조선, 위만조선을 말한다. 제왕운기와 세종실록지리지 평양부를 보면 우리 상고사를 전조선, 후조선, 위만조선으로 구분하고 있으며, 전조선은 단군이 세웠으므로 단군조선이라고 하고, 후조선은 기자가 세웠다고 생각해서 기자조선이라고도 하였는데, 필자가 그 근거 사료를 찾아보니 기자는 후조선을 세운 일이 없었다. 따라서 기자조선이라는 명칭을 삭제하고, 후조선이라고만 한 것이다. 고조선(古朝鮮: 옛 조선)이라는 용어도 합리적이지 않다. 고조선이라는 용어는 삼국유사에서 그 저자 일연이 고조선 왕검조선이라는 말을 씀으로써 처음 등장했는데, 일연은 기자가 후조선을 세웠다고 생각하여, 왕검조선(단군조선)을 기자조선과 구분하기 위해 쓴 용어에 불과하다. 정확하게 말해서 고조선이라는 나라는 우리 역사에 없다. 조선이라는 나라가 있었을 뿐이다. 고조선이라는 용어를 굳이 쓰려면 고대조선(古代朝鮮)이라는 용어가 적합하다. 왕검조선이라는 말은 단군(왕검)이 세운 조선이라는 뜻이다.

　일반적으로 말하는 고대조선(古代朝鮮: 고조선)은 서기전 2333년부터 서기전 108년까지 존재하여 무려 2225년간 존속하였다. 이것은 삼국시대와 고려, 조선조를 모두 포함한 기간보다 더 길다. 그렇게 매우 오랜 세월 동안 존속한 고대조선(古代朝鮮: 고조선)을 하나로 뭉뚱그려 부르다 보니 매우 많은 혼란이 생기게 되는 것이다. 고조선과 삼한이 공존했다고 하면 삼한이 단군조선이나 후조선 시대부터 존재했었는지 혼동하여 우리 역사가 어떻게 된 것인지 모르게 되고, 합종연횡가인 소진이 연나라 동쪽에 조선이 있다고 하면 그 조선이 어떤 조선인지 몰라서 헤매게 되는 것이다. 할아버지나 아버지, 손자를 똑같은 이름으로 부르다 보니 그것이 손자를 가리키는지, 할아버지를 가리키는지, 아버지를 가리키는지 모르게 되는 것과 같은 것이다. 손자 때의 일도 고조선 때의 일이라

하고, 할아버지 때의 일도 고조선 때의 일이라 하며, 아버지 때의 일도 고조선 때의 일이라고 하니, 무엇이 어떻게 된 일인지 알 턱이 없게 되는 것이다. 따라서 그 매우 긴 세월 동안 존속하였던 고대조선(古代朝鮮: 고조선)을 셋으로 나누어, 최소한 그 일이 할아버지 때 일어난 일인지, 아버지 때 일어난 일인지, 손자 때 일어난 일인지를 구별해야 한다. 그래서 고대조선(古代朝鮮: 고조선)을 단군조선, 후조선, 위만조선으로 나누어야 하는 것이다.

한편, 3조선에는 단재 신채호 선생의 3조선이 있다. 조선상고사를 보면 3조선은 단군조선, 기자조선, 위만조선이 아니며, 3조선은 신조선, 말조선, 불조선이라는 것이다. 3조선은 단군 때 3명의 임금인 신한·말한·불한을 세우고 단군이 신한이 되었는데, 나중에 3한(3명의 임금)이 각각 분립하여 신조선, 말조선, 불조선이 되었다는 것이다. 그리고 3조선이 분립한 때는 서기전 4세기라고 한다. 그 후 분립한 3조선은 붕괴하였다는 것이다. 3조선이 붕괴한 뒤, 열국(列國: 여러 나라)이 나타났으며, 그중의 하나인 위씨조선이 한무제에게 멸망했다는 것이 단재 선생의 3조선설이다. 필자가 이 책을 쓰면서 단재 신채호 선생의 3조선설이 많은 부분에 걸쳐 사실임을 확인할 수 있었고, 나머지 부분도 사실일 것으로 보인다. 하지만 문헌 근거와 유물 근거를 찾는데 어려움을 겪게 되어, 제왕운기와 세종실록지리지 등의 문헌 근거에 따라, 3조선을 단군조선, 후조선, 위만조선으로 설정하여 이 책을 쓴다.

문헌 자료는 필자가 원문을 직접 보고 번역하며 쓸 수 있었지만, 고고학에 속하는 유물 증거는 거의 대부분 중국 동북 지역에 있는데 필자가 직접 유물을 발굴하거나 유물 보고서를 볼 수 없으므로, 그에 관한 중국 책 번역서나 유물을 연구한 책을 인용하는데 그칠 수밖에 없었다. 하지만 유물 증거를 쓴 중국 책(번역서)은 중국인들이 자기들에게 유리하게 유물을 해석하고 있으므로, 될 수 있으면 유물에 대한 사실 부분만 인용하고, 그들의 견해 및 해석은 될 수 있으면 인용하지 않도록 노력하였다.

　제1편, 제2편, 제3편은 각각 단군조선과 후조선, 위만조선의 존재를 규명하는데 집중하여 썼고, 제4편은 특집으로 「요동군의 원래 위치와 옮겨진 위치」에 대해 썼는데, 쓰다 보니 제4편 특집은 특집답게 더 집중해서 썼다.

차 례

머리말 ---------- 5

제1편 단군조선(전조선)

제1장 개관 ---------- 21
제2장 문헌증거(사료) ---------- 21
  제1절 우리나라의 사료 ---------- 21
    1. 삼국유사 ---------- 21
    〈기이 제1편(紀異第一)〉 ---------- 21
      1) 서왈(叙曰) ---------- 21
        (1) 번역문 ---------- 21
        (2) 원문 ---------- 22
        (3) 해설 ---------- 22
      2) 고조선 왕검조선(古朝鮮 王儉朝鮮) ---------- 23
        (1) 번역문 ---------- 23
        (2) 원문 ---------- 25
        (3) 해설 ---------- 25
      3) 삼국유사 고기(古記)에 대한 왜곡과 진실 ---------- 27
        (1) 단군은 신화? ---------- 27
        (2) 단군은 항몽사상 고취용? ---------- 28
    2. 제왕운기 ---------- 31
      1) 번역문: 〈전조선기〉 ---------- 31
      2) 원문 ---------- 32
      3) 해설 ---------- 33
      4) 삼국유사와 제왕운기의 비교 ---------- 33
        (1) 같은 점 ---------- 33
        (2) 다른 점 ---------- 33

3. 조선왕조실록(세종실록지리지 평양부) ------------------ 34
   1) 번역문 ------------------------------------ 34
   2) 원문 -------------------------------------- 35
   3) 해설 -------------------------------------- 35
4. 응제시 주(應製詩註) -------------------------- 36
   1) 번역문 ------------------------------------ 36
   2) 원문 -------------------------------------- 38
   3) 해설 -------------------------------------- 38

제2절 중국의 사료 ------------------------------ 39
1. 사기 송미자세가 ------------------------------ 39
2. 한서지리지 ----------------------------------- 39
3. 해설 -- 39

제3장 유물증거 ------------------------------ 40

제1절 중국에서 출토된 유물 ------------------------ 40
1. 북외 유적지에서 출토된 비파형 동검 --------------- 40
  1) 중국고고망(中國考古網)에 발표된 보도 자료 ------- 40
    (1) 번역문 --------------------------------- 40
    (2) 원문 ----------------------------------- 42
  2) 보도 자료의 주요 사항 ----------------------- 43
  3) 보도 자료에서 중요한 점 --------------------- 44
    (1) 비파형 동검이 발견된 곳: 주거지(집터) ------ 44
    (2) 발표 시점: 2018년 2월 11일 --------------- 45
    (3) 출토된 비파형 동검의 특성과 추정 연대 ----- 45
    (4) 함께 출토된 유물(공반 유물) --------------- 46
    (5) 부채꼴 청동도끼 돌 거푸집 ---------------- 47
2. 참고 -- 48
  1) 마성자(馬城子)문화 -------------------------- 48
    (1) 장법(葬法) ----------------------------- 49
    (2) 유물 ----------------------------------- 49
    (3) 연대 ----------------------------------- 50
  2) 쌍타자(雙砣子: 솽퉈쯔)문화 ------------------- 50

제2절 우리나라의 고고학적 성과 — 51
1. 조기(早期) 청동기 유물 — 52
2. 전기 청동기 유물 — 53
3. 유감스러운 점 — 53
4. 단군조선이 우리나라 최초의 국가 — 57
5. 비파형 동검의 특징과 쓰임, 그리고 돌칼(마제석검) — 57
  1) 비파형 동검의 특징 — 58
  2) 비파형 동검의 용도 — 60
  3) 돌 칼(마제석검: 간 돌검) — 60

제4장 단군조선의 강역 — 64

제2편 후조선

제1장 개관 — 65
1. 존속 기간 — 65
2. 왜 후조선인가? — 65

제2장 후조선과 기자(서기전 1046년 경) — 65

제1절 우리나라의 문헌 — 65
1. 제왕운기 — 65
  1) 번역문: 〈후조선기(後朝鮮紀)〉 — 65
  2) 원문 — 66
2. 조선왕조실록(세종실록지리지 평안도 평양부) — 67
3. 우리나라 사료가 근거로 삼은 것 — 67

제2절 중국의 문헌 — 67
1. 사기 송미자세가 — 67
2. 한서지리지 — 67
3. 상서대전 — 69
4. 중국의 문헌들이 뜻하는 것 — 70

제3절 기자가 조선으로 피난 온 물적 증거 — 70

제3장 후조선의 유물과 유적 — 76
제1절 개관 — 76
  1. 비파형 동검의 출토 지역 — 76
  2. 비파형 동검의 특징 — 76
  3. 비파형 동검의 변화 양상 — 77
  4. 함께 출토된 유물(공반 유물) — 77
제2절 후조선 전기 유적과 유물
  (서기전 1,000년 무렵~서기전 900년 무렵) — 78
  1. 쌍방(雙房: 솽팡)유적 — 78
    1) 쌍방(雙房: 솽팡)유형의 분포지역 — 80
    2) 쌍방(雙房: 솽팡)유형 돌무덤의 종류 — 80
      (1) 쌍방(雙房: 솽팡)유형의 개석식(蓋石式: 뚜껑돌식) 고인돌 — 80
      (2) 쌍방(雙房: 솽팡)유형의 탁자식 고인돌 — 82
    3) 쌍방(雙房: 솽팡)유형의 연대 — 83
  2. 동산(東山: 둥산) 유적 — 84
제3절 후조선 중기 유적과 유물
  (서기전 900년 무렵~서기전 300년 무렵) — 84
  1. 제1단계(서기전 900년 무렵~서기전 500년 무렵) — 85
    1) 화상구(和尙溝: 허상거우) 묘지 — 85
    2) 오금당(烏金塘: 우진탕) 무덤 — 86
    3) 십이대영자(十二臺營子: 스얼타이잉쯔) 무덤 — 86
    4) 강상(崗上) 묘지 — 90
    5) 누상(樓上: 러우상) 묘지 — 91
  2. 제2단계(서기전 500년 무렵~서기전 300년 무렵) — 91
    1) 정가와자(鄭家窪子: 정자와쯔) 무덤 — 93
    2) 남동구(南洞溝: 난둥거우) 묘지 — 94
    3) 삼관전자(三官甸子: 산관뎬쯔) 묘지 — 94

제4장 후조선과 소진(서기전 334년) — 95
제1절 개관 — 95
  1. 이때의 조선은 후조선이다 — 97
  2. 연나라의 동서남북 국경과 넓이 — 97

제2절 임호와 누번의 위치 ──────────────── **99**
   1. 임호(林胡)의 위치 ──────────────── 100
   2. 누번(樓煩)의 위치 ──────────────── 102
제3절 운중과 구원의 위치 ──────────────── **104**
   1. 운중(雲中)의 위치 ──────────────── 106
   2. 구원(九原)의 위치 ──────────────── 109
제4절 호타와 이수의 위치 ──────────────── **109**
   1. 호타(嘑沱)의 위치 ──────────────── 110
   2. 이수(易水)의 위치 ──────────────── 111
제5절 소진열전으로 본 요동의 위치 ──────────────── **113**
   1. 연나라 영토의 남북 길이 ──────────────── 115
   2. 연나라 영토의 동서 폭 ──────────────── 116
제6절 소진열전에서의 의문점 ──────────────── **118**

제5장 후조선과 조나라 무령왕
(서기전 306년~서기전 296년) ──────────────── **119**

제1절 개관 ──────────────── **119**
제2절 조세가 ──────────────── **120**
   1. 무령왕 20년(서기전 306년) 조 ──────────────── 120
   2. 무령왕 26년(서기전 300년) 조 ──────────────── 120
   3. 무령왕 27년(서기전 299년) 조 ──────────────── 121
   4. 혜문왕 2년(서기전 297년) 조 ──────────────── 121
   5. 혜문왕 3년(서기전 296년) 조 ──────────────── 121
   6. 혜문왕 4년(서기전 296년) 조 ──────────────── 122
제3절 조 무령왕과 임호 및 누번 ──────────────── **123**
   1. 조 무령왕과 임호 및 누번의 관계 ──────────────── 123
      1) 임호의 멸망 ──────────────── 123
      2) 누번의 멸망 ──────────────── 127
   2. 임호 및 누번 땅과 운중군 및 안문군의 관계 ──────────────── 131
      1) 임호와 운중 ──────────────── 131
      2) 누번과 안문군 ──────────────── 132

3. 조 무령왕과 장성 --------------------------- 135
    4. 조 무령왕과 운중군, 안문군, 대군 ------------- 137

제6장 후조선과 진개(서기전 284년 무렵) ---------- **139**

  제1절 사기 흉노열전 ------------------------------ **139**
    1. 진개의 일은 언제 일어난 일인가? -------------- 139
    2. 연나라가 쌓은 장성과 요동군의 위치 ----------- 145
      1) 연나라가 쌓은 장성의 거리와 위치 ----------- 145
      2) 요동군의 위치 ----------------------------- 146
  제2절 사기 조선열전 ------------------------------ **146**
  제3절 연 하도 등에서 출토된 후조선 유물 --------- **148**
    1. 후조선 유물 ------------------------------- 148
    2. 조선(후조선)이 연나라에게 패한 원인 --------- 151
  제4절 삼국지 오환·선비전 ------------------------ **151**
  제5절 위략(魏略) --------------------------------- **154**
    1. 천여 리와 2천여 리 ------------------------- 154
    2. 요동군의 동천 ----------------------------- 155
  제6절 염철론 ------------------------------------ **157**

제7장 후조선과 진시황의 6국 병합(서기전 221) ----- **160**

  제1절 사기 진시황본기 --------------------------- **160**
  제2절 위략(삼국지 위지 동이전의 주석) ----------- **160**

제8장 후조선과 묵돌(서기전 205년 무렵) ----------- **161**

    1. 사기 흉노열전(번역문) ----------------------- 161
    2. 원문 ------------------------------------- 162
    3. 해설 ------------------------------------- 162

제9장 후조선과 위만(서기전 194년 무렵) ----------- **163**

    1. 사기 조선열전 ----------------------------- 163
    2. 삼국지 위서 동이전 ------------------------- 164
    3. 해설 ------------------------------------- 166

제10장 후조선의 영역 ---------------------------------- 167
제11장 후조선과 공존한 나라 ---------------------------- 167
   1. 부여 --- 167
   2. 옥저 --- 167
   3. 한(韓) --- 168

제3편 위만조선
(서기전 194년 무렵~서기전 108년)

제1장 개관 -- 169
제2장 문헌 증거(사료) ---------------------------------- 169
  제1절 우리나라의 사료 -------------------------------- 169
    1. 제왕운기 ----------------------------------- 169
    2. 조선왕조실록 ------------------------------- 170
  제2절 중국의 사료 ------------------------------------ 170
    1. 사기 조선열전 ------------------------------ 170
    2. 위략(魏略: 삼국지 위서 동이전 한-韓 조의 주석) 177
    3. 해설 -- 178

제3장 위만조선의 영역 ----------------------------------- 178
   1. 사기 조선열전 -------------------------------- 178
   2. 압록강 및 청천강 패수설 ----------------------- 178
   3. 왕검성의 위치 -------------------------------- 186

제4장 창해군 -- 190
   1. 사기 평준서 ---------------------------------- 190
   2. 사기 평준후 주부 열전 ------------------------ 190
   3. 한서 식화지 ---------------------------------- 191
   4. 한서 무제기 ---------------------------------- 191
   5. 후한서 예전 ---------------------------------- 191

    6. 분석 ··· 192
    7. 창해군의 위치 ································ 193

제5장 위만조선과 공존한 나라   **196**

    1. 부여 ··· 196
    2. 고구려 ·· 196
        1) 후한서 동이전 고구려 조 ············ 196
        2) 북사(北史) 열전(列傳) 고구려 조 ·· 196
        3) 위서(魏書) 열전 고구려 조 ········· 197
        4) 수서 열전 고려(高麗: 고구려) 조 ·· 198
        5) 삼국지 동이전 고구려 조 ············ 198
        6) 해설 ······································· 198
    3. 삼한, 진국(辰國) ·························· 203
        1) 삼국지 위서 동이전 한(韓) 조 ····· 203
        2) 위략(삼국지 위서 동이전 한 조의 주석) ··· 204
        3) 해설 ······································· 204

제4편 특집: 요동군의 원래 위치와 옮겨진 위치

제1장 요동군의 원래 위치   **205**

  제1절 연나라 때의 요동군 ················· **205**
    1. 거리로 본 연나라 요동군의 위치 ··· 205
        1) 조양과 양평의 위치 ···················· 206
            (1) 철도거리 ····························· 208
            (2) 도로거리 ····························· 208
        2) 거리로 본 연나라 요동군의 위치에 대한 결론 ··· 212
    2. 사기 진시황본기로 본 연나라 요동군의 위치 ··· 212
        1) 군사를 크게 일으키는데(大興兵) 소요된 시간 ··· 216
            (1) 군사를 크게 일으킨 주체와 장소 ··· 217

        (2) 군사를 크게 일으킨 규모 ----------------------- 219
        (3) 징집과 훈련 ------------------------------- 223
        (4) 군사를 크게 일으킨(大興兵) 기간 --------------- 226
      2) 북경까지 가는데 소요되는 시간 --------------------- 226
      3) 연나라 왕, 희(喜)를 잡은 때 --------------------- 227
      4) 대(代)왕, 가(嘉)를 사로잡은 때 ------------------ 227
      5) 진시황본기로 본 연나라 요동군의 위치에 대한 결론 ----- 228
   3. 연나라 요동군의 위치에 대한 결론 및 기타 사항 ---------- 230
      1) 연나라 장성의 위치 ----------------------------- 230
      2) 갈석산의 위치 -------------------------------- 230
      3) 요수의 위치 ---------------------------------- 231

제2절 진(秦)나라 때의 요동군 ---------------------- **238**
   1. 진나라가 점령한 요동군 ---------------------------- 238
   2. 상하장 --- 240
   3. 진나라 요동군의 위치 ----------------------------- 243
   4. 갈석산의 위치 ----------------------------------- 245
      1) 갈석산 -------------------------------------- 245
      2) 고갈석에 대하여 ------------------------------- 248
      3) 수중현의 이른바 '고대 건축 유적'에 대하여 ---------- 249
        (1) 맹강녀전설의 역사연원(历史渊源) ---------------- 252
        (2) 맹강녀전설 내용(传说内容) --------------------- 259
      4) 수경주와 해상 바위 몇 개 ------------------------ 262
      5) 갈석산의 위치 결론 ---------------------------- 268
   5. 갈석산과 진나라 장성의 관계 ------------------------ 268

제3절 진승·오광의 난 이후 혼란기의 요동군 ------------ **270**
   1. 사기 진섭세가 ---------------------------------- 270
   2. 사기 항우본기 ---------------------------------- 271
   3. 사기 고조본기 ---------------------------------- 271
   4. 한서 고제기 ------------------------------------ 272
   5. 사기 진초지제월표(秦楚之際月表) -------------------- 272
   6. 분석 -- 273

제4절 한나라 초기의 요동군 — **275**
  1. 사기 고조본기 — 275
  2. 한서 고제기 — 276
  3. 사기 진초지제월표(秦楚之際月表) — 278
  4. 사기 조선열전 — 278
  5. 분석 — 279
  6. 사기 조선열전의 의문점 해결 — 281
  7. 패수의 위치 — 284
  8. 한나라 초기의 위만조선의 영역 — 288
  9. 한나라 초기 요동군의 위치 — 288

제5절 창해군 설치 당시의 요동군 — **289**
  1. 사기 평준서 — 289
  2. 사기 평준후 주부 열전(平津侯主父列傳) — 290
  3. 한서 식화지 — 290
  4. 한서 무제기 — 290
  5. 후한서 예전 — 291
  6. 분석 — 291
  7. 창해군의 위치 — 292
  8. 창해군 설치 당시 요동군의 위치 — 295

제6절 한 무제 갈석산 방문 당시의 요동군 — **296**
  1. 문영의 주석 — 296
  2. 한서 무제기의 기록 — 299
  3. 한 무제 갈석산 방문 당시 요동군의 위치 — 302

제7절 한사군 설치 당시의 요동군 — **302**
  1. 한사군 설치 당시의 요동군 위치 — 302
  2. 한사군 설치 당시의 한사군 위치 — 303
    1) 신찬의 주석 — 303
    2) 임둔군의 위치 — 306
    3) 진번군과 낙랑군의 위치 — 306
    4) 현도군의 위치 — 311

제8절 요동군의 원래 위치에 대한 결론 및 요약 — **318**

제2장 요동군이 옮겨진 위치 ──────────── **318**

제1절 요동군을 옮긴 계기 ──────────── **318**
1. 한사군의 변화 ──────────── 319
2. 요동군에 있는 오환 진압 ──────────── 320

제2절 요동군이 옮겨진 위치와 시기 ──────────── **321**
제3절 현도군의 이동 ──────────── **326**
제4절 요동군을 옮기면서 발생한 결과 ──────────── **327**
1. 낙랑군의 이동 ──────────── 327
2. 우북평군의 이동 ──────────── 328
3. 요서군의 이동 ──────────── 328
4. 요동군과 요서군, 우북평군 등을 이동한 까닭 ──────────── 329
5. 선비족의 이동 ──────────── 331

제5절 요동군이 옮겨진 위치(요약) ──────────── **332**

제3장 요동군이 연나라 때부터 요동반도에 있었다는 주장에 대하여 ──────────── **332**

제1절 유물 ──────────── **332**
1. 관련 유물에 대한 사실 점검 ──────────── 334
   1) 둔유과(屯留戈) ──────────── 334
   2) 8년 망령과(八年㝈令戈) ──────────── 335
   3) 21년 계봉과(二十一年启封戈) ──────────── 336
   4) 4년 춘평후피(四年春平侯铍) ──────────── 336
   5) 원년 승상사과(元年丞相斯戈) ──────────── 337
2. 관련 유물에 대해 틀리게 주장한 점 ──────────── 338
3. 둔유과(屯留戈)에 대하여 ──────────── 338
4. 망과(亡戈)에 대하여 ──────────── 341
5. 계봉과(启封戈)에 대하여 ──────────── 343
6. 춘평후검(春平候劍)에 대하여 ──────────── 345
7. 석읍과(石邑戈)에 대하여 ──────────── 351
8. 길림성 집안현의 조나라 청동단검 ──────────── 356

1) 길림성 집안현의 청동단검이 진짜(진품)인가? ⸺ 358
　　2) 그 청동단검이 조나라 청동단검인가? ⸺ 359
　　3) 그 청동단검은 진나라 병사들이
　　　　조나라를 멸망시킬 때 노획한 것인가? ⸺ 361
　　4) 그 청동단검은 연나라를 멸망시킬 때 사용한 것인가? ⸺ 365
　　5) 그 청동단검은 6국 병합 후
　　　　집안현에 주둔할 때 사용한 것인가? ⸺ 368
　　6) 길림성 집안현 조나라 청동단검의 결론 ⸺ 372
　9. 평안남도의 진나라 과(戈: 창) ⸺ 372
　10. 유물에 대한 요약 및 결론 ⸺ 377
제2절 유적 ⸺ **380**
제3절 요동군이 연나라 때부터
　　　요동반도에 있었다는 주장에 대한 결론 ⸺ **386**

참고 문헌 등 ⸺ 387

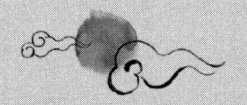

제1편 단군조선(전조선)

제1장 개관

단군조선이 존속한 시기는 서기전 2333년부터 서기전 1046년 무렵까지이다. 그 근거는 삼국유사가 인용하고 있는 위서(魏書)와 고기(古記)이다. 이에 의하면 요(堯)임금과 같은 때(또는 요임금이 즉위한 지 50년)부터 단군조선이 시작되었고, 그 끝은 주나라가 건국한 때까지이다. 요임금이 나라를 세웠다는 때는 서기전 2333년이고, 주나라 건국은 중국의 하상주단대공정에서 서기전 1046년의 일로 보고 있다고 하므로, 단군조선은 서기전 2333년부터 서기전 1046년 무렵까지 존속한 것이다.

제2장 문헌증거(사료)

제1절 우리나라의 사료

1. 삼국유사

기이 제1편(紀異第一)

1) 서왈(叙曰)

(1) 번역문

서술하여 (스스로) 말하기를「무릇, 옛 성인은 예악으로 나라를 일으키고 인의로 가르침을 베푸는데, 괴력난신(怪力亂神)은 말하지 않았다. 그러나 제왕이 장차 일어날 때는 부명(符命: 하늘의 명)을 받고 도록(圖錄: 예언 기록)을 얻어, 반드시 보통 사람과는 다름이 있으니, 그런 뒤에야 큰 변화를 타고 대기(大器)를 잡아 대업을 이룰 수 있는 것이다. 그러므로 황하에서 도(圖: 그림)가 나왔고, 낙수(洛水)에서 서(書: 글)가 나와 성인(聖人)이 된 것이다. 무지개가 신모(神母)를 에워싸 복희(伏羲)를 낳았고, 용이 여등(女登)과 감응하고서 염제(炎帝)를 낳았으며, 황아(皇娥)가 궁상(窮桑)의 들에서 놀다가 자칭 백제(白帝)의 아들이라고 하는 신동(神童)과 서로 통하여 소호(少昊)를 낳았고, 간적(簡狄)이 알을 삼키고 설(契)을 낳았으며, 강원(姜嫄)은 발자국을 밟아 기(弃)를 낳았고, 잉태한 지 14개월 만에 요(堯)를 낳았으며, 용과 큰 못에서 교접하여 패공(한고조)을 낳은 것이다. 이 이후부터 내려온 것을 어찌 다 기록할 수 있겠는가? 그런즉, 삼국의 시조들이 모두 신령스럽고 기이하게 출생했음이 어찌 괴이하다 할 수 있겠는가! 이것이 기이(紀異)편이 여러 편의 첫머리에 실린 까닭이며, 그 뜻이 바로 여기에 있는 것이다.」라고 하였다.

(2) 원문

叙曰. 大抵古之聖人, 方其禮樂興邦, 仁義設敎, 則怪力亂神, 在所不語. 然而帝王之將興也, 膺符命受圖籙, 必有以異於人者, 然後能乘大變, 握大器, 成大業也。故河出圖洛出書而聖人作, 以至虹繞神母而誕羲, 龍感女登而注炎, 皇娥遊窮桑之野, 有神童自稱白帝子, 交通而生小昊, 簡狄吞卵而生契, 姜嫄履跡而生弃, 胎孕十四月而生堯, 龍交大澤而生沛公。自此而降, 豈可殫記。然則三國之始祖, 皆發乎神異, 何足怪哉。 此紀異之所以漸諸篇也, 意在斯焉。

(3) 해설

우리가 삼국유사를 읽을 때 반드시 먼저 봐야 하는 것이 바로 기이(紀異)편 서문이다. 이것을 봐야 단군에 관한 기사를 읽을 때 그 뜻을 이해할 수 있게 된다. 즉, 제왕이 제업을 일으킬 때에는 부명(符命: 하늘의 명)을 받고 도록(圖籙: 예언 기록)을 얻어, 반드시 보통 사람과는 다른 점이 있게 마련이고, 그런 뒤에야 큰 변화를 타고 군왕의 지위를 장악하여 대업을 이룰 수 있다는 것이다. 그래서 여러 나라의 시조들이 모두 신령스럽고 기이하게 탄생하였는데 이는 괴이한 것이 아니라는 것이다. 다시 말해서 제왕이 일어날 때는 보통 사람과 다르니, 제왕의 탄생도 보통 사람과는 다르게, 즉 신령스럽고 기이하게 탄생한다는 것이다. 이는 각 나라 시조의 탄생은 보통 사람과 다르니, 신령스럽고 기이하게 이야기되어진다는 것을 말하고 있는 것이다. 쉽게 말해서 하늘이 내린 사람이니 복종하라는 말이 각 나라 시조의 탄생 이야기이다.

2) 고조선 왕검조선(古朝鮮 王儉朝鮮)

(1) 번역문

위서(魏書)에 이르기를 「지금으로부터 2천 년 전에 단군왕검이 있어 아사달①에 도읍을 정하였다. 나라를 열어 조선이라고 했으니, 고(高-요 임금)와 같은 때였다.」라고 하였다.

고기(古記)에 이르기를 「옛날에 환인②의 서자(庶子: 맏아들 이외의 아들)인 환웅이 자주 천하(天下)에 뜻을 두어, 인간 세상을 구하기를 바랐다. 아버지가 아들의 뜻을 알고 삼위태백(三危太伯)을 내려다보니, 널리 인간(人間)을 이롭게 할 만하여, 이에 천부인(天符印) 세 개를 주며 가서 그들을 다스리게 보냈다. 환웅이 무리 삼천을 거느리고 태백산(太伯山)③ 마루 신단수 아래에 내려와 신시(神市)라고 하였으니, 이분을 환웅천왕이라고 하였다. 바람·비·구름의 신을 거느리고 곡식·수명·질병·형벌·

선악 등, 무릇 인간의 360여 가지의 일을 주관하며, 세상에 있으면서 다스리며 교화하였다. 이때에 곰 한 마리와 호랑이 한 마리가 같은 굴에 있으며 살면서, 항상 신(神) 환웅에게 변화하여 사람이 되기를 원한다고 기도하였다. 그때 신(神: 환웅)은 신령스러운 쑥 한 묶음과 마늘 스무 개를 주면서 말하기를 「너희가 그것을 먹고 100일 동안 햇빛을 보지 않으면 곧 사람의 형체를 얻을 것이다.」라고 하였다. 곰과 호랑이는 그것을 얻어서 먹었는데, 금기한 지 삼칠일(三七日: 21일) 만에 곰은 여자의 몸을 얻었으나, 호랑이는 금기를 하지 못해서 사람의 몸을 얻지 못하였다. 웅녀(熊女)는 혼인할 사람이 없었으므로, 늘 단수(檀樹: 박달나무) 아래에서 잉태하기를 원한다고 빌었다. 환웅이 이에 임시 (사람으로) 변하여 그녀와 혼인하였다. (웅녀가) 잉태하여 아들을 낳으니 단군왕검이라고 하였다. 당고(唐高:요임금)가 즉위한 지 50년인 경인년④에 평양성⑤에 도읍하며, 처음으로 (나라 이름을) 조선이라고 하였다. 또 도읍을 백악산 아사달에 옮기고, 1,500년 동안 나라를 다스렸다. 주나라 호왕(虎王: 무왕)이 즉위한 기묘년에 기자를 조선에 봉하니, 단군은 이에 장당경(藏唐京)으로 옮겼다가 뒤에 아사달⑥에 돌아와 숨어, 산신(山神)이 되었으니 수명이 1,908세이다.」라고 하였다.

※ 원문의 주석(일연이 쓴 주석)
① 아사달: 경(經)에 이르기를 무엽산이라 하고, 또는 백악이라고도 하였는데 백주의 땅에 있다. 혹은 개성의 동쪽에 있다고 하는데 지금의 백악궁이 그것이다.
② 환인: 제석(帝釋)을 말한다.
③ 태백산(太伯山): 즉 태백은 지금의 묘향산이다.
④ 경인년: 당(唐)의 요(堯)임금 즉위 원년은 무진년(戊辰)인즉, 50년은 정사년(丁巳)이요 경인년이 아니다. 사실이 아닐까 의심스럽다.

⑤ 지금의 서경(西京)이다.
⑥ 궁(弓) 혹은 방(方)이라고 한다. 홀산(忽山)이라고도 하며 또는 금미달(今彌達)이라고도 한다.

(2) 원문

古朝鮮 王儉朝鮮

魏書云 乃往二千載 有壇君王儉 立都阿斯達(經云 無葉山 亦云 白岳 在白州地 或云 在開城東 今白岳宮是)開國號朝鮮 與高同時。

古記云, "昔有桓國(謂帝釋也)庶子桓雄數意天下貪求人世。父知子意 下視三危太伯可以弘益人間, 乃授天符印三箇遣往理之。雄率徒三千 降於太伯山頂(即太伯今妙香山)神壇樹下謂之神市, 是謂桓雄天王也。 將風伯·雨師·雲師, 而主穀·主命·主病·主刑·主善惡凡主人間 三百六十餘事在世理化。時有一熊一虎同穴而居, 常祈, 于神雄願化爲 人。時神遺靈艾一炷蒜二十枚曰, '爾輩食之不見日光百日, 便得人形.' 熊虎得而食之忌三七日熊得女身, 虎不能忌而不得人身。熊女者無與爲 婚故每於壇樹下呪願有孕。雄乃假化而婚之。孕生子號曰壇君王儉。以 唐高即位五十年庚寅, (唐堯即位元年戊辰, 則五十年丁巳非庚寅也. 疑其未實)都平壤城(今西京)始稱朝鮮。又移都於白岳山阿斯達(又名弓 一作方忽山又今旀達)御國一千五百年。周虎王即位己卯封箕子於朝 鮮, 壇君乃移於藏唐京後還隱於阿斯達爲山神, 壽一千九百八歲。"

(3) 해설

첫 번째로 삼국유사가 단군에 대해 인용한 서적(일연이 창작한 것이 아님)은 위서(魏書)인데, 그것을 인용하여 「지금으로부터 2천 년 전에 단군왕검이 아사달에 도읍을 정하며 나라를 열어 조선이라고 하였는데, 요임금과 같은 때」라고 하였다. 이 기록은 완전히 사실만을 기술한 것이다. 그런데 여기에 문제가 하나 있다. 위서(魏書)란 위(魏)나라의 역사서인데, 지금 남아있는 위서는 2가지로 삼국지의 위서와 북위(후위)의 역사를 쓴 위서이다. 그런데 이 2가지에 모두 삼국유사에 인용된 기록이 없다. 그러면 삼국유사의 기록은 어떻게 된 것인가? 지금까지 알려진 위나라의 역사서(위서)는 대략 10가지이다. ① 어환의 위략(魏略), ② 왕침의 위서, ③ 진수의 삼국지 위서, ④ 위수(魏收)의 위서(북위서: 후위서), ⑤ 위담(魏澹: 수나라 사람)의 위서, ⑥ 장대소(張大素: 당나라 사람)의 위서, ⑦ 배안시(裵安時)의 원위서, ⑧ 진서(晉書) 진수전(陳壽傳)에 언급된 하후담의 위서, ⑨ 삼국지 위서 유소전(劉劭傳)의 배송지 주(註)에 거론된 손해(孫該)의 위서, ⑩ 유지기(劉知幾)의 사통(史通)에서 논평된 원적(阮籍)의 위서도 있다. 이 가운데 남아있는 것은 진수가 쓴 삼국지 위서와 북위서(후위서)이며, 위략은 유실되어 전해지지 않으나 내용의 일부가 일문(逸文)으로 전한다. 이렇게 많은 위서 가운데 전해지지 않은 위서를 인용했을 가능성이 있다. 또 하나, 우리 민족의 역사를 비교적 상세하게 전하는 것을 보아 북위서(후위서)가 틀림없는데, 북위서도 2종류가 있었다는 것이다. 하나는 지금 전해지는 교감본(校勘本)이고, 다른 하나는 고본(古本)이라는 것이다. 고본(古本)이 있었다는 증거는 최치원의 『계원필경집(桂苑筆耕集)』에 위수의 고본 위서를 인용한 예가 있다. 즉, 삼국유가가 인용한 북위서는 지금 전해지지 않는 고본(古本)이라는 주장이다.[1] 이렇게 삼국유사가 인용한 위서가 어떤 위서를 인용한 것인지 모를 뿐이지 일연이 위서를 보고 그것을 삼국유사에 인용한 것은 사실이다.

---

1) 이상 위서(魏書)에 관한 글은 『한국민족문화대백과사전』에 있는 글을 인용한 것임.

두 번째로 삼국유사가 단군 역사에 대해 인용한 서적(일연이 창작한 것이 아님)은 고기(古記)이다. 고기에는 단군의 탄생과정과 탄생 후에 단군이 한 일을 기술하고 있다. 탄생과정에 대한 기술은 기이(紀異)편 서문에서 지적한 대로 신령스럽고 기이한 이야기로 되어 있고, 탄생 후의 기록은 단군이 행한 일을 기술한 것이다. 즉 고기(古記)는 단군의 탄생과정인 신화와 단군 탄생 후의 역사 기록인 단군이 한 일로 구성되어 있다.

3) 삼국유사 고기(古記)에 대한 왜곡과 진실

(1) 단군은 신화?

고기(古記)는 단군의 탄생과정인 신화와 단군 탄생 후의 역사 기록인 단군이 한 일로 구성되어 있다. 단군의 탄생과정은 고기(古記)의 첫 부분부터 단군왕검이 탄생한 이야기까지이고, 단군의 역사 기록인 단군이 한 일은 그다음부터 끝까지에 기록되어 있다. 그런데도 단군의 탄생과정인 신화만을 이야기하며, 삼국유사에 있는 것은 신화라고 하는 자가 있다. 이것은 전형적인 사이비 역사학의 수법이다. 재야사학자를 사이비 역사학이라고 비난하는, 대학교수라는 자가 그런 짓을 한 것이다. 사이비 역사학은 「고대의 문헌을 선택적으로 이용해 자신의 주장에 적절한 것만을 인용하고, 자신의 주장과 맞지 않는 것은 무시하는 수법을 쓴다.」고 하는데, 바로 이 자는 이러한 수법을 쓴 것이다. 삼국유사를 선택적으로 이용해 자신의 주장인 「단군 이야기는 신화이다.」에 적절한 「단군의 탄생과정인 신화만」을 인용하고, 자신의 주장과 맞지 않는 「단군 탄생 후의 역사 기록인 단군이 한 일」은 무시하는 수법을 쓴 것이다. 아주 전형적인 사이비 역사학의 수법을 쓴 것이다. 그러면서 역사학계의 이야기를 한다고 하는 것을 보면, 그 자가 말하는 역사학계가 바로 사이비 역사학계임을 스스로 인정하고 있다.

특히, 고기(古記)에 「(단군이) 평양성에 도읍하고 비로소 조선이라 하였다.」라는 매우 중요한 역사 기록은 무시해버린 것이다. 단군이 나라 이름을 조선이라고 함으로써 조선이라는 우리나라 역사상 최초의 국가가 탄생한 매우 중요한 역사 기록을 무시한 것이다. 단군이 조선이라는 나라를 세움으로써 은말주초(은나라 말기 및 주나라 초기) 시기에 가서 조선이라는 나라가 중국에 알려진 것이다(사기 송미자세가, 한서지리지). 단군이 조선이라는 나라를 세운 역사적 사실이 없었다면 이러한 일은 생기지 않는 것이다.

삼국유사에서 역사적 기록은 무시해 버리고, 삼국유사를 선택적으로 이용해 자신의 주장인 「단군 이야기는 신화이다.」에 적절한 「단군의 탄생 과정인 신화만」을 인용하면서 단군 이야기는 신화라는 등, 따라서 단군조선은 존재하지 않았다는 등, 고조선은 기원전 10세기에 세워졌다는 등의 이야기를 하였는데, 이는 전부 사실이 아니다.

삼국유사에 있는 「(단군이) 평양성에 도읍하고 비로소 조선이라 하였다.」는 등의 역사 기록을 보면, 단군 이야기는 역사이고 단군조선은 존재하였다. 또한 비파형 동검 등의 유물 증거를 보면, 단군조선은 적어도 서기전 18세기(밝혀진 유물 증거만을 볼 때이며 앞으로 밝혀질 주거지 유물 증거에 따라 얼마든지 올라갈 수 있음)에 세워졌다고 할 수 있다.

(2) 단군은 항몽사상 고취용?

삼국유사에 실린 단군에 대해서 「단군에 대한 인식이 외세 침입 때 대외적으로 정체성을 높이고 단합하는데 중요한 기능을 했던 것이다.」라든가 「일연은 우리 역사와 관련한 신이사(神異史)를 중심으로 자료를 수

집·편집하여 민족적 자주의식을 고취하고자 한 것이다.」라는 이야기는 다 사실이 아니다.

이런 것은 이마니시 류(今西龍)가 「몽고족의 고려 침입 이후에 항몽사상을 고취하기 위해 단군조선을 조작하였다.」라고 한 이야기나 일본인 어용학자 수우다(少田省吾)가 「단군 전설은 몽고의 압박 받은 시대적인 반동(反動)으로 일어난 것이다.」라고 한 이야기를 그럴듯하게 고친 것일 뿐이다.

고려는 몽골 침략 때 불력(佛力: 부처님의 힘)으로 몽골을 물리치고자 하였다. 거란 침략 때에도 초조대장경을 만들었던 이치와 같다. 고려는 외세의 침략으로 불안정한 나라를, 대장경 판각을 통해 국민의 의지를 한 곳으로 모아, 혼란스러운 나라를 안정시키고 통합하여, 국난을 극복하고자 하였던 것이다. 그래서 국가 역량을 총동원하여 팔만대장경을 1251년 9월 25일(양력으로 10월 11일)에 완성한 것이다. 한편, 삼국유사를 완성한 해는 확실히 알 길이 없지만 대체로 충렬왕 8년 전후, 즉 서기 1281~1283년으로 보는 것이 통설이다. 이렇게 팔만대장경과 삼국유사를 만든 때가 비슷하지만, 국가적 역량을 총동원한 것은 불력을 이용하겠다는 팔만대장경이었지, 삼국유사가 아니었다. 삼국유사는 국가적 역량을 들인 것이 아니며 한 개인이 쓴 것에 불과하다. 따라서 그 당시 고려의 상황은 몽골침입을 불력(佛力: 부처님의 힘)으로 물리치고자 한 것이지 단군으로 물리치려고 한 것이 아니었다. 그런데 무슨 「단군에 대한 인식이 외세 침입 때 대외적으로 정체성을 높이고 단합하는데 중요한 기능을 했던 것」이라는 말인가?

이렇게 볼 때 「몽고족의 고려 침입 이후에 항몽사상을 고취하기 위해 단군조선을 조작하였다.」는 말도 사실과 거리가 먼 허황된 거짓말이고, 「단군이 몽고의 압박 받은 시대적인 반동(反動)으로 일어난 것」이라는 말 역시 사실과는 거리가 먼 거짓말이다.

그런 일제강점기 때 왜인 식민사관 주창자들의 거짓말을 사실인 양 아직도 되풀이하는 것은 지금도 우리 사회의 일부 역사학계가 식민사관에 젖어있다는 것을 말해주고 있을 뿐이다.

또한 삼국유사는 그 명칭에서 알 수 있듯이 유사(遺事), 즉 잃어버린 사실 혹은 빠뜨린 사실을 기록한 것이다. 즉 삼국사기가 유교적 합리주의 사관에 의거해 불교 및 비합리적인 신이사(神異史)를 일부러 삭제하거나 수정해서 실었던 것에 대한 비판이자 보충의 의미로 편찬한 것이다. 잃어버린 사실 혹은 빠뜨린 사실을 기록한 것이 민족적 자주의식 고취와 무슨 관계가 있는가? 불교도의 입장에서 잃어버린 사실 혹은 빠뜨린 사실을 기록하면 민족적 자주의식이 고취되는가? 그 당시에는 민족이라는 말도 없었거니와, 불교는 원래 민족주의와는 아무런 관계가 없다. 따라서 불교도의 입장에서 잃어버린 사실 혹은 빠뜨린 사실을 기록하는 것은 민족적 자주의식 고취와는 아무런 상관관계가 없는 것이다. 그리고 단군에 관한 기록은 전체 삼국유사 내용의 1%도 안 된다. 나머지 99% 이상이 단군과 관계없는 내용이다. 삼국유사의 절반 이상이 불교에 관한 내용이고, 나머지 역사에 관한 내용도 단순히 삼국사기가 유교적 합리주의 사관에 의거해 빼버린 내용을 수록한 것임을 생각할 때, 일연이 삼국유사를 편찬한 것이 「민족적 자주의식을 고취하고자 한 것이었다.」라는 말은 성립하지 않는다.

단군 이야기는 몽골 침입이나 민족적 자주의식 고취와는 관계없이 삼국사기가 싣지 않는 기록을 일연이 삼국유사에 실은 것이다.

2. 제왕운기

1) 번역문

〈전조선기〉

처음 누가 나라 열어, 풍운을 펼쳤던가?

석제의 손자, 이름은 단군①일세.

요임금과 같은 무진년에 나라를 세워,

순임금을 지나 하나라까지 왕위에 계셨네.

은나라 무정 8년 을미년,

아사달 산②에 들어가 신이 되셨네.

나라 다스리기 1천 28년,

어찌 변화가 없었겠냐만 환인이 전한 일 일세.

물러난 뒤 164년,

어진 사람이 부족하나마 다시 군신(君臣: 나라)을 열었네.③

※ 원문의 주석(이승휴가 쓴 주석)

① 단군: 본기(本紀: 단군본기로 보임)에 이르기를, 「상제 환인(桓因)에게 서자가 있었는데 환웅(桓雄)이라고들 하였다. (상제 환인이) 일러 말하기를, "내려가 삼위태백에 이르러 널리 인간 세계를 이롭게 하라"고 하였다. (이리하여) 환웅이 천부인(天符印) 3개를 받고 신령 삼천을 거느려 태백산 마루 신단수(神檀樹) 아래에 내려왔다. 이분을 일러 단웅천왕(檀雄天王)이라고들 한다. 손녀로 하여금 약을 마시

게 하여 사람의 몸이 되게 하고, 단수신(檀樹神)과 혼인하여 아들을 낳으니 이름을 단군이라고 하였는데, 조선의 땅에 의거하여 왕이 되었다. 그러므로 시라(尸羅: 신라), 고례(高禮: 고구려), 남북옥저, 동북부여, 예와 맥은 모두 단군의 자손이다. 1038년을 다스리다가 아사달 산에 들어가 신이 되었으니, 죽지 않은 때문이다.」라고 하였다.

② 아사달 산: 지금의 구월산이다. 일명 궁홀(弓忽) 또는 삼위(三危)라고 한다. 사당이 지금도 있다.

③ 군신(君臣: 나라)을 열었네: 다른 곳에는 「그 뒤로 164년 동안 부자(父子: 가정)는 있었으나 군신(君臣: 국가)은 없었네.」라고 되어 있다.

2) 원문

初誰開國啓風雲 釋帝之孫名檀君(本紀日 上帝桓因有庶子 曰雄云云 謂曰 下至三危太白 弘益人間歟故 雄受天符印三箇 率鬼三千而降太白山頂神檀樹下 是謂檀雄天王也云云 令孫女飮藥 成人身 與檀樹神婚而生男 名檀君 據朝鮮之域爲王 故 尸羅 高禮南北沃沮 東北扶餘 穢與貊 皆檀君之壽也 理一千三十八年 入阿斯達山爲神 不死故也。) 並與帝高興戊辰 經虞歷夏居中宸 於殷虎丁八乙未 入阿斯達山爲神 (今九月山也 一名弓忽 又名三危祠堂猶在) 享國一千二十八 無奈變化傳桓因 却後一百六十四 仁人聊復開君臣(一作 爾後一百六十四 雖有父子無君臣)。

3) 해설

 제왕운기와 삼국유사는 거의 같은 시기에 출간되었다. 어느 것이 빨리 출간되었는지 확실히 알 수 없다. 제왕운기는 1287년(충렬왕 13)에 출간된 것이 확실하나, 삼국유사의 간행 연대는 확실히 알 길이 없고 대체로 충렬왕 8년 전후, 즉 서기 1281~1283년으로 보는 것이 통설이다. 하지만, 1295년에서 1322년 사이에 초간(初刊)되었다고 보는 것이 일반적이다. 이 말은 제왕운기와 삼국유사가 서로 누구에게 영향을 미친 것이 아니라는 말이고, 어느 것이 다른 것에 영향을 받아 쓴 것이 아니라는 말이다. 각자 독자적인 방법과 출처에 의해 책이 써졌고 거의 같은 시기에 출간되었다는 것을 말한다. 이것은 삼국유사가 단군 이야기를 대표할 수 없다는 것을 말하고 있으며, 제왕운기에 쓰인 단군기록도 삼국유사 못지않은 가치를 지닌다는 것을 말하고 있다.

4) 삼국유사와 제왕운기의 비교

(1) 같은 점:

 환인, 환웅, 삼위태백, 천부인(天符印) 3개, 무리(신령) 3천, 태백산 마루, 신단수(神檀樹) 아래, 단군(왕검), 조선, 아사달.

(2) 다른 점:

① 단군 이야기의 출처: 삼국유사(고기-古記)/ 제왕운기(본기-단군본기로 보임)
② 환인의 아들: 삼국유사(환웅천왕)/ 제왕운기(단웅천왕-檀雄天王)
③ 단군의 아버지: 삼국유사(환웅천왕)/ 제왕운기(단수신-檀樹神)
④ 단군의 어머니: 삼국유사(웅녀-熊女)/ 제왕운기(단웅천왕의 손녀)

⑤ 단군이 한 일: 삼국유사(평양에 도읍하고 나라 이름을 조선이라고 하였다)/ 제왕운기(조선의 땅에 왕이 되었다)
⑥ 나라를 세운 때: 삼국유사(요임금이 즉위한 지 50년인 경인년)/ 제왕운기(요임금과 같은 무진년)
⑦ 삼국유사에만 있는 기록
 - 바람·비·구름의 신과 그들이 한 일
 - 곰이 여자가 되는 과정
⑧ 제왕운기에만 있는 기록
 - 시라(尸羅: 신라), 고례(高禮: 고구려), 남북옥저, 동북부여, 예와 맥은 모두 단군의 자손이다.

3. 조선왕조실록(세종실록지리지 평양부)

1) 번역문

요임금(唐堯) 무진년에 신인(神人)이 박달나무의 아래에 내려오니, 나라 사람들이 (그를) 세워 임금을 삼아 평양에 도읍하고, 이름을 단군이라 하였으니, 이것이 전조선(前朝鮮)이다. 주나라 무왕이 상(商: 은)나라를 이기고 기자를 이 땅에 봉하니, 이것이 후조선(後朝鮮)이다. 41대손 준(準)에 이르러, 이때 연나라 사람 위만이 망명하여 무리 천여 명을 모아, 와서 준(準)의 땅을 빼앗아 왕검성에 도읍하니, 이것이 위만 조선이다. (중략) 신령스럽고 이상한 일. 단군고기(檀君古記)에 이르기를 「상제(上帝) 환인에게 서자(庶子)가 있으니, 이름이 웅(雄: 환웅)으로, 세상에 내려가서 사람이 되고자 하여서 천부인(天符印) 3개를 받아, 태백산(太白山) 신단수(神檀樹) 아래에 내려왔으니, 이분이 단웅천왕(檀雄天王)이다. 손녀로 하여금 약을 마시고 사람의 몸이 되게 하여, 단수신(檀樹神)과 혼인해서 아들을 낳으니, 이름이 단군(檀君)인데, 나라를 세우고 이름을 조선이라고 하였다. 조선, 시라(尸羅: 신라), 고례(高禮: 고구려), 남북옥저, 동북부여, 예(濊)와 맥(貊)은 모두 단군이 다스렸다. 단군이 비서갑(非西岬) 하백의 딸에게 장가들어 아들을 낳으니, 부루(夫婁)라고 하였는데 이분을 동부여 왕이라고 한다. 단군이 요임금과 같은 날에 임금이 되고, 우(禹)가 도산(塗山)의 모임을 하기에 이르자, 태자 부루를 보내어 조회하게 하였다. 나라를 누린 지 1천38년, 은나라 무정(武丁) 8년 을미년에 이르러 아사달에 들어가 신이 되니, 지금의 문화현 구월산이다. (하략)」라고 하였다.

2) 원문

唐堯戊辰歲, 神人降于檀木之下, 國人立爲君, 都平壤, 號檀君, 是爲前朝鮮。 周武王克商, 封箕子于此地, 是爲後朝鮮。 逮四十一代孫準, 時有燕人衛滿亡命, 聚黨千人, 來奪準地, 都于王險城, 是爲衛滿朝鮮。(중략) 靈異,《檀君古記》云: 上帝桓因有庶子, 名雄, 意欲下化人間, 受天三印, 降太白山神檀樹下, 是爲檀雄天王。 令孫女飮藥成人身, 與檀樹神婚而生男, 名檀君, 立國號曰朝鮮。 朝鮮、尸羅、高禮、南北沃沮、東北扶餘、濊與貊, 皆檀君之理。 檀君聘娶非西岬河伯之女生子, 曰夫婁, 是謂東扶餘王。 檀君與唐堯同日而立, 至禹會塗山, 遣太子夫婁朝焉。 享國一千三十八年, 至殷武丁八年乙未, 入阿斯達爲神, 今文化縣 九月山。(하략).

3) 해설

내용을 보면 이승휴가 제왕운기에 인용한 본기와 기본적으로 같다. 다만 이승휴가 인용한 본기에는 「시라(尸羅: 신라), 고례(高禮: 고구려), 남북옥저, 동북부여, 예와 맥」을 「모두 단군의 자손이다.」라고 한 반면에, 세

종실록지리지 평양부에서는 「모두 단군이 다스렸다.」라고 바뀌었고, 「단군이 비서갑(非西岬) 하백의 딸에게 장가들어 아들을 낳으니, 부루(夫婁)라고 하였는데 이분을 동부여 왕이라고 한다. 단군이 요임금과 같은 날에 임금이 되고, 우(禹)가 도산(塗山)의 모임을 하기에 이르자, 태자 부루를 보내어 조회하게 하였다.」라는 구절이 세종실록지리지 평양부에 더 들어가 있고, 이승휴가 제왕운기에 인용한 것은 본기(本紀: 단군본기로 보임)라고 하였는데, 세종실록지리지 평양부에서는 인용한 것이 단군고기(檀君古記)라고 한 것이 다를 뿐이다. 이것은 단군의 기록 중에서 일연이 삼국유사에 인용한 고기(古記)와 이승휴가 제왕운기에 인용한 본기(本紀: 단군본기로 보임) 가운데 국가적으로 신뢰할 수 있거나 채택한 것은 이승휴가 제왕운기에 인용한 본기(本紀: 단군본기로 보임)임을 알 수 있다.

4. 응제시 주(應製詩註)

1) 번역문

처음으로 동이를 연 임금 (始古開闢東夷主)
※ 명으로 받은 제목 10수(命題十首)[2] 중에 있는 것임

원주(原註-자주 自註; 권근이 스스로 붙인 주)[3]
옛날에 신인(神人)이 박달나무(檀木: 단목) 아래로 내려오자, 나라 사람들이 그를 세워 임금으로 삼고 단군이라 불렀다. 이때가 요임금 원년 무진년이다.

---

2) 명태조가 내어준 시 제목(詩題)에 따라 24수의 시를 지었는데, 이것이 곧 응제시다. 권근은 1396년 9월 15일에 왕경작고(王京作古) 등 8수, 9월 22일에 시고개벽동이주(始古開闢東夷主) 등 10수, 10월 27일에 청고가어내빈(聽高歌於來賓) 등의 6수를 지었다(글쓴이의 주).
3) 이하의 주는 「처음으로 동이를 연 임금(始古開闢東夷主)」에 대한 주석임(글쓴이의 주).

증주(增註: 권근의 손자 권람의 주)

고기(古記)에 이르기를:「상제(上帝) 환인(桓因)에게 서자(庶子)가 있었으니 (환)웅(雄)이라고 하였는데 (지상으로) 내려가 인간 세계를 교화하고자 하여, 천부인 3개를 받고 무리 삼천을 거느려 태백산 신단수 아래에 내려왔다. 이분을 환웅천왕(桓雄天王)①이라고 하였다. (환웅은) 바람·비·구름의 신을 거느리고 곡식·수명·질병·형벌·선악 등 무릇 인간의 360여 가지 일을 주관하고, 세상에 있으면서 다스리며 교화하였다. 이때 곰 한 마리와 호랑이 한 마리가 같은 굴에 있으며 살면서, 항상 신(神) 환웅에게, 변화하여 사람이 되기를 원한다고 기도하였다. 그때 신(神: 환웅)은 신령스러운 쑥 한 묶음과 마늘 스무 개를 주면서 말하기를「너희가 그것을 먹고 100일 동안 햇빛을 보지 않으면 곧 사람의 형체를 얻을 것이다.」라고 하였다. 곰과 호랑이는 그것을 얻어서 먹었는데, 금기한 지 삼칠일(三七日: 21일) 만에 곰은 여자의 몸을 얻었으나, 호랑이는 금기를 하지 못해서 사람의 몸을 얻지 못하였다. 웅녀(熊女)는 혼인할 사람이 없었으므로, 늘 단수(檀樹: 박달나무) 아래에서 잉태하기를 원한다고 빌었다. 환웅이 이에 임시 (사람으로) 변하여 그녀와 혼인하였다. (웅녀가) 잉태하여 아들을 낳으니 단군이라고 하였는데, 요임금과 같은 날에 나라를 세우고 조선이라고 하였으며, 처음에 평양에 도읍하였는데, 그 뒤에 백악에 도읍하였다. 비서갑(非西岬) 하백(河伯)의 딸에게 장가들어 아들을 낳으니 부루(夫婁)라고 하였는데 이분이 동부여 왕이다. 우(禹)가 도산(塗山)에서 제후와 모임을 하기에 이르자, 단군이 아들 부루를 보내어 조회하였다. 단군은 우임금의 하나라를 지나, 상(商)나라 무정(武丁) 8년 을미년에 아사달(阿斯達) 산으로 들어가 변화하여 신이 되었는데 (아사달 산은) 지금의 황해도 문화현의 구월산이며, 그 사당이 지금에 이르기까지도 있다. (단군이) 나라를 다스린 지 1048년이고, 그 후 164년인 기묘년에 기자(箕子)가 와서 봉해졌다.」라고 하였다.

※ 원문의 주석(권람이 쓴 주석)
① 환웅천왕(桓雄天王): 환(桓)은 혹 단(檀)이라고 하였고, 산은 곧 지금의 평안도 희천군 묘향산이다.

2) 원문

始古開闢東夷主.

[原註] 自註. 昔, 神人降檀木下, 國人立以爲王, 因號檀君. 時唐堯元年戊辰也.

[增註] 古記云: 上帝桓因有庶子, 曰雄, 意欲下化人間, 受天三印, 率徒三千, 降於太白山神檀樹下. 是謂檀雄天王也. (桓或云檀, 山卽, 今平安道. 熙川郡. 妙香山也) 將風伯・雨師・雲師, 而主穀・主命・主病・主刑・主善惡, 凡主人間三百六十餘事, 在世理化. 時有一熊一虎, 同穴而居, 常祈于雄, 願化爲人. 雄遺靈艾一炷・蒜二十枚, 曰: 食之, 不見日光百日, 便得人形. 熊虎食之, 虎不能忌, 而熊忌三七日, 得女身. 無與爲婚, 故每於檀樹下, 呪願有孕. 雄乃假化而爲人. 孕生子曰檀君. 與唐堯同日而立國, 號朝鮮, 初都平壤, 後都白岳. 娶非西岬河伯之女, 生子曰夫婁, 是爲東扶餘王. 至禹會諸侯塗山, 檀君遣子夫婁, 朝焉. 檀君歷虞夏, 至商武丁八年乙未, 入阿斯達山, 化爲神, 今黃海道. 文化縣. 九月山也 廟至今存焉. 享年一千四十八年. 厥後一百六十四年己卯, 箕子來封.

3) 해설

응제시 주(應製詩註)는 명으로 받은 제목 10수(命題十首) 중에 있는 「처음으로 동이를 연 임금(始古開闢東夷主)」에 주석을 단 것이다.

주석은 시를 쓴 권근 자신이 붙인 원주(原註)와 권근의 손자 권람이 붙인 증주(增註)가 있는데 원주(原註)는 세종실록지리지 평양부에 나오는 단군 이야기 중에서 첫 부분과 기본적으로 같고, 증주(增註)는 삼국유사에서 인용한 고기(古記)의 내용과 기본적으로 같다.

제2절 중국의 사료

1. 사기 송미자세가

이에 무왕은 마침내 기자를 조선에 봉하고 신하로 여기지 않았다(於是武王乃封箕子于朝鮮而不臣也).

2. 한서지리지

은나라의 도가 쇠하자 기자가 조선으로 갔다(殷道衰, 箕子去之朝鮮).

3. 해설

우리나라 문헌 증거의 신뢰성을 뒷받침하는 것이 바로 중국의 사료이다. 중국의 사료 가운데 사기 송미자 세가는 「기자를 조선에 봉하였다.」고 하고, 한서지리지는 「은나라의 도가 쇠하자 기자가 조선으로 갔다.」라고 하여, 기자가 어떤 자격으로 조선에 왔는지에 대해서는 다르게 기록하고 있다. 그러나 이들 기록은 조선(단군조선)이 은나라 말기 및 주나라 건국 초기 이전에 이미 존재하여, 은나라 말기 및 주나라 건국 초기에는 중국에까지 알려졌다는 사실을 명확하게 증명하고 있다.

제3장 유물증거

제1절 중국에서 출토된 유물

1. 북외 유적지에서 출토된 비파형 동검

1) 중국고고망(中国考古网)에 발표된 보도 자료

중국고고망(中国考古网)에 발표된 보도 자료를 보면 다음과 같이 되어 있다.

(1) 번역문

요녕 북외 유적지에서 현재 동북지역의 연대가 가장 빠른 청동검 출토
발표시간: 2018-02-11 문장출처: 중국신문망 글쓴이: 주명우 조회수: 1565

10일 심양시 문물고고연구소에서 정보를 얻은 것에 따르면, 그 연구소의 고고학자는 심양 신민시 경내에서 북외 청동기시대 유적지를 발견하였는데, 지금까지 동북지방에서 연대가 가장 빠른 청동단검이 출토되었다. 심양시 문물고고연구소의 관계 책임자 소개에 의하면, 2017년 5월부터 북외 청동기시대 유적지의 고고학적 발굴을 벌리기 시작하였다. 그 유적지의 면적은 약 10만 평방미터인데, 이미 청동기시대 주거지(집터) 2기와 38개의 재 구덩이, 2개의 수혈식 토갱묘 및 5곳의 옹관묘가 발견되었으며, 대량의 협사토기 파편과 언(甗: 시루), 정(鼎), 독(瓮), 돌도끼, 돌화살촉 등의 용구가 출토되었다. 고고학자들은 집터의 외측(外側: 바깥 측면)에서 청동단검 한 자루를 발견했는데, 감정 연대는 서주시대에 속한다.

요녕성 문화재보호 전문가 반장 곽대순의 소개에 의하면, 중국 고대 청동검은 날카롭고 정교한 예술적 풍격을 지니고 있으며, 그 제련 기술은 서유럽 대륙을 거의 천 년 앞서고 있다. 중국 동북지방의 청동단검은 칼몸(劍身)과 칼자루(劍柄)가 분리된 개체로 조립된 것이 특징이며, 사냥과 정벌에 사용되는 것 외에, 당시에도 신분과 지위의 상징이었다. 북외 유적지는 청동기시대 신락 상층문화이며, 지금부터 약 3000년에서 3800년 떨어진, 현재 동북지역에서 발견된 가장 빠른(시기의) 청동검이기도 하다.

동시에 북외 유적지에서 출토된 부채날 청동도끼 돌 거푸집은 당시 이미 대량의 청동기를 주조할 수 있었음을 증명하였고, 심양 지역이 당시 동북아시아에서 가장 발달한 지역 중 하나였음을 설명하였으며, 요하 문명은 그 역사적 연속성과 지역성, 전형성으로 중화 5천 년 문명의 발전에 중요한 역할을 하였다. 이번 고고학 발굴은 중국 동북지방의 청동기시대 고고 문화 서열에 대해 보완하고, 당시의 민중의 취락 형태와 문화적 내포를 이해하며, 요하 유역의 정치 경제 상황을 탐구하는 것에 모두 중요한 의의를 갖는다. (촬영: 종신)

전재(转载: 옮겨 신기)할 때는 출처를 밝혀주십시오: 중국고고망
〈출처: 중국고고망(中国考古网)〉

出土青铜短剑(출토된 청동단검)

〈출처: 중국고고망(中国考古网)〉

(2) 원문

辽宁北崴遗址出土目前东北地区年代最早青铜剑

发布时间: 2018-02-11 文章出处: 中国新闻网 作者: 朱明宇   点击率: 1578

    10日从沈阳市文物考古研究所获悉, 该所考古人员在沈阳新民市境内发现北崴青铜时代遗址, 出土了迄今为止东北地区年代最早的青铜短剑。据沈阳市文物考古研究所相关负责人介绍, 从2017年5月开始对北崴青铜时代遗址展开考古发掘。该遗址面积约为10万平方米,

已发现了2座青铜时代房址、38个灰坑、2个竖穴土坑墓及5处瓮棺墓, 出土了大量夹砂陶片和甗、鼎、瓮、石斧、石镞等器具。考古人员在房址外侧发现了1把青铜短剑, 经鉴定年代属西周时期。据辽宁省文物保护专家组组长郭大顺介绍, 中国古代青铜剑具有锋利且精美的艺术风格, 其冶炼技术领先西欧大陆近千年。中国东北地区青铜短剑的特点是剑身与剑柄分体组装, 除了用于狩猎和征伐外, 在当时也是身份和地位的象征。北崴遗址为青铜时代新乐上层文化, 距今约3000至3800年, 也是目前东北地区发现最早的青铜剑。同时北崴遗址出土的扇形铜斧石范证明当时已能大量铸造铜器, 说明了沈阳地区是当时东北亚最发达的地区之一, 辽河文明以其历史的连续性、地域性、典型性对中华五千年文明的发展起着重要作用。本次考古发掘对于完善中国东北地区青铜时代考古文化序列, 了解当时民众的聚落形态、文化内涵以及探寻辽河流域政治经济状况均具有重要意义。(摄影:钟欣)

转载请注明来源:中国考古网

2) 보도 자료의 주요 사항

① 이 기사를 발표한 시간이 2018년 2월 11일이다.
② 이 비파형 동검이 출토된 지역은 요녕성 심양시 관내 신민시의 북외 유적지이다.
③ 이 유물의 발굴 시작 시점이 2017년 5월이다.
④ 발견된 것은 집터(주거지) 2기와 38개의 재 구덩이, 2개의 수혈식 토갱묘 및 5곳의 옹관묘.
⑤ 출토된 유물은 대량의 협사토기 파편과 언(甗: 시루), 정(鼎), 독(瓮), 돌도끼, 돌화살촉.

⑥ 비파형 동검이 발견된 장소는 주거지(집터)의 외측(外側: 바깥 측면)이다.
⑦ 비파형 동검의 감정 연대는 서주시대.
⑧ 발견된 비파형 동검의 특징은 칼몸(劍身)과 칼자루(劍柄)가 분리된 개체로 조립된 것.
⑨ 북외 유적지가 속하는 문화층은 청동기시대 신락상층문화.
⑩ 발견된 비파형 동검의 연대는 지금부터 약 3000년에서 3800년 이전.
⑪ 함께 출토된 유물은 부채꼴 청동도끼(부채모양의 날을 가진 청동도끼) 돌 거푸집.

3) 보도 자료에서 중요한 점

(1) 비파형 동검이 발견된 곳: 주거지(집터)

초기의 비파형 동검이 주거지에서 발견된다는 사실은 무엇을 의미하는가? 이것은 비파형 동검시대 초기에는 비파형 동검을 주거지에서 사용하였고, 무덤에 수장하지 않았다는 말이다. 후기에 가서야 비파형 동검을 무덤에 수장하였다는 것이다. 따라서 무덤에서 출토된 비파형 동검은 후기의 것이라는 말이다. 다시 말해서 비파형 동검시대는 무덤에서 출토된 비파형 동검보다 훨씬 이전에 시작되었다는 것을 말하고 있다. 이 말은 무덤에서 출토된 비파형 동검을 가지고 전체 비파형 동검시대를 추정하는 것은 틀렸다는 것을 말하고 있으며, 비파형 동검시대는 무덤에서 출토된 비파형 동검시대보다 훨씬 오래되었음을 말하고 있다. 무덤에서 출토된 비파형 동검을 가지고 비파형 동검시대를 추정하는 것은 후기 비파형 동검시대를 추정한 것뿐이라서, 초기 비파형 동검시대를 빠뜨린 것으로써 비파형 동검시대 역사를 축소한 것임을 말하고 있다. 또한 이제 주거지 발굴 조사가 진행됨에 따라서 초기 비파형 동검시대가 얼마든지 올라갈 수 있다는 사실을 말하고 있다. 다시 말해서 단군조선의 역사는 앞으로 주거지 발굴 조사가 진행될수록 얼마든지 상향될 수 있으며, 단군조선의 역사는 현재까지 알려진 무덤에서 출토된 비파형 동검을 가지고 추정한 연대보다는 훨씬 길다는 것을 말하고 있다.

(2) 발표 시점: 2018년 2월 11일

발표 시점이 중요한 이유는 전년도인 2017년 11월 3일부터 4일까지 열린 제41회 한국고고학전국대회에서 이 기사와 일치하는 비파형 동검에 대한 연구 발표가 있었기 때문이다. 즉 중국 심양시 관내 북외유적지에서 초기의 비파형 동검이 주거지에서 출토되었다는 사실을 모른 채, 2017년 11월에 한국에서 초기의 비파형 동검은 주거지에서 사용하였고, 그 후에 가서야 무덤에 수장하였다고 추정하였는데, 그 추정과 일치하는 결과가 2018년 2월 11일에 중국에서 발표되었기 때문이다.

(3) 출토된 비파형 동검의 특성과 추정 연대

북외 유적지에서 출토된 비파형 동검이 칼몸(劍身)과 칼자루(劍柄)가 분리된 개체로 조립된 것으로써 우리나라 비파형 동검이 명백하다는 사실이며, 그 연대가 지금부터 약 3000년에서 3800년 이전 것이라는 점이다. 그런데 지금부터 약 3000년에서 3800년 전이라는 말이 발굴 시점인 2017년 기준으로 서기전 1783년에서 서기전 983년인지, 아니면 그것이 3000BP에서 3800BP를 뜻하기 때문에 서기전 1850년에서 서기전 1050년인지 불명확하다. 만약 그 말이 3000BP에서 3800BP를 뜻한다면 북외 유적지에서 출토된 비파형 동검은 서기전 1850년에서 서기전 1050년까지의 유물이고, 그렇다면 이 비파형 동검은 하나라에서부터 은나라까지의 유물이다(주나라 이전의 유물). 그러나 감정 연대가 서주시대(서기전 1046년~서기전 771년)라고 하는 것을 보아 발굴 시점을 기준으로 약 3000년에서 3800년 이전인 서기전 1783년에서 서기전 983년이라고 말한 것으로 보인다. 그렇다고 하더라도 이번에 출토된 비파형 동검은 하나라(서기전 2070년경~서기전 1600년경)에서 은나라(상나라: 서기전 1600년경~서기전 1046년경)를 거쳐 서주(서기전 1046년~서기전 771년) 초기에 걸친 유물이다. 즉, 이 비파형 동검의 편년은 서기전 18세기~서기전 10세기로, 그 상단 연대가 서기전 18세기(하나라 중기)에서부터 그 하단 연대가 서기전 10세기(서주 초기)까지이다. 다시 말해서 이 비파형 동검은 하나라 중기에서부터 은나라 사이에 존재했을 가능성이 매우 크고, 아무리 늦어도 주나라 초기에 존재했던 것이다. 그러므로 이 비파형 동검은 단군조선의 유물이 명백하다. 이 유물로써 단군조선의 존재가 분명하게 증명되어, 이제 그 누구도 단군조선을 부정할 수 없게 되었다. 이러한 것은 여태까지 비파형 동검의 연대 상단을 서기전 10세기로 추정한 것이 얼마나 엉터리였는가를 여실히 증명한다. 즉, 여태까지는 우리 역사에 무지한 자들이 엉터리 방법으로 단군조선을 부정했다는 사실이 만천하에 드러난 것이다. 그보다도 우리 역사를 축소하겠다고 마음먹은 왜인들이 단군조선을 부정하기로 결정한 다음, 그 시나리오에 맞추어 문헌 증거와 유물 증거를 채택, 해석한 거짓 사기인 식민사관을 그 무슨 학문이랍시고 강변하면서 추종한 현 일부 사학계의 거짓말이 만천하에 탄로 난 것이다.

(4) 함께 출토된 유물(공반 유물)

그 다음, 중요한 점이 함께 출토된 유물(공반 유물)이다. 함께 출토된 유물은 대량의 협사토기 파편과 언(甗: 시루), 정(鼎), 독(瓮), 돌도끼, 돌화살촉, 부채꼴 청동도끼 돌 거푸집 등으로 이 유물들이 다 중요한 의미를 가지고 있다. 그런 가운데서도 특히 눈에 띄는 것이 돌화살촉인데 이것은 먼 거리에 있는 적에게 쓰는 무기이기 때문이다. 이 말은 단군조선시대에 이미 먼 거리에 있는 적에게는 활과 화살을 썼다는 것이고, 짧은 거리에 있는 적에게는 비파형 동검을 썼다는 것을 말하고 있다. 이 가운데 화살촉으로 대변되는 화살은 소모성 무기로써 흔하고 값이 싼 돌을 사용하였고, 칼(비파형 동검)은 내구성 무기로써 귀하고 값비싼 청동 제품을 사용한 점이다. 즉, 단군조선시대에 이미 장거리 무기와 단거리 무기를 모두 갖추고 있었다는 말이다. 이것은 단군조선시대에 이미 많은 전쟁 경험을 축적하여 장, 단거리 무기 체계를 갖추고 있었다는 것이며, 이는 활과 화살로 멀리 있는 여러 명의 적들과 전투를 한 다음에는 짧은 병기(兵器: 칼)로 적과 가까이 붙어 전쟁(短兵接戰: 단병접전)을 한 경험이 많았다는 증거로써, 국가가 이미 탄생했다는 강력한 증거물이 된다. 참고로, 사기 흉노열전을 보면 흉노도 이러한 무기 체계를 갖추고 있음을 알 수 있다. 〈사기 흉노열전:「그들이 먼 거리에 쓰는 무기는 활과 화살이고, 짧은 거리에 쓰는 무기는 칼과 손잡이가 달린 짧은 창이었다(其長兵則弓矢, 短兵則刀鋋).」〉

(5) 부채꼴 청동도끼 돌 거푸집

그 다음, 중요한 점은 함께 출토된 유물(공반 유물) 가운데 부채꼴 청동도끼(부채모양의 날을 가진 청동도끼) 돌 거푸집이다. 부채꼴 청동도끼는 한문으로 선형동부(扇形銅斧)라고 하는데, 부채꼴 청동도끼나 그것의 돌 거푸집은 비파형 동검과 함께 출토되는 유물(공반 유물) 가운데 아주 전형적인 것이다. 그리고 이것의 거푸집이 출토되었다는 것은 부채꼴 청동도끼를 다량으로 생산하였음을 증명하고 있다. 즉 단군조선시대에 이미 청동 무기를 대량 생산하였음을 증명하고 있는 것이다. 특히 돌 거푸집이라는 사실에 유의해야 한다. 우리 선조가 쓴 거푸집은 돌 거푸집이며, 이 돌 거푸집은 우리 민족 특유의 거푸집이라는 사실을 주목해야 한다. 비파형 동검[4]이나 부채꼴 청동도끼, 세형동검, 청동 창, 다뉴세문경 등 우리 선조들이 만든 청동기는 모두 돌 거푸집을 썼다는 점을 반드시 기억해야 한다. 돌은 다뉴세문경을 재현한 장인에 의하면 곱돌(滑石: 활석)이다. 이것은 우리 민족이 처음부터 산에서 살았기 때문에 산에서 흔한 돌을 거푸집의 주요한 재료로 사용한 것에 기인한다.

결론적으로 북외 유적지에서 출토된 이 비파형 동검은 단군조선의 존재를 증명하는 움직일 수 없는 증거가 된다.

2. 참고

1) 마성자(馬城子)문화

마성자(馬城子: 마청쯔)문화의 가장 큰 특징은 화장(火葬)과 동굴묘지 및 석관묘이다. 마성자 문화의 화장과 석관묘가 왜 중요한가 하면 화장(火葬)문화와 석관묘의 전통이 쌍방(雙房: 쏭팡)유적의 개석식(蓋石式) 고인돌 및 탁자식 고인돌로 계승되고, 한반도 남쪽으로는 (지석묘-고인돌의 하부 구조에서 보이는) 화장의 예가 춘천 신북면 발산동, 춘천 중도(中島), 화천 용암리, 홍천 두촌면 철정리, 평택 (청북면) 토진리, 현곡동, 안성 공도 만정리 등지에서 보고되고 있어,[5] 마성자문화가 우리 역사와 직접적으로 연결되어 있기 때문이다. 또 하나, 마성자문화의 발굴

---

4) 1990년, 요양시 첨수향 탑만촌 유적(遼陽市 甛水鄉 塔湾村遺址)에서 부채꼴 청동도끼(扇形銅斧: 선형동부), 비파형 동검, 동착(銅鑿: 청동 끌) 등 3쌍의 거푸집과 비파형 동검 1점이 함께 출토되었다.
5) 『한국 청동기·철기시대와 고대사회의 복원』, 최몽룡, 주류성, 2008, 191쪽.

자는 마성자(馬城子)문화가 고맥족(古貊族)의 것으로 구이(九夷)에 속하며, 마성자(馬城子)문화 이후에 출현하는 비파형 동검문화의 시조라고 주장[6]한 것도 마성자문화가 우리 역사와 직접 연결된 것임을 말하고 있는 것이다. 한편, 마성자문화의 동굴묘지에서는 비파형 동검이 발견되지 않아, 이때에도 비파형 동검을 무덤에 수장하지 않았던 시대임을 알 수 있으며, 연대를 보면 서기전 20세기부터 서기전 11세기[7]라고 하므로 단군조선의 문화유적임을 알 수 있다. 이를 좀 더 자세히 설명하면 다음과 같다.

(1) 장법(葬法)

장례 방법에는 뼈만 추려 화장한 것(揀骨火葬: 간골화장), 현지에서 화장한 것, 그리고 화장하지 않은 것 등 세 종류가 있다.[8]

(2) 유물

무덤에서 출토된 유물에는 토기와 석기도 있지만 마성자 유적이 청동기시대의 유적이라는 것을 보여준 것은 청동 장식품이다. 장가보(張家堡: 장자바오) A동에서 발견된 6점의 동제(銅製) 장식품은 4기의 무덤에서 출토되었다. 그것은 각각 동환(銅環: 구리 고리) 2점, 원형동식(圓形銅飾: 둥근 구리 장식품) 2점, 장방형동식(長方形銅飾: 직사각형 구리 장식품) 1점, 동이환(銅耳環: 구리 귀걸이) 1점이다. 감정 결과 동(銅) 장식은 모두 구리·주석 합금이다.[9]

---

6) 『동북문화와 유연문명(상)』, 643쪽.
7) 『요하유역의 청동기문화와 고조선』, 백종오, 지식산업사, 2018, 250쪽.
8) 『동북문화와 유연문명(상)』, 638쪽.
9) 『동북문화와 유연문명(상)』, 638쪽.

(3) 연대

마성자(馬城子: 마청쯔) 유적에서 발견된 9개 표본에 대한 탄소14 연대 측정을 통해, 이 문화의 시간적 범위가 3,135±95~4,075±100BP 사이에 있음을 알 수 있고, 무덤에서 출토한 토기는 전, 중, 후 등 3기로 구분된다.[10] 마성자 발굴 보고서에 의하면 1단계(前期: 전기)는 방사성 탄소연대에 근거하여 기원전 20~18세기로 편년하고, 2단계(中期: 중기)는 방사성 탄소연대 값에 근거하여 기원전 18~13세기로 편년하였으며, 3단계(後期: 후기)는 기원전 12~11세기 전후로 편년하였다.[11] 따라서 마성자문화는 단군조선의 유적에 속한다.

2) 쌍타자(雙砣子: 솽퉈쯔)문화

요동반도 남쪽의 대련 지역 전기(前期) 청동기시대 유적은 양두와(羊頭窪: 양터우와)유적과 쌍타자(雙砣子: 솽퉈쯔-한 쌍의 숫돌)유적, 대취자(大嘴子: 다쭈이쯔-큰 주둥이)유적, 우가(于家: 위자) 타두(砣頭: 퉈터우-숫돌머리)유적 등이 있는데, 이 중에서 쌍타자(雙砣子)유적이 이 지역의 유적을 대표한다. 쌍타자문화는 하층문화, 중층문화, 상층문화로 나누는데, 특히 양두와(羊頭窪: 양터우와)유적은 쌍타자(雙砣子) 상층문화(후기 유적)라고 부르기도 한다.

특히 주목할 만한 것은 쌍타자(雙砣子: 솽퉈쯔) 유적 상층문화 유적에서 많은 양의 천공석월(鉞: 넓적 큰 도끼), 석검(石劍: 돌칼), 석과(石戈: 돌창)와 석모(石矛: 돌창) 등의 무기(혹은 의장기)가 발견된 것이다. 고려성산(高麗城山: 가오리청산)에서는 세장형의 유공석검(有孔石劍)이 출

---

10) 『동북문화와 유연문명(상)』, 633쪽.
11) 『요하유역의 청동기문화와 고조선』, 250쪽.

토되었으며, 신금현(新金縣: 신진현)에서 수집된 석검은 그 길이가 1m 이상에 달한다.[12] 이것으로 보아 쌍타자(雙砣子)중층문화 말기에 전쟁이 일어나 쌍타자중층문화가 붕괴되고 양두와(羊頭窪)문화로 교체되면서, 쌍타자 문화가 석검(石劍)과 적석묘문화를 가진 우리 민족 문화로 회복된 것으로 보인다. 비파형 동검이 묘지에서 발견되지 않는 것은 이 시대까지도 비파형 동검을 무덤에 수장하지 않았다는 것을 보여준다.

쌍타자(雙砣子)문화는 적석묘와 지석묘 문화를 가지고 있었고, 특히 양두와(羊頭窪)문화는 적석묘 문화를 회복하면서 석검(石劍) 및 한반도와 관련된 벼 재배의 문화를 가지고 있는 것으로 보아 우리 민족문화로 판단되고, 연대가 1,330~1,280 B.C[13]라고 하는 것을 보면 단군조선의 유적이다.

제2절 우리나라의 고고학적 성과

우리나라에서도 단군조선을 입증할 수 있는 고고학적 성과가 있었는가? 우리나라 고고학계에서도 「한반도와 만주에서는 기원전 20세기~기원전 15세기경부터 청동기가 시작되었다.[14]」라고 한다.

『한국 청동기·철기시대와 고대사회의 복원』이라는 책에 의하면 한반도 청동기시대의 유적 편년(시안)[15]을 조기(기원전 20세기~기원전 15세기: 돌대문토기), 전기(기원전 15세기~기원전 10세기: 단사선문이 있는 이중구연토기), 중기(기원전 10세기~기원전 7세기: 공렬토기, 구순각목

---

12) 『동북문화와 유연문명(상)』, 656쪽.
13) 『동북문화와 유연문명(상)』, 663쪽.
14) 『한국 청동기·철기시대와 고대사회의 복원』, 166쪽.
15) 『한국 청동기·철기시대와 고대사회의 복원』, 90쪽.

토기), 후기(기원전 7세기~기원전 5세기: 경질무문토기)로 나누고 있는데 이를 좀 더 자세히 설명하면, 다음과 같다.

1. 조기(早期) 청동기 유물

돌대문 토기(突帶文土器)가 강원도 춘성군 내평리, 정선 북면 여량 2리(아우라지), 춘천 (신북읍) 천천리, 홍천 두촌면 철정리, 홍천 화촌면 외삼포리, 경주 충효동, 경기도 사평 상면 연하리와 인천 계양구 동양동 유적을 비롯한 여러 곳에서 새로이 나온[16] 점을 들고 있다.

뿐만 아니라, 조기(早期) 청동기 유물 증거로 24군데의 유적지를 들고 있는데, 그중에서 강원도 영월 남면 연당 2리 피난굴 유적지는 쌍굴로서, 신석기시대층의 연대가 기원전 2230년, 2270년이고, 청동기시대층의 연대는 기원전 2010년이 나왔다고 하며, 대구광역시 달서구 대천동 유적지의 연대는 기원전 3090년~기원전 2900년, 기원전 3020년~기원전 2901년[17]이라는 것이다.

돌대문토기(突帶文土器)는 우리나라뿐만 아니라 중국 소주산(小珠山)유적의 상층에 해당하는 대련시 석회요촌(大連市 石灰窯村), 교류도 합피지(交流島 蛤皮址), 장흥도(長興島) 삼당(三堂)유적(이상 기원전 2450년~기원전 2040년)과 길림성 화룡현 동성향 흥성촌(吉林省 和龍縣 東城鄕 興城村) 삼사(三社: 早期 興城三期, 기원전 2050년~기원전 1750년)에서, 그리고 연해주의 자이사노프카의 시니가이와 올레니 유적(이상 기원전 3420년~기원전 1550년)에서 발견되고 있다[18]고 한다.

---

16) 『한국 청동기·철기시대와 고대사회의 복원』, 166쪽.
17) 『한국 청동기·철기시대와 고대사회의 복원』, 91쪽.
18) 『한국 청동기·철기시대와 고대사회의 복원』, 170쪽.

2. 전기 청동기 유물

33군데의 유적지를 들고 있는데, 그중에서 경기도 점동면 혼암리(경기도 기념물 155호) 유적지의 연대는 기원전 1650년~1490년 등이고, 경기도 옹진군 덕적면 소야도 유적지는 기원전 2085년, 기원전 2500년~기원전 1650년[19]이라고 한다.

또한, 이중구연토기(二重口緣土器)와 중기 청동기시대의 표식 유물인 공렬토기(孔列土器)가 나오는 「강원도 춘천시 서면 신매리 주거지 17호 유적(1996년 한림대학교 발굴, 서울대학교 가속기질량분석-AMS 결과 3200±50BP. 기원전 1510년, 문화재연구소 방사성탄소연대측정 결과는 2840±50BP, 기원전 1120년~기원전 840년이라는 연대가 나옴), 청주 용암동(기원전 1119년), 경주시 내남면 월산리(기원전 970년~기원전 540년, 기원전 1530년~기원전 1070년 사이의 두 개의 측정 연대가 나왔으나 공반 유물로 보아 기원전 8세기~기원전 10세기에 속할 가능성이 높다. 실제 중간 연대도 기원전 809년과 기원전 1382년이 나왔다), 충주 동량면 조동리(1호 집자리 2700±165BP, 1호 집자리 불 땐 자리 2995±135BP 기원전 10세기경)[20]」 등을 전기 청동기 유물의 증거로 제시하고 있다.

3. 유감스러운 점

이렇게 단군조선을 입증할 수 있는 고고학적 성과가 있었으나 유감스러운 점이 있으니, 한반도 청동기시대의 유적 편년(시안)의 표식토기 명칭에서 보듯이 일본의 용어를 쓰고 있다는 점이고, 단군조선을 입증할

---

19) 『한국 청동기·철기시대와 고대사회의 복원』, 92쪽.
20) 『한국 청동기·철기시대와 고대사회의 복원』, 170쪽.

수 있는 고고학적 성과가 있었음에도 불구하고 단군조선을 부정하며 우리나라 최초의 국가를 위만조선이라고 한다는 점이다.

먼저 한반도 청동기시대의 유적 편년(시안)에서 쓰고 있는 표식 토기 명칭을 보면, 돌대문토기(突帶文土器), 이중구연토기(二重口緣土器: 일본에서 이중구연호-二重口緣壺라고 함), 공렬토기(孔列土器)라는 명칭은 일본에서 쓰는 용어를 그대로 쓴 것이다. 한마디로 한국 고고학계는 일본의 토기 분류법에 따른 명칭을 그대로 쓰고 있는 것이다. 아직도 한국 고고학계는 일본에게 종속되어 있다는 것을 그대로 보여준 것이다.

그다음, 우리나라 청동기시대가 서기전 20세기부터 시작되었다는 것이 밝혀졌는데도, 우리나라에서는 청동기시대에 국가가 발생하지 않았다고 하면서 단군조선을 우리나라 최초의 국가라고 하지 않고, 우리나라에서만 철기시대에 이르러 국가가 등장한다고 하면서, 위만조선을 우리나라 최초의 국가라고 주장하는 것은 억지에 지나지 않는다.

청동기시대에 국가가 발생하지 않았다는 증거로 「최근 발굴 조사에서 확인된 이 시기의 집자리의 규모에 주목할 필요가 있다. 각 유적에서 확인된 최대 규모 집자리의 장축 길이를 보면 평택 현곡 17m, (중략) 춘천 거두리 15m 등 15~29m에 이른다. 이들 대형 집자리의 조사 및 연구에서는 격벽시설의 유무와 격벽시설로 구분되는 각 방의 기능도 고려해야 할 것이다. 이는 기원전 5500년~기원전 5000년경의 유럽의 즐문토기문화(LBK, Linear Band Keramik)의 2~40m의 장방형 주거지에서 보이듯이 아직 모계사회의 잔재가 남아있는 것으로 해석될 수 있다.」[21]

---

21) 『한국 청동기·철기시대와 고대사회의 복원』, 197쪽.

고 하고 있다. 즉 단군조선 시기에 청동기시대가 시작되었지만, 그 청동기 유물이 있는 집자리가 모계사회의 잔재가 남아있는 것으로 해석될 수 있어서 청동기시대인 단군조선은 국가가 아니라는 말이다.

그러나 그 말에 뒤를 이어서, 「그런데 해발 60~90m의 구릉 정상부에 자리한 이들 집자리들은 혈연을 기반으로 하는 청동기시대 족장사회의 족장의 집 또는 그와 관련된 공공회의 장소/집무실 등으로 보는 것이 좋을 것 같으며, 이러한 예는 철기시대전기로 편년되는 제주시 심양동(사적 416호)유적에서 확인된 바 있다.」라고 함으로써 앞에 있는 주장을 뒤집고 있다. 다시 말해서 단군조선 시기의 청동기 유물이 있는 집자리가 청동기시대 족장사회의 족장의 집 또는 그와 관련된 공공회의 장소/집무실, 즉 부계사회의 유적이라는 것이다.

이렇게 뒷부분에서 앞부분의 주장을 뒤집고 있다. 각 유적에서 최대 규모 집자리의 장축 길이가 긴 것이 모계사회의 잔재이기 때문에 단군조선은 국가가 아니라고 주장했다가 각 유적에서 최대 규모 집자리의 장축 길이가 긴 것은 청동기시대 족장사회의 족장의 집 또는 그와 관련된 공공회의 장소/집무실 등으로 보는 것이 좋을 것 같다고 하면서 사실상 그것은 부계사회의 유적이라고 주장하며 앞의 주장을 뒤집었다. 즉 그러한 유적 증거가 모계사회의 잔재이기 때문에 단군조선은 국가가 아니라고 했는데, 그 유적 증거가 부계사회의 유적이라고 하므로 단군조선은 국가라는 말이다.

왜 이렇게 주장이 왔다 갔다 하고 갈팡질팡하는가? 처음에는 단군조선을 부정하는 이유가 우리나라 청동기시대의 상한선이 서기전 10세기이기 때문이라고 하였다. 그러나 일본에서 돌대문토기(突帶文土器)를 죠몬

시대의 유물로 설명하면서 죠몬인들의 자체발전설의 근거로 삼으려고 하였는데, 이를 계기로 우리나라 전역에서 돌대문(突帶文: 덧띠새김무늬)토기가 발견되었다. 그런데 우리나라에서 이 돌대문(突帶文: 덧띠새김무늬)토기가 포함된 유적의 연대 측정결과 서기전 20세기~서기전 15세기로 밝혀져, 우리나라 청동기시대의 시작을 서기전 20세기로 올리지 않을 수 없게 되어 단군조선을 부정할 수 없게 되었다. 그러자 이제 와서는 청동기가 출토된 집자리가 모계사회의 잔재가 남아있는 것으로 해석될 수 있기 때문에 단군조선은 국가가 아니라고 했다가, 청동기시대 족장사회의 족장의 집 또는 그와 관련된 공공회의 장소/집무실, 즉 부계사회의 유적이라고 하면서 단군조선이 국가라고 하는 것처럼 갈팡질팡하는 것이다.

일반적으로 마을 유적에서 그 마을 유적의 최대 규모 집자리는 그 마을의 권력자 집자리가 틀림없고, 권력자의 집자리가 다른 집보다 큰 것은 당연하면서도 부계사회의 증거인데, 한반도와 역사 및 문화적 배경과 시기가 전혀 다른 유럽의 즐문토기문화를 대입시켜 모계사회의 잔재가 남아있는 것으로 해석될 수 있다고 하는 것 자체가 무리였다. 그래서 곧바로 이들 집자리들은 혈연을 기반으로 하는 청동기시대 족장사회의 족장의 집 또는 그와 관련된 공공회의 장소/집무실 등으로 보는 것이 좋을 것 같다고 하는 것이다. 전자는 모계사회의 잔재라는 말이고, 후자는 부계사회의 증거라는 말인데, 앞에서는 모계사회의 잔재라고 말해놓고, 바로 뒤에서는 부계사회의 증거라고 말하니 이것은 우리나라도 청동기시대에 국가가 발생했다는 주장을 하고 싶은 것이다. 그런데 그런 주장을 왜 하지 못하는지 알 수 없는 노릇이다.

4. 단군조선이 우리나라 최초의 국가

집자리의 장축 길이가 다른 집보다 길다는 것보다는 그 집자리에서 나온 유물로 국가 발생 여부를 판단하는 것이 합리적이다.

앞에서 소개된 요녕 북외 유적지의 집자리에서 나온 유물을 보면, 비파형 동검을 비롯해서 협사토기 파편과 언(甗: 시루), 정(鼎), 독(瓮), 돌도끼, 돌화살촉, 부채 모양의 날을 가진 청동도끼 돌 거푸집 등이다. 8종류의 유물 가운에 비파형 동검과 정(鼎), 돌도끼, 돌화살촉, 부채모양의 날을 가진 청동도끼 돌 거푸집 등 5개는 무기와 예기(禮器)로써 명백한 권력의 상징이며 부계사회의 유물이다. 더구나 비파형 동검과 돌화살촉은 단군조선시대에 이미 많은 전쟁 경험을 축적하여 장, 단거리 무기 체계를 갖추고 있었다는 것으로, 전쟁 경험이 풍부했다는 증거가 되어, 국가가 이미 탄생했다는 강력한 증거물이 된다. 따라서 요녕 북외 유적지의 집자리는 청동기시대에 국가가 발생하였다는 증거이고, 그 편년이 서기전 18세기~서기전 10세기이므로 단군조선에 해당한다. 따라서 단군조선이 우리나라 최초의 국가이다.

다시 말해서 우리나라 최초의 국가는 조기(早期) 청동기시대에 등장한 단군조선이지, 철기시대에 등장한 위만조선이 아니다.

5. 비파형 동검의 특징과 쓰임, 그리고 돌칼(마제석검)

비파형 동검에 대해서 다음에 다시 서술하겠지만 여기서는 비파형 동검의 쓰임에 초점을 맞추어 비파형 동검의 특징을 설명하고, 비파형 동검과 관련해서 매우 중요하지만 관심이 낮은 돌칼(마제석검)에 대해서 간단히 정리하기로 한다.

1) 비파형 동검의 특징

첫째, 조립식 구조
칼의 몸체와 손잡이(칼자루) 부분을 따로 제작해서 조립식으로 사용하였다.

둘째, 칼날 양쪽의 돌기
칼날 양쪽에 뾰족한 돌기가 있다. 이것은 살상력을 극대화하기 위한 구조이다.

셋째, 칼날 가운데에 있는 등대
칼날 중심부에 척추 뼈와 같은 둥근 대가 있다.

넷째, 피 홈 구조
피 홈이란 칼 몸(檢身)에 피가 흐를 수 있도록 홈이 파여 있는 것을 말한다. 이러한 구조는 칼로 적을 찔렀을 때 칼 몸과 적의 근육을 떨어뜨려 피가 칼 몸에 파여진 홈에 흐를 수 있게 해서 칼을 쉽게 뺄 수 있게 만든 장치이다.

다섯째, T자형 손잡이(칼자루)
칼 몸(劍身: 검신)과 손잡이(칼자루)는 슴베(자루 속에 들어박히는 뾰족한 부분)로 연결되는데, 손잡이(칼자루)를 청동 T자형 손잡이(칼자루)로 만든 것은 T자형 손잡이(칼자루)를 아주 명백히 볼 수 있는데, 손잡이(칼자루)를 나무로 만들어 박은 것은 썩어서 나무 손잡이는 볼 수 없고 슴베만 보인다. T자형 손잡이(칼자루) 역시 칼을 빨리 뺄 수 있게 만든 구조이다.

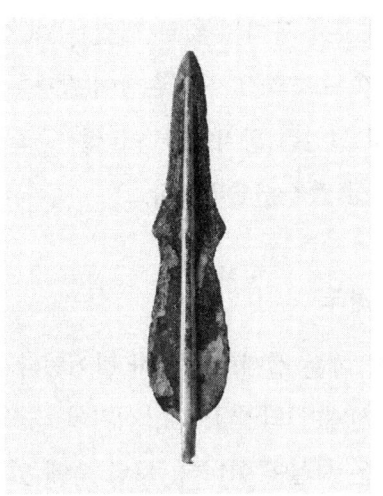

슴베(자루 속에 들어박히는 뾰족한 부분-아래쪽)만
보이는 비파형 동검

(출처: 국립중앙박물관)

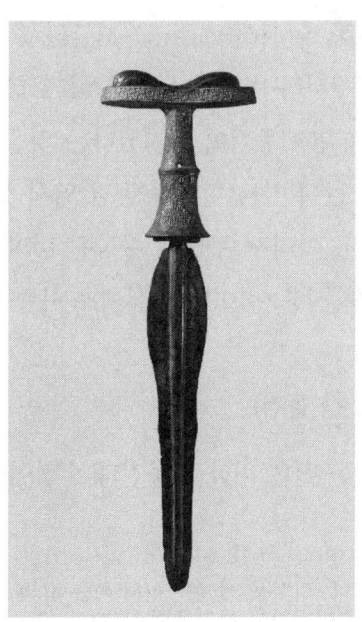

T자형 손잡이(칼자루)가 보이는 비파형 동검

(출처: 국립중앙박물관)

※ 칼날 양쪽의 뾰족한 돌기는 칼로 찔렀을 때 살상력을 극대화하기 위한 구조이고, 피 홈 구조와 T자형 손잡이(칼자루)는 둘 다 칼을 쉽게 뺄 수 있는 방법으로 고안된 장치이다. 이러한 구조는 비파형 동검이 실제로 사용하던 무기(칼)였음을 증명한다.

2) 비파형 동검의 용도

비파형 동검이 처음에는 실제로 사용한 칼이었다가, 무덤 속으로 들어가면서 상징화된 위신재가 되었다느니, 심지어 의식용(제사용)이라는 사람까지 있으나 그것은 사실이 아니다. 무덤 속에 있는 비파형 동검도 실제 사용한 무기로써의 칼이었다. 그 증거가 정가와자(鄭家窪子) 6512호 대묘이다. 그 관 안의 인골 1구는 노년의 남성으로 우측 허리 부분에는 비파형 동검 한 자루를 찼는데, 검신은 오랫동안 사용하여 심하게 마손되었다.[22] 뿐만 아니라, 금서시(錦西市: 지금의 호로도시−葫蘆島市)의 오금당(烏金塘) 무덤에서는 비파형 동검과 함께 청동제 투구와 청동 창(戈)이 출토되었다. 비파형 동검이 무기였다는 것을 극명하게 보여준 사례이다. 이렇게 무덤 안에 있는 비파형 동검 역시 실제로 사용된 무기였다는 증거가 명백하다. 따라서 무덤에 수장된 비파형 동검 역시 상징물이나 위신재, 의식용(제사용)이 아니라 실제로 사용한 무기이다.[23]

3) 돌 칼(마제석검: 간 돌검)

돌 칼(마제석검: 간돌검)은 비파형 동검과 손잡이(칼자루) 구조가 똑같

---

22) 『동북문화와 유연문명(하)』, 918쪽.
23) 상징물이니 위신재니, 의식용(제사용)이니 하는 말의 의도는 비파형 동검이 실제로 사용된 무기가 아니라고 하고 싶은 것이다. 그럼으로써 단군조선이나 후조선의 국가성을 부정하고 싶은 것이다. 즉 단군조선이나 후조선을 국가라고 인정하고 싶지 않은 것일 뿐이다.

아 매우 주목되는 유물이다. 돌 칼(마제석검: 간 돌검)의 손잡이(칼자루)는 비파형 동검과 같이 T자형 손잡이(칼자루)가 있는 것과 슴베(자루 속에 들어박히는 뾰족한 부분)만 보이는 것이 있다. 「마제석검의 경우 유혈구이단병식검(有血溝二段柄式劍: 피 홈이 있는 2단 자루식 검)이 청동기 전기 전반부터 나타나지만, 비파형 동검은 청동기 전기중반 또는 전기후반부터 출토된다.」[24)]는 것을 보거나, 도구의 재료가 석기에서 청동기로 발전했다는 점과 크기(길이), 찌르기 전용의 칼이라는 점, 피 홈(血溝: 혈구) 구조가 있다는 점을 볼 때 비파형 동검은 돌 칼(마제석검: 간 돌검)을 계승한 것이 틀림없다. 여기서 피 홈(血溝: 혈구) 구조는 비파형 동검을 만든 뒤부터 생긴 것이 아니라 돌 칼(마제석검: 간 돌검)이 만들어질 때부터 이미 있었다는 것을 알 수 있다. 우리 선조들은 산에서 출발하였기 때문에 석기에 대한 애착이 강해 돌 칼(마제석검: 간 돌검)은 신석기시대부터 쓰기 시작하여 청동기시대를 지나 철기시대에 들어서야 자취를 감추게 된다.

---

24) 『청동기시대 취락구조와 사회조직』, 이형원, 서경문화사, 2009, 35쪽. 이 책의 저자는 「마제석검의 경우 비파형 동검을 모방한 유혈구이단병식석검」이라고 하면서, 석검이 비파형 동검을 모방하였다고 미리 규정하고 있는데, 그 핵심적인 근거를 보면 「近藤喬一(2000)은 마산(舊의창) 영성리나 울산 동부리 출토 마제석검을 고려하여, 遼西의 영성부근에서 한반도의 경상도지역으로 이 타입의 동검이 들어온 후, 이를 직접 보고 모방했을 가능성을 제기하였다.」라고 하였다. 이것은 遼西와 遼東지방에서 마제석검이 비파형 동검과 함께 출토된다는 사실을 간과한 잘못된 규정이다.

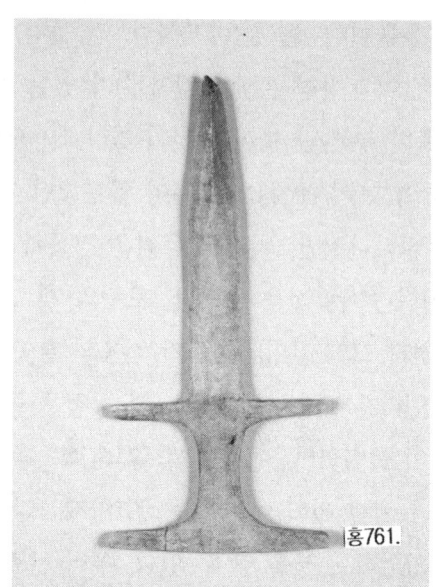

T자형 손잡이(칼자루)가 있는 돌칼(마제석검: 간 돌검)

(출처: 국립중앙박물관)

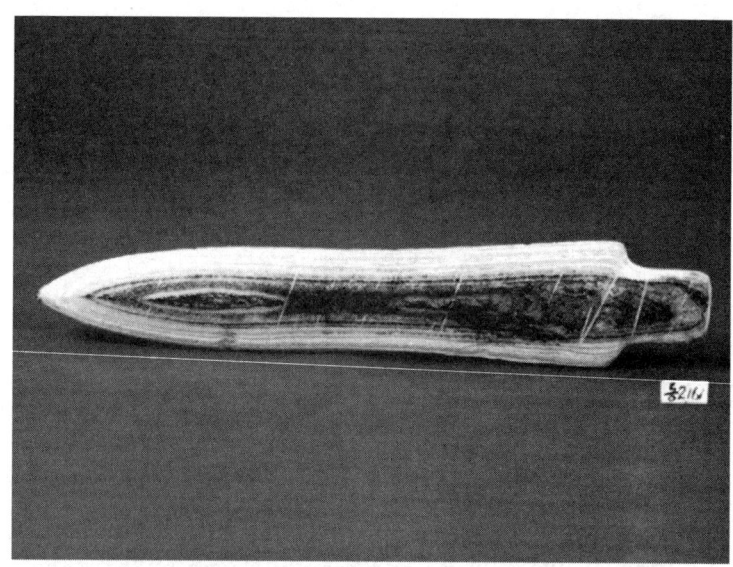

슴베(자루 속에 들어박히는 뭉툭한 부분)만 보이는
돌 칼(마제석검: 간 돌검)

(출처: 국립중앙박물관)

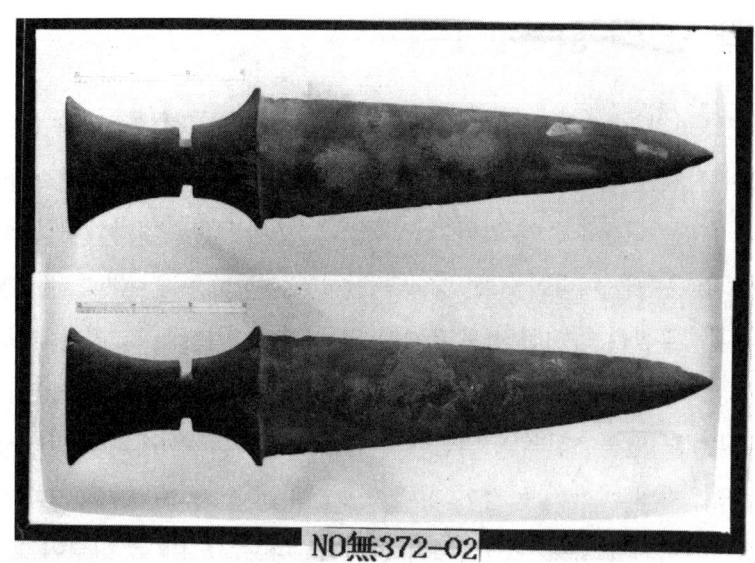

홈자루식(二段柄式: 2단병식) 돌 칼(마제석검: 간 돌검)

(출처: 국립중앙박물관)

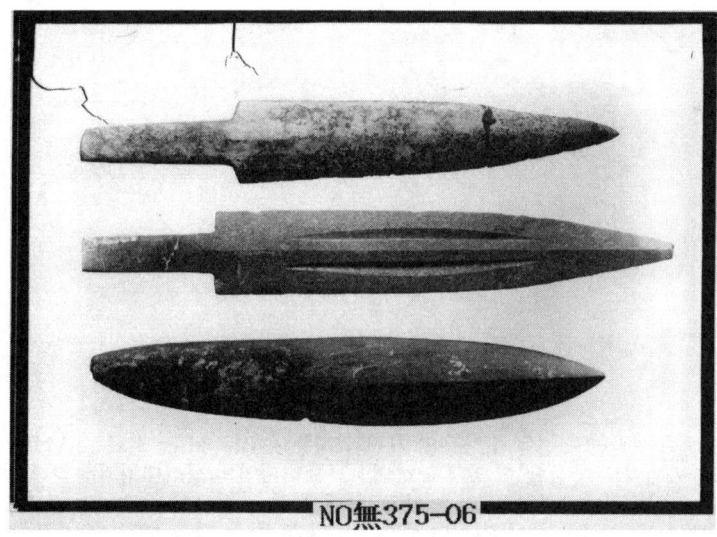

두 번째 돌 칼(마제석검: 간 돌검)에서 보이는
피 홈(혈구: 血溝) 구조

(출처: 국립중앙박물관)

제4장 단군조선의 강역

단군조선의 강역은 자세히 알 수 없으나, 비파형 동검이 중국 요녕성 심양시 관내 신민시 북외 유적지 주거지에서 출토되었으므로 최소한 심양시 일대는 단군조선의 영역이 명백하다. 또한 「옛날 기자가 쇠망하는 은나라의 운수를 피하여 조선 땅에 피난하였다(昔箕子違衰殷之運, 避地朝鮮).」는 후한서 동이열전(東夷列傳)의 기록이 있는데, 그 기자의 유물이 조양시 객좌현(喀左縣: 카줘현) 일대에서 발견되었으므로, 조양시 객좌현 일대도 단군조선의 영역임에 틀림없고, 북외 유적지와 마찬가지로 한반도 초기의 비파형 동검이 청주 학평리와 춘천 중도, 양구 고대리에서 발견되었는데 역시 주거지에서 발견되었다는 사실[25]로 미루어 보아, 한반도 역시 단군조선의 강역이 분명하다. 즉 최소한 중국 요녕성 심양시 일대부터 청주 학평리까지가 단군조선의 강역이다.

---

25) 강인옥, 『한반도 청동기 사용의 기원과 계통』, 2017.11.3. 발표. 편년을 서기전 11~9세기로 상정할 수 있다고 하면서, 「요서지역의 십이대영자식의 동검 연대는 기원전 9세기를 소급할 수 없고, 중국 동북 지역에서 비파형 동검의 연대를 극적으로 소급하는 증거는 아직까지 없다」고 하는 것을 보면, 서기전 11~9세기라고 편년한 것은 중국의 예를 의식한 상대적인 편년임을 알 수 있다. 따라서 2017년 11월 3일에 발표한 이 글 뒤에 중국에서 2018년 2월 11일 발표한 상한 연대 18세기의 비파형 동검 출토를 통해서 이 편년이 상향될 수 있음을 알 수 있다.

제2편 후조선

제1장 개관

1. 존속 기간

후조선이 존속하였던 기간은 주나라 건국 초기인 서기전 1046년 무렵부터 서기전 194년 무렵까지이다. 주나라 건국을 하상주단대공정은 서기전 1046년의 일로 보고 있다고 하며, 위만이 후조선을 빼앗아 위만조선을 세운 때가 한고조가 죽은(서기전 195년) 직후이므로 서기전 194경이기 때문이다.

2. 왜 후조선인가?

제왕운기와 세종실록지리지에 의하면 전조선은 단군조선이고, 후조선은 기자조선이라고 하는데, 그 이유는 전조선을 단군이 세웠기 때문이고, 후조선은 기자가 세웠기 때문이라고 한다. 그러나 사서를 검토해 보면 후조선은 기자가 세운 것이 아니었다. 즉 후조선은 기자가 세운 것이 아니기 때문에 기자조선이라는 명칭을 빼고 후조선이라고만 하는 것이다. (자세한 설명은 아래에 있음)

제2장 후조선과 기자(서기전 1046년 경)

제1절 우리나라의 문헌

1. 제왕운기

1) 번역문

〈후조선기(後朝鮮紀)〉

후조선의 시조는 기자인데, 주무왕 원년 기묘년 봄에
달아나 이곳에 와 스스로 나라를 세웠구나.
주 무왕이 멀리 봉한다는 명령을 내리니,
사양하기 어려워, 마침내 들어가 보니, 홍범구주 인륜을 물어 오네.①
41대 손자는 이름이 준으로, 남에게 나라 잃고 백성마저 떠났구나.
928년 다스리니, 기자의 남긴 풍교(風敎) 찬연히 전하였네.
준왕은 금마군에 옮겨 앉아, 도읍 세워 또다시 임금이 되었네.

※ 원문에 있는 주석(이승휴가 쓴 주석)
① 상서(尙書)의 주석에 이르기를: 「무왕이 기자를 가두자, 기자는 조선으로 달아나서 나라를 세웠다. 무왕이 듣고서 봉하였다. 기자가 봉한 것을 받고 신하의 예가 없을 수 없어 사례하기 위하여 들어가 뵈니 무왕이 홍범구주를 물었다. (기자가 주나라에) 있었던 것은 주나라 13년이다.」라고 하였다. 이하 전(傳)에 나타난 것은 모두 주를 달지 않는다.

2) 원문

後朝鮮紀

後朝鮮祖是箕子, 周虎元年己卯春, 逋來至此自立國。周虎遙封降命綸。禮難不謝乃入觀 洪範九疇問彝倫。(尙書疏云, 虎王箕子之囚, 箕子走之朝鮮立國。虎王聞之因封焉。箕子受封, 不得無臣禮, 因謝入觀 虎王問洪範九疇。在周之十三年也。已下現於傳者皆不注。)

四十一代孫名準, 被人侵奪聊去民, 九百二十八年理, 遺風餘烈傳熙淳。準乃移居金馬郡 立都又復能君人。

2. 조선왕조실록(세종실록지리지 평안도 평양부)

주나라 무왕이 상(商: 은)나라를 이기고, 기자를 이 땅에 봉하였으니, 이것이 후조선(後朝鮮)이다(周武王克商, 封箕子于此地, 是爲後朝鮮).

3. 우리나라 사료가 근거로 삼은 것

위에서 보듯이 제왕운기가 후조선의 시조가 기자라고 하는 근거는 상서대전이고, 조선왕조실록 세종실록지리지가 후조선에 기자를 봉하였다고 하는 근거는 사기 송미자세가이다.

제2절 중국의 문헌

1. 사기 송미자세가

이에 무왕은 마침내 기자를 조선에 봉했으나 신하로 여기지는 않았다(於是武王乃封箕子于朝鮮而不臣也).

※ 이때가 주나라 건국 당시였고 주나라 건국을 중국의 하상주단대공정은 서기전 1046년이라고 한다.

2. 한서지리지

은나라의 도가 쇠하자, 기자가 조선으로 갔다(殷道衰, 箕子去之朝鮮).

※ 이때도 주나라 건국 당시였고 주나라 건국을 중국의 하상주단대공정은 서기전 1046년이라고 한다.

사기 송미자세가에 의하면 가자는 조선에 통치자 자격으로 간 것이고, 한서지리지에 의하면 기자는 조선에 통치자가 아니라 망명자(또는 피난민)의 자격으로 간 것이다.

어떤 것이 맞는가?
이것은 후학들이 어느 것을 따르는지 보면 알 수 있다. 후학들은 둘 중에 맞는 것을 따르기 때문이다.

첫째, 후한서 동이열전(東夷列傳) 논왈(論曰)을 보면,

『옛날 기자가 쇠망하는 은나라의 운수를 피하여, 조선 땅에 피난하였다 (昔箕子違衰殷之運, 避地朝鮮).』
이렇게 더욱 자세하게 나와 있다. 명백하게 기자는 조선 땅에 피난한 것이라고 기록하고 있다. 기자는 조선 땅에 피난 온 것이지 통치자로 온 것이 아니다. 기자는 피난민으로 조선에 온 것이다.

둘째, 삼국지 동이전(烏丸鮮卑東夷傳) 예전(濊)에도,
『일찍이 기자가 조선에 가서(昔箕子既適朝鮮) … 하략』
이렇게 조선에 그냥 갔다고 기록하고 있다.

셋째, 북사 열전 논왈(論曰)에도,
『기자가 난리의 땅을 피하여 조선에 다다르고는(暨箕子避地朝鮮) … 하략』
이렇게 기자가 조선으로 피하여 갔다고 기록하고 있다. 즉, 피난 간 것이다. 기자는 조선으로 피난민으로 간 것이지, 통치자로 간 것이 아니라는 말이다.

넷째, 수서 동이열전 사신왈(史臣曰)에도,
『기자가 난리의 땅을 피하여 조선에 다다르고는(暨箕子避地朝鮮) ... 하략』
이렇게 명백하게 기록하고 있으니, 기자는 조선으로 피난 간 것이다.

이렇게 한결같이 한서지리지의 입장을 따르고 있다. 따라서 기자가 조선에 피난민으로(혹은 망명객으로) 간 것이 맞는 것이다. 기자는 조선에 통치자로 간 것이 아니라는 말이다. 이 말은 기자가 조선에 봉해진 게 아니라는 것이다.

따라서 후조선은 맞지만 기자조선은 아니기 때문에 후조선이라고 하는 것이다. 그래서 후조선이라고 한 것이고 후조선이라고 써야 한다.

3. 상서대전

「무왕이 은나라를 이겨 공자 녹부(公子祿父)를 계승하고 기자를 석방하였으나, 기자는 주나라의 석방을 참지 못하고 조선으로 가니」 무왕이 기자가 조선으로 갔다는 소식을 듣고 그를 (조선에) 봉하였다. 기자는 이미 주나라의 봉함을 받은 바라 부득이 신하의 예를 올리지 않을 수 없었으므로 13년에 찾아뵈었다. 무왕은 기자가 찾아오므로 홍범에 대하여 물었다(武王勝殷 繼公子祿父 釋箕子之囚 箕子不忍爲周之釋 去之朝鮮 武王聞子因以朝鮮封之 箕子旣受周之封 不得無臣禮 故於十三祀來朝 武王因其朝而問鴻範).(尙書大傳 卷2 殷傳 洪範條)

상서대전은 기자가 조선으로 가니까 무왕이 기자를 조선에 봉했다는 것인데, 남의 나라로 간 사람을 남의 나라 왕으로 봉했다는 것은 말이 되지 않는다. 그러면 한국 사람이 중국으로 가니 중국의 왕으로 봉했다는 말도 성립하는가? 한국 사람이 미국으로 가니 미국 대통령으로 임명하면 미국 대통령이 되는가? 상서대전의 말은 그야말로 어불성설(語不成說-말도 되지 않는 말)이다. 따라서 후조선은 맞지만 기자조선은 아니기 때문에 후조선이라고 하는 것이다.

4. 중국의 문헌들이 뜻하는 것

사기 송미자세가나 한서지리지, 상서대전이 뜻하는 바는 이전부터 있었던 조선(단군조선)이 은말주초에야 중국에 알려졌다는 것이다. 다시 말해서 조선(단군조선)이 은말주초 이전에 이미 존재하여 주변에 차차 알려지다가 은말주초에는 중국에서 누구나 알 수 있을 정도로 알려졌다는 것을 말하고 있다. 다시 말해서 중국 사료들이 뜻하는 것은 단군조선의 존재를 간접 증명한 것이다.

제3절 기자가 조선으로 피난 온 물적 증거

요녕성(遼寧省) 조양시 객좌현(喀左縣: 카줘현)에는 6개 교장 갱(窖藏坑: 땅굴 저장 구덩이)이 있는데, 그 가운데 북동(北洞: 베이둥)에서 2개의 청동기 교장 갱(窖藏坑: 땅속에 물건을 매장한 구덩이)을 1973년에 발견하였다.

첫 번째 갱에는 청동기 6점이 매장되어 있었는데, 모두 상나라 시대(은나라 시대) 후기의 유물이며, 그 가운데 뢰(罍: 술독)의 1점에는 "부정고죽아미(父丁孤竹亞微)"라는 6자의 명문이 있다.

두 번째 갱에서는 6점이 출토되었는데 방정(方鼎: 사각형 솥), 궤(簋: 고대에 제사 지낼 때 기장이나 피를 담던 귀가 달린 그릇), 뢰(罍: 술독), 그리고 대취발형기(大嘴鉢形器: 큰 부리가 있는 사발 모양의 그릇) 각 1점과 원정(圓鼎: 원형 솥) 2점이다. 방정(方鼎)은 높이 52cm, 무게 31kg이며, 복부 장벽의 안쪽에 명문 24자가 있다. 그 내용은 이 동기(銅器: 청동기)를 제작한 자가 '집(執)'의 상사(賞賜: 물건 따위를 상으로 하사함)를 받았다는 것이다.
 바닥 부분에는 '기후아현(箕侯亞현—현은 矣와 비슷하나 矢 위에 있는 厶 대신에 匕자가 있는 글자)이라는 족휘(族徽: 족속의 표시)가 있다. 이것은 출토 지점이 분명한 기후(箕侯)의 유물 가운데 가장 큰 것이다.[26]
 ※ 복동(北東: 베이둥) 유적 출토 유물 사진은 경향신문 [코리안루트를 찾아서] (22)편에 있음.

 그 방정(方鼎: 사각형 솥) 바닥의 기후(箕侯)라는 명문(銘文: 새겨 놓은 글)이 기자와 관련되어 있다. 이것이 기자가 조선으로 피난 온 물적 증거이다.

 이들 교장 청동기 연대의 절대다수는 상(商: 상나라) 후기에서 서주 전기이며,[27] 교장 청동기들에는 여러 씨족들의 표식이 보인다고 한다. 이런 점을 보았을 때 은나라(상나라)가 망하자 기자는 혼자만 조선으로 간 것이 아니라 기자가 여러 사람들을 이끌고 조선으로 피난 간 것으로 보인다. 그것은 한서지리지의 「은나라의 도가 쇠하자 기자가 조선으로 갔다(殷道衰, 箕子去之朝鮮).」는 기록이나 후한서 동이열전(東夷列傳) 등

---
26) 『동북문화와 유연문명』, 799쪽.
27) 『동북문화와 유연문명』, 809쪽.

의 「옛날 기자가 쇠망하는 은나라의 운수를 피하여 조선 땅에 피난하였다(昔箕子違衰殷之運, 避地朝鮮).」는 기록과 일치하기 때문이다. 따라서 교장(窖藏: 땅속에 물건을 매장) 청동기가 발견된 조양시 객좌현(喀左縣: 카줘현) 일대는 조선(단군조선)의 영역이라고 할 수 있다.

그리고 이런 것들은 무덤이 아니라 교장갱(窖藏坑: 땅속에 물건을 매장한 구덩이)에서 발견되었다는 점이 중요하다. 사기 송미자세가의 기자에 대한 주석으로「기자의 무덤이 양국 몽현(梁國 蒙縣)에 있다」는 두예(杜預)의 주석이 있는데, 양국 몽현은 지금의 하남성 상구(商丘)시이다. 그리고 그 기호(箕侯: 기후)가 새겨진 청동기가 가장 집중적으로 발견된 곳은『동북문화와 유연문명』의 저자들의 말처럼 연산 남북 지역이 아니라, 산동성 교동(膠東)반도 서북쪽에 위치한 용구시(龍口市) 일대이다.[28]

그렇다면, 기자는 조선에 갔다가 다시 중국으로 돌아와서 살다가 죽었고, 중국 땅에 묻힌 것이다. 이것은 기자조선이라는 것이 존재하지 않았다는 증거이다.

참고로『箕子朝鮮 문제의 재조명』이라는 글을 보면, 교장 청동기가 발견된 조양시 객좌현 일대가 조선(기자조선)의 영역이 아니라고 하면서「문헌기록에 의하면 기원전 7~6세기 당시 요서지역(遼西地域)에는 산융(山戎)으로 표현되는 종족이 매우 활발히 활동하고 있음이 보인다.」라고 하였다. 교장 청동기가 발견된 조양시 객좌현 일대는 기자조선의 영역이 아니라 산융이 활동한 지역이라는 것이다. 그 근거로《左傳》"冬遇于魯濟 謀山戎也 以其病燕故也"《國語》齊語 桓公曰 "吾欲北伐 遂北伐山戎

---

28) 『동북문화와 유연문명』, 해제

令支孤竹而南歸…"《管子》封禪 齊桓公曰"寡人北伐山戎過孤竹"《管子》大匡"桓公乃北伐令支 下鳧之山 斬孤竹 遇山戎"《管子》小匡"北伐山戎 制令支 斬孤竹 而九夷始聽"《史記》齊太公世家"二十三年 山戎伐燕…齊桓公救燕 遂伐山戎 至于孤竹而還"《史記》匈奴列傳"是後 六十有五年 山戎越燕而伐齊 齊釐公(前 706) 與戰于齊郊 其後四十 四年 而山戎伐燕 燕告急于齊 齊桓公北伐山戎 山戎走", "當是之時 秦晉爲強國…而晋北有林胡樓煩之戎 燕北有東胡山戎", "其後燕有賢將秦開爲質于胡 胡甚信之 歸而襲破走東胡 東胡却千餘里"를 들고 있다.

그러나 그 글에 제시된 근거에는 산융이 조양시 객좌현 일대에서 활동하였다는 문구가 없다. 뿐만 아니라 기자가 조선으로 피난 간 때는 서기전 11~10세기인데 그 글에 제시된 근거는 서기전 7~6세기 이야기를 하고 있으므로 그 글의 이야기는 조양시 객좌현 일대가 조선(단군조선)의 영역이 아니라는 근거가 못 된다. 근거로 제시한 시기부터 틀렸다는 말이다.

한편, 그 글에 제시된 문장을 실제로 번역해 보면 다음과 같다. 춘추좌전의 "冬遇于魯濟 謀山戎也 以其病燕故也"를 번역하면 「겨울, (노장공이 제환공과) 노제에서 만나, 산융을 (치는 일을) 모의하였다. 그것은 (산융이) 연나라를 괴롭히기 때문이었다.」이고, 《國語》齊語 桓公曰"吾欲北伐 遂北伐山戎 令支孤竹而南歸…"은 잘못 제시한 원문으로《국어(國語)》제어(齊語)의 원래 문장을 보면, 桓公曰: "吾欲北伐, 何主？" 管子對曰: "以燕爲主 (하략)"(중략) 遂北伐山戎, 制令支、斬孤竹而南歸으로 번역은 「환공이 말하기를 "내가 북쪽으로 정벌을 하고자 하는데 어디를 위주로 해야 하오?"라고 하니, 관자가 대답하여 말하기를 "연나라를 위주로 하십시오 (하략)." (중략) 마침내 북쪽으로 산융을 정벌하고, 영지를 쳤으며, 고죽을 베고 남쪽으로 돌아왔다.」이다. 그 다음 《管子》 封禪 齊桓公曰 "寡人北伐山戎過孤竹"의 번역은 《관자(管子)》봉선(封禪)편,「제환공이 말하기를 "과인이 북쪽으로 산융을 정벌하며 고죽을 지났소"라고 하였다.」이고, 《史記》齊太公世家 "二十三年 山戎伐燕…齊桓公救燕 遂伐山戎 至于孤竹而還"의 번역은 《사기(史記)》제태공세가(齊太公世家) 「"23년, 산융이 연나라를 치자…제환공이 연을 구하고, 마침내 산융을 치고 고죽(孤竹)까지 이르렀다가 돌아왔다."」이며, 《史記》匈奴列傳 "是後 六十有五年 山戎越燕而伐齊 齊釐公(前 706) 與戰于齊郊 其後 四十 四年 而山戎伐燕 燕告急于齊 齊桓公北伐山戎 山戎走", "當是之時 秦晋爲强國…而晋北有林胡樓煩之戎 燕北有東胡山戎", "其後燕有賢將秦開爲質于胡 胡甚信之 歸而襲破走東胡 東胡却千餘里"의 번역은 《사기(史記)》흉노열전(匈奴列傳) 「"그후 65년, 산융이 연(燕)나라를 넘어, 제(齊)나라를 치니 제나라 희공(釐公: 서기전 706년 때)이 제나라 교외에서 산융과 싸웠다. 그 후 44년, 산융이 연나라를 치니 연나라는 위급함을 제나라에 알렸다. 제나라 환공(桓公)은 북쪽으로 산융을 치니, 산융이 달아났다.", "그 당시에 진(秦)과 진(晉) 나라가 강국이었다. … 진(晉)나라 북쪽에는 임호(林胡)와 누번(樓煩) 등의 융족이 있었고, 연나라 북쪽에는 동호(東胡)와 산융(山戎)이 있었다.", "그 후, 연나라에 현명한 장수 진개(秦開)가 호(胡)에 인질이 되었는데, 호(胡)가 그를 깊이 신임하였다. 돌아와서, 동호를 습격해 패주시키니, 동호는 1천여 리를 물러났다."」이다.

보다시피 근거로 제시된 문장, 어디에도 산융이 조양시 객좌현 일대에서 활동했다는 문구가 없다. 그리고 산융의 위치에 대하여 국어(國語)를 보면, 제나라의 북쪽에 연나라가 있고, 연나라의 북쪽에 산융(연나라의 북쪽에 산융이 있다는 사기 흉노열전의 기록 참고), 영지, 고죽이 있음을 알 수 있는데, 고죽의 위치가 오늘날의 하북성 노룡현(盧龍縣) 일대인 점을 감안하면, 「북쪽으로 산융을 정벌하고, 영지를 쳤으며, 고죽을 베고 남쪽으로 돌아왔다.」는 것은 연나라를 위주로 북쪽 정벌을 한 다음에, 이어서 연나라의 북쪽에 있는 산융을 정벌한 뒤, 산융 동쪽에 있는 영지를 치고, 영지 동쪽에 있는 고죽까지 베고 남쪽으로 돌아왔다는 것이다. 즉 제나라의 북쪽에 연나라가 있고, 연나라 북쪽에 산융이 있으며, 산융의 동쪽에 영지가 있고, 영지의 동쪽에 고죽이 있었음을 알 수 있다. 그 다음 관자(管子)를 보면, 「과인이 북쪽으로 산융을 정벌하며 고죽을 지났소.」라고 말한 것은 고죽의 위치가 오늘날의 하북성 노령현(盧龍縣) 일대이기 때문에 가능한 일이다.[29] 즉 고죽이 산융의 동쪽에 있었기 때문에 이런 일이 있었던 것이다. 그리고 사기 제태공세가를 보면 연나라(제나라의 북쪽에 있음)를 구하고, 산융(연나라 북쪽에 있음)을 친 뒤 고죽(孤竹)까지 이르렀다고 하였는데, 고죽이 산융의 동쪽에 있으므로, 산융을 친 뒤, 산융의 동쪽에 있는 고죽까지 갔다는 이야기이다. 다시 말해서 산융은 고죽의 서쪽에 있었지 동쪽에 있었던 것이 아니다. 즉 산융은 하북성 노룡현 서쪽에 있었지 하북성 노룡현의 동쪽인 조양시 객좌현 일대에 있었던 것이 아니다. 마지막으로 사기 흉노열전을 보면, 「연나라 북쪽에 동호와 산융이 있다.」고 하였는데, 연나라가 북쪽에 있는 동호를 습격하자 동호는 북쪽으로 간 것이 아니라 동쪽으로 물러난 것을 보면 산융은 동호보다 더 북쪽에 있었던 것이지 동호의 동쪽에 있었던 것이 아니다. 즉 어느 면으로 보나 기자의 유물이 나온 조양시 객좌현 일대가 산융이 활동한 지역이라는 말은 사실이 아니다.

---

29) 중국 연변대학교 교수이며 중국 고대사를 전공한 역사학자 박기수 씨가 블로그에 쓴 『난하유역 성시(4)하북성 노룡현-고죽국의 도읍-고죽국의 유물』이라는 글에서도 고죽국의 도읍지가 노룡현이라고 말하고 있다.

제3장 후조선의 유물과 유적

제1절 개관

비파형 동검은 처음에 주거지에서 출토되다가, 단군조선 이후 언제부터인가 비파형 동검이 무덤에 수장되었다. 즉, 비파형 동검이 무덤에 수장된 것은 비파형 동검 역사에서 뒤늦게 나타난 현상이다. 여기서는 먼저 비파형 동검에 대해서 알아보고, 그다음에 후조선 초기 및 중기의 유물과 유적에 대해 알아보고자 한다. (※ 여기서 유감스러운 일은 이 유물들이 모두 우리 역사의 유물인데, 지금 그 유물들이 출토되는 지역 대부분은 중국 땅이 되어있어서 중국의 연구 결과를 소개해야 한다는 점이다.)

1. 비파형 동검의 출토 지역

비파형 동검의 출토 지역에 대해 중국에서는「동쪽으로 러시아의 연해주까지, 서쪽으로 보정시(保定市: 북경 서남쪽) 관내의 탁주시(涿州市: 쥐저우시)와 망도현(望都縣: 왕두현)까지, 남쪽으로 한반도와 바다를 건너 일본 열도의 구주(九州: 규슈)까지, 북쪽으로는 노합하(老哈河: 라오하허) 상류의 영성현(寧城縣: 닝청현-적봉시 관내)과 오한기(敖漢旗: 아오한기-적봉시 관내)까지이고, 가장 집중적으로 출토되는 지역은 의무려산(醫巫閭山: 이우뤼산) 양쪽의 요서(遼西: 랴오시)와 요동(遼東: 랴오둥) 지역이며, 특히 요서(遼西: 랴오시) 지역에 밀집되어 있다.[30]」라고 하고 있다.

2. 비파형 동검의 특징

1) 모양(형태): 비파형 동검의 가장 큰 특징은 그 모양(형태)이 비파형으로 되어 있다는 점이다.

---

30) 『동북문화와 유연문명(하)』, 897쪽.

2) 조립식: 칼몸과 칼자루를 따로 만들어 조립하게 되어있다.
3) 특이한 구조: 칼몸 가운데가 등뼈처럼 불룩 튀어나와 있고, 피 홈이 있으며 칼자루는 T자로 되어 있다.

3. 비파형 동검의 변화 양상

비파형 동검의 변화 양상을 중국에서는 다음과 같이 말하고 있다.
1) 검신의 주상 돌척(柱狀突脊: 기둥 모양의 척추)이 검봉(劍鋒: 칼날 끝)까지 직통하다가 이후 검봉(劍鋒: 칼의 뾰족한 꼭대기. 칼날 끝)이 더 길어지는 형태로 변화한다.
2) 인부(刃部: 칼날 부분)의 가장자리 돌기는 점차 위에서 아래로 내려오는 동시에 차차 사라져간다.
3) 검병(劍柄: 칼자루)은 목병(木柄: 나무자루)에서 동병(銅柄: 청동 자루)으로 바뀌어 가고, 검병(劍柄: 칼자루)의 끝부분은 '반(盤: 구불구불함)'에서 '대(臺: 높고 평평함)'의 형태로 변화하여 간다.
4) 이 반(盤)과 대(臺)는 아래로 쳐져 있다가 점차 위로 치켜 올라간다.
5) 또 그 평면은 속요형(束腰形: 중간이 잘록한 모양)에서 방추형(紡錘形: 원기둥꼴의 양 끝이 뾰족한 모양)으로 바뀌어 간다. 검파두 역시 '승모형(僧帽形: 삿갓형?)'에서 '과사형(瓜梭形: 양끝이 뾰족한 형?)'으로, 이어 해삼형(海蔘形)으로 발전한다.[31]

4. 함께 출토된 유물(공반 유물)

중국에서는 비파형 동검과 함께 출토되는(공반하는) 청동기에 대해 「다뉴동경(多鈕銅鏡: 걸이 꼭지가 2개인 청동거울), 여러 개의 톱니를 가진 청동도(刀), 부채꼴 청동 도끼(扇面刃銅斧: 선면인동부), 활석제(곱

---
31) 『동북문화와 유연문명(하)』, 903~904쪽.

돌) 거푸집 등도 있다. 이들 유물의 공반관계는 상대적으로 안정적이다. 비파형 동검과 함께 출토되는(공반하는) 토기는 물레를 사용하지 않았고 문양이 없으며 홍갈도 계통으로 기형이 비교적 간단한 호(壺: 단지, 항아리)와 발(鉢: 사발) 종류이다. 삼족기(三足器)는 극히 적거나 보이지 않는다. 다만 발전 단계와 지역의 차이에 따라 공반 토기에 나타나는 차이도 상당하다.[32]」라고 말하고 있다.

제2절 후조선 전기(前期) 유적과 유물 (서기전 1,000년 무렵~서기전 900년 무렵)[33]

이 시기의 가장 큰 특징은 이때부터 무덤에 수장된 비파형 동검이 나타나기 시작한다는 것이다. 이것을 달리 말하면 이전 시기에는 주거지에 두었던 비파형 동검이 이때부터 무덤에 수장되는 것으로 보인다는 말이다. 또한 이 시기의 유적과 유물은 기자가 조선(단군조선)으로 피난 갔던 시기 전후부터 시작되는 후조선 초기 유적과 유물에 대한 것이다.

1. 쌍방(雙房: 솽팡)유적

이 유적은 대련(大連) 보란점시 안파진 덕승촌 쌍방둔에 있다.[34] 1980년에 이 유적에서 석개석관묘(石蓋石棺墓: 우리나라에서는 개석식 고인돌이라고 함) 3기와 지상석붕식석관묘(地上石棚式石棺墓: 우리나라에서는 탁자식 고인돌이라고 함) 6기가 발굴되었는데, 석개석관묘(石蓋石棺墓)와 석붕식석관묘(石棚式石棺墓)가 동일한 묘지에서 함께 발견된 것[35]은 고인돌의 발달단계와 분류에 있어서 매우 중요한 사항이다.

---

32) 『동북문화와 유연문명(하)』, 904쪽.
33) 이 시기의 하한연대가 서기전 약 900년이라는데 대해서는 이견이 있음.
34) 세계한민족문화대전.
35) 『동북문화와 유연문명(하)』, 897~898쪽.

참고로 석붕식석관묘(石棚式石棺墓)는 지상석붕식석관묘(地上石棚式石棺墓) 또는 간단히 석붕(石棚: 돌 천막)이라고도 한다. 우리나라에서는 북방식(탁자식) 고인돌이라고 한다.

쌍방유적에서 가장 주목해야 할 점은 개석식 고인돌과 탁자식 고인돌이 동일한 묘지에서 함께 발견된 것이다. 이것은 매우 중요한 의미를 갖는다. 개석식 고인돌(중국에서는 석개석관묘-石蓋石棺墓라고 함)은 중국에서 대석개묘(大石蓋墓)라고도 하는데, 우리나라에서는 남방식 고인돌로 분류하기도 한다. 우리나라에서는 고인돌을 남방식과 북방식, 또는 남방식, 북방식, 개석식(蓋石式)의 셋으로 구분하고, 발달 순서도 북방식-남방식-개석식으로 생각한다[36]고 하는데, 개석식 고인돌과 북방식(탁자식) 고인돌이 쌍방(雙房: 솽팡)유적의 동일한 묘지에서 함께 발견됨으로써, 우리나라의 고인돌(지석묘) 분류방식과 그 발달순서는 엉터리라는 것이 드러난 것이다. 비파형 동검문화 가운데 요동(遼東: 랴오둥)반도의 쌍방(雙房: 솽팡)유형이 가장 빠르다[37]고 하니, 고인돌의 발달 순서가 북방식-남방식-개석식이라는 것도 엉터리이며, 고인돌의 분포지역에 따라 남방식과 북방식으로 나눈 것 역시 엉터리라는 것이 드러난 것이다. 따라서 그러한 생각에 따라 우리나라 고인돌과 거기에서 출토된 유물의 편년이 엉터리임이 드러난 것이다. 그래서 (우리나라) 고인돌의 변천이나 편년에서도 아직 확실한 정설은 없다[38]고 하는 것이다. 이렇게 뭐가 무엇인지도 모르는 상태에서 우리나라 청동기시대의 유물 편년을 결정하다 보니, 우리나라 청동기시대의 편년은 상당부분 엉터리이고 잘못되어 있다. 따라서 우리나라 청동기시대의 편년은 재편성해야 한다.

---

36) 『한국 청동기·철기시대와 고대사회의 복원』, 182쪽.
37) 『동북문화와 유연문명(하)』, 905쪽.
38) 『한국 청동기·철기시대와 고대사회의 복원』, 183쪽.

1) 쌍방(雙房: 솽팡)유형의 분포지역

이 유형의 분포지역은 북쪽으로는 해성하(海城河)~관둔하(官屯河) 유역으로부터 남쪽으로 복주하(復州河) 중류역에서 벽류하 중류역을 잇는 선까지, 서쪽으로 요동만(遼東灣)으로부터 동쪽으로 대양하(大洋河) 중하류역까지[39]이다.

2) 쌍방(雙房: 솽팡)유형 돌무덤의 종류

이 유형의 돌무덤은 개석식(蓋石式) 고인돌(중국에서는 석개석관묘-石蓋石棺墓라고 함)과 탁자식(북방식) 고인돌(중국에서는 석붕식석관묘-石棚式石棺墓라고 함), 두 종류이다.

(1) 쌍방(雙房: 솽팡)유형의 개석식(蓋石式: 뚜껑돌식) 고인돌

분포 지역은 요동(遼東)반도 및 그 이북인데 예를 들면, 신금현(新金縣: 신진현) 쌍방(雙房: 솽팡), 벽류하(碧流河: 비류허) 저수지, 태자하(太子河: 타이즈허)유역의 요양(遼陽: 랴오양) 이도하자(二道河子: 얼다오허쯔), 혼하(渾河: 훈허) 유역의 무순(撫順: 푸순) 대화방(大伙房: 다훠팡), 하요하(下遼河: 샤랴오허)의 지류에 있는 청원현(淸原縣: 칭위안현) 문검(門臉: 먼롄), 이가보(李家堡: 리자바오), 신빈현(新賓縣)의 대사평(大四平: 다쓰핑) 등이 있고, 제2송화강(第二松花江: 제2쑹화쟝) 유역의 서단산(西團山: 시퇀산)문화 석관묘도 이 유형과 관계있다[40]고 한다.

---

39) 세계한민족문화대전.
40) 『동북문화와 유연문명(하)』, 905~906쪽.

그리고 함께 출토된 유물(공반 유물)을 살펴보면, 이 유형의 대표적인 무덤들인 요양(遼陽: 랴오양) 이도하자(二道河子: 얼다오허쯔), 무순시(撫順市: 푸순시) 갑방(甲幇: 자방), 청원현(淸原縣: 칭위안현) 이가보(李家堡: 리자바오), 문검(門臉: 먼롄) 사평현(西平縣: 시핑현) 성신촌(誠信村: 청신촌) 석관묘 등에서는 모두 비파형 동검, '쌍방(雙房: 솽팡)-미송리'식 토호, 활석 부범(滑石斧範: 곱돌 도끼 거푸집)이 함께 출토되었는데 이것을 보면 이 3종(비파형 동검, 미송리식 토호, 곱돌로 된 도끼 거푸집)이 쌍방(雙房: 솽팡) 유형의 공통된 공반 유물 조합임을 알 수 있다[41]는 것이다.

한편, 쌍방(雙房: 솽팡)유형의 개석식(蓋石式) 고인돌에서 주의 깊게 살펴봐야 할 점은 화장(火葬)문화이다. 쌍방(雙房) 2호 지석묘(개석식 고인돌)에서 불탄 인골이 검출되었고, 같은 개석식 고인돌인 보란점 핵도구 지석묘에서는 무덤 바닥에 판석을 깔았는데 그 위에 목탄 조각이 확인되어 묘실 내부에서 화장이 이루어진 것으로 보이며, 역시 같은 개석식 고인돌인 봉성 서산 지석묘 5기 모두에서 목탄이 확인되는 것으로 보아 화장묘로 추정되며, 같은 개석식 고인돌인 무순 하협심 2호 지석묘에서도 불에 탄 흔적이 있는 인골이 관찰되었고, 같은 개석식 고인돌인 무순 산룡 지석묘에서도 불에 탄 인골이 검출되었으며, 무순 관문 지석묘에서도 그 내부에서 불에 탄 인골이 수습되었고, 같은 개석식 고인돌인 신빈 왕청문 지석묘에서도 목탄 및 불에 탄 인골이 발견되었다.[42] 이것은 쌍방(雙房: 솽팡)유형의 개석식 고인돌 유적이 마성자문화인 화장(火葬)문화를 계승하고 있다는 것을 말해주고 있다.

---

41) 『동북문화와 유연문명(하)』, 906~907쪽.
42) 『요하유역의 청동기문화와 고조선』, 116~128쪽.

(2) 쌍방(雙房: 솽팡)유형의 탁자식 고인돌

이 고인돌의 분포 지역은 요동(遼東: 랴오둥)반도 남부, 요동(遼東: 랴오둥) 산지의 서록과 남록인데, 주로 해성(海城: 하이청) 절목성(折木城: 시무청), 영구(營口: 잉커우) 석붕욕(石棚峪: 스펑위), 개현(蓋縣: 가이현) 이대자(二臺子: 얼타이쯔), 연운채(連雲寨: 롄윈자이), 와방점(瓦房店: 와팡뎬) 대자(臺子: 타이쯔), 보란점시(普蘭店市: 푸란뎬시) 석붕구(石棚溝: 스펑거우), 장하(莊河: 좡허) 백점자(白店子: 바이뎬쯔), 대황지(大荒地: 다황디), 금주구(金州區: 진저우구) 관둔(關屯: 콴둔), 수암(岫巖: 슈안) 흥륭(興隆: 싱룽) 등[43]이다.

탁자식 고인돌의 구조를 보면, 개석식 고인돌(돌 덮개 석관묘)과 크게 다를 것이 없는데, 다만 개석식 고인돌은 그 구조물이 대부분 지하에 있고, 탁자식 고인돌은 지상에 있다는 것이 차이점[44]이라는 것이다.

이제, 탁자식 고인돌의 유물 및 화장 증거를 살펴보자.

쌍방 2호 탁자식(북방식) 고인돌에서는 불에 그을린 흔적이 있는 인골 조각과 사질 홍도 고복권족호(鼓腹圈足壺) 및 석제 방추차가 출토되었다. 개현(蓋縣: 가이현) 화가와붕(伙家窩棚: 훠자워펑)의 탁자식(북방식) 고인돌에서는 이중구연직복관(疊脣直腹罐: 첩순직복관), 호(壺)와 마제 석부(石斧: 돌 도끼), 석분(錛: 자귀), 석착(鑿: 끌) 등이 나왔다. 한편 이 탁자식 고인돌 1호와 5호의 바닥에서 불탄 인골이 검출되었다.[45] 이렇게 쌍방(雙房: 솽팡)유형의 탁자식(북방식) 고인돌에서도 화장(火葬)의 증거가 나와 쌍방(雙房: 솽팡)유형의 탁자식 고인돌 유적 역시 태자하 유역의 마성

---

43) 『동북문화와 유연문명(하)』, 934쪽.
44) 『동북문화와 유연문명(하)』, 907쪽.
45) 『요하유역의 청동기문화와 고조선』, 119쪽.

자문화인 화장(火葬)문화를 계승하고 있다는 것을 말해주고 있다. 다시 말해서 쌍방 유형의 고인돌은 개석식이나 탁자식 모두 태자하 유역의 마성자문화를 계승하고 있다는 것을 말하고 있다. 또한 쌍방 유형 고인돌의 화장(火葬)문화는 남한의 고인돌에서도 나타나, 쌍방 유형의 고인돌이 우리 역사와 직결되고, 연대로 보면 후조선 초기 역사임을 말하고 있다.

3) 쌍방(雙房: 솽팡)유형의 연대

쌍방(雙房: 솽팡) 유형의 연대는 검신(劍身)의 돌기와 토기, 두 가지 측면에서 분석해 볼 수 있는데 먼저 검신(劍身)의 돌기 측면에서 보면, 쌍방(雙房: 솽팡) 제6호 무덤에서 출토된 비파형 동검은 쌍방(雙房: 솽팡) 유형의 비파형 동검 가운데 검신의 돌기가 가장 검봉(劍鋒: 칼날 끝)에 가까이 있는 사례로서, 유물의 형식 변화를 고려하면, 지금까지 알려진 비파형 동검 가운데 가장 빠른 형태[46]라는 것이다.

또한, 토기 측면에서 보면, 쌍방(雙房: 솽팡) 제6호 무덤에서 전형적인 미송리식 호(壺)가 공반 출토되었는데, 이것은 양두와(羊頭窪: 양터우와)문화의 우가(于家: 위자) 타두(砣頭: 퉈터우) 적석묘와 상마석상층(上馬石上層: 상마스 상층) 유적의 현문호(弦文壺)까지만 소급될 수 있는데 양두와(羊頭窪: 양터우와)문화와 상마석(上馬石: 상마스)상층(上層) 유형의 하한 연대는 대개 기원전 1,000년 이전이며, 따라서 쌍방(雙房: 솽팡)유형의 연대도 그와 비슷하게 추정할 수 있고, 늦어도 서주 중기 이후까지 내려오지는 않을 것[47]으로 보인다는 것이다.(이것을 숫자로 표현한 것이 서기전 1000년 무렵~서기전 900년 무렵임)

---

46) 『동북문화와 유연문명(하)』, 909쪽.
47) 『동북문화와 유연문명(하)』, 910쪽.

2. 동산(東山: 둥산) 유적

위치는 봉성현(鳳城縣: 펑청현-지금 봉성시, 단동시에 속함) 서혁가보촌(西赫家堡村: 시허자바오촌) 남쪽에 있으며 산정상부에 14기, 산 아래에 18기를 1989년부터 발굴하였는데 모두 대석개묘(大石蓋墓: 큰 돌 덮개 무덤)로 비파형 동검은 발견되지 않았으나 미송리식 토호가 수장되어 쌍방(雙房: 솽팡) 무덤과 함께 비파형 동검문화 가운데 연대가 가장 빠른 사례로 판단한다[48]고 한다.

제3절 후조선 중기 유적과 유물
(서기전 900년 무렵~서기전 300년 무렵)

이 시기는 비파형 동검문화가 가장 왕성했던 시기로 그 문화가 차지한 범위가 가장 넓었고, 비파형 동검을 무덤에 수장하는 풍습이 요서지방까지 퍼진 것으로 볼 수 있으며 연나라 문화가 요서지방에 먼저 유입되고, 점차 요동지방까지 퍼진 시기이다. 중국에서는 이 시기를 두 단계로 구분하고 있다.

첫 번째 단계는 서주 중·후기에서 춘추시대이며(서기전 900년 무렵~서기전 500년 무렵),

두 번째 단계는 춘추 후기에서 전국시대이다(서기전 500년~서기전 300년 무렵).[49]

---

48) 『동북문화와 유연문명(하)』, 898~899쪽.
49) 『동북문화와 유연문명(하)』, 912쪽.

1. 제1단계(약 서기전 900년~서기전 500년 무렵)

이때는 연나라 문화가 매우 적게 나타나는 시기로, 대표적인 유적에 십이대영자(十二臺營子: 스얼타이잉쯔), 화상구(和尙溝: 허상거우), 오금당(烏金塘: 우진탕) 등 3곳의 묘지가 있다[50]고 한다. 유물에서 연나라 문화가 나타난 것은 오금당(烏金塘: 우진탕) 무덤에서 출토된 중국식 동과(銅戈: 청동 창) 1점뿐인데, 이 당시 요서지방의 무덤의 구조에서 석곽묘와 함께 목관묘나 토광묘가 나타나는 것을 보아, 요서지방에 연나라 문화의 유입이 시작되고 있음을 알 수 있다. 이 시기에 속하는 유적들을 살펴보면 다음과 같다.

1) 화상구(和尙溝: 허상거우) 묘지

이 묘지는 객좌현(喀左縣: 카줘현) 흥륭장향(興隆莊鄕: 싱룽좡향) 화상구촌(和尙溝村: 허상거우촌)에 있다.[51]

고분군은 A~D의 4개 묘구로 구분된다. A구에서는 목관묘와 목곽묘가, B구에서는 단순 토광묘와 목곽묘가, C구에서는 석곽 목관묘가, D구에서는 목곽묘와 석곽 목곽묘로 되어 있다.[52]

A구는 위영자(魏營子)문화의 묘지이며 나머지는 비파형 동검문화의 묘지이다.

---

50) 『동북문화와 유연문명(하)』, 912쪽.
51) 『동북문화와 유연문명(하)』, 777쪽.
52) 세계한민족문화대전.

화상구 묘지의 특이점에 대해 중국에서는 「위영자(魏營子: 웨이잉쯔) 문화의 무덤과 비파형 동검문화의 무덤이 화상구(和尙溝: 허상거우) 묘지에 함께 있으면서 서로 다른 구역에 자리하고 있는 점은 이 두 종류의 문화가 특정한 지역 내에서 매우 밀접한 상호 관계를 가지고 있었음을 말해준다.53)」라고 말하고 있다.

연대와 관련하여 화상구 묘지는 상·주 교체기(서기전 1046년경)로 추정할 수 있다54)고 한다.

2) 오금당(烏金塘: 우진탕) 무덤

이 무덤은 비파형 동검 및 청동제 투구와 함께 중원식 동과(銅戈: 청동 창)가 발견되었으므로 이 무덤의 연대를 비교적 정확하게 알 수 있는데 연대는 춘추 전기(前期: 서기전 700년 무렵)이다.55)

이 무덤은 금서현(錦西縣: 진시현-지금의 호로도시葫蘆島市) 난지당향(暖池塘鄕: 놘츠탕향) 이호씨촌(李虎氏村: 리후스촌)에 있는데 3기로 구성되어 있다.56)

3) 십이대영자(十二臺營子: 스얼타이잉쯔) 무덤

이 무덤은 조양현(朝陽縣: 차오양현) 십이대영자촌(十二臺營子: 스얼타이잉쯔촌)에 있으며, 1958년에 모두 3기의 무덤을 발굴하였는데, 그

---

53) 『동북문화와 유연문명(하)』, 914쪽.
54) 『동북문화와 유연문명(하)』, 780~781쪽.
55) 『동북문화와 유연문명(하)』, 901쪽.
56) 『동북문화와 유연문명(하)』, 901쪽.

중 1호 무덤은 남녀가 합장된 석관묘로 비파형 동검과 다뉴동경을 수장하였다. 연대는 춘추 전·중기(서기전 700년~서기전 600년 무렵)이다.[57]

이 무덤의 특징을 살펴보면 무덤 바닥에 자갈을 깔고 석괴(石塊: 돌덩이)로 묘벽을 구축하였으며 석판(石板)으로 벽을 세우고, 석판으로 뚜껑을 덮은 석실묘이다. 남녀 2인 합장으로 바닥에 자리를 까는 장속이 있다. 부장품 가운데 이중구연직통형관, 기하문 다뉴동경 등 비파형 동검 문화가 포함된 것[58]이다.

십이대영자 무덤에서 출토된 유물을 구체적으로 말하면 다음과 같다.
다뉴동경(걸개 고리가 2개인 청동거울)/Y형 동구(銅具)/비파형 동검(칼자루-손잡이 부분이 없음) 2자루/동부(銅斧: 청동 도끼)/동촉(銅鏃: 청동 화살촉)/동어구(銅鉤: 청동 낚시 바늘)/석어추(魚墜: 낚시용 돌추)/유공려석(有孔礪石: 구멍이 있는 숫돌)/인면동패(人面銅牌)/동도(銅刀: 청동 칼-칼날이 한쪽만 있는 칼. 크기가 작은 단도임)/동추형기(銅錐形器: 청동 송곳 형 기물)/(말)재갈형 동구/동대구(帶具: 띠고리-버클)/동절약(銅節約: 청동 말머리 장치 장신구)/대롱모양 동식(管狀銅飾)/홍색 석인(石刃: 돌 칼날-유리 조각처럼 날카로운 것으로 석핵-몸돌에서 떼어낸 것)/회백색 마노석핵(石核)/동착(銅鑿: 청동 구멍뚫개)/수면동패(獸面銅牌)/방추차: 실을 잣는 데 쓰이는 가락(실을 감는 나무나 쇠가락)에 끼워 회전을 돕는 바퀴/토기 파편/석침수(石枕首)[59]

---

57) 『동북문화와 유연문명(하)』, 901쪽.
58) 『동북문화와 유연문명(하)』, 913쪽.
59) 『동북문화와 유연문명(하)』, 912쪽.

십이대영자 무덤에 대해서는 그 주인공이 누구인지를 두고 논란을 벌이는데 이에 대해서 확실히 말해보자.

중국 동북지방의 유물과 유적에 대해서 쓴 중국책 번역서『동북문화와 유연문명(하)』를 보면 비파형 동검문화가 있을 당시인 서주에서 춘추전국 교체기까지 연북(燕北) 지역에 3대 문화집단이 있었는데 첫째가 하북(河北) 북부 산지의 옥황묘(玉皇廟)문화이고, 둘째가 요서(遼西) 지역의 하가점(夏家店)상층문화이며, 셋째가 비파형 동검문화라는 것이다.

그런데 옥황묘문화는 북경시 북부와 하북성 북부 및 서북부에 존재하였던 문화로, 하북성 북부 및 산서(山西)성 북부에서 내몽고와 영하(寧夏)에 이르는 지역에 분포하는 북방 유목문화인데 직인비수식청동단검(直刃匕首式靑銅短劍)이 그 특징이라고 한다. 따라서 옥황묘문화는 요녕성 조양시 쪽에 있으며 비파형 동검이 나온 십이대영자 무덤과는 상관이 없다.

그 다음에, 하가점상층문화는 시라무룬허(西拉木伦河: 시라무렌강)와 노합하(老哈河: 라오하허)유역에 밀집 분포되어 있는데, 그중에서 노합하(老哈河: 라오하허) 중·상류가 이 문화의 중심 분포지역으로 북방 유목문화의 영향을 받은 요서(遼西) 지역 현지의 문화이며, 공수모식검(銎首矛式劍)이 그 특유의 동검 형식이라는 것이다. 그것은 보통 길이가 길어 일부는 1m에 달하기도 하는데, 자루를 안장하는 구멍부분(銎部: 공부)은 동모(銅矛: 청동 창)의 그것과 동일하여 장모(長矛: 긴 창)로도 사용할 수 있었다[60]는 것이다.

---

60) 『동북문화와 유연문명(하)』, 874쪽.

창 형식(모양)의 동검이 나온 하가점상층문화 역시 비파형 동검이 나온 십이대영자 무덤과 관련이 없다. 그런데 『동북문화와 유연문명(하)』를 보면 요서지방의 하가점상층문화를 산융과 관련시키고 있다. 그 근거로 춘추좌전, 사기 흉노열전, 춘추곡량전, 관자 대광편, 국어 제어(齊語)편, 관자 봉선편, 일주서 왕희해, 관자 소광편 등을 들고 있으나 근거로 든 어떤 문헌에도 산융이 노합하(老哈河) 중·상류에 있었다는 증거(문구)가 없다. 거기에 있는 문구는 제나라가 산융을 정벌하였다느니, 산융이 연나라를 괴롭혔다느니, 환공이 산융을 북벌하였다느니, 북쪽으로 산융을 정벌하는데 고죽을 지났다느니, 산융이 융숙을 공물로 바쳤다느니 하는 따위의 문구들이며, 산융의 위치에 대해서는 사기 흉노열전에 「연나라 북쪽에 동호와 산융이 있었다.」는 문구뿐이다. 연나라의 북쪽이란 지금의 북경 북쪽을 말하는 것으로, 앞서 근거로 든 문헌들에 있는 문구와 그 위치가 부합한다. 그러나 노합하(老哈河)는 요하로 흘러드는 강이며, 그 중·상류 역시 북경의 북쪽이 아니다. 따라서 하가점상층문화는 산융과 관계가 없다.

결국 십이대영자 무덤은 명백한 비파형 동검문화의 무덤이다. 더구나 이 무덤은 석실묘이고 비파형 동검이 나왔으며 다뉴동경(걸개 고리가 2개인 청동거울)이 출토되었다. 이러한 3가지 특징을 지닌 무덤은 우리 민족의 무덤밖에 없다. 명백한 조선(후조선) 무덤이다.

4) 강상(崗上) 묘지

이 묘지는 대련(大連: 다롄) 감정자구(甘井子區: 간징쯔구) 성자산(城子山: 청쯔산) 영성자향(營城子鄕: 잉청쯔향) 후목성역촌(後牧城驛村: 허우무청이촌)에 있는데 23기로 구성되어 있다.[61]

이 무덤의 특징과 연대를 살펴보면 적석총으로, 여기서 비파형 동검과 동부석범(銅斧石範: 청동 도끼 돌 거푸집), 마제 석촉(石鏃: 돌화살촉)과 동탁(銅鐸: 청동 징 또는 방울) 등이 출토되었고, 시대는 서주 후기에서 춘추 전기까지[62]라고 한다. 따라서 이 무덤은 전형적인 우리 민족의 무덤으로 후조선 시대의 묘지이다.

이 무덤의 두 번째 특징은 이 적석묘가 쌍타자(雙砣子: 솽퉈쯔)상층문화 퇴적 위에 중첩되어 있는데 강상묘지에서 발견된 비파형 동검의 형식은 십이대영자(十二臺營子: 스얼타이잉쯔)의 그것과 가깝다는 것이고, 이것에 근거하면 강상 묘지의 연대는 대략 춘추 중·후기 사이로 추정된다[63]고 한다.

강상 묘지의 세 번째 특징은 화장과 합장이 성행[64]하였다는 점이다. 이러한 화장 문화는 강상 묘지가 마성자(馬城子: 마청쯔)문화와 쌍방문화의 화장문화를 계승하고 있음을 말하고 있다.

---

61) 『동북문화와 유연문명(하)』, 899쪽.
62) 『동북문화와 유연문명(하)』, 898쪽.
63) 『동북문화와 유연문명(하)』, 927쪽.
64) 『동북문화와 유연문명(하)』, 922쪽.

5) 누상(樓上: 러우상) 묘지

누상 묘지는 강상 묘지에서 동남쪽으로 450m 지점에 있다.[65] 그래서 이 둘을 함께 묶어 「강상과 누상 묘지」라고 부르기도 한다. 누상 묘지의 연대는 강상 묘지보다 약간 늦은 편인데, 하한 연대가 전국시대 전기까지 내려갈 가능성도 있다[66]고 한다.

누상 묘지는 10기로 구성되었는데 역시 강상 묘지와 마찬가지인 적석총으로 구조도 비슷하고, 화장과 합장이 성행하였으며, 부장품도 비파형 동검, 마제 석촉(石鏃: 돌화살촉), 석관주(石串珠: 돌 꿰미), 석추(石墜), 활석(곱돌) 거푸집 등으로 강상 묘지와 별 차이 없다[67]는 것이다.

또한, 자주 보이는 석기에는 석부(石斧: 돌도끼), 환상석기(環狀石器)와 방추차가 있는데, 이들의 형식은 쌍방(雙房: 솽팡)유형과 기본적으로 동일하며, 주목할 만한 것은 쌍타자(雙砣子: 솽퉈쯔)에서 비파형 동검을 수장한 무덤이 발견되었고, 그 검의 형태는 강상의 그것과 동일하다[68]고 한다.

2. 제2단계(서기전 500년 무렵~서기전 300년 무렵)

요동지방까지 연나라의 문화를 폭넓게 받아들인 시기이다. 심양 정가와자(鄭家窪子) 대묘가 목곽묘로 되어 있는 것이 전형적인 사례이다.

---

65) 세계한민족문화대전.
66) 『동북문화와 유연문명(하)』, 927쪽.
67) 『동북문화와 유연문명(하)』, 925~926쪽.
68) 『동북문화와 유연문명(하)』, 926쪽.

이 시기의 대표적인 유적으로는 남동구(南洞溝: 난둥거우-조양시 객좌현), 삼관전자(三官甸子: 산관뎬쯔-조양시 소속 능원시 능북향-凌北鄉), 토성자(土城子: 투청쯔-길림시), 수천(水泉: 수위취안-조양시 건평현) 등지의 무덤을 꼽을 수 있다[69]는 것이다.

그리고 연나라 문화를 폭넓게 받아들였다는 증거로는 남동구(南洞溝: 난둥거우)의 연나라식 궤(簋)와 동과(銅戈: 청동 창), 차마기(車馬器) 그리고 삼관전자(三官甸子: 산관뎬쯔)의 연나라식 동정(銅鼎: 청동 두 귀-손잡이-달린 솥), 편종(編鐘) 세트처럼, 청동 예기가 세트를 이루어 출현하는 데서 드러날 뿐 아니라, 토기에서도 회도 호(壺), 두(豆) 등의 연나라식 토제 예기가 등장하고, 비파형 동검의 검병(劍柄: 칼자루)이 목병(木柄: 나무자루)에서 동병(銅柄: 청동자루)으로 점차 변하여 간 것[70]을 들고 있다.

하지만 후조선 고유의 문화도 여전히 강하게 보존되었다고 하는데, 그 증거로는 출토 토기에 대구관(大口罐)과 외반이중구연통형관이 있고, 비파형 동검과 무문 및 수제(手製) 토기가 여전히 주류적 위치를 점하고 있다[71]는 점을 들고 있다.

그런데 여기서 주목할 점은 건창현(建昌縣: 젠창현-요녕성) 동대장자(東大杖子: 둥다장쯔)에서 금병(金柄: 금속 자루)의 비파형 동검과 전국(戰國) 전기 전후의 대형 반리문(蟠螭文) 동호(銅壺: 청동 단지-항아리)가 출토된 높은 규격의 무덤에서 발견되었다고 하면서 이것은 이 유형의

---

69) 『동북문화와 유연문명(하)』, 914쪽.
70) 『동북문화와 유연문명(하)』, 914~915쪽.
71) 『동북문화와 유연문명(하)』, 916쪽.

비파형 동검문화가 요서(遼西: 랴오시) 지역에서 정치적 중심을 건설하였음을 알려주는 것일 가능성이 있다[72]고 하는 점이다.

그러면 이 시기의 대표적인 무덤들에 대해 살펴보도록 하자.

1) 정가와자(鄭家窪子: 정자와쯔) 무덤

이 무덤은 우리 역사에서 매우 중요한 무덤이다. 이 무덤은 심양시(瀋陽市: 선양시) 우홍구 양사가도 정가와자촌의 남쪽[73]에 있다. 1965년에 무덤 14기를 발굴하였으며, 그 가운데 고지에 단독으로 입지한 제6512호 대묘는 목곽으로, 비파형 동검 여러 자루와 다뉴동경 등의 유물을 합한 42종 797점의 기물을 수장하였는데 이것은 비파형 동검문화 무덤 가운데 규모가 가장 크고 출토된 유물이 가장 풍부한 무덤이며, 연대는 대략 춘추 후기(서기전 500년 무렵)[74]이다.

『동북문화와 유연문명(하)』는 이 무덤에 대해 더욱 구체적으로 다음과 같이 기술하고 있다.

「관 안의 인골 1구는 노년의 남성으로 머리는 서쪽을 향하였으며, 장식(葬式)은 앙신직지장(仰身直肢葬: 상반신을 똑바로 눕히고 하반신도 핀 상태로 묻은 것)이다. (중략) 우측 허리 부분에는 비파형 동검 한 자루를 찼는데, 이 동검은 동표(銅鏢: 청동 칼 끝)를 장식한 목제 칼집(鞘: 초)에 담겨 있다. (중략) 검신은 오랫동안 사용하여 심하게 마손되었다. (중략) 이 비파형 동검의 특징은 철과 석분(石粉)류의 혼합소재를 응고시켜 만든

---

72) 『동북문화와 유연문명(하)』, 916~917쪽.
73) 세계한민족문화대전.
74) 『동북문화와 유연문명(하)』, 900쪽.

검병(劍柄: 칼자루)을 이용하여 목병(木柄: 나무 자루-나무 칼자루)을 대체한 점이다. (중략) 이 무덤이 그들의 문화에 늘 보이는 석곽을 사용하지 않고 대형 목곽목관제(木槨木棺制)를 채용한 것은 이 문화의 상층 인물이 빠른 속도로 연나라 문화 예제(禮制)의 영향을 받아들였음을 의미한다. (중략) 이 시기에 요서(遼西: 랴오시)에서는 보편적으로 동제(銅製: 청동제) 검병(劍柄: 칼자루)을 사용하였다. 이 무덤에는 단 한 자루만이 '혼합소재'로 제작한 검병(劍柄: 칼자루)을 가지고 있고, 다른 것들은 여전히 목병(木柄: 나무-칼-자루)을 부착하였다. 이것은 비파형 동검에서 동병(銅柄: 청동-칼-자루)이 목병(木柄: 나무-칼-자루)을 대체하는 일이 요동(遼東: 랴오둥)보다 요서(遼西: 랴오시)에서 먼저 일어났음을 더욱 분명하게 알려준다.[75]」

2) 남동구(南洞溝: 난둥거우) 묘지

이 무덤은 석곽묘 1기로 비파형 동검과 함께 날치형의 당로(當盧: 말머리 꾸미개-말 이마 치장품)와 절약(節約: 말머리 꾸미개) 그리고 연나라식 동궤(簋)와 동과(銅戈: 청동 창), 차마기(車馬器)가 출토된 무덤이며, 연대는 춘추전국 교체기(서기전 403년 전후[76])이다. 소재지는 객좌현(喀左縣: 카줘현) 서북쪽 약 10km 지점에 있는 마단산(馬蛋山)의 작은 산골짜기[77]이다.

3) 삼관전자(三官甸子: 산관뎬쯔) 묘지

이 무덤은 능원현(凌源縣: 링위안현) 동쪽 약 10km 지점으로 대릉하(大凌河: 다링허)의 지류인 하탕구(河湯溝: 허탕거우) 서안의 산등성이

---

75) 『동북문화와 유연문명(하)』, 917~920쪽.
76) 『동북문화와 유연문명(하)』, 902쪽.
77) 『동북문화와 유연문명(하)』, 901~902쪽.

에 있다.[78] 1978년에 발굴되었는데 출토된 동기(銅器: 청동기)에는 비파형 동검, 동부(銅斧: 청동 도끼), 동촉(銅鏃: 청동 화살촉) 등이 있으며, 당로(當盧: 말머리 꾸미개-말 이마 치장품)와 절약(節約: 말머리 치장물), 말머리형의 토제 송풍관과 석범(石範: 돌 거푸집)도 발견되었다.[79] 출토된 연나라식 청동 예기에는 뚜껑이 있는 정(蓋鼎: 개정) 1점과 뉴종(紐鍾: 편종—編鐘) 1세트가 있는데, 이는 남동구(南洞溝: 난둥거우) 무덤에 이어 또다시 연나라식 청동 예기의 출토를 본 비파형 동검문화의 무덤이라는 것이며, 연대는 전국 전기(서기전 403년~서기전 300년 무렵)[80]이다.

제4장 후조선과 소진(서기전 334년)

제1절 개관

사기 소전열전에는 조선(朝鮮)이라는 이름이 나오므로 우리 역사와 직접적으로 관련이 있다. 또한 요동(遼東)이 나오므로 역시 우리 역사와 관련이 깊다.

사기 연소공세가에 「문공 28년, 소진(蘇秦)이 처음으로 와서 만나며 문공에게 유세하였다(説文公).」라고 되어 있는데 연 문공 28년이면 서기전 334년이며, 소진이 연 문공에게 한 유세(説)는 사기 소진열전에 구체적으로 나와 있다.

---

78) 『동북문화와 유연문명(하)』, 902쪽.
79) 『동북문화와 유연문명(하)』, 902쪽.
80) 『동북문화와 유연문명(하)』, 902쪽.

사기 소진열전에 「연(燕)나라로 가서 떠돌다 1년여 뒤에야 만날 수 있었는데 연 문후(文侯: 연 문공)에게 유세하며 말하기를, "연나라는 동쪽으로 조선(朝鮮)과 요동(遼東)이, 북쪽으로 임호(林胡), 누번(樓煩)이, 서쪽으로 운중(雲中)과 구원(九原)이, 남쪽으로 호타(嘑沱)와 이수(易水)가 있습니다. 땅은 사방 2천여 리에 갑옷을 두른 병사가 수십만, 전차가 6백 승, 전투마가 6천 필, 비축된 식량은 몇 년을 먹을 수 있습니다. 남으로 갈석(碣石)과 안문(雁門)의 풍요로움이 있고, 북으로는 대추와 밤이 풍족합니다. (중략) 또 진이 연을 공격하려면 운중과 구원을 넘고 대(代)와 상곡(上谷)을 지나는 수천 리 땅을 뚫고 지나야 합니다. (중략) 지금 조나라가 연을 공격한다면 출병의 호령이 떨어져 열흘이 안 되어 수십만 대군이 동원(東垣)에 주둔하게 될 것입니다. 호타(嘑沱)를 건너고 이수(易水)를 건너면 4, 5일 안에 도성에 이를 것입니다. 그래서 진이 연을 공격하면 천 리 밖에서 싸우고, 조가 연을 공격하면 백 리 안에서 싸운다고 하는 것입니다. (중략)" 문후(문공)는 "그대의 말이 옳긴 하지만 우리나라는 작은데다가(吾國小) 서쪽의 강력한 조나라가 압박하고 남쪽은 제나라와 가깝소. 제와 조는 강한 나라요. 그대가 합종(合縱)으로 연나라를 안정시키겠다고 하니 과인이 나라를 들어 따르겠소"라고 하였다. 이에 소진에게 수레와 말, 돈과 비단 따위를 대주며 조나라로 가게 하였다.」라고 되어 있다.

계속해서 소진열전을 보면, 소진이 조나라에 가서 숙후(숙공)에게 한 말 가운데, "지금 산동에 세워진 나라로서 조나라보다 강한 나라는 없습니다. 조나라 땅이 사방 2천여 리에 무장한 군대가 수십만이며, 전차는 1천 승에 전투마가 1만 필이고, 식량은 몇 년을 버틸 수 있을 정도입니다. 서쪽으로 상산(常山)이, 남쪽으로 장수가, 동쪽으로 청하(淸河)가, 북쪽으로 연나라가 있습니다. 연나라는 본디 약한 나라이므로 두려울 것이 없습니다(燕固弱國, 不足畏也)."라고 하고 있다.

1. 이때의 조선은 후조선이다

소진이 조선을 말한 때는 서기전 334년이고, 이때의 조선은 후조선이다. 여기서 가장 중요한 사실은 여기에 나오는 조선(서기전 334년)이 후조선이라는 사실이다.

단군조선은 서기전 1046년경 이전에 있었으므로 여기에 나오는 조선이 아니고 위만조선은 서기전 194년경에 시작되었으므로 여기에 나오는 조선도 아니다. 서기전 1046년경 이후부터 서기전 194년 이전에 있었던 조선이므로 바로 후조선이다.

2. 연나라의 동서남북 국경과 넓이

그 다음에 중요한 사실은 연나라의 동쪽에 조선과 요동이 있고, 서쪽에는 운중과 구원이 있으며, 남쪽에 호타(嘑沱)와 이수(易水)가 있고, 북쪽으로는 임호와 누번이 있다는 사실이다. 이것은 각각 연나라의 동, 서, 남, 북의 국경이다.

참고로, 이 기록을 가지고 어떤 자는 연나라에서 조선이 더 가까이 있고 요동이 더 멀리 있다고 하는데 참으로 한심한 말이다. 연나라로 오려면 동쪽에서는 조선에서 요동을 거쳐야 한다는 말이다. 즉 동쪽으로 제일 먼 곳에 조선이 있고 그 다음에 요동이 있다는 말이니, 연나라에서는 조선이 더 멀리 있고 요동이 가까이 있다는 말이다. 그 증거가 남쪽 국경을 말한 것과 소진이 연문공에게 계속해서 한 말에 있다. 남쪽 국경은 호타와 이수(易水)라고 말했는데, 소진이 연문공에게 계속해서 한 말을 보면, 「호타를 건너고 이수를 건너면 4, 5일 안에 도성(都城)에 이를 것입니다.」라 하고 있다. 호타를 건너고 이수를 건너면 연나라 도성(都城)에 이르므로 연나라에서는 호타가 멀리 있고 이수가 가까이 있는 것이다. 이러한 사실은 관련 문장을 조금 더 보면 알 수 있는 간단한 일이다.

이제 "연나라는 동쪽으로 조선(朝鮮)과 요동(遼東)이, 북쪽으로 임호(林胡), 누번(樓煩)이, 서쪽으로 운중(雲中)과 구원(九原)이, 남쪽으로 호타(嘑沱)와 이수(易水)가 있습니다. 땅은 사방 2천여 리"라고 한 말에 대해서 알아보자.

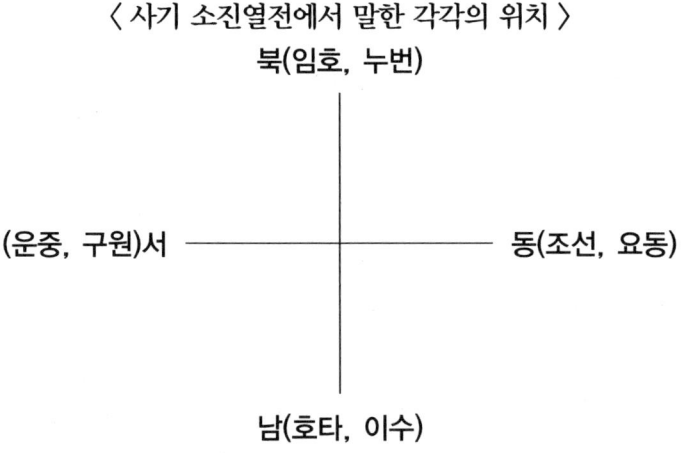

먼저 조선과 요동에 대해서 사기 소진열전에서는 주석 등으로 위치에 대한 의미 있는 정보가 없으므로 넘어가고, 그 다음부터 하나씩 알아보자. 이것은 요동에 대한 위치를 알고자 함이다.

제2절 임호와 누번의 위치

첫째, 「연나라는 북쪽으로 임호(林胡)와 누번(樓煩)이 있다.」는 것에 대해 알아보자.

우선 임호(林胡)와 누번(樓煩)에 대한 사기색은과 사기정의의 주석을 보면 「(사기)색은: (한서)지리지에 누번(樓煩)은 안문군에 속한다. (사기)정의: 2개의 오랑캐 나라 이름이며, 삭(朔)과 남(嵐) 이북이다(索隱地理志樓煩屬鴈門郡. 正義二胡國名, 朔、嵐已北).」라고 되어 있다. 여기서 사기정의에 유용한 정보가 있는데 임호와 누번이 나라 이름이라는 것과 삭(朔)과 남(嵐) 이북이라는 것이다.

먼저, 사기 조세가 무령왕 20년(서기전 306년) 조에 「임호의 왕이 말을 바쳤다(林胡王獻馬).」라고 하고, 사기 조세가 혜문왕 2년(서기전 297년) 조에 「주부(主父: 무령왕)가 새로운(확장한) 땅을 순행하다가 마침내 대(代)나라를 나와 서쪽으로 가 서하(西河)에서 누번왕(樓煩王)을 만나니 그의 병사를 바쳤다.」라고 하므로, 임호와 누번이 나라 이름이라는 사기 정의의 주석이 옳다는 것을 확인할 수 있다.

그 다음, 인터넷 포털 사이트 「다음」의 중국어 사전을 찾아보면, 삭(朔)과 남(嵐)은 삭현(朔縣)과 남현(嵐縣)을 뜻한다고 되어 있다.

삭현(朔縣)과 남현(嵐縣)을 중국의 대표적인 포털 사이트 바이두에서 검색하면 삭현(朔縣)은 지금의 산서성(山西省: 산시성) 삭주시(朔州市: 쉬저우시) 삭성구(朔城区: 쉬청구)라고 되어 있고, 남현(嵐縣)은 지금의 산서성(山西省: 산시성) 여량시(呂梁市: 뤼량 시)라고 되어 있다.

즉, 임호는 현재 산서성(山西省) 삭주시(朔州市: 쉬저우시) 삭성구(朔城区: 쉬청구) 이북이라는 말이고, 누번은 현재 산서성(山西省) 여량시(吕梁市: 뤼량 시) 이북이라는 말이다.

그런데 지도를 보면 삭주시(朔州市: 쉬저우시) 삭성구(朔城区: 쉬청구)는 북쪽에 있고, 여량시(吕梁市: 뤼량 시)는 남쪽에 있는데, 둘 사이의 거리는 약 230km이다(구글어스 지도상 직선거리: 이하 모두 같음). 이 말은 임호의 영역은 삭주시 삭성구 이북인데 그 북쪽 한계는 제시되어 있지 않고, 누번의 영역은 여량시 이북에서부터 삭주시 삭성구 이남 지역이라는 뜻으로 이해된다. 간단히 말하면, 임호는 북쪽에 있고 누번은 남쪽에 있다는 말이다.

삭주시 삭성구와 여량시는 황하가 几자 모양으로 굽이도는 하투(河套) 지역의 바깥쪽에 있다. 즉 황하가 几자 모양으로 굽이도는 마지막 부분인 황하가 기역자(ㄱ)로 꺾어져 북쪽에서 남쪽으로 흐르는 물줄기의 동쪽에 있다.

참고로, 지금의 중국에서는 임호와 누번의 위치에 대해 무엇이라고 하는지 알아보자.

1. 임호(林胡)의 위치

바이두(중국 대표적 포털 사이트: 이하 모두 같음)에서 임호(林胡)를 검색하면 다음과 같이 나온다.

임호(林胡: 고대민족)

"호(胡)"는 북방 민족의 언어(북어: 北语)로 "사람"이라는 뜻이다. 전국(戰國) 시대에 북방 유목 민족을 통칭하여 "호(胡)"라고 불렀는데, 그중 중요한 것이 임호(林胡)와 누번(樓煩)이다. 임호는 임인(林人)이나 담림(儋林)으로 불렀으며, 숲 속 호인(胡人)의 약칭으로, 숲 속에서 생활하였다. "임호(林胡)"의 활동 지역은 악이다사(鄂尔多斯: 오르도스Ordos-어얼둬쓰) 고원 동부 지금의 이금곽락기(伊金霍洛旗: 이진훠뤄기), 동성구(东胜区: 둥성구-악이다사시), 준격이기(准格尔旗: 준거얼기) 그리고 동쪽으로 황하를 건너(東越黃河) 진(晋)나라 북쪽 산지의 삼림지역까지 포괄한다.

원문: 林胡(古代民族)

"胡"是北语"人"的意思。战国时代, 北方游牧民族统称"胡", 其中主要为"林胡"和"楼烦"。林胡, 又称林人、儋林, 为林中胡人之简称, 生活于森林中。"林胡"活动地区正是鄂尔多斯高原东部, 包括今伊金霍洛旗、东胜区和准格尔旗及东越黄河到晋北山地森林区。

여기에 나오는 지명을 하나씩 살펴보자.

악이다사 고원(鄂尔多斯 高原: 오르도스Ordos-어얼둬쓰 고원)은 황하가 几자 모양으로 굽이도는 하투(河套)지역 안쪽을 전부 말한다. 이것은 바이두에서 제공하는 하투지구지리결구도(河套地区地理結構图)를 보면 아주 쉽게 알 수 있다(결구도-結構图란 구조도 또는 구성도를 말한다).

제2편 후조선   101

그 다음에 이금곽락기(伊金霍洛旗), 동성구(东胜区), 준격이기(准格尔旗)에 대해서 알아보자.

이금곽락기(伊金霍洛旗: 이진훠뤄기)는 악이다사시(鄂尔多斯市: 오르도스Ordos시-어얼둬쓰시)의 남쪽에 붙어 있으며, 동성구(东胜区: 둥성구)는 악이다사시(鄂尔多斯市: 오르도스시)의 한 개 구(區: 区)이다. 이 세 곳은 전부 황하가 几자로 굽이도는 하투(河套)지역 안쪽(서쪽)의 동북쪽 귀퉁이에 있다.

마지막으로 동쪽으로 황하를 건너(東越黃河) 진(晋)나라 북쪽 산지의 삼림지역에 대해서 알아보자. 동쪽으로 황하를 건너(東越黃河) 진(晋)나라 북쪽 산지의 삼림지역은 말 그대로 앞의 세 곳에서 동쪽으로 황하를 건넌 곳으로, 사기정의에서 말한 삭(朔)의 이북, 다시 말해서 지금의 산서성(山西省) 삭주시(朔州市: 쉬저우시) 삭성구(朔城区: 쉬청구) 이북이다.

2. 누번(樓煩)의 위치

누번의 영역은 사기정의의 주석에서 남(嵐)의 이북, 즉 지금의 산서성(山西省: 산시성) 여량시(呂梁市: 뤼량시)이북이라고 되어 있는데 이것은 여량시 이북에서부터 임호의 남쪽 한계인 삭주시 삭성구 이남 지역이라는 말로 이해된다.

참고로 누번(樓煩)을 바이두에서 검색하면 다음과 같이 나온다.

누번(樓煩)은 북융(北狄)의 한 갈래로, 춘추시대에 건국을 기약하고 있었는데, 그 강역은 대략 지금의 산서성 서북부의 보덕(保德: 바오더), 가람(岢岚: 커란), 영무(宁武: 닝우) 일대에 있었다. (이하생략)

원문) 楼烦是北狄的一支, 约在春秋之际建国, 其疆域大致在今山西省西北部的保德、岢岚、宁武一带。

역시 여기에 나오는 지명을 차례대로 알아보자.

보덕현(保德縣: 바오더현)은 산서성 흔주시(忻州市: 신저우시) 소속으로 구글어스 지도와 바이두에서 제공하는 지도로 살펴보면(이하 모두 같음), 황하가 几자 모양으로 굽이도는 하투지역에서 황하가 북쪽에서 남쪽으로 내려오는 물줄기의 초반, 오른쪽 강가(右岸: 우안–동쪽)에 있다.

가람현(岢岚縣: 커란현–산서성 흔주시)은 황하의 오른쪽 강변(右岸: 우안–동쪽)에 붙어 있는 보덕현(保德縣: 바오더현)보다 황하에서 많이 떨어져 보덕현에서 남동쪽으로 약 55km 지점에 있다.

영무현(宁武縣: 닝우현–산서성 흔주시)는 가람현(岢岚縣: 커란현)에서 북동쪽으로 약 72km 떨어져 있다.

이러한 누번의 영역은 황하가 几자 모양으로 굽이도는 가운데, 남쪽으로 내려오는 도중 황하 동쪽(오른쪽)에 위치하고 있다.

이것도 사기정의의 주석과 비교해 보자.

사기정의에서는 누번을 지금의 산서성(山西省) 여량시(呂梁市) 이북이라고 하였고, 바이두에서는 대략 보덕현(保德縣: 바오더현), 가람현(岢岚縣: 커란현), 영무현(宁武縣: 닝우현) 일대라고 하였는데 이곳들은 모두 여량시 이북이며, 임호의 남쪽 한계인 삭주시(朔州市) 삭성구(朔城區) 이남에 있으므로, 사기정의와 바이두는 결국 같은 곳을 말한다고 할 수 있다.

여기에서도 잊지 말아야 할 것은 사기정의의 주석이든 바이두에서 말하는 것이든 임호가 북쪽에 있고 누번이 남쪽에 있다는 사실이다.

「연나라는 북쪽으로 임호(林胡), 누번(樓煩)이 있다.」고 하였는데 연나라에서 보자면 임호가 멀리 있고 누번이 가까이 있는 것이다.

이것은 「연나라는 동쪽으로 조선(朝鮮), 요동(遼東)이 있다.」는 말과 상통한다.

제3절 운중과 구원의 위치

둘째, 「연나라는 서쪽으로 운중(雲中)과 구원(九原)이 있다.」는 것에 대해 알아보자.

먼저 이에 대한 사기색은과 사기정의 주석을 보면, 「(사기)색은: (한서)지리지의 운중과 구원 2개 군 이름이다. 진나라에서 오원(군)이라고 하였는데 한무제가 오원군이라고 고쳤다.
(사기)정의: 2개 군은 모두 승주에 있다. 운중군 성성은 유림현 동북쪽 40리에 있고, 구원군 성성은 유림현 서쪽 경계에 있다(索隱按: 地理志

雲中、九原二郡名。秦曰九原, 漢武帝改曰五原郡。正義二郡並在勝州也. 雲中郡城在榆林縣東北四十里。九原郡城在榆林縣西界)」라고 되어 있다.

사기색은의 주석을 보면 운중과 구원은 운중군과 구원군이며, 그 위치에 대해서 사기정의의 주석을 보면, 운중군 치소는 유림현 동북쪽 40리에 있고, 구원군 치소는 유림현 서쪽 경계에 있다는 것이다.

유림현(榆林縣)이 어느 곳인지 바이두로 검색해 보면, 「유양구(榆阳区)는 섬서성 북부와 유림시(榆林市) 중부 ... 하략. (榆阳区位于陕西省北部、榆林市中部 ... 하략)」이라고 하므로, 유림현은 지금의 유양구인데 그것은 유림시에 있다는 것을 짐작할 수 있다.

다시 유림시(榆林市)를 포털 사이트 「다음」으로 검색해보면 중국어 표기로 위린시(섬서성-산시성)라고 나오는데, 그 행정구역을 살펴보면 시 할구로 유양구(榆阳区: 위양구)와 횡산구(横山区: 헝산구)가 있고, 현급시로 신목시(神木市: 선무시)가 있으며, 현(소속 현)에는 부곡현(府谷县: 푸구현), 정변현(靖边县: 징볜 현) 등이 있다고 나온다. 이것으로 유림현은 현재 섬서성 유림시 유양구라는 것을 확인할 수 있다.

이제 이 사기정의의 주석으로 운중군과 구원군의 위치를 알아보자.

운중군 성(치소)은 유림현 동북쪽 40리에 있다고 하였으므로, 현재 유림시 유양구에서 동북쪽으로 40리, 즉 약 16km 떨어진 곳에는 신목시(神木市: 선무시-유림시 관내)밖에 없다. 구글어스 지도상에서 신목시는 유림시 유양구에서 북동쪽 약 93km(구글어스 지도상 직선거리: 이하 모두 같음) 떨어져 있지만, 바이두에서 제공하는 지도를 보면, 그 둘은 서로 접경하면서 맞붙어 있는데, 유림시 유양구 중심인 유림사지 삼림공원(榆林沙地 森林公园)에서 북동쪽 방향으로 유양구 경계선을 지나 약 16km 떨어진 곳은 신목시 경내이므로, 운중군 성(치소)은 신목시(神木市: 선무시-유림시 관내)에 있는 것이다. 이곳은 황하가 几자 모양으로 굽이도는 하투(河套: 오르도스)지역의 안쪽으로, 황하가 북쪽에서 남쪽으로 내려오는 초기부분이며 황하의 왼쪽(서쪽)이다.

그 다음, 구원군 성(치소)은 유림현 서쪽 경계에 있다고 하였으므로 현재 유림시 유양구 서쪽 경계에 있다. 한편 이곳은 내몽고자치구 악이다사시(鄂爾多斯市: 오르도스-어얼둬쓰시) 관내의 오심기(烏審旗: 우선기)와의 접경이다. 이곳 역시 황하가 几자 모양으로 굽이도는 하투(河套: 오르도스)지역의 안쪽으로, 황하가 북쪽에서 남쪽으로 내려오는 초기부분이며 황하에서 서쪽(왼쪽)으로 꽤 들어간 곳이다.

그러면 지금의 중국에서는 운중과 구원의 위치에 대해 무엇이라고 하는지 알아보자.

1. 운중(雲中)의 위치

바이두에서 운중군을 검색하면 다음과 같이 되어 있다.

「(상략) 전국시대에 조나라의 일부분에 속했는데 조무령왕이 설치했기 때문이다. 진나라 시대도 운중을 다스렸다(지금 내몽고 탁극탁현 동북). 관할 구역은 오늘날의 내몽고 토묵특우기(土默特右旗) 이동, 대청산 이남, 탁자현(卓资县) 이서, 황하 남안(南岸) 및 장성 이북이다. 서한 시대에 운중군을 나누어 운중군과 정양군으로 만들었다. (하략)」

「(상략) 战国时期, 属赵国的一部份, 由赵武灵王置。秦代治云中(今內蒙古托克托东北)。辖境约是今日的今內蒙古土默特右旗以东, 大青山以南, 卓资县以西, 黄河南岸及长城以北。西汉时期, 将云中郡划分为云中郡和定襄郡。(하략)」

여기에 나오는 지명들을 살펴보자.

탁극탁현(托克托縣: 퉈커퉈현)은 황하가 几자 모양으로 굽이도는 하투(河套: 오르도스)지역의 바깥쪽으로, 황하가 기역자(ㄱ)로 꺾어지는 곳의 바깥쪽 황하 북안(北岸)이다. 그런데 이곳은 사기정의에서 주석으로 운중군 성(치소)이라고 말한 신목시(神木市: 선무시-유림시 관내)에서 북북동쪽으로 약 170km 떨어진 곳이다(황하 건너 북북동쪽에 있음).

토묵특우기(土默特右旗: 투모터우기)는 탁극탁현(托克托縣: 퉈커퉈현) 서북서쪽 약 65km 지점에 있으며 역시 하투지역의 바깥쪽 황하 북안(北岸)이다(이곳은 대략 운중군의 서쪽 끝임). 역시 이곳도 사기정의의 주석에서 운중군 성(치소)이라고 말한 신목시(神木市: 선무시-유림시 관내)에서 북쪽으로 약 192km 떨어진 곳이다(황하 건너 북쪽에 있음).

대청산(大青山)은 토묵특우기(土默特右旗: 투모터우기)에서 북동쪽으로 약 70km, 탁극탁현(托克托縣: 퉈커퉈현)에서 북미서(32방: 북북서쪽보다 더 북쪽방향)쪽 약 70km 지점에 있다(이곳은 운중군의 북쪽 끝이며 하투지역 황하의 훨씬 북쪽에 있다).

탁자현(卓资县: 줘쯔현)은 호화호특시(呼和浩特市: 후허하오터시)에서 동미북(32방: 동북동쪽보다 더 동쪽 방향)쪽 약 70km, 탁극탁현(托克托縣: 퉈커퉈현)에서 북동쪽으로 약 136km, 토묵특우기(土默特右旗: 투모터우기)에서 동북동쪽으로 약 177km 지점에 있다(이곳은 운중군의 동쪽 끝이며 하투지역 황하와는 동북쪽으로 상당히 떨어져 있다).

황하 남안(南岸) 및 장성 이북은 운중군의 남쪽 끝을 말하는데 어느 곳을 말하는지 애매하므로 바이두가 제공하는 운중군의 지도를 보기로 하자(아래 두 개의 지도가 지금의 중국에서 말하는 운중군과 구원군의 위치이다).

참고로 바이두가 제공하는 진말한초 하투부근지구 변계 시의도(秦末漢初河套附近邊界示意圖)를 보면 운중군과 정양군으로 나누어져 있는데 이것은 앞서 운중군을 설명할 때 나온 바와 같이 한나라 시대에 운중군을 운중군과 정양군으로 나눈 것이므로, 진나라 시대의 운중군은 아래에 있는 지도의 운중군과 정양군을 합친 것이다(이것은 앞에 있는 바이두로 운중군을 검색한 끝 문장에 언급되어 있음).

그러므로 운중군의 남쪽 끝은 아래 지도에서 운중군과 정양군이 합쳐진 남쪽 끝인 황하가 남쪽으로 흐르다가 약간 서쪽으로 들어간(구부러진) 바로 위쪽이다. 바이두에서 제공하는 지도와 구글어스에서 제공하는 지도를 참조하면 이곳은 산서성 편관현 만가채진(山西省 偏關縣 萬家寨鎮) 부근이다. 만가채진은 구글 지도에 나오지 않으므로 편관현(偏關縣: 팡관현)을 운중군의 남쪽 끝이라고 할 수 있다. 편관현(偏關縣: 팡관현)은 임호의 영역 중에서「동쪽으로 황하를 건너(東越黃河) 진(晋)나라 북쪽 산지의 삼림지역」과 겹친다. 구체적으로 사기정의에서 임호의 영역이라고 말한 삭(朔)의 이북, 다시 말해서 지금의 산서성(山西省) 삭주시(朔州市: 쉬저우시) 삭성구(朔城区: 쉬청구) 이북과 겹치고 있다.

지금까지 살펴본 바와 같이, 사기정의에서 주석으로 운중군 성(치소)이라고 말한 신목시(神木市: 선무시-유림시 관내)는 지금의 중국에서 말하고 있는 운중군의 위치와 다르다.

2. 구원(九原)의 위치

역시 지금의 중국에서는 구원군의 위치에 대해서 무엇이라고 하는지는 앞에 나온「한나라의 하투지역 군현」지도에 잘 나타나 있다. 현재의 지명으로는 황하 북쪽의 포두시(包頭市: 바오터우시) 일대와 황하 남쪽의 달납특기(达拉特旗: 다라터기) 일대로 구성되어 있는데 달랍특기는 악이다사시(鄂尔多斯市: 오르도스Ordos, 어얼둬쓰시)에 속한다.

그러나 사기정의에서 주석으로 구원군 성(치소)이라고 말한 곳은 현재 유림시 유양구 서쪽 경계이다. 즉 지금의 중국에서 말하고 있는 구원군의 위치와 다르다.

제4절 호타와 이수의 위치

셋째,「연나라는 남쪽으로 호타(嘑沱)와 이수(易水)가 있다.」는 것에 대해 알아보자.

1. 호타(嘑沱)의 위치

먼저 사기집해와 사기색은, 사기정의에 있는 호타(嘑沱)와 이수(易水)에 대한 주석을 살펴보면 다음과 같다.

(사기)집해: 주례(周禮)에 이르기를 「정북(正北)을 병주(幷州)라 하고, 그 하천을 호타(嘑沱)라고 한다.」고 하였다. 정현(鄭玄)이 말하기를: 「호타(嘑沱)는 노성(鹵城)에서 나간다.」고 하였다.

(사기)색은: 생각건대, 호타(滹遞)는 물 이름(水名)으로 병주(幷州)의 하천이며, 음(音)은 호타(呼沱)이다. 또 (한서)지리지에 노성(鹵城)은 현(縣)의 이름(縣名)으로 대군(代郡)에 속한다. 호타하(滹沱河)는 현(노성현)에서부터 동쪽으로 흘러 참합현(參合縣)에 이르며 또한 동쪽으로 흘러 문안현(文安縣)에 이르러 바다로 들어간다.

(사기)정의: 호타(嘑沱)는 대주(代州) 번치현(繁畤縣)을 나와서 동남쪽으로 흘러 오대산(五臺) 북쪽을 지나, 동남쪽으로 흘러 정주(定州)를 지나 바다로 흘러들어 간다. 이수(易水)는 이주(易州)의 이현(易縣)에서 나와, 동쪽으로 흘러 유주(幽州) 귀의현(歸義縣)을 지나, 동쪽에서 호타하(呼沱河)와 합류한다.

원문)【集解】周禮曰:「正北曰幷州, 其川嘑沱。」鄭玄曰:「嘑沱出鹵城。」【索隱】按: 滹池, 水名, 幷州之川也, 音呼沱。 又地理志鹵城, 縣名, 屬代郡。 滹池河自縣東至參合, 又東至文安入海也。【正義】嘑沱出代州繁畤縣, 東南流經五臺山北, 東南流過定州, 流入海。 易水出易州易縣, 東流過幽州歸義縣, 東與呼沱河合也。

※ 출처: 新漢籍全文(원문이 출처에 따라 조금씩 다름)

위의 호타(嘑沱)에 대한 주석을 보면, 사기집해는 호타(嘑沱)를 호타(嘑沱)라고 정확하게 쓰고 있는데, 사기색은에서는 호타(嘑沱)를 호타(滹逫)라고 쓰고 음(音)은 호타(呼沱)라고 하며, 호타하(滹池河)라고 쓰기도 하고 있다. 사기정의에서는 호타(嘑沱)를 호타(嘑沱)라고 쓰면서, 한편으로 호타하(呼沱河)라고 쓰기도 하는 것을 알 수 있다.

호타(嘑沱)에 대해서 우리나라에서는 참고할 것이 없어, 바이두로 호타하(嘑沱河)를 검색해 보면 그에 관한 사진이 나오는데, 그 사진의 설명에 河北石家庄: 滹沱河生态治理现美景라고 되어 있다. 이것은「하북성 석가장시: 호타하의 생태계가 현 아름다운 경치를 다스린다.」는 말이다.

다시 말해서 호타하(嘑沱河)는 호타하(滹沱河)인데 이것은 하북성 석가장시를 흐른다는 것이다.

바이두가 제공하는 지도에서 석가장시(石家庄市: 스자좡시)를 찾아보면 석가장시 녹천구(鹿泉区: 루치안구) 북북동쪽에서 신화구(新华区: 신화구) 북쪽을 거쳐 장안구(长安区: 창안구) 북쪽을 흐르는 하천이 있는데 이것이 바로 호타하(滹沱河), 즉 사기 소진열전과 사기집해의 주석에서 말한 호타(嘑沱)이다. 이 호타하(嘑沱河), 즉 호타하(滹沱河)는 바이두가 제공하는 지도를 보면 연 하도(下都)가 있었던 이현(易縣: 하북성 보정시 관내)에서 남동쪽으로 약 158km 떨어져 있다.

2. 이수(易水)의 위치

참고로 이수(易水)를 역수(易水)라고 말하는 사람이 있는데 이것은 잘못된 것이다.

중국 동북지역의 유물 발굴을 다룬 『동북문화와 유연문명(하)』이라는 책 995쪽을 보면, 「연 하도(下都)는 현재 허베이성(河北省: 하북성) 이현(易縣: 보정시 관내) 현성(縣城: 현 소재지)의 동남쪽 약 1.5km의 중이수이(中易水: 중이수)와 베이이수이(北易水: 북이수) 사이에 위치한다.」라고 되어 있는데, 중국어로 중이수이는 중(中) 이(易) 수이(水)라고 말한 것이고, 베이이수이는 베이(北) 이(易) 수이(水)라고 말한 것이다. 따라서 우리말로 하면 중이수(中易水)와 북이수(北易水)가 되어, 易水는 이수라고 말해야 한다.

다시 바이두가 제공하는 지도를 보면, 이현(易縣) 아래(남쪽)에 서북쪽에서 남동쪽으로 흐르는 작은 하천이 하나 있는데 그 거리가 남쪽으로 약 1.5km 떨어져 있고, 그보다 더 남쪽 약 8km 떨어진 곳에 서쪽에서 동쪽으로 흐르는 큰 하천이 하나 있는데 그 하천을 건너는 다리를 중이수특대교(中易水特大桥)라고 하는 것으로 보아, 이 8km 떨어진 큰 하천이 중이수(中易水)이고, 이현(易縣)에서 동남쪽 약 1.5km 떨어진 작은 하천은 북이수(北易水)이다(바이두 지도에서 중이수-中易水와 북이수-北易水를 찾아봐도 마찬가지임). 그리고 이현(易縣) 동북동쪽 20km 떨어진 곳에 하천이 하나 있고 내수현(淶水縣)이라는 지명이 있는데, 그 하천의 이름은 남거마하(南拒马河)라고 되어 있다. 그리고는 이현 근처에 하천이 없다. 또한 남이수(南易水)라는 것은 없고, 작은 북이수는 큰 중이수로 흘러들어 가는 것으로 보아 중이수가 사기 소진열전과 사기정의에서 말한 이수(易水)가 틀림없다.

여기에서도 연나라 남쪽에 호타(嘑沱)와 이수(易水)가 있다는 말은 남쪽 먼 곳에 호타하가 있고(연 하도가 있었던 이현에서 남동쪽으로 약

158km), 그 다음에 이수가 있다는 말임을 알 수 있다(연 하도가 있었던 이현에서 남동쪽으로 약 8km).

한편, 사기 장의열전에 장의가 연 소왕에게 말하기를 "(상략) 지금 대왕께서 진나라를 섬기지 않으면 진나라는 운중(雲中), 구원(九原)으로 군을 보내 조나라를 내몰고 연나라를 공격할 것이니, 이수(易水) 장성(長城)은 대왕의 땅이 아닌 것이 됩니다"라고 하고 있는 것을 보면, 이수(易水)가 연나라의 남쪽 경계선임을 알 수 있다.

제5절 소진열전으로 본 요동의 위치

넷째, 「(연나라의) 땅은 사방 2천여 리」라는 것에 대해 알아보자.

사방 2천여 리(方二千餘里)라는 말은 동서(東西)의 폭과 남북의 길이가 각각 2천여 리라는 말이다.

사기 소진열전에서 동쪽 조선과 요동에 관한 정보(사기정의와 같은 주석 등)는 없으므로 말할 수 없고, 서쪽은 운중(雲中)과 구원(九原)이라고 하였고, 남쪽은 호타(嘑沱: 호타하—嘑沱河)와 이수(易水)라고 하였으며, 북쪽은 임호(林胡), 누번(樓煩)이라고 하였으므로, 남북의 길이는 현대 거리로 알 수 있다. 남북의 현대적 길이를 알면, 동서(東西)의 폭도 같이 2천여 리라고 하였으므로 동서의 폭도 현대 거리로 알 수 있다. 이것은 요동의 위치를 알고자 함이다.

먼저 연나라 서울인 계(薊)에 대해서 알아보자.

중국 동북지역의 유적과 발굴 유물을 다룬 『동북문화와 유연문명(하)』이라는 책 995쪽을 보면, 「연의 상도(上都)인 계(薊)는 베이징성(北京城: 북경 성)의 서남교(西南郊)에, 중도(中都)는 양향(良鄉: 량샹)에, 하도(下都)는 이현(易縣)에 있었다고 보통 생각한다. 그러나 고고학적 자료와 문헌 자료를 결합을 통해 완전히 실증할 수 있는 것은 화북(華北: 화베이)평원에서 태행산(太行山: 타이항산)에 가까운 곳에 위치한 연 하도(下都) 무양성(武陽城)뿐이다.」라고만 되고, 상도(上都)인 계(薊)의 구체적 장소에 대해서는 같은 책 1051쪽에 「베이징시(北京市: 북경시) 서남쪽의 광안먼(廣安門: 광안문) 남쪽 700m, 호성하(護城河) 서안에 분명히 전국시대 유적이 있다.」고 하면서, 이 일대를 상도(上都)라고 추정하고 있으며, 중도(中都)의 구체적 장소에 대해서는 같은 책 1052쪽에 「두점(竇店: 더우뎬) 성터는 방산현(房山縣: 팡산현-지금의 북경시 방산구) 현성(현 소재지-지금의 구청 소재지) 동남 약 15km, 로촌(蘆村: 루촌) 동북 약 0.5km 지점에 위치한다. 두점촌(竇店村: 더우뎬촌)과 서로 이어져 있다.」고 하면서 두점(竇店: 더우뎬) 성터를 중도라고 추정하고 있다.

그러나, 계(薊)의 위치에 대해 가장 확실한 기록은 사기 소진열전에서 소진이 연 문공에게 한 말이다. 그 문장을 다시 보면 「호타(嘑沱)를 건너고 이수를 건너면 4, 5일 안에 도성(都城)에 이를 것입니다.」라고 되어 있다. 춘추 전국시대에 군대가 하루 걷는 거리를 1사(舍)라고 하였는데 30리이다. 이수(易水)는 지금 이름으로 중이수(中易水)이므로 중이수에서 북경쪽으로 5일 거리, 즉 150리 되는 지점이 바로 계(薊)이다. 150리이면 약 60km인데, 중이수에서 북경시 방산구 두점촌(竇店村: 더우뎬촌)까지의 거리가 약 57.64km(구글어스 지도상 직선거리: 이하 모두 같음)이므로 두점(竇店: 더우뎬) 성터가 계(薊)임에 틀림없다.

다섯째, 요동의 위치를 알아보자.

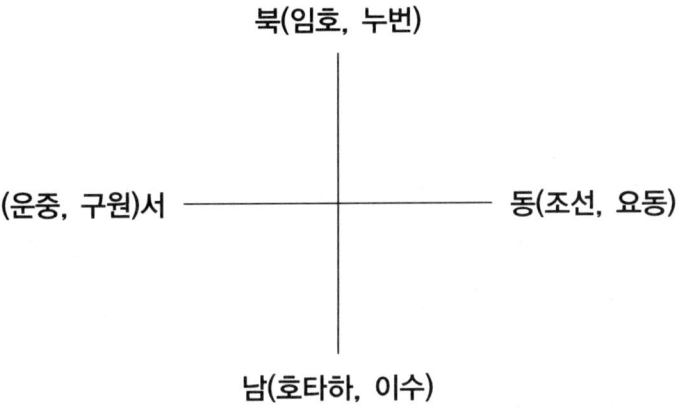

1. 연나라 영토의 남북 길이

남쪽의 호타하와 이수 중에서 북쪽에 있는 이수가 연나라의 남쪽 국경이듯이 북쪽의 임호와 누번 중에서는 남쪽에 있는 누번이 연나라의 북쪽 국경이다. 그리고 누번의 영역 중에서는 누번의 남쪽 경계가 연나라의 북쪽 국경이다.

누번의 남쪽 경계는 여량시(呂梁市: 뤼량시)로 여량시에서 연나라 서울 계(薊)가 틀림없는 북경시 방산구 두점진(北京市 房山區 竇店鎭)까지의 거리는 약 489.97km이다.

따라서 연나라의 남쪽 국경인 중이수(中易水: 이수-易水)에서부터 연나라의 북쪽 국경인 여량시(呂梁市: 뤼량시)까지의 거리는 약 57.64km+약 489.97km=약 547.61km이다(중이수~두점진~여량시).

즉, 연나라 영토의 남북 거리는 약 547.61km이다(구글어스 지도상 직선거리).

※ 참고
위에서 150리이면 약 60km인데, 구글어스 지도상 직선거리는 약 57.64km로 차이가 작다. 그러나 2천여 리이면 약 800km인데, 구글어스 지도상 직선거리는 약 547.61km로 차이가 크다. 왜 그럴까? 앞에서 말한 것은 평지인데 뒤에서 말한 것은 산지이기 때문이다.

2. 연나라 영토의 동서 폭

남쪽의 오타하와 이수 중에서 북쪽에 있는 이수가 연나라의 남쪽 국경이듯이 서쪽의 운중과 구원 중에서 동쪽에 있는 운중이 연나라의 서쪽 국경이다.

사기정의에서 운중의 영역으로 거론된 신목시(神木市: 섬서성 유림시 관내)에서 북경시 방산구 두점진(北京市 房山區 竇店鎭)까지의 거리는 약 489.18km이다. 연나라의 동서 폭이 약 547.61km이므로 북경시 방산구 두점진(北京市 房山區 竇店鎭)에서 나머지 67.43km 떨어진 곳이 요동인데 그곳에는 현재 북경시 통주구 등장촌(邓莊村)이 있다. 현재의 북경시 통주구에 요동이 있다는 것은 어림없는 이야기이다. 이렇게 거리로 볼 때 신목시는 운중이 아니다. 따라서 거리로 볼 때 운중과 구원에 대한 사기정의의 주석은 틀렸다고 판단된다.

한편 지금의 중국에서 말하는 운중의 영역에서 연나라 서울 계(薊)가 틀림없는 북경시 방산구 두점촌(竇店村: 더우뎬촌-지도에서는 두점진竇店鎭으로 나옴)까지의 거리를 측정해 보면 다음과 같다.

- 탁극탁현(托克托縣)에서 북경시 방산구 두점진(北京市 房山區 竇店鎭)까지: 422.14km
- 토묵특우기(土默特右旗)에서 북경시 방산구 두점진(北京市 房山區 竇店鎭)까지: 483.33km
- 대청산(大青山)에서 북경시 방산구 두점진(北京市 房山區 竇店鎭)까지: 446.68km
- 탁자현(卓资县)에서 북경시 방산구 두점진(北京市 房山區 竇店鎭)까지: 327.30km
- 편관현(偏關縣)에서 북경시 방산구 두점진(北京市 房山區 竇店鎭)까지: 392.57km

운중에서도 가장 동쪽에 있는 탁자현(卓资县)이 연나라의 서쪽 국경이다. 그리고 연나라 영토는 사방 2천여 리라고 하였으므로 동서의 폭과 남북의 거리가 모두 2천여 리라는 말이다. 당시 남북의 거리 2천여 리는 현재의 구글어스 지도상 직선거리로 약 547.61km이므로 동서의 폭도 약 547.61km이다.

연나라의 서쪽 국경인 탁자현(卓资县)에서 북경시 방산구 두점진(北京市 房山區 竇店鎭)까지의 거리가 약 327.30km이다. 따라서 나머지 220.31km 떨어진 동쪽에 요동이 있다. 그런데 226.24km 되는 곳에 난현(灤縣)이 있는데 그곳은 난하 서안(西岸)이다.

한편, 탁자현(卓资县)에서 동남동쪽으로 약 547.61km(구글어스 지도상 직선거리: 모두 같음) 떨어진 곳에 하북성 노룡현(盧龍縣: 루룽현)이 있는데, 이곳은 난하와 갈석산 사이에 있다. 탁자현(卓资县)에서 동남동쪽 방향으로 약 538.58km 떨어진 곳에 난하(灤河)가 있고, 난하(灤河)를 동쪽으로 건너 약 5.4km 동남동쪽으로 더 가면 청룡하(靑龍河)가 나오며, 청룡하를 건너면 노룡현이다. 노룡현에서 남동쪽으로 약 21km를 더 가면 갈석산이다.

다시 말해서 소진열전으로 본 요동은 난하 서안(西岸)에 있는 하북성 난현(灤縣)이거나 난하 동쪽에 있는 하북성 노룡현(盧龍縣: 루룽현)이다.

제6절 소진열전에서의 의문점

1) 방향이 다르다

연나라는 북쪽으로 임호(林胡)와 누번(樓煩)이, 서쪽으로 운중(雲中)과 구원(九原)이 있다고 하였는데 임호와 누번은 연나라의 서쪽이고 운중과 구원이 북쪽(서북쪽)에 있어서 서로 방향이 바뀌었다.

2) 2천여 리가 약 547.61km이다

약 547.61km가 물론 구글어스상 직선거리이며 산악지대라고 해도 2천여 리(약 800km)와 차이가 상당히 난다.

제5장 후조선과 조나라 무령왕
(서기전 306년~서기전 296년)

제1절 개관

조나라 무령왕은 우리 역사와 직접적인 관련은 없다. 다만 흉노열전에 기록된 무령왕이 한 일은, 앞서 소진이 말한 「연나라는 북쪽으로 임호와 누번이 있고, 서쪽으로 운중과 구원이 있다.」는 문구에 혼란을 일으키고, 아래에 제시된 사기 흉노열전의 진개 사건이 언제 일어났는지에 대한 간접적인 증거를 제시하는데 관련되어 있을 뿐이며, 요동의 위치와 관련하여 간접적인 증거를 수집하는데 관련되어 있다.

사기 흉노열전을 보면 「한편 조나라 무령왕 역시 풍속을 개혁해 호복을 입고 말 타고 활 쏘는 것을 가르쳐 북쪽으로 임호와 누번을 깨뜨렸다. 장성(長城)을 쌓아 대(代)에서부터 음산 기슭을 따라 고궐에 이르기까지 변방(국경)으로 삼았다. 그리고 운중, 안문, 대군(代郡)을 설치하였다. 그 후, 연나라에 현명한 장수 진개가 있었는데 호(胡)에 인질이 되었으나, 호(胡)는 그를 매우 신임하였다. 돌아와 동호(東胡)를 습격하여 패주시키니, 동호는 1천여 리를 물러났다. 형가와 함께 진왕을 암살하려던 진무양은 진개의 손자다. 연나라 역시 장성을 쌓아 조양에서 양평까지 이르렀다. 상곡, 어양, 우북평, 요서, 요동군을 설치하여 호(胡)를 막았다(而趙武靈王亦變俗胡服, 習騎射, 北破林胡、樓煩。築長城, 自代並陰山下, 至高闕為塞。而置雲中、鴈門、代郡。其後燕有賢將秦開, 為質於胡, 胡甚信之。歸而襲破走東胡, 東胡卻千餘里。與荊軻刺秦王秦舞陽者, 開之孫也。燕亦築長城, 自造陽至襄平。置上谷、漁陽、右北平、遼西、遼東郡以拒胡)。」라고 되어 있다.

여기서는 앞부분에 있는 무령왕 기사를 분석하고, 뒷부분의 진개 기사는 절을 바꾸어 다음절에서 다루기로 한다.

사기 흉노열전의 무령왕 기사는 어떻게 된 일인가? 이것은 마치 무령왕이 임호와 누번을 멸망시키고, 임호와 누번 땅에 운중군과 안문군을 설치한 것으로 보인다.

이것이 과연 옳은가?

제2절 조세가

무령왕은 조나라의 왕이고 조나라의 역사는 사기 조세가에 자세하고 정확하게 기록되어 있으므로 이를 살펴보면 되는데, 거기에서 무령왕에 관한 기사 중 임호와 누번 및 운중과 안문에 관련된 기사를 전부 뽑아보면 다음과 같다.

1. 무령왕 20년(서기전 306년) 조

왕은 중산의 땅을 공략하여 영가에 이르렀다. 서쪽으로 호(胡)의 땅을 공략하여 유중에 이르렀다. 임호의 왕이 말을 바쳤다(王略中山地, 至寧葭; 西略胡地, 至楡中。林胡王獻馬).

2. 무령왕 26년(서기전 300년) 조

「다시 중산을 공격하여. 땅을 북쪽으로 연나라와 대(代)나라까지, 서쪽으로 운중과 구원까지 넓혔다(復攻中山, 攘地北至燕、代, 西至雲中、九原).」

3. 무령왕 27년(서기전 299년) 조

「(상략) 주부(主父: 무령왕)는 아들에게 나라를 다스리게 하고는 자신은 호복을 입고 병사와 대부들을 거느리고 서북쪽 호(胡)의 땅을 공략하고, 운중과 구원에서 곧장 남쪽으로 진(秦)나라를 습격하려고 자신을 사신이라 속이며 진나라로 들어갔다(主父欲令子主治國, 而身胡服將士大夫西北略胡地, 而欲從雲中、九原直南襲秦, 於是詐自爲使者入秦).」

4. 혜문왕 2년(서기전 297년) 조

주부(主父: 무령왕)가 새로운 땅을 순행하다가 마침내 대(代)를 나와 서쪽으로 가서 서하(西河)에서 누번왕(樓煩王)을 만나니, 그의 병사를 바쳤다(惠文王二年, 主父行新地, 遂出代, 西遇樓煩王於西河而致其兵).

5. 혜문왕 3년(서기전 296년) 조

중산을 멸망시키고 그 왕을 부시(膚施)로 옮겼다. 영수(靈壽)를 축조하였다. 북쪽 땅이 마침내 복종하여 대(代)로 가는 길이 크게 통했다. 돌아와 논공행상을 하고, 대사면령을 내렸으며, 닷새 동안 술잔치를 열고. 큰 아들 장(章)을 봉하여 대(代)의 안양군(安陽君)으로 삼았다. 장(章)은 평소 사치스럽고, 마음속으로 그 동생이 즉위한 것을 승복하지 않았다. 주부(主父: 무령왕)는 또 전불례로 하여금 장(章)을 보좌하게 하였다(滅中山, 遷其王於膚施. 起靈壽, 北地方從, 代道大通. 還歸, 行賞, 大赦, 置酒酺五日, 封長子章爲代安陽君. 章素侈, 心不服其弟所立. 主父又使田不禮相章也).

6. 혜문왕 4년(서기전 296년) 조

신하들을 입조하게 하니 안양군(安陽君)도 내조하였다. 주부(主父: 무령왕)가 왕으로 하여금 조정의 정사를 듣게 하고, 자신은 곁에서 신하와 종실들의 예의를 엿보았다. 맏아들 장이 뜻을 얻지 못하고, 도리어 북면하며 신하가 되어 그의 동생에게 굽히는 것을 보니, 마음속으로 가여워, 이에 마침내 조나라를 나누어 장(章)을 대(代)에서 왕 노릇하게 하려고 하였으나, 계획은 결정하지 못하고 중단되었다. 주부(主父: 무령왕)와 왕이 사구(沙丘)에 놀러가, 궁을 따로 하니, 공자 장(章)은 즉시 그의 무리와 전불례로 난을 일으켜, 주부(主父: 무령왕)가 영을 내려 왕을 소환하였다고 속였다. 비의가 먼저 들어가니 그를 죽였다. 고신은 즉각 왕과 함께 (공자 장章과) 싸웠다. 공자 성(成)과 이태가 나라에서부터 도착하여, 단지 4개 읍의 군사를 일으켜 들어가 난을 막고, 공자 장(章)과 전불례를 죽이며, 그 잔당을 소멸하니, 왕실이 안정되었다. 공자 성(成)이 승상이 되고 이태는 사구가 되었다. (당초에) 공자 장(章)이 패하자, 주부(主父: 무령왕)에게 달아났는데, 주부(主父: 무령왕)가 주관하여 그를 받아들이니, 공자 성(成)과 이태가 주부(主父: 무령왕)의 궁을 포위하였다. 공자 장(章)이 죽자, 공자 성(成)과 이태가 의논하며 말하기를: 「장(章) 때문에 주부(主父: 무령왕)를 포위했으나, 병사들을 해체하면 우리는 멸족당할 것이오.」라고 하였다. 이에 끝내 주부(主父: 무령왕)를 포위하였다. 궁 안의 사람들에게 「늦게 나오는 자는 멸족하겠다.」고 하니, 궁 안의 사람들이 모두 나왔다. 주부(主父: 무령왕)는 나가고자 하였으나 할 수 없었고, 또 먹을 수도 없어서, 참새 새끼를 찾아 먹었으나, 석 달 남짓 만에 사구궁(沙丘宮)에서 굶어 죽었다(朝羣臣, 安陽君亦來朝. 主父令王聽朝, 而自從旁觀窺羣臣宗室之禮. 見其長子章傫然也, 反北面為臣, 詘於其弟, 心憐之, 於是乃欲分趙而王章於代, 計未決而輟. 主父及王

游沙丘, 異宮, 公子章即以其徒與田不禮作亂, 詐以主父令召王. 肥義先入, 殺之. 高信即與王戰. 公子成與李兌自國至, 乃起四邑之兵入距難, 殺公子章及田不禮, 滅其黨賊而定王室. 公子成為相, 號安平君, 李兌為司寇. 公子章之敗, 往走主父, 主主開之, 成、兌因圍主父. 公子章死, 公子成、李兌謀曰:「以章故圍主父, 即解兵, 吾屬夷矣.」乃遂圍主父. 令宮中人「後出者夷」, 宮中人悉出. 主父欲出不得, 又不得食, 探爵鷇而食之, 三月餘而餓死沙丘宮).

제3절 조 무령왕과 임호 및 누번

1. 조 무령왕과 임호 및 누번의 관계
: 조나라 무령왕이 임호와 누번을 멸망시켰는가?

1) 임호의 멸망

앞에 있는 무령왕 20년(서기전 306년) 조의 「서쪽으로 호(胡)의 땅을 공략하여 유중에 이르니 임호의 왕이 말을 바쳤다(西略胡地, 至榆中. 林胡王獻馬).」라는 기록은 임호의 멸망을 의미하는가?

임호의 멸망에 대해서는 사기 흉노전의 임호에 대한 주석을 참고할 만하다. 사기 흉노열전 가운데 「진(晉)나라 북쪽에는 임호와 누번이라는 융(戎)이 있고, 연나라 북쪽에는 동호와 산융이 있다.(而晉北有林胡、樓煩之戎, 燕北有東胡、山戎)」라는 문구가 있는데, 여기서 임호에 대한 주석을 보면『사기색은, 여순이 말하기를:「임호는 즉 담림으로 이목(李牧)에게 소멸되었다.」라고 하였다.」고 되어 있다(索隱)如淳云:「林胡即儋林, 為李牧所滅也.」).

이목은 조나라 장수로, 사기 이목열전(권81. 염파인상여열전에 있음)에 「(이 싸움에서) 담람(襜襤)을 멸망시키고, 동호를 쳐부수었으며 임호(林胡)를 항복시키고, 선우는 달아났다(滅襜襤, 破東胡, 降林胡, 單于奔走).」라고 되어 있다. 그런데, 이때가 도양왕 원년(서기전 244년)의 10여 년 전이라는 것이다(이목열전).

이것을 보면 서기전 244년의 10여 년 전인 서기전 254년 무렵(조나라 효성왕 12년 무렵)에 임호가 조나라의 이목에게 항복하였음을 알 수 있다. 이것을 여순은 「임호가 이목에게 소멸되었다.」라고 말한 것이다.

따라서, 무령왕 20년(서기전 306년) 조의 「임호의 왕이 말을 바쳤다(林胡王獻馬).」는 기록은 임호의 멸망을 뜻하는 것이 아니다. 즉, 조나라 효성왕 12년 무렵(서기전 254년 무렵)에 임호가 조나라에 항복한 것이지, 무령왕 20년(서기전 306년)에 임호가 멸망한 것이 아니다.

이와 관련하여, 또 하나 주목할 것은 이 장소가 당나라 때의 안문현(鴈門縣)이라는 것이다.

이것은 이목열전 처음부분에 「이목(李牧)은 조나라의 북쪽 국경을 지키는 훌륭한 장수였다. 대(代)의 안문(雁門)에 상주하며 흉노(匈奴)에 대비하고 있었다(李牧者, 趙之北邊良將也. 常居代鴈門, 備匈奴).」라고 되어 있으며, 代鴈門(대안문)에 대한 주석을 보면 「사기정의, 지금의 안문현이 대의 땅이다. 그래서 대(代)의 안문이라고 한 것이다(【正義】今鴈門縣代地, 故云代鴈門也).」라고 되어 있다.

사기정의의 주석에서 지금이란 당나라 때를 말하는데, 그 이유는 사기정의가 당나라의 장수절(張守節)이 저술한 것이기 때문이다. 그렇다면 안문현(鴈門縣)이란 당나라 시절의 안문현이고, 이 안문현을 바이두로 검색해 보면 산서성 대현(山西代县)이라고 되어 있다.

산서성 대현(山西代县)은 사기정의에서 임호에 대해 주석한 「지금의 삭주시(朔州市) 삭성구(朔城区)」이남에 있다. 그리고 여기가 조나라의 북쪽 국경이라는 것이다. 따라서 임호가 「지금의 삭주시(朔州市) 삭성구(朔城区)」이북에 있었다는 사기정의의 임호에 대한 주석이 옳다는 것을 다시 한 번 확인할 수 있으며, 이목 장군이 대(代)의 안문(雁門)에 배치되었을 때만 해도 임호가 멸망하지 않았다는 것도 확인할 수 있다.

이목 장군이 대(代)의 안문(雁門)에 배치된 때에 대해서는 이목열전에 정확히 나오지 않으나, 이목열전에 임호가 이목에게 항복한 일이 있기 1년 전에 이목 대신 자른 장수로 교체하였다고 하고, 교체 전에도 이목의 행적이 있기 때문에, 이목이 대(代)의 안문(雁門)에 배치된 때는 적어도 임호가 이목에게 항복한 조나라 효성왕 12년 무렵(서기전 254년 무렵)의 2년 전인 조나라 효성왕 10년 무렵(서기전 256년 무렵)으로 추정된다.

즉, 적어도 조나라 효성왕 10년 무렵(서기전 256년 무렵) 이전에는 임호가 존재하였다는 말이다.

그리고 당나라 때의 안문현(鴈門縣), 즉 지금의 산서성 대현(山西代县)이 조나라의 북쪽 국경이라는 점을 보았을 때, 조나라 효성왕 12년경(서기전 254년경)에 항복한 임호는 「지금의 삭주시(朔州市) 삭성구(朔城

區) 이북(임호에 대한 사기정의의 주석 결과)」에 있던 임호 영역의 일부 지역 즉,「동쪽으로 황하를 건너(東越黃河) 진(晋)나라 북쪽 산지의 삼림 지역(바이두에서 임호를 검색한 결과)」이다.

다시 말해서 임호가 이때(조나라 효성왕 12년경-서기전 254년 경)에 완전히 멸망한 것이 아니다. 임호 영역의 일부가 조나라의 이목에게 항복한 것일 뿐이다.

그러면 임호는 언제 완전히 영토를 빼앗겼는가?

진시황본기 시황 32년(서기전 215년) 조에 「연나라 사람 노생이 파견되어 바다에 들어갔다가 돌아와서, 귀신에 관한 일로 인하여 참위서를 상주하였는데, (거기에) 이르기를 '진(秦)나라를 망하게 할 자는 호(胡)이다'라고 하였다. 시황은 이에 장군 몽염으로 하여금 군사 30만 명을 일으켜, 북쪽으로 호(胡)를 쳐서, 하남 땅(河南地)을 빼앗아 가졌다(燕人盧生使入海邊, 以鬼神事, 因奏錄圖書, 曰「亡秦者胡也」. 始皇乃使將軍蒙恬發兵三十萬人北擊胡, 略取河南地.」라고 되어 있는데, 여기서 북쪽으로 쳤다는 것은 진나라의 서울인 함양(咸陽) 즉, 지금의 서안(西安)쪽에서 북쪽으로 쳤다는 말이고, 호(胡)를 쳐서, 하남 땅(河南地)을 빼앗았다는 것은 임호(林胡)를 쳐서 임호의 영역인 하남 땅을 빼앗았다는 말이 틀림없다. 왜냐하면 임호의 영역은 지금의 악이다사시(鄂尔多斯市: 오르도스-어얼뒤쓰시) 일대인데, 그곳이 서안(西安)의 북쪽에 있고, 그 일대가 바로 하남 땅(河南地: 황하의 남쪽 땅)이기 때문이다.

또한, 시황 33년(서기전 214년) 조에 「서북쪽으로 흉노를 물리쳐 쫓아냈다. 유중(楡中)에서부터 황하 동쪽을 따라, 음산(陰山: 阴山)까지 연속하여 44개의 현을 설치하고, 황하 가장자리에 성을 쌓아 변방(국경)으로 삼았다. 또 몽염에게 황하를 건너 고궐(高闕), 양산(陽山: 阳山), 북가(北假) 일대를 빼앗고 (요새의) 검문소를 건축하여 융인(戎人)을 몰아내게 하였다(西北斥逐匈奴. 自楡中並河以東, 屬之陰山, 以爲四十四縣, 城河上爲塞. 又使蒙恬渡河取高闕、陽山、北假中, 築亭障以逐戎人).」라고 되어 있는데, 여기서 음산까지 44개 현을 설치하였다는 것은 하남 땅(河南地: 황하의 남쪽 땅)에 있던 임호를 완전히 몰아냈기 때문에 가능한 것이다. 그리고 몽염이 황하를 건너 고궐, 양산, 북가 일대를 빼앗았다는 것 역시, 하남 땅(河南地: 황하의 남쪽 땅)에서 북쪽 방향으로 황하를 건너 고궐, 양산, 북가 일대를 빼앗았다는 것이 명백하다. 이것도 하남 땅(河南地: 황하의 남쪽 땅)에 있던 임호를 완전히 몰아낸 다음에, 황하를 건너 그 북쪽에 있는 고궐, 양산, 북가 일대를 빼앗은 증거가 된다.

이러한 점을 보았을 때, 임호가 자기의 원래 영역을 완전히 다 빼앗긴 것은 진시황 32년(서기전 215년)으로 보인다.

2) 누번의 멸망

앞에 있는 조세가 혜문왕 2년(서기전 297년) 조의 「주부(主父: 무령왕)가 새로운 땅을 순행하다가 마침내 대(代)를 나와 서쪽으로 가서 서하(西河)에서 누번왕(樓煩王)을 만나니, 그의 병사를 바쳤다(惠文王二年, 主父行新地, 遂出代, 西遇樓煩王於西河而致其兵).」라는 기사는 누번의 멸망을 의미하는가?

누번의 멸망에 관한 기록은 불확실한데, 그중 가장 확실한 기록은 사기 흉노열전에 「묵돌(冒頓: 모돈)이 말에 올라, 나라 안에서 뒤처지는 자가 있으면 목을 치겠다는 명령을 내리고, 마침내 동쪽으로 동호를 습격하였다. 동호는 처음에 묵돌(冒頓: 모돈)을 얕잡아 보고 대비하지 않았다. 급기야 묵돌(冒頓: 모돈)이 군대를 이끌고 쳐서 동호왕을 크게 파멸시키고, 그 백성과 가축을 빼앗았다. 그 후 돌아와 서쪽으로 월지를 치고, 남쪽으로 하남에 사는 누번왕과 백양왕(의 땅)을 병합하였다(冒頓上馬, 令國中有後者斬, 遂東襲擊東胡. 東胡初輕冒頓, 不爲備. 及冒頓以兵至, 擊, 大破滅東胡王, 而虜其民人及畜産. 旣歸, 西擊走月氏, 南幷樓煩、白羊河南王).」라는 기록이다. 여기에서 「하남에 사는 누번왕과 백양왕」이라고 말한 근거는 백양 하남왕(白羊河南王)에 대한 주석『사기색은 여순이 말하기를: 「백양왕은 하남에 거주한다.」라고 하였다(【索隱】如淳云:「白羊王居河南」).』과, 아래에 쓰여 있는 사기 흉노열전의 「호(胡)를 쳐서 누번왕과 백양왕을 하남(河南)에서 달아나게 하였다(擊胡之樓煩、白羊王於河南).」라는 문구이다.

이 기록은 누번이 묵돌(冒頓: 모돈-흉노)에게 멸망하였음을 말하고 있다. 묵돌(冒頓: 모돈)은 한나라 초기인 한고조 유방 때에 있었던 사람이다. 참고로 여기서 말하는 하남(河南) 역시 하투지역의 황하 남쪽을 말하는 것이지, 지금의 하남성(河南省) 지역을 말하는 것이 아니다.

그런데, 앞서 소진열전의 누번에 대한 주석에『사기색은 한서지리지에 누번은 현 이름이며, 안문군에 속한다. 응소가 말하기를 「옛 누번 호(胡)의 땅이다.」라고 하였다(【索隱】地理志樓煩, 縣名, 屬鴈門. 應劭云「故樓煩胡地」).』라고 되어 있다. 그리고 한서지리지 안문군 조를 보면 누번현

(樓煩縣)이 안문군에 있으며, 안문군은 진나라가 설치하였다(秦置)라고 되어 있다. 이 기록은 누번이 진나라 때 이미 멸망하여 안문군에 속하였음을 말하고 있다.

이제는 더 이상 누번의 멸망에 대한 명확한 기록이 없다. 이후로는 생각한 것이다. 이런 것을 해석이라고 하는데, 의견이고 추정이며 주장일 뿐이다.

바이두에서 누번을 검색하면 이런 대목이 나온다.
「조 무령왕은 누번국에게 싸워 이긴 후에도 결코 그들의 인마를 공격하여 죽이지 않았고, 대신 "그의 병사를 바치게 하는" 책략을 채용하였다(赵武灵王战胜楼烦国后并没有攻杀他们的人马, 而是采用了"致其兵"的策略).」

이것은 조세가 혜문왕 2년(서기전 297년) 조의 「주부(主父: 무령왕)가 새로운 땅을 순행하다가 마침내 대(代)를 나와 서쪽으로 가서 서하(西河)에서 누번왕(樓煩王)을 만나니, 그의 병사를 바쳤다(主父行新地, 遂出代, 西遇樓煩王於西河而致其兵).」를 제멋대로 해석한 것이다. 조 무령왕이 서하에서 누번왕을 만난 것을 조 무령왕이 누번국에게 싸워 이긴 것으로 둔갑시키고, 그들의 인마(人馬)를 죽이지 않았다고 소설을 쓴 뒤에, 누번왕이 병사를 바친 것을 「"그의 병사를 바치게 하는" 책략을 채용하였다.」고 주장한 것이다. 이런 어기지 소설에 덧붙인 아전인수식 주장 및 해석은 중국의 역사 해석에서 중국인이 언제나 하는 일이다.

아무튼 이러한 태도를 보아, 지금의 중국에서는 조세가 혜문왕 2년(서기전 297년) 조에 나오는 「누번왕(樓煩王)을 만나니, 그의 병사를 바쳤다.」는 것을 누번의 멸망으로 해석하고 있음을 알 수 있다.

그러나 「임호의 왕이 말을 바쳤다(林胡王獻馬).」는 것은 임호의 멸망을 뜻하는 것이 아닌 것이 명백하듯이, 「누번왕(樓煩王)을 만나니, 그의 병사를 바쳤다.」는 것도 누번의 멸망을 뜻하는 것이 아닐 것이다. 다만 명백한 기록이 없는 틈을 타서, 그 기록을 제멋대로 누번이 멸망한 기록이라고 이야기하는 것뿐이다.

다만, 앞서 이목열전 처음부분에 대(代)의 안문(雁門)이 나오는데 여기에 있는 안문(雁門)은 당나라 시절의 안문현(鴈門縣)이고, 그곳은 지금의 산서성 대현(山西代县)이라는 것을 소개하면서, 산서성 대현은 사기정의에서 임호에 대해 주석한 「지금의 삭주시(朔州市) 삭성구(朔城区)」이남에 해당한다는 점을 설명하였다. 한편, 누번은 사기정의의 주석에서 지금의 여량시 이북이라고 하였는데, 그 북쪽 한계는 삭주시 삭성구 이남이라고 소개하였다(삭주시 삭성구 이북은 임호의 영역이기 때문이다). 산서성 대현이 지금의 여량시 이북이며 삭주시 삭성구 이남이므로, 이목이 대(代)의 안문(雁門)에 배치되었을 때, 이미 누번은 멸망한 것으로 추정되기는 한다. 이목이 대(代)의 안문(雁門)에 배치된 때는 적어도 조나라 효성왕 10년 무렵(서기전 256년 무렵)이므로 이때에 이미 누번은 멸망한 것으로 추정되기는 한다는 말이다.

이를 정리하면 임호는 조나라 효성왕 12년경(서기전 254년경)에 일부분이 조나라에 항복하였고, 진시황 32년(서기전 215년)에 영역을 다 빼앗긴 것으로 보이며, 누번은 조 효성왕 10년 무렵(서기전 256년 무렵)에 이미 멸망한 것으로 추정된다.

따라서 조 혜문왕 4년(서기전 295년)에 죽은 조 무령왕은 임호를 멸망시킨 일이 없었고, 조 효성왕 10년 무렵(서기전 256년 무렵)에 이미 멸망한 것으로 추정되는 누번에 대해서는 조 무령왕이 멸망시켰다는 주장이 있다.

2. 임호 및 누번 땅과 운중군 및 안문군의 관계
  : 임호와 누번 땅은 운중군과 안문군이 되었는가?

1) 임호와 운중

먼저 사기 소진열전에서는 연나라 북쪽에 임호와 누번이 있고, 서쪽에 운중과 구원이 있다고 하였으며 사기 흉노전에서도 진(晉)나라 북쪽에는 임호와 누번이 있다고 하였으므로 기본적으로 임호의 땅은 운중군이 아님을 알 수 있다(연나라의 북쪽과 진나라의 북쪽은 마찬가지이고, 연나라의 서쪽은 진나라의 서쪽과 마찬가지임).

그런데 사기 조세가의 임호와 누번에 대한 주석의 결과는 임호의 영역이 지금의 산서성(山西省) 삭주시(朔州市) 삭성구(朔城区) 이북이고, 누번은 여량시(呂梁市-산서성) 이북에서 삭주시 삭성구 이남 지역이다.

한편, 바이두에서 임호(林胡)를 검색한 결과는 그 활동지역이 지금의 악이다사(鄂尔多斯: 오르도스Ordos-어얼둬쓰) 고원 동부인 이금곽락기(伊金霍洛旗: 이진훠뤄기), 동성구(东胜区: 둥성구-악이다사시), 준격이기(准格尔旗: 준거얼기)와 동쪽으로 황하를 건너(東越黃河) 진(晉)나라 북쪽 산지의 삼림지역으로 나뉜다.

이 중에서 「동쪽으로 황하를 건너(東越黃河) 진(晋)나라 북쪽 산지의 삼림지역」은 사기정의에서 말한 「지금의 삭주시(朔州市: 쉬저우시) 삭성구(朔城区: 쉬청구)」이북에 해당한다. 이러한 점을 보았을 때 임호 영역의 일부가 운중에 포함된 것으로 보인다. 이때가 조 무령왕이 운중에 처음 진출한 무령왕 26년(서기전 300년)이 아니고, 조 무령왕이 죽은 이후인 조 효성왕 12년경(서기전 254년 경)이다.

2) 누번과 안문군
: 누번과 안문군의 관계는 어떤가?

이에 대해서 사기 흉노전에 나오는 누번에 대한 주석을 살펴보자. 거기에는 『사기색은 한서지리지에 누번은 현 이름인데 안문군에 속한다. 응소가 말하기를 「옛 누번 호(胡)의 땅이다.」라고 하였다(【索隱】地理志樓煩, 縣名, 屬鴈門。應劭云「故樓煩胡地」)』고 되어 있다. 여기에 나오는 한서지리지는 한나라 때의 지리지인데, 거기서 안문군 조를 보면「진나라가 설치하였다(秦置)」라고 되어 있다. 즉, 한서지리지에 누번현은 안문군에 속하는데, 안문군은 진(秦)나라가 설치하였다는 것이다. 이러한 점을 보았을 때 누번은 안문군 누번현이 된 것으로 보인다. 누번현(樓煩縣)을 바이두로 검색해 보면「누번현은 전국시대 조나라 무령왕이 설치하였다. 치소는 지금의 산서성 영무 부근에 있었다(楼烦县, 战国赵武灵王置. 治所在今山西宁武附近)」라고 설명하고 있다. 이 중에서 누번현을 조 무령왕이 설치하였다는 것은 추정일 뿐이지 확실한 근거가 있는 것은 아니다. 치소가 산서성 영무에 있었다고 하는데 영무는 누번을 바이두로 검색한 결과에「그 강역은 대략 지금의 산서성 서북부의 보덕(保德: 바오더), 가람(岢岚: 커란), 영무(宁武: 닝우) 일대에 있었다」는 이야기를 보면, 누번현은 누번 영역의 일부에 설치한 것이고, 누번현이 누번 영역의 일부에 설치되었다는 것은 사기 소진열전에 있는 사기정의의 주석인 누번은 남(嵐) 이북, 즉 지금의 여량시(吕梁市: 뤼량 시-산서성)이북에 있었다는 말과 부합한다.

누번의 위치를 좀 더 살펴보자.

앞에 있는 흉노 묵돌 기사에서「남쪽으로 누번과 백양 하남왕을 병합하였다.」고 하였는데, 흉노의 선우가 된 묵돌은 어디에 있었는가? 어디의 남쪽이라는 말인가?

사기 흉노열전에「모든 왼쪽 방향의 왕과 장수들은 동쪽에 거주하는데, 상곡군을 마주하며, 그 동쪽으로 예맥조선(穢貉朝鮮)에 접한다. 오른쪽 방향의 왕과 장수들은 서쪽에 거주하는데, 상군(上郡)을 마주하며, 그 서쪽으로 월지와 저(氐), 강(羌)에 접한다. 또 선우의 궁정은 대군(代郡)과 운중군을 마주한다(諸左方王將居東方, 直上谷以往者, 東接穢貉、朝鮮; 右方王將居西方, 直上郡以西, 接月氏、氐、羌; 而單于之庭直代、雲中).」라고 되어 있다.

이것을 보면 선우는 대군(代郡)과 운중군을 마주한 곳에 있었음을 알 수 있다. 그리고 흉노 묵돌 기사에서「남쪽으로 하남에 사는 누번왕과 백양왕(의 땅)을 병합하였다.」고 한 것을 보면, 하남에 사는 누번왕과 백양왕의 땅은 대군(代郡)과 운중군 중에서 운중군의 남쪽임을 알 수 있다.

계속해서 사기 흉노전의 기록을 보면「(상략) 그다음 해, 위청은 다시 운중 이서(以西)로 출동하여 농서(隴西)에 이르러, 호(胡)를 쳐서, 누번왕과 백양왕을 하남(河南)에서 달아나게 하고, 호(胡)의 머리와 포로 수천을 얻었으며, 소와 양 백여만 두를 얻었다. 이에 한나라는 마침내 하남 땅(河南地)을 취득하여, 삭방군(朔方郡)을 건축하고, 다시 옛날 진(秦)나라 때 몽염(蒙恬)이 만들었던 것을 수선하여 장새(국경)를 만들어 황하를

(국경으로) 굳혔다. 그러나 한나라도 상곡군의 10여 개 궁벽한 현을 포기하고, 조양(造陽) 땅을 흉노에게 주었다. 이해는 한나라 원삭(元朔) 2년(서기전 127년)이었다(其明年, 衛靑復出雲中以西至隴西, 擊胡之樓煩、白羊王於河南, 得胡首虜數千, 牛羊百餘萬。於是漢遂取河南地, 築朔方, 復繕故秦時蒙恬所爲塞, 因河爲固。漢亦弃上谷之什辟縣造陽地以予胡。是歲, 漢之元朔二年也)」라고 되어 있다. 그런데 운중 이서로 출동하여 농서로 가려면 하남을 거쳐야 하는데, 농서에 이르러 호를 쳐서 누번왕과 백양왕을 하남에서 달아나게 하였다고 하니, 사기 흉노전은 무엇인가 앞뒤가 맞지 않는다.

이 기록의 근거가 되는 사기 위장군표기열전을 보면, 「한나라는 장군 이식(李息)에게 영을 내려 그들(흉노)을 치게 하여 대군(代郡)에서 출동하게 하고, 거기장군 위청에게 영을 내려 운중 이서로 출동해 고궐(高闕)에 이르게 하였다. 마침내 하남 땅(河南地)을 공략하고 농서(隴西)에 이르렀는데, 머리와 포로 수천을 포획하였으며, 가축 수십만 마리를 노획하고, 백양왕(白羊王)과 누번왕(樓煩王)을 달아나게 하였다. 마침내 하남 땅(河南地)으로 삭방군(朔方郡)을 삼았다(漢令將軍李息擊之, 出代; 令車騎將軍靑出雲中以西至高闕。遂略河南地, 至于隴西, 捕首虜數千, 畜數十萬, 走白羊、樓煩王。遂以河南地爲朔方郡)」라고 되어 있어서, 운중 이서로 출동하여 간 곳은 고궐이고, 하남 땅(河南地)을 공략하고 농서에 이르는 과정에서 하남 땅에 있었던 백양왕과 누번왕을 달아나게 한 것이다.

여기에서 주목할 대목이 누번왕이 하남 땅(河南地)에 있었다는 사실이다. 누번은 지금의 여량시(呂梁市: 뤼량 시–산서성)이북에 있었다는 사기정의의 주석과 바이두에서 검색한 「그 강역은 대략 지금의 산서성 서북부의 보덕(保德: 바오더), 가람(岢岚: 커란), 영무(宁武: 닝우) 일대에 있었다.」는 결과에 의하면, 누번은 하투지역의 황하 바깥쪽(오른쪽-동쪽)에 있었다. 그런데, 여기서는 누번이 하투지역의 황하 안쪽(왼쪽-서쪽)이며, 황하 남쪽인 하남 땅(河南地)에 있었다는 것이다. 이것은 어떻게 된 것인가?

위청은 한무제 때의 사람이다. 즉 전국시대의 조나라 때 누번이 망하였는데, 임호가 진시황 때 하남 땅에서 없어지자, 누번이 하남 땅으로 이동한 것으로 보인다. 그래서 누번이 하남땅에 있었던 것으로 보인다.

3. 조 무령왕과 장성
  : 조 무령왕이 장성을 쌓았는가?

다시 말해서 조 무령왕이 대(代)에서부터 음산(陰山) 기슭을 따라 고궐(高闕)까지 장성을 쌓았는가?

조나라가 대(代)나라를 빼앗은 때는 무령왕 26년(서기전 300년)이지만, 이때(서기전 300년)부터 바로 장성을 쌓을 수는 없었을 것이다.

앞에 있는 조세가 혜문왕 3년(서기전 297년) 조를 보면, 혜문왕 3년(서기전 297년)에 중산국을 멸망시키면서 북쪽 땅이 마침내 복종하여 대(代)로 가는 길이 크게 통하였다고 하였다. 따라서 무령왕 26년(서기전 300년)에는 조나라에서 북쪽의 대(代)로 가는데 북쪽 땅이 복종하지 않아서 북쪽의 대(代)로 물자를 원활하게 실어 나를 수 없었기 때문에 무령왕 26년(서기전 300년)에는 장성을 쌓을 수 없었음이 명백하다.

그 후, 혜문왕 3년(서기전 297년) 조와 혜문왕 4년(서기전 296년) 조를 보면, 조 무령왕이 서기전 297년에 중산국을 멸망시키고 조나라로 돌아왔다. 이때 대(代)로 가는 길이 크게 통하였다. 그리고 다음 해인 서기전 296년에 내란이 일어나 조 무령왕이 사구궁에서 굶어 죽었다. 따라서 조 무령왕은 대(代)에서부터 음산(陰山) 기슭을 따라 고궐(高闕)까지 장성을 쌓지 못하였음이 분명하다.

대군(代郡)을 바이두에서 검색해 보면 다음과 같이 되어 있다.

진나라 때
산서성 양고(阳高)에서 하북성 울현 일대를 관할하였는데, 군 치소는 대현이다(지금의 하북성 울현 대나라 왕성).

秦朝时
辖山西阳高至河北蔚县一带, 郡治代县(今河北省蔚县代王城).

하북성 울현부터 「진말한초 하투부근 지구 변계 시의도」에 나와 있는 고궐(高闕)까지는 구글어스 지도의 직선거리로 대략 650km이다. 직선거리로만 1천5백 리가 넘는다. 더구나 음산 산맥과 고궐은 산악지대이다.

조 무령왕은 서기전 297년에 대(代)로 가는 길을 크게 통하게 하고 조나라로 돌아와서, 다음 해인 서기전 296년에 죽었는데, 언제 1천5백 리가 넘는 장성을 쌓았다는 말인가? 그럴 시간도, 기회도 없었다. 한마디로 가능하지도 않은 이야기이다.

따라서, 조 무령왕이 대(代)에서부터 음산(陰山) 기슭을 따라 고궐(高闕)까지 장성을 쌓았다는 이야기는 사실이 아닌 것으로 보인다.

4. 조 무령왕과 운중군, 안문군, 대군
   : 조 무령왕이 운중군과 안문군, 대군을 설치했는가?

조 무령왕이 운중군을 설치하지 않았다는 것은 앞에서 이미 언급하였다.

조세가 무령왕 26년(서기전 300년) 조에 「다시 중산을 공격하여 땅을 북쪽으로 연나라와 대(代)나라까지, 서쪽으로 운중(雲中)과 구원(九原)까지 넓혔다(復攻中山, 攘地北至燕、代、西至雲中、九原).」라고 하였고, 같은 조세가 혜문왕 2년(서기전 297년) 조에 「주부(主父: 무령왕)가 새로운 땅을 순행하다가 마침내 대(代)를 나와 서쪽으로 가서 서하(西河)에서 누번왕(樓煩王)을 만나니, 그의 병사를 바쳤다(主父行新地, 遂出代, 西遇樓煩王於西河而致其兵).」라고 되어 있다. 혜문왕 2년 조에서 새로운 땅이란 새로 넓힌 북쪽의 연나라 땅과 대나라 땅, 서쪽의 운중과 구원을 말한다. 그러면 대(代)란 무엇인가? 무령왕이 대나라 땅까지 넓혔으니 대나라는 없어진 것이고, 대나라에 대군(代郡)을 설치한 것인가?

이에 관하여 주목할 주석이 있다. 사기 흉노열전에 「또 선우의 궁정은 대군(代郡)과 운중군을 마주한다(而單于之庭直代、雲中).」라는 대목이 있었는데, 여기서 운중(雲中)에 대한 사기정의의 주석이 그것이다. 그 주석은 「사기정의. 대군성(代郡城)은 북적의 대국(代國)이고, 진한(秦漢)의 대현성(代縣城)인데, 울주의 강호현(羌胡縣) 북쪽 150리에 있다. 운중고성(雲中故城)은 조나라의 운중성(雲中城)이고, 진나라의 운중군(雲中郡)인데 승주(勝州) 유림현(榆林縣) 동북쪽 40리에 있다【正義】代郡城,

北狄代國, 秦漢代縣城也, 在蔚州羌胡縣北百五十里. 雲中故城, 趙雲中城, 秦雲中郡, 在勝州榆林縣東北四十里. 言匈奴之南直當代、雲中也).」라고 되어 있다. 이에 의하면 운중은 조나라 때 운중성(雲中城)이 있어 운중을 다스렸는지는 모르지만, 진(秦)나라에 들어서야 운중군(雲中郡)이 된 것이다. 즉 조나라는 운중군을 설치한 일이 없다는 것이다. 다시 말해서 무령왕은 운중군과 안문군, 대군을 설치한 일이 없다는 뜻이다.

물론 사서에서 본문과 주석이 충돌하면 본문을 존중해야 하지만, 사기 흉노열전의 본문은 부정확한 기술로 인하여 믿을 수 없게 만들어 주석을 존중하게 한다. 조 무령왕이 임호를 멸망시키고 그 땅에 운중군을 설치한 것처럼 기술하였으나, 조 무령왕은 임호를 멸망시킨 일이 없었고, 조 무령왕이 운중군을 설치한 일도 없었다. 또한 조 무령왕이 대(代)에서부터 음산(陰山) 기슭을 따라 고궐(高闕)까지 장성을 쌓았다는 이야기도 가능하지 않은 이야기이다. 이러한 점을 보았을 때, 조 무령왕이 안문군과 대군을 설치했다는 이야기도 주석이 더 믿음직하다.

또한, 조세가 효성왕 18년 조에 「진나라가 조나라의 유차(榆次) 등 37개 성(城)을 빼앗았다.」라는 구절이 있는데, 이와 관련하여 연소공세가 연왕 희 7년 조에 「진나라가 (조나라의) 유차(榆次) 등 37개 성(城)을 공략해서 태원군(太原郡)을 두었다.」라는 구절도 조나라에서는 성(城)만 있었지, 군(郡)을 두지 않은 것으로 보인다. 따라서 조 무령왕은 안문군과 대군을 설치하지 않은 것으로 보인다.

제6장 후조선과 진개(서기전 284년 무렵)

제1절 사기 흉노열전

사기 흉노열전을 보면「그 후에, 연나라의 현명한 장수 진개가 호(胡)에 인질이 되었는데, 호(胡)가 그를 매우 신임하였다. 돌아와 동호를 습격하여 격파해 달아나게 하니, 동호는 1천여 리를 물러났다. 형가와 함께 진왕을 암살하려던 진무양은 진개의 손자다. 연나라 역시 장성을 쌓아 조양에서 양평에 이르렀다. 상곡, 어양, 우북평, 요서, 요동군을 설치하여 호(胡)를 막았다(其後燕有賢將秦開, 爲質於胡, 胡甚信之. 歸而襲破走東胡, 東胡卻千餘里. 與荊軻刺秦王秦舞陽者, 開之孫也. 燕亦築長城, 自造陽至襄平. 置上谷、漁陽、右北平、遼西、遼東郡以拒胡).」라고 되어 있다.

1. 진개의 일은 언제 일어난 일인가?

맨 앞에 있는「그 후」라는 것은 조 무령왕이 한 일 이후라는 말이다. 사기 흉노전에서 조 무령왕이 한 일이란「북쪽으로 임호와 누번을 깨뜨렸다. 장성(長城)을 쌓아 대(代)에서부터 음산 기슭을 따라 고궐에 이르기까지 변방(국경)으로 삼았다. 그리고 운중, 안문, 대군(代郡)을 설치하였다.」를 말한다. 조 무령왕이 했다는 일의 사실 여부에 대해서는 앞에서 자세히 다루었기 때문에 여기서는 다시 언급하지 않는다. 여기서의 핵심은 연나라 진개가 언제 동호를 습격해 패주시켰는가? 하는 것이다.

조 무령왕이 운중군을 설치했는지와 상관없이 최소한 운중까지 땅을 넓힌 때는 무령왕 26년(서기전 300년)이다.

그러면 그 후 언제, 연나라 진개가 동호를 습격하여 패주시켰는가?

어떤 자들은 연나라 진개가 동호를 패주시킨 때가 서기전 300년(무령왕 26년)이라고 하는데, 그것은 글자도 모르는 사람이나 하는 소리이다.

만약에 동호를 패주시킨 때가 서기전 300년(무령왕 26년)이라면, 「그 후에」가 아니라 「그때에」라고 써야 한다. 「그 후(其後)」라는 것은 서기전 300년(무령왕 26년) 이후라는 말이다. 즉, 적어도 서기전 300년(무령왕 26년)은 아니고, 그 뒤라는 말이다.

이런 것조차 몰랐다면 너무 무식한 것이고, 아는데도 그런 말을 했다면 사기를 친 것이다. 그러면 서기전 300년 이후, 언제인가?

연나라 역사를 가장 정확하고 자세하게 다루고 있는 사기 연소공세가의 끝부분인 태사공왈(太史公曰)을 보면 이런 문구가 나온다.

「연나라는 밖으로 만맥(蠻貊)과 가깝고, 안으로 제나라와 진(晉)나라에 끼어서, 강한 나라의 사이에서 순탄하지 못하고 탈이 많아, 가장 약하고 작은 나라가 되니, 거의 몇 번이나 망할 뻔하였다(燕外迫蠻貉, 內措齊、晉, 崎嶇彊國之間, 最爲弱小, 幾滅者數矣).」

이렇게 가장 약하고 작은 연나라가 무슨 힘이 있어서 동호를 물리쳤다는 것인가?

사기 연소공세가를 보면, 서기전 300년 이후에 연나라가 힘을 쓴 것은 연 소왕 때뿐이다. 사기 연소공세가에서 연 소왕에 관한 기록은 연 소왕이 즉위했다는 기록 다음에는 현자를 초빙했다는 이야기뿐이고, 그 다음에는 바로 연 소왕 28년(서기전 284년) 조가 나온다.

　연 소왕 28년(서기전 284년) 조를 보면, 「연나라가 부유하고 풍족해지자, 병사들이 기꺼이 전투에 나가려 하니, 이에 마침내 악의를 상장군으로 삼아, 진(秦)나라와 초나라, 삼진과 함께 제나라를 정벌하기로 하였다. 제나라의 군대는 패했고 민왕은 도성 밖으로 도망쳤다. 연나라의 군대만 패주하는 적을 추격하여, 임치에 진입해서, 제나라의 보물을 모두 빼앗고, 궁실과 종묘를 불태웠다. 제나라의 성으로 함락되지 않은 것은, 오로지 요(聊)와 거(莒), 즉묵(卽墨)뿐이었고, 그 나머지는 모두 연나라에 속하였는데 6년(간)이었다(燕國殷富, 士卒樂軼輕戰, 於是遂以樂毅爲上將軍, 與秦、楚、三晉合謀以伐齊。齊兵敗, 湣王出亡於外。燕兵獨追北, 入至臨淄, 盡取齊寶, 燒其宮室宗廟。齊城之不下者, 獨唯聊、莒、卽墨, 其餘皆屬燕, 六歲).」라고 되어 있다.

　그리고는 「소왕이 33년 만에 죽고(서기전 279년), 아들 혜왕이 즉위하였다(昭王三十三年卒, 子惠王立).」라는 기록이 연 소왕의 기록 전부이다.
　이것을 볼 때 연 소왕 때 힘을 쓰기 시작한 것은 연 소왕 28년(서기전 284년) 이후 6년간(서기전 278년까지)이라는 것을 알 수 있다. 이런 것을 볼 때, 연 소왕이 진개를 시켜 동호를 침공한 때는 아무리 빨라도 서기전 278년이라는 것을 알 수 있다. 즉 진개의 일은 서기전 278년이라고 할 수 있다.

왜 이렇게 늦었을까?
이것은 연 소왕 이전의 역사를 봐야 한다.

사기 연소공 세가를 보면, 연 소왕의 아버지는 연왕 쾌(噲)인데, 신하 자지(子之)에게 왕위를 넘기고, 연왕 쾌는 신하가 되었다. 이러자 난이 일어나, 연나라 태자 평(平)이 장군 시피(市被) 등과 함께 왕이 된 자지(子之)를 공격하여 내란을 일으켰으나 실패하였다. 이 틈을 타서 제나라가 연나라(도성)에 쳐들어가 대승을 거두었는데 이때 연왕 쾌가 죽었다. 이렇게 내란과 외침으로 나라가 다 무너진 뒤에 연 소왕이 즉위하였다. 그래서 연소공 세가에「연 소왕은 연나라가 파괴된 이후에 즉위하였다(燕昭王於破燕之後即位).」라고 한 것이다. 이때가 서기전 311년이다.

또한, 사기 장의열전을 보면 다음과 같은 구절이 나온다.
『(장의가) 북쪽 연나라로 가서 연 소왕에게 유세하여 말하기를:「(중략) 조나라가 군대를 일으켜 연나라를 공격하여 두 차례 연나라 도성을 포위하여 대왕(大王)을 겁박하니 대왕은 열 개의 성을 떼어주어 사죄했습니다. (하략)」라고 하였다. 연왕이 말하기를:「과인은 오랑캐처럼 구석진 곳에 살다보니, 비록 다 큰 남자이지만 헤아리는 것은 어린애 같고, 꾀는 바른 계책을 채택하기에 부족하오. 지금 상객이 다행히 그런 것을 가르쳐주니, 청컨대 서쪽으로 진나라를 섬겨, 항산(恒山) 끝자락의 다섯 개 성을 바치고자 하오.」라고 하면서 연왕이 장의를 따랐다. 장의는 보고하러 돌아갔는데, 미처 함양에 이르기 전에 진 혜왕이 죽고, 무왕이 즉위하였다(北之燕, 說燕昭王曰:「(중략) 趙興兵攻燕, 再圍燕都而劫大王, 大王割十城以謝。今趙王已入朝澠池, 效河閒以事秦。今大王不事秦, 秦下甲雲中、九原, 驅趙而攻燕, 則易水、長城非大王之有也。」燕王曰:「寡人蠻夷僻處,

雖大男子裁如嬰兒, 言不足以采正計。今上客幸教之, 請西面而事秦, 獻恆山之尾五城。」燕王聽儀。儀歸報, 未至咸陽而秦惠王卒, 武王立)。』

이것을 보면 조나라가 연나라를 공격하여 두 차례나 연나라 도성을 포위하여 연 소왕이 10개 성을 떼어주며 사죄한 일이 있었음을 알 수 있고, 장의가 연 소왕에게 말한 때는 진(秦) 무왕이 즉위한 해임을 알 수 있다. 진(秦) 무왕은 서기전 311년에 즉위하였으므로, 연 소왕이 즉위한 해(서기전 311년)에 조나라가 연나라 도성을 두 차례나 포위하여 연 소왕이 10개의 성을 조나라에게 떼어준 일이 있었음을 알 수 있다.

이러한 일들이 있게 되니 연 소왕은 도성을 버리고, 다른 곳으로 도성을 옮긴 것으로 보인다. 그것이 바로 연 하도(燕下都)로 지금의 하북성 이현(易縣)에 있는 무양성(武陽城)이다.

연 하도(燕下都)와 무양성(武陽城)에 대해 바이두로 검색해 보면 다음과 같은 구절이 나온다.

- 연하도(燕下都)는 서기전 4세기에 세워졌는데, 대략 전국 중기이며, 연 소왕 때 건축되어, 이미 2천여 년의 역사를 가지고 있다(燕下都建于公元前4世纪, 约战国中期, 为燕昭王时所建, 已有两千多年的历史).

- 무양성(武陽城)
연 소왕 시기에 지금의 하북성 이현 남쪽에 군사적 중요한 진지(镇)-무양성(즉 하도로 삼았다)을 건설하였다.〈燕昭王时期, 于今河北省易县南修建军事重镇-武阳城(即为下都)〉

그러면 연 하도(燕下都)에 무양성(武陽城)을 구체적으로 언제 건설하였을까?

조세가 혜문왕 5년(서기전 294년) 조를 보면, 「연나라에게 막(鄚)과 이(易)를 주었다(與燕鄚、易).」라고 되어 있어, 서기전 294년에야 연나라가 지금의 이현(易縣)을 차지하였음을 알 수 있다. 연 소왕이 서기전 311년에 왕위에 올라 서기전 279년에 죽었으므로, 이때는 연 소왕 때이며, 연 소왕이 왕위에 오른 지 17년 만에 연나라가 이현을 차지한 것이다.

서기전 294년에 연나라가 지금의 이현(易縣)을 차지하자마자, 이곳을 연 하도(燕下都)로 결정하고, 곧바로 무양성(武陽城) 건설을 시작하였을까?

그럴 가능성은 상당히 작지만 만약 그랬다고 가정하고, 무양성 건설에는 몇 년이나 걸렸을까?

중국 동북지역의 유적과 유물을 다룬 『동북문화와 유연문명』이라는 책을 보면, 연 하도(燕下都: 무양성)는 전국시대 각국의 도성 가운데 규모가 가장 크며, 동서 길이는 8km, 남북 폭은 4~6km로, 동성(東城)과 서성(西城)으로 구분되는데, 동성(東城)이 연 하도의 주요 구성 부분이며, 서성(西城)은 곽성(郭城)인데, 이처럼 대, 소성을 구분하는 형식은 전국시대 도성의 일반적 특징이라고 한다.[81]

이 시기는 연나라가 내란과 외침으로 나라가 다 무너진 때였다. 다 무너진 나라에서 인력과 물자를 동원하여 전국시대 최대의 도성을 건설하려면 얼마나 걸렸을까?

---

81) 『동북문화와 유연문명(하)』, 999쪽.

부족한 인력과 물자로 전국시대 최대의 도성을 건설하려면 아무리 빨라도 5~6년이 걸릴 것이고, 나라를 부유하게 하고 군사력 증강에 힘쓰는데(부국강병) 4~5년은 걸릴 것이다. 그렇다면 도합 10년은 걸렸을 것이다. 서기전 294년에서 10년이면 서기전 284년이다. 서기전 284년은 연 소왕 28년으로 연나라가 힘을 쓰기 시작해서 제나라를 공격한 해와 일치한다. 그래서 사기 연소공세가 연 소왕 28년(서기전 284년) 조에 「연나라가 부유하고 풍족해지자, 병사들이 기꺼이 전투에 나가려 하였다(燕國殷富, 士卒樂軼輕戰).」라고 한 것이다. 즉, 연나라는 연 소왕 28년(서기전 284년)에야 힘을 추스르고, 대외적인 힘을 쓰기 시작한 것이다. 따라서 연나라 진개의 일은 서기전 284년부터 그 이후가 틀림없다.

그리고 서기전 284년부터 연나라는 제나라를 쳐서 6년간 점령하며, 연나라의 전성기를 구가한다.

2. 연나라가 쌓은 장성과 요동군의 위치

1) 연나라가 쌓은 장성의 거리와 위치

사기 흉노열전에 「(진개가) 돌아와 동호를 습격하여 격파해 달아나게 하니, 동호는 1천여 리를 물러났다. 형가와 함께 진왕을 암살하려던 진무양은 진개의 손자다. 연나라 역시 장성을 쌓아 조양에서 양평에 이르렀다. 상곡, 어양, 우북평, 요서, 요동군을 설치하여 호(胡)를 막았다(歸而襲破走東胡, 東胡卻千餘里。與荊軻刺秦王秦舞陽者, 開之孫也。燕亦築長城, 自造陽至襄平。置上谷、漁陽、右北平、遼西、遼東郡以拒胡)。」라고 하였으므로 연나라가 쌓은 장성은 거리가 1천여 리이며 위치는 조양에서 양평까지인데, 거기에 상곡, 어양, 우북평, 요서, 요동군을 설치한 것이다.

2) 요동군의 위치

상곡군의 군치(郡治)인 조양에서 1천여 리 떨어진 양평(요동군의 군치)에 있다.

제2절 사기 조선열전

사기 흉노열전을 보면 연나라 장수 진개가 동호를 쳐서 우리 역사와는 관계가 없는 것 같은데, 어째서 이것을 우리 역사에 포함시키는가?

이러한 문제에 결정적인 해답을 제공해 준 것이 바로 사기 조선열전이다.

사기 조선열전을 보면「조선왕 만(滿-위만)은 옛 연나라 사람이다. 처음 연나라 전성기 때부터 일찍이 진번과 조선을 공략하여 복속시키고, 관리를 두어 장새(鄣塞: 국경 요새)를 쌓았다. 진(秦)나라가 연나라를 멸망시키고 요동군의 바깥 경계까지 속하게 하였다. 한(漢)나라가 일어나 그곳이 멀어 지키기 어려우므로 다시 요동군의 옛 장새(鄣塞: 국경 요새)를 수리하고 패수에 이르러 경계로 삼고, 연에 속하게 하였다. 연왕 노관이 (한을) 배반하고 흉노로 들어가자, 만(滿-위만)도 망명하며, 무리 천여 명을 모아, 상투를 틀고 오랑캐 복장을 하며, 동쪽으로 도망가 장새(鄣塞: 국경 요새)를 나와, 패수를 건너, 진(秦)나라의 옛 빈 땅인 상하장에 살았다. 점차 진번과 조선의 오랑캐 및 옛 연나라와 제나라의 망명자를 복속시켜 거느리고, 그들의 왕 노릇을 하며, 왕검에 도읍하였다(朝鮮王滿者、故燕人也。自始全燕時嘗略屬眞番、朝鮮、為置吏、築鄣塞。秦滅燕、屬遼東外徼。漢興、為其遠難守、復修遼東故塞、至浿水為界、屬燕。燕王盧綰反、入匈奴、滿亡命、聚黨千餘人、魋結蠻夷服而東走

出塞, 渡浿水, 居秦故空地上下鄣, 稍役屬眞番、朝鮮蠻夷及故燕、齊
亡命者王之, 都王險).」라고 되어 있다.

여기서 연나라 전성기(全燕時)란 연 소왕 때가 명백하고, 연나라가 장
새(鄣塞: 국경 요새)를 쌓았다는 것이 어디까지 쌓았다는 것인지는 「진
(秦)나라가 연나라를 멸망시키고 요동군의 바깥 경계까지 속하게 하였
다.」는 말로써 알 수 있듯이 요동군까지 쌓은 것이다. 이것은 연나라 진
개가 동호를 습격해 1천여 리를 물러나니, 장성을 쌓았고, 거기에 상곡,
어양, 우북평, 요서, 요동군을 설치하였다는 사기 흉노열전의 기록과 일
치한다. 연나라 전성기 때 요동군까지 장새를 쌓았다는 것은 진개의 사
건을 말하고, 그렇다면 사기 흉노열전에서 동호를 공격했다는 것은 사기
조선열전에서 진번 및 조선(후조선)을 공격했다는 것과 같음을 알 수 있
다. 이것은 동호가 진번 및 조선(후조선)임을 말하고 있다. 다만 사기 흉
노열전에서는 동호라 하고, 사기 조선열전에서는 진번과 조선(후조선)이
라고 한 것은 사기 조선열전이 동호라는 복합 민족 가운데 그 당시 가장
강력했던 진번과 조선(후조선)만을 거론한 것이다. 즉 상곡, 어양, 우북
평, 요서, 요동의 땅은 조선(후조선)이 빼앗긴 땅이다. 이러한 연유로 고
구려가 우북평, 어양 상곡 태원 등을 쳐서, 이 다섯 군의 땅을 수복하려
고 하였던 것이다. 다시 말해서 선조(先祖)가 빼앗긴 땅을 찾으려고 우북
평, 어양 상곡 태원 등을 쳤던 것이다.

〈후한서 동이전 건무 25년 봄 기사: (건무) 25년(A.D.49) 봄에 고
구려가 우북평・어양・상곡・태원을 침구하니, 요동태수 제융이 은덕
과 신의로 그들을 부르자, 모두 다시 다가와서 왕래하며 친분을 맺었다
(二十五年春, 句驪寇右北平、漁陽、上谷、太原, 而遼東太守祭肜以恩
信招之, 皆復款塞).〉

〈후한서 광무제기 하(下) 건무 25년 봄 정월 기사: 요동 변경 바깥의 맥인이 우북평, 어양, 상곡, 태원을 침구하니, 요동태수 제융이 그들에게 투항을 권유하였다(遼東徼外貊人寇右北平、漁陽、上谷、太原, 遼東太守祭肜招降之).〉

이것은 문헌 증거이다.

제3절 연 하도 등에서 출토된 후조선 유물

사기 흉노열전의 동호가 조선(후조선)이라는 사실은 문헌 증거이고, 물적 증거는 없을까? 물적 증거가 있다. 유물 증거이다.

1. 후조선 유물

그 첫 번째 유물은 신장두 30호 무덤에서 나온 우리나라식 청동 창(銅戈: 동과)이다.

연하도 서성(西城)의 신장두(辛莊頭) 30호 무덤에서 유물이 많이 나왔는데 그 특징을 보면 연나라 유물과 흉노계통의 유물, 그리고 우리나라 유물이다. 이중에서 청동 창(銅戈: 동과)이 1점 발견되었는데,[82] 이것은 우리나라에서 발견되는 청동 창(銅戈: 동과)이다. 중국에는 없고, 중국식 청동 꺾창과는 형태가 전혀 다른 청동 창이다. 이 청동 창은 우리나라 비파형 동검의 특징인 피홈 구조를 갖고 있다. 연하도 시대에 우리나라 청동 창을 무덤에 집어넣었다는 것은 연하도 시대에 연나라가 싸운 동호가 바로 우리 민족, 즉 조선(후조선)임을 입증하는 가장 강력한 유물 증거이다. 우리나라식 청동 창은 연하도 시대에 연나라가 조선(후조선)과 싸워 승리한 전리품이며, 피장자의 용맹성을 입증하는 증거로 무덤에 집어넣은 것으로 보인다.

---

82) 『동북문화와 유연문명(하)』, 1027~1029쪽.

참고로 어떤 사람은 우리나라식 청동 창이 꺾창이라고 하는데, 그것은 꺾창이 아니다. 그 창은 거기에 달린 짧은 슴베(자루 속에 들어박히는 뾰족한 부분)로 볼 때, 슴베를 나무에 같은 방향으로 박아서 쓴 모(矛)의 형태를 가지고 있지, 2개의 날을 가지고 있는 꺾창인 과(戈)의 형태를 가지고 있지 않기 때문이다.

또한 어떤 사람은 우리나라식 청동 창이 교역품으로 넘어가 수장된 것이라고 하는데, 그것은 사실이 아니다. 만약 그것이 교역품이었다면 연나라의 무덤에 우리나라식 청동 창이 대량으로 수장되었을 것이다. 그 당시, 연나라는 전성기로 경제력도 강했기 때문에 얼마든지 우리나라식 청동 창을 사서 무덤에 수장할 수 있었기 때문이다. 연하도에 있는 신장두 30호 무덤에서 단 1개의 우리나라식 청동 창이 나왔다는 것은 그것이 교역품이 아니라는 증거이다. 그리고 우리나라식 청동 창이 교역품이 아니라는 증거는 똑같은 신장두 30호 무덤에서 금병철검(金柄鐵劍: 금속 칼자루 쇠칼) 2자루가 나왔다는 사실이다. 철검(鐵劍: 쇠 칼)은 전체 길이가 71.6cm나 되는 장검(長劍: 긴 칼)으로서 청동기보다 발달한 무기이며, 비파형 동검이나 세형동검과 같은 30~40cm 정도의 청동단검(短劍)보다 훨씬 살상 반경이 큰 무기이다. 철제 무기보다 못한 청동 창을 굳이 먼 곳에서 1자루만 사올 리는 만무하며, 더구나 그 당시 연나라에는 중국식 청동 꺾창도 많은데, 굳이 엄청나게 먼 거리에서 우리나라식 청동 창을 사올 리는 더욱 만무하다.

즉, 연하도 신장두 30호 무덤에서 발견된 우리나라식 청동 창 1자루는 연하도 시대에 연나라의 어느 한 장수가 조선(후조선)과의 전쟁에서 습득한 것으로 보인다.

그 두 번째 유물은 연하도 주변에서 출토된 세형동검 4자루이다.[83] 그 세형동검 4자루가 출토된 장소와 모양을 보면 다음과 같다.

첫째 탁현(涿縣)에서 1자루가 발견되었는데 탁현은 지금의 탁주시로 연하도가 있는 이현(易縣)에서 동북쪽으로 약 25km 지점에 그 경계가 있다. 여기에서 발견된 세형동검(중국에서는 곡인검-曲刃劍이라고 하였음)의 모습을 보면, 비파형 동검의 모습이 약간 남아있는 세형동검의 모습을 하고 있다.

둘째, 고비점(高碑店)에서 2자루가 발견되었는데 고비점은 고비점시로 연하도가 있는 이현에서 동쪽으로 약 26km 지점에 그 경계가 있다. 여기서 발견된 세형동검 가운데 1자루는 비파형 동검의 모습이 남아있는 세형동검의 모습을 하고 있고, 다른 세형동검 1자루는 거의 완전한 세형동검의 모습을 하고 있다.

셋째, 망도(望都)에서 1자루가 발견되었는데 망도는 망도현(望都縣)으로 연하도가 있는 이현에서 남서쪽으로 약 70km 지점에 그 경계가 있다. 여기에서 발견된 세형동검은 비파형 동검의 모습이 조금 남아있는 세형동검의 모습을 하고 있다.

이 4자루 세형동검은 모두 전형적으로 비파형 동검에서 세형동검으로 넘어가는 모습을 하고 있다. 비파형 동검을 세형동검으로 발전시킨 사람들은 우리 민족뿐이므로, 이 4자루 세형동검 역시, 연하도 시대에 연나라가 싸운 동호가 바로 우리 민족, 즉 조선(후조선)임을 증명하는 물적 증거가 된다.

---

83) 『동북문화와 유연문명(하)』, 932쪽.

연나라는 이 시기에 이미 쇠로 된 긴 칼(鐵長劍: 철 장검)이 있었으므로 청동으로 된 짧은 칼인 세형동검을 머나먼 곳에서 교역으로 구매해 올 까닭은 없다. 따라서 이 4자루의 세형동검 역시 연하도 시대에 연나라가 조선(후조선)과의 전쟁에서 습득한 것으로 보인다. 그리고 4자루 전부에 공통적인 것은 칼자루(손잡이)에 아무것도 없다는 점이다. 이것은 칼자루(손잡이)가 나무로 되어 있어서 썩어 없어진 것이다.

2. 조선(후조선)이 연나라에게 패한 원인

그것은 신장두 30호 무덤에서 발견된 유물을 보면 알 수 있다. 거기서 금병철검(金柄鐵劍: 금속 칼자루 쇠칼)이 2자루 발견되었는데 검신의 길이는 58.6cm이며, 전체 길이는 71.6cm이다. 즉 쇠로 된 긴 칼이 나온 것이다. 우리의 비파형 동검이나 세형동검은 길이가 약 30~40cm 되는 짧은 칼이며, 움켜쥐고 배 같은 곳을 찌르는 전용으로 살상 반경이 짧은 데 비해, 쇠로 된 긴 칼은 칼만 긴 것이 아니라 칼을 바깥으로 휘두르는 방식이라 살상 반경이 우리의 비파형 동검이나 세형동검보다 훨씬 컸던 것이다. 이런 무기로 조선(후조선)을 습격하자, 조선(후조선)은 동쪽으로 천여 리나 물러났던 것이다.

제4절 삼국지 오환·선비전

사기 열전을 보면 조선과 동호가 각각 따로 나오는데 어떻게 같다고 말하는가?

사기에 명칭이 각각 따로 나온다고 해서 반드시 다른 것도 아니며, 또한 동호가 복합민족이거나, 동호라는 명칭이 흉노의 동쪽에 있는 민족을 통칭하기 때문이다. 흉노의 동쪽에 있는 민족을 통칭한다는 이야기는 사기 흉노열전의 사기색은 주석에 있다. 거기에 『복건이 이르기를: 「동호는 (중략) 흉노의 동쪽에 있기 때문에 동호라고 하였다.」라고 하였다. 원문) 索隱服虔云:「東胡, (중략) 在匈奴東, 故曰東胡.」』라고 되어 있다.

그 다음, 동호가 단일민족이 아니라 복합민족이라는 이야기를 해보자.

삼국지 오환선비전을 보면, 「오환과 선비는 곧 옛날의 이른바 동호이다(烏丸、鮮卑即古所謂東胡也).」라고 되어 있고, 배송지가 삼국지에 쓴 주석에도 「위서(魏書)에 이르기를: 오환이라는 것은 동호이다. 한나라 초기에 흉노 묵돌(冒頓: 모돈)이 그 나라를 멸망시키자, 남은 무리들이 오환산을 지켜서, 이로 인해 (오환이라고) 불렀다(魏書曰:烏丸者, 東胡也。漢初, 匈奴冒頓滅其國, 餘類保烏丸山, 因以爲號焉).」라고 되어 있다. 참고로 배송지가 인용한 위서(魏書)는 삼국지를 쓴 진수의 위서(魏書)가 아니고 왕침이 쓴 위서(魏書)이다.

여기서 알 수 있는 것은 동호는 최소한 오환족과 선비족으로 구성되어 복합민족임을 알 수 있다.

그런데 여기서 반드시 알아봐야 할 것이 배송지가 주석으로 인용한 위서(魏書)에서 지적하듯이 오환은 묵돌(冒頓: 모돈)이 동호라는 나라를 멸망시키자, 동호의 남은 무리들이 오환산을 지켜서, 이로 인해 (오환이라고) 부른 것인가? 하는 문제이다. 즉 오환은 묵돌(冒頓: 모돈)이 동호를 멸망시키고 난 후, 나타난 동호의 후예인가? 하는 문제이다.

배송지가 주석으로 인용한 위서(魏書)에서는 그렇다고 기술하고 있지만, 이것은 사실이 아니다.

사기 화식열전을 보면 「무릇 연나라도 역시 발해와 갈석산 사이의 한 도회지이다. (중략) 북쪽으로는 오환과 부여에 이웃하고, 동쪽으로는 예맥, 조선과 진번의 이익을 통제한다(夫燕亦勃、碣之間一都會也。南通齊、趙, 東北邊胡。上谷至遼東, 地踔遠, 人民希, 數被寇, 大與趙、代俗相類, 而民雕捍少慮, 有魚鹽棗栗之饒。北鄰烏桓、夫餘, 東綰穢貉、朝鮮、眞番之利).」라고 해서, 오환(烏桓)이 나온다.

그러면 사기 화식열전에 나오는 오환(烏桓)과 삼국지 오환선비전에 나오는 오환(烏丸)과의 관계는 어떠한가?

바이두에서 오환(烏桓)을 검색해 보면 「오환(乌丸)이라고도 부른다. 옛 족속 이름이다. 동호족의 한 지파이다(也叫乌丸。古族名。东胡族的一支).」라고 설명한다. 따라서 오환(烏桓)과 오환(烏丸)은 같은 것임을 알 수 있다.

연나라는 서기전 1046년부터 서기전 222년까지 존재한 나라인데 진시황에게 멸망당하였다. 그런데 그 연나라의 북쪽에 오환이 존재하고 있었다. 즉 최소한 서기전 222년까지 오환은 존재하고 있었다. 한편 묵돌(冒頓: 모돈)은 한나라 초기, 즉 한나라 2년(서기전 205년)부터 한나라 5년(서기전 202년) 사이에 동호를 파멸시켰다. 따라서 배송지가 삼국지의 주석으로 인용한 위서(魏書)의 「한나라 초기에 흉노 묵돌(冒頓: 모돈)이 그 나라를 멸망시키자, 남은 무리들이 오환산을 지켜, 이로 인해 (오환이라고) 불렀다(漢初, 匈奴冒頓滅其國, 餘類保烏丸山, 因以爲號焉).」라는 것은 사실이 아니다. 오환산을 지켜서 오환이라고 불렀다는 것은 사실이 아니라는 말이다. 그보다 훨씬 이전부터 오환이라는 이름이 있었으므로, 묵돌(冒頓: 모돈)이 그 나라를 멸망시킨 후, 남은 무리들이 오환산을 지켜서 오환이라고 불렀다는 것은 사실이 아니다. 즉 오환은 동호의 후예가 아니라는 말이다. 그러면 무엇인가? 오환은 동호의 후예가 아니라 본래부터 동호를 구성하고 있었던 여러 민족 가운데 하나였다는 말이다.

한편, 사기 화식열전에 오환이 나오는데, 사기 흉노열전에 동호가 나오는 것을 보면, 사기에 명칭이 각각 따로 나온다고 해서 반드시 다른 것도 아니라는 것을 알 수 있다.

따라서 사기 조선열전은 그 당시 동호 가운데 가장 강력했던 진번과 조선을 기술하였고, 삼국지 오환선비전은 조선이 망하고 난 다음에 그 당시 동호 가운데 가장 강력했던 오환을 기술하고, 오환이 약해지자 그 다음에 강했던 선비를 기술한 것으로 보인다.

제5절 위략(魏略)

1. 천여 리와 2천여 리

삼국지 동이전의 한(韓)전에 주석으로 인용된 위략을 보면 「위략에 이르기를: (중략) 연나라는 마침내 장군 진개를 파견해서 그(조선)의 서쪽 지방을 공격하여, 땅 2천여 리를 빼앗아 만번한에 이르러 경계로 삼으니, 조선이 마침내 약해졌다(魏略曰: (중략) 燕乃遣將秦開攻其西方, 取地二千餘里, 至滿番汗爲界, 朝鮮遂弱).」라고 되어 있다.

여기 위략에서도 알 수 있듯이 진개가 공격한 동호는 바로 조선임을 확인할 수 있다. 그런데 문제는 사기 흉노전에서는 동호가 천여 리(1천여 리)를 물러가니, 거기에 장성을 쌓아, 요동군 등 5개 군을 설치했다고 하였는데, 위략에서는 2천여 리를 빼앗았다고 하는 것이다.

그러면 사기 흉노열전에는 천여 리라고 썼는데, 위략(魏略)에는 왜 2천여 리라고 썼는가?

그것은 연나라 때의 양평과 위나라 때의 양평이 다른 곳이기 때문이다.

2. 요동군의 동천

연나라 때의 양평과 위나라 때의 양평이 왜 다른 곳인가?

한마디로 요동군이 동쪽으로 옮겨졌기 때문이다. 연나라 때의 양평은 사기 흉노열전에 있는 바와 같이 조양에서 천여 리 떨어진 곳이다. 이것이 원래의 양평이다(지금의 하북성 창려현). 그러나 위나라 때의 양평은 원래의 양평에서 다시 천여 리 떨어진 곳으로 옮겨진 곳에 있었다(지금의 요녕성 요양시). 그래서 위나라의 역사서인 위략에는 2천여 리라고 한 것이다.

연나라 때에는 진개가 조양에서 양평까지 천여 리를 빼앗아 거기에 상곡, 어양, 우북평, 요서, 요동군을 설치한 것이고, 그 천여 리 끝에 요동군의 치소 양평이 있었기 때문에 사마천은 사실 그대로 천여 리라고 쓴 것이다.

그 후 진나라가 연나라의 요동군을 점령하였고, 그 다음 한나라가 일어나, 진나라의 요동군을 계승하였으며, 그 다음 조선(위만조선)이 망하여 요동군의 동쪽에 한사군이 설치되었다(서기전 108년). 이때에도 요동군은 원래 있었던 자리에 그대로 있었다.

그 26년 뒤인, 서기전 82년에 한 소제는 요동군의 동쪽에 있던 진번군과 임둔군을 폐지하여 낙랑군과 현도군에 합쳤다.

다시 그 4년 뒤인, 서기전 78년에 요동군에서 오환이 준동하자 한 소제는 이를 평정한 다음, 그 3년 뒤인 서기전 75년에 요동군을 동쪽으로 옮기며 요동군성을 쌓았다. 이때 요동군의 군치인 양평이 원래의 위치에서 동쪽으로 천 리를 옮겨간 것이다(지금의 요녕성 요양시). 또한 요동군을 동쪽으로 옮김에 따라 우북평군과 요서군도 따라서 일정하게 동쪽으로 옮겼고 한서지리지는 요동군과 우북평군, 요서군이 동쪽으로 옮겨간 뒤에 그 정황을 쓴 것이다.

이렇게 서기전 75년부터 요동군과 그 치소 양평이 원래의 위치에서 동쪽으로 천 리를 옮겨가게 되었고, 이에 따라 조양에서 새로 옮겨진 양평(지금의 요녕성 요양시)까지가 2천여 리가 된 것이다. 이 새롭게 옮겨진 요동군과 양평은 이후 계속 그 자리에 있었는데, 중국 삼국시대에는 공손도가 후한 영제 중평 6년(189년)에 이 옮겨진 요동(遼東)을 점거하면서 3대 째인 공손연까지 50년간 옮겨진 요동군과 양평에서 왕 노릇을 하였다. 그런 것을 위 명제 경초 2년(238년)에 사마의가 공손연을 처단하고 옮겨진 요동군과 양평을 빼앗아 옮겨진 요동군과 양평이 위나라에 속하게 되었다.

이렇게 위나라 때, 요동군과 양평이 옮겨진 요동군과 양평에 있었으므로, 어환은 위나라의 역사서인 위략을 쓸 때 옮겨진 양평이 위나라에 속하였으므로, 옮겨진 양평을 기준으로 조양에서 옮겨진 양평(지금의 요녕성 요양시)까지의 거리인 2천여 리라고 쓴 것이다.

다시 말해서, 어환이 위략에 2천여 리라고 쓴 것은, 위나라 때 요동군과 양평이 옮겨진 요동군과 양평에 있었으므로, 옮겨진 요동군과 양평을 기준으로 조양에서 옮겨진 양평까지의 거리를 쓴 것이다.

따라서 사기 흉노열전에서 천여 리라고 쓴 것은 조양(造陽: 상곡군)에서부터 원래 양평(襄平: 요동군)까지의 거리를 쓴 것이고, 위략이 2천여 리라고 쓴 것은 위나라 때 요동군과 양평이 옮겨진 요동군과 양평에 있었으므로, 옮겨진 요동군과 양평을 기준으로 조양에서 옮겨진 양평까지의 거리를 쓴 것이다.

※ 요동군의 동천(東遷: 동쪽으로 옮김)에 대해서는 제4편 특집: 「요동군의 원래 위치와 옮겨진 위치」에 자세히 있으니 참고하기 바람.

제6절 염철론

염철론은 한무제 시대에 시행한 소금과 철, 술의 전매와 균수법을 한소제 때에도 지속해야 하는가, 아니면 폐지해야 하는가를 논쟁한 것이다. 소금과 철, 술의 전매와 균수법을 시행한 이유는 흉노를 비롯한 대외 팽창정책 때문인데, 따라서 논쟁의 핵심은 대외 팽창정책을 계속할 것인가, 아니면 폐지할 것인가이다. 이런 논쟁이 벌어진 까닭은 대외 팽창정책으로 막대한 군사비용이 들어갔는데 그것을 소금과 철, 술의 전매와 균수법, 그리고 여러 가지 세금으로 충당하였으므로, 백성들의 고통이 막심했기 때문이다. 그럼에도 대외 팽창정책을 계속해야 한다는 (어사)대부의 주장과 백성들의 엄청난 고통 때문에 대외 팽창정책을 중지해야 한다는 문학(유학가)의 주장이 대립하여 논쟁을 벌인 것이 염철론이다. 이에 따라 대외 팽창 정책을 계속해야 한다는 (어사)대부는 자기주장의 정당성을 위하여 때로는 과거 성과를 과대 포장하기도 하였다.

염철론 벌공편에서 (어사)대부가 말한 대목을 보자.

『대부가 말하기를:「제환공은 연나라를 넘어 산융을 정벌하였고, 고죽을 격파하였으며 영지를 멸망시켰습니다. 조나라 무령왕은 구주산을 넘고 대곡(代谷)을 넘어, 임호와 누번을 공략하여 멸망시켰습니다. 연나라는 동호를 습격해 달아나게 하여, 땅 천 리를 개척하였고, 요동을 건너 조선을 공격하였습니다. 몽공(몽염)은 진나라를 위해 흉노를 공격하여 달아나게 하였는데, 마치 독수리가 참새 무리를 쫓는 것과 같았습니다. 흉노는 진나라의 세력을 두려워하여, 감히 남쪽을 바라보거나 10여 년간 침략하려고 하지 못하였습니다. 그 후 몽공(몽염)이 죽고 제후들이 진나라에 반란을 일으켜, 중국이 혼란하게 되자, 흉노가 잇따르더니, 마침내 감히 다시 변경에 침략하는 외적이 되었습니다. 대저 작은 나라인 연나라 조나라도 오히려 오랑캐 외적을 물러나게 하여 땅을 넓혔는데, 지금 한나라의 거대함과 사민(士民)의 힘은 단지 제환공의 백성이나 연나라와 조나라 군대의 정도가 아닙니다. 그런데도 흉노가 오랫동안 항복하지 않은 것은 신하들이 힘을 합하지 않았고, 위와 아래가 아직 화합하지 않았기 때문입니다(大夫曰: 齊桓公越燕伐山戎, 破孤竹, 殘令支. 趙武靈王逾句注, 過代谷, 略滅林胡·樓煩. 燕襲走東胡, 闢地千里, 度遼東而攻朝鮮. 蒙公爲秦擊走匈奴, 若鷙鳥之追群雀. 匈奴勢慴, 不敢南面而望十余年. 及其后, 蒙公死而諸侯叛秦, 中國擾亂, 匈奴紛紛, 乃敢復爲邊寇. 夫以小國燕·趙, 尙猶卻寇虜以廣地, 今以漢國之大, 士民之力, 非特齊桓之衆, 燕·趙之師也；然匈奴久未服者, 群臣不并力, 上下未諧故也).」라고 하였다.』

여기에서 (어사)대부는 조나라 무령왕이 임호와 누번을 공략하여 멸망시켰다고 하였는데, 앞서 살펴본 바와 같이 조 무령왕은 임호를 멸망시킨 일이 없다. 이것은 대외 팽창정책을 지속시키기 위한 소금과 철 등의 전매를 정당화하기 위해 과거 성과를 부풀린 거짓이다.

또한 우리 역사에 관계있는 구절이「연나라는 동호를 습격해 달아나게 하여, 땅 천 리를 개척하였고, 요동을 지나 조선(후조선)을 공격하였습니다(燕襲走東胡, 闢地千里, 度遼東而攻朝鮮).」라는 대부의 주장인데, 이것을 보면 역시 연나라가 개척한 땅은 천 리(千里)임을 확인할 수 있다. 그리고 이 대부의 주장에서 연나라가 요동을 지나 조선(후조선)을 공격하였지만 더 이상 성과가 없었음을 알 수 있다. 그래서 연나라가 개척한 땅은 천 리라고만 주장한 것이다. 만약 조선(후조선)을 공격하여 성과가 있었다면 동호처럼 땅 천 리를 개척하였다(闢地千里)라는 따위의 주장을 했을 것이다. 즉 전체적으로「연나라는 동호를 습격해 달아나게 하여, 땅 천 리를 개척하였고, 또 요동을 지나 조선을 공격하여 땅 천 리를 개척하였습니다(燕襲走東胡, 闢地千里, 又度遼東而攻朝鮮, 闢地千里).」라고 주장했을 것이다. 그래야 개척한 땅이 2천 리가 된다. 조선을 공격하여 성과가 없었기 때문에「연나라는 동호를 습격해 달아나게 하여, 땅 천 리를 개척하였다.」라고만 주장한 것이며, 조선을 공격하여 성과가 없었기 때문에(실패했기 때문에)「요동을 지나 조선(후조선)을 공격하였습니다(燕襲走東胡, 闢地千里, 度遼東而攻朝鮮).」라고만 주장한 것이다. 염철의 전매를 지속시키기를 바라는 (어사)대부이므로 중국의 성과만을 주장하고 실패한 것은 말하지 않는 것이다. 중국의 성과가 많을수록 염철의 전매를 지속시키자는 주장이 강해질 것인데 조선을 공격하여 성과가 있었다면 왜 그 성과를 말하지 않겠는가? 성과가 없었기 때문에 말을 못한 것이고, 성과의 한계인 조선을 공격한 것만 말한 것이다.

제7장 후조선과 진시황의 6국 병합(서기전 221)

제1절 사기 진시황본기

「땅은 동쪽으로 바다와 조선에 이르고, 서쪽으로 임조와 강중에 이르며, 남쪽으로 북향호에 이르고, 북쪽으로 황하를 의지하여 변경(국경)을 만들고, 음산을 따라 요동에 이르렀다(地東至海暨朝鮮, 西至臨洮、羌中, 南至北嚮戶, 北據河爲塞, 並陰山至遼東).」

※ 이때가 진시황이 천하를 통일한 때로 진시황 26년(서기전 221년)이다.

제2절 위략(삼국지 위지 동이전의 주석)

「위략에 이르기를: (상략) 진(秦)나라가 천하를 병합하고, 몽염으로 하여금 장성을 쌓게 하여 요동에 이르렀다. 이때 조선왕 부(否)가 즉위하였는데, 진(秦)나라가 그를 습격할까 두려워, 계략으로 진(秦)나라에 복속하고, 조회하지 않았다. 부(否)가 죽고 그 아들 준(準)이 즉위하였다. 20여 년 뒤에 진승과 항우가 일어나 천하가 어지러워지니, 연·제·조의 백성들이 걱정하다가, 차츰 차츰 준(準)에게 도망해 오니, 준(準)은 마침내 그들을 서부 지역에 배치하였다(魏略曰: (상략) 及秦幷天下, 使蒙恬築長城, 到遼東。時朝鮮王否立, 畏秦襲之, 略服屬秦, 不肯朝會。否死, 其子準立。二十餘年而陳、項起, 天下亂, 燕、齊、趙民愁苦, 稍稍亡往準, 準乃置之於西方).」

※ 해설

조선(후조선)과 진(秦)나라가 국경을 마주한 때는 진시황 26년(서기전 221년)이다. 이때 후조선의 왕은 부(否)였음을 알 수 있다.

제8장 후조선과 묵돌(서기전 205년 무렵)

1. 사기 흉노열전(번역문)

묵돌(冒頓: 모돈)이 얼마 안 있어 즉위하였는데, 이때 동호가 강성하였으며, (중략) 동호왕은 점점 더 교만해져서 서쪽으로 침범하였다. 흉노와 (동호) 사이, 중간에 버려진 땅으로, 사는 사람이 없는, 천여 리가 있었다. 각각 그 변경에 거주하며 구탈(甌脫: 중립 지대 빈 땅)로 삼았다. 동호는 사자로 하여금 묵돌(冒頓: 모돈)에게 일러 말하기를: 「흉노와 우리가 경계하고 있는 구탈(甌脫: 중립 지대 빈 땅) 밖의 버려진 땅은 흉노가 도달하지 못하니, 우리가 그것을 갖고 싶다.」라고 하였다. 묵돌(冒頓: 모돈)이 여러 신하들에게 물으니, 여러 신하들 중에 어떤 자들이 말하기를: 「그것은 버려진 땅이니, 주어도 되고, 안 주어도 됩니다.」라고 하였다. 이에 묵돌(冒頓: 모돈)이 크게 화를 내며 말하기를: 「땅이라는 것은 나라의 근본인데, 어떻게 그들에게 주는가!」라고 하며, 그들에게 주자고 말한 자 모두, 전부 목을 쳤다. 묵돌(冒頓: 모돈)이 말에 올라, 나라 안에서 뒤처지는 자가 있으면 목을 치겠다는 명령을 내리고, 마침내 동쪽으로 동호를 습격하였다. 동호는 처음에 묵돌(冒頓: 모돈)을 얕잡아 보고 대비하지 않았다. 급기야 묵돌(冒頓: 모돈)이 군대를 이끌고 (동호에) 이르러 쳐서, 동호왕을 크게 파멸시키고, 그 백성과 가축을 빼앗았다. 돌아와서, 서쪽으로 월지를 치고, 남쪽으로 하남에 사는 누번왕과 백양왕(의 땅)을 병합하였다. (그리고) 진나라가 몽염을 시켜 빼앗아갔던 흉노 땅을 전부 다시 거두어 들여, 한나라 관문인 옛 하남요새와 조나(朝那) 및 부시(膚施)까지 이르자, 마침내 연나라와 대나라를 침범하였다. 이때 한나라 군대는 항우(項羽)와 서로 겨루어서, 중국은 전쟁으로 지쳤고, 이 때문에 묵돌은 스스로 강해질 수 있어서 활 쏘는 군사가 30여 만이나 되었다. (중략) 모든 왼쪽 방면의 왕과 장수들은 동쪽에 거주하고 상곡군(上谷郡) 가는 곳에 마주하며, 동쪽으로 예맥조선(穢貊朝鮮)에 접하였다. 오른쪽 방면의 왕과 장수들은 서쪽에 거주하고, 상군(上郡) 이서에 마주하며 월지와 저(氐), 강(羌)과 접하였다. 또 선우의 궁정은 대군(代郡)과 운중군(雲中郡)을 마주하였다.

2. 원문

冒頓既立, 是時東胡彊盛, (중략) 東胡王愈益驕, 西侵. 與匈奴閒, 中有弃地, 莫居, 千餘里, 各居其邊爲甌脫. 東胡使使謂冒頓曰:「匈奴所與我界甌脫外弃地, 匈奴非能至也, 吾欲有之.」冒頓問羣臣, 羣臣或曰:「此弃地, 予之亦可, 勿予亦可.」於是冒頓大怒曰:「地者, 國之本也, 柰何予之!」諸言予之者, 皆斬之. 冒頓上馬, 令國中有後者斬, 遂東襲擊東胡. 東胡初輕冒頓, 不爲備. 及冒頓以兵至, 擊, 大破滅東胡王, 而虜其民人及畜產. 既歸, 西擊走月氏, 南并樓煩、白羊河南王. 悉復收秦所使蒙恬所奪匈奴地者, 與漢關故河南塞, 至朝郍、膚施, 遂侵燕、代. 是時漢兵與項羽相距, 中國罷於兵革, 以故冒頓得自彊, 控弦之士三十餘萬. (중략) 諸左方王將居東方, 直上谷以往者, 東接穢貉、朝鮮; 右方王將居西方, 直上郡以西, 接月氏、氐、羌;而單于之庭直代、雲中:

3. 해설

묵돌(冒頓, B.C 234?~B.C 174)이 동호를 파멸시킨 때는 한나라 초기에 해당한다. 그 근거는 「이때 한나라 군대는 항우(項羽)와 서로 겨루어서, 중국은 전쟁으로 지쳤다.」라고 한 문구이다. 한나라 군대가 항우와 서로 싸운 때는 사기 고조본기에 의하면 한나라 원년(서기전 206년)부터 한나라 5년(서기전 202년)까지 6년간인데, 그로 인해서 「중국이 전쟁으로 지쳤다.」고 하는 점을 보아, 한나라 4년(203년)이나 한나라 5년(서기전 202년) 무렵으로 보인다.

제9장 후조선과 위만(서기전 194년 무렵)

1. 사기 조선열전

「조선왕 만(滿-위만)은 옛 연나라 사람이다. 처음 연나라 전성기 때부터 일찍이 진번과 조선을 공략하여 복속시키고, 관리를 두어 장새(鄣塞: 국경 요새)를 쌓았다. 진(秦)나라가 연나라를 멸망시키고 요동군의 바깥 경계까지 속하게 하였다. 한(漢)나라가 일어나 그곳이 멀어 지키기 어려우므로 다시 요동군의 옛 장새(鄣塞: 국경 요새)를 수리하고 패수에 이르러 경계로 삼고, 연에 속하게 하였다. 연왕 노관이 (한을) 배반하고 흉노로 들어가자, 만(滿-위만)도 망명하며, 무리 천여 명을 모아, 상투를 틀고 오랑캐 복장을 하며, 동쪽으로 도망가 장새(鄣塞: 국경 요새)를 나와, 패수를 건너, 진(秦)나라의 옛 빈 땅인 상하장에 살았다. 점차 진번과 조선의 오랑캐 및 옛 연나라와 제나라의 망명자를 복속시켜 거느리고, 그들의 왕 노릇을 하며, 왕검에 도읍하였다(朝鮮王滿者, 故燕人也. 自始全燕時嘗略屬真番、朝鮮, 為置吏, 築鄣塞。秦滅燕, 屬遼東外徼。漢興, 為其遠難守, 復修遼東故塞, 至浿水為界, 屬燕。燕王盧綰反, 入匈奴, 滿亡命, 聚黨千餘人, 魋結蠻夷服而東走出塞, 渡浿水, 居秦故空地上下鄣, 稍役屬真番、朝鮮蠻夷及故燕、齊亡命者王之, 都王險).」

2. 삼국지 위서 동이전

1) 「후(侯: 조선 후) 준(準)이 참람하게 왕이라고 일컫다가 연(燕)에서 망명한 위만의 공격을 받아 나라를 빼앗겼다(侯準既僭號稱王, 爲燕亡人衛滿所攻奪).」①

※ 원문에 있는 주석

①: 위략에 이르기를 「옛 기자(箕子)의 후예 조선후(朝鮮侯)는 주(周)나라가 쇠약해지자, 연나라가 스스로 높여 왕이라 칭하고 동쪽으로 침략하려는 것을 보고, 조선후(朝鮮侯)도 역시 스스로 왕호를 칭하고 군사를 일으켜 연나라를 역습(逆擊)하여 주 왕실(周王室)을 받들려 하였는데, 그의 대부(大夫) 예(禮)가 간(諫)하므로 중지하였다. 그리하여 예(禮)를 서쪽에 파견하여 연나라를 설득하게 하니, 연나라도 전쟁을 멈추고 [조선(朝鮮)을] 침공하지 않았다. 그 뒤에 자손이 점점 교만하고 포악해지자, 연나라는 장군 진개를 파견하여 [조선의] 서쪽 지방을 침공하고, 2천여 리의 땅을 빼앗아 만번한(滿番汗)에 이르는 지역을 경계로 삼았다. 마침내 조선의 세력은 약화되었다. 진(秦)나라가 천하를 통일한 뒤, 몽염을 시켜서 장성(長城)을 쌓게 하여 요동에까지 이르렀다. 이때에 조선왕(朝鮮王) 비(否)가 왕이 되었는데, 진(秦)나라의 습격을 두려워한 나머지 정략(政略)상 진(秦)나라에 복속은 하였으나 조회에는 나가지 않았다. 비(否)가 죽고 그 아들 준(準)이 즉위하였다. 그 뒤 20여 년이 지나 [중국에서] 진승과 항우가 기병(起兵)하여 천하가 어지러워지자, 연(燕)·제(齊)·조(趙)의 백성들이 괴로움을 견디다 못해 차츰 차츰 준(準)에게 망명(亡命)하므로, 준(準)은 이들을 서부 지역에 거주하게 하였다. 한(漢)나라 때에 이르러 노관(盧綰)으로 연왕(燕王)을 삼으니, 조선과 연나라는 패수(浿水)를 경계로 하게 되었다. 노관(綰)이 [한(漢)을] 배반하고 흉

노(匈奴)로 도망간 뒤, 연나라 사람 위만(衛滿)도 망명(亡命)하여 오랑캐의 복장을 하고, 동쪽으로 패수(浿水)를 건너 준(準)에게 항복하였다. [위만(衛滿)]이 서쪽 변방에 거주하도록 해 주면 중국(中國)의 망명자(亡命者)를 거두어, 조선의 번병(藩屛:병풍)이 되겠다고 준(準)을 설득하였다. 준(準)은 그를 믿고 사랑하여 박사(博士)에 임명하고 규(圭)를 하사하며, 100리(百里)의 땅을 봉(封)해 주어 서쪽 변경을 지키게 하였다. [위]만이 [중국의] 망명자들을 유인하여 그 무리가 점점 많아지자, 사람을 준(準)에게 파견하여 속여서 말하기를, "한(漢)나라의 군대가 열 군데로 쳐들어오니, [왕궁(王宮)]에 들어가 숙위(宿衛)하기를 청합니다" 하고는 드디어 되돌아서서 준(準)을 공격하였다. 준(準)은 만(滿)과 싸웠으나 상대가 되지 못하였다.」라고 하였다(魏略曰:昔箕子之後朝鮮侯, 見周衰, 燕自尊為王, 欲東略地, 朝鮮侯亦自稱為王, 欲興兵逆擊燕以尊周室。其大夫禮諫之, 乃止。使禮西說燕, 燕止之, 不攻。後子孫稍驕虐, 燕乃遣將秦開攻其西方, 取地二千餘里, 至滿番汗為界, 朝鮮遂弱。及秦幷天下, 使蒙恬築長城, 到遼東。時朝鮮王否立, 畏秦襲之, 略服屬秦, 不肯朝會。否死, 其子準立。二十餘年而陳·項起, 天下亂, 燕·齊·趙民愁苦, 稍稍亡往準, 準乃置之於西方。及漢以盧綰為燕王, 朝鮮與燕界於浿水。及綰反, 入匈奴, 燕人衛滿亡命, 為胡服, 東度浿水, 詣準降, 說準求居西界, (故)〔收〕中國亡命為朝鮮藩屛。準信寵之, 拜為博士, 賜以圭, 封之百里, 令守西邊。滿誘亡黨, 眾稍多, 乃詐遣人告準, 言漢兵十道至, 求入宿衛, 遂還攻準。準與滿戰, 不敵也)。

2) [준왕(準王)]은 그의 측근 신하와 궁인(宮人)들을 거느리고 도망하여, 바다를 경유하여 한(韓)의 땅에 거주하면서 스스로 한왕(韓王)이라 칭하였다.① 그 뒤 준(準)의 후손은 절멸(絶滅: 끊어짐)되었으나, 지금

한인(韓人) 중에는 아직도 그의 제사를 받드는 사람이 있다(將其左右宮人走入海, 居韓地, 自號韓王.① 其後絶滅, 今韓人猶有奉其祭祀者).

※ 원문에 있는 주석
①: 위략에 이르기를 「준(準)의 아들과 친척으로서 [조선]나라에 남아있던 사람들도 그대로 한씨(韓氏)라는 성(姓)을 사칭하였다. 준(準)은 해외(海外)[의 나라]에서 왕이 되었으나 조선과는 서로 왕래하지 않았다.」라고 하였다(魏略曰: 其子及親留在國者, 因冒姓韓氏。準王海中, 不與朝鮮相往來).

3. 해설

사기 조선열전을 보면 위만이 조선(후조선)에 망명해 상하장에 살면서 세력을 키워 스스로 자기의 왕국을 세운 것처럼 되어 있으나, 삼국지 위서 동이전에 주석으로 딸린 위략을 보면, 후조선왕 비(否)는 몽염이 장성(長城)을 요동까지 수리해서 쌓을 때 왕이 되었음을 알 수 있고, 그 아들 준(準)왕 때, 위만이 은혜를 배반하고 도리어 준왕을 공격하여 후조선을 멸망시키고 조선(위만조선)의 왕이 되었음을 알 수 있다. 위만이 준왕을 공격하여 후조선을 멸망시킨 때는 서기전 194년경으로 보인다. 왜냐하면 사기 조선열전에 「연왕 노관이 (한을) 배반하고 흉노로 들어가자, 만(滿-위만)도 망명하여 (중략) 상하장에 살았다.」고 하는데, 연왕 노관이 흉노로 들어간 때는 한고조 유방이 죽은 때이므로 서기전 195년 4월이다. 그 다음, 위략에는 위만이 조선(후조선)에 망명하여 상하장에 산 뒤에 여러 가지 일들이 있고 난 다음에 준왕을 공격하였으므로, 그 기간을 1년여로 잡으면 서기전 194년경이 되기 때문이다.

제10장 후조선의 영역

사기 흉노열전 및 조선열전에 의하면 조선(후조선)이 빼앗긴 영토가 조양에서 양평까지 2천여 리이다. 그 땅에 연나라는 상곡군, 어양군, 우북평군, 요서군, 요동군을 설치한 것이다. 상곡군의 치소 조양은 지금의 하북성 회래현이다. 따라서 후조선의 원래 영토는 서쪽으로 지금의 하북성 회래현상곡군에서부터 시작된다는 사실을 알 수 있다. 동쪽 끝은 어디인가? 사서에 나오지 않아 자세히 알 수 없으나, 그 시대의 유물인 비파형 동검으로 보면 한반도 끝까지이다. 따라서 후조선의 영역은 하북성 회래현에서부터 한반도 남쪽 끝까지이다.

제11장 후조선과 공존한 나라

1. 부여

사기 화식열전을 보면,「무릇 연나라 또한 발해와 갈석산 사이의 큰 도회지이다. (중략) 북쪽으로는 오환 및 부여와 이웃하고, 동쪽으로는 예맥, 조선, 진번의 이익을 지배한다(夫燕亦勃、碣之間一都會也。(중략) 北鄰烏桓、夫餘、東綰穢貉、朝鮮、真番之利)。」라고 되어 있어, 연나라 때 부여가 존재하고 있었음을 알 수 있다. 그런데 연나라의 존속기간은 서기전 1046년부터 서기전 222년까지이다. 이때는 위만조선이 세워진 서기전 194년경 이전이므로 후조선이 있었던 때이다. 따라서 부여는 명백히 후조선과 공존한 나라이다.

2. 옥저

삼국지 위서 동이전 동옥저 조를 보면「한나라 초에 연나라의 망명객 위만이 조선에서 왕 노릇 하니, 이때 옥저는 모두 (조선에) 복속하였다 (漢初, 燕亡人衛滿王朝鮮, 時沃沮皆屬焉).」라고 되어 있는데 위만이 조선에서 왕 노릇하니 옥저가 위만조선에 복속하였으므로, 옥저는 위만이 조선에서 왕 노릇하기 이전부터 있었던 나라이다. 이것은 위만조선 이전에 해당하므로 후조선이다. 즉 옥저는 후조선 때 이미 존재하고 있었던 나라이다. 따라서 옥저는 후조선과 공존한 나라이다.

3. 한(韓)

삼국지 위서 동이전 한(韓)을 보면 「[조선(朝鮮)]후(侯) 준(準)이 왕을 참칭하였는데, 연나라에서 망명한 위만의 공격을 받아 나라를 빼앗기니, 그의 측근 신하와 궁인(宮人)들을 거느리고, 바다로 달려 들어가, 한(韓)의 지역에 거주하면서 스스로 한왕(韓王)이라고 칭하였다(侯準既僭號稱王, 為燕亡人衛滿所攻奪, 將其左右宮人走入海, 居韓地, 自號韓王).」라고 되어 있다. 여기서 준왕은 후조선의 마지막 왕인데, 나라를 빼앗기니 「한(韓)의 지역에 거주하였다(居韓地)」고 하므로, 한(韓)을 나라로 본다면, 준왕이 나라를 빼앗기기 전에 한(韓)이 이미 존재하고 있었던 것이다. 즉 한(韓)이 이미 후조선 때부터 존재하고 있었다. 따라서 한(韓)은 후조선과 공존한 나라이다. 그러나 한(韓)을 북민족의 왕을 뜻하는 한(汗: 成吉思汗-성길사한)이나 간(예: 신라의 거서간-居西干, 마립간-麻立干)이나 칸(khan)의 음역(音譯: 다른 나라 음을 한자로 번역한 것)이라면, 아마도 준왕은 자기의 하위 수장(또는 작은 왕)지역으로 피신하여 거기서 대왕(大王) 노릇을 한 것이다. 따라서 이 경우는 자기의 작은 왕이 다스리던 지역으로 피신한 것이기 때문에 한(韓)은 후조선과 공존한 나라가 아니라 후조선의 일부이다.

제3편 위만조선
　　(서기전 194년 무렵~서기전 108년)

제1장 개관

위만조선은 서기전 194년경부터 한 무제 원봉 3년(서기전 108년)까지 약 86년간 존속하였다.

제2장 문헌 증거(사료)

제1절 우리나라의 사료

1. 제왕운기

〈위만조선기〉
한나라 장수 위만은 연에서 태어나, 고제 12 병오년에,
와서 침공하여 준을 쳐서 쫓아내고 나라를 빼앗으니
손자 우거에 이르러 허물이 가득했네.
한 무제 원봉 3년 계유년에 장군에게 명해 군사 내어 와서 토벌하니.
3대 합해 88년, 한나라를 배반하고 준을 쫓았으니 재앙이 마땅하네.

원문)〈衛滿朝鮮紀〉
漢將衛滿生自然[84], 高帝十二丙午年, 來功遂準乃奪國, 至孫右渠盈厥愆。漢虎元封三癸酉, 命將出師來討焉,(國人殺右渠迎師)① 三世并爲八十八, 背漢遂準殃宜然。

---
84) 원문이 然으로 되어 있는데 이것은 燕(연나라)을 잘못 쓴 것으로 보임(글쓴이의 주).

※ 원문에 있는 주석
① 나라 사람들이 우거를 죽이고 군대를 맞이하였다.

2. 조선왕조실록

그의 41대손 준(準) 때에 이르러, 연나라 사람 위만이 망명하여 무리 천여 명을 모아 가지고 와서 준(準)의 땅을 빼앗아 왕검성에 도읍하니, 이것이 위만 조선이다(逮四十一代孫準, 時有燕人衛滿亡命, 聚黨千人, 來奪準地, 都于王險城, 是爲衛滿朝鮮).

제2절 중국의 사료

1. 사기 조선열전

조선왕 만(滿-위만)은 옛 연나라 사람이다. 처음 연나라 전성기 때부터 일찍이 진번과 조선을 공략하여 복속시키고, 관리를 두어 장새(鄣塞: 국경 요새)를 쌓았다. 진(秦)나라가 연을 멸망시키고 요동의 바깥 경계까지 소속시켰다. 한(漢)나라가 일어나 그곳이 멀어 지키기 어려우므로 다시 요동의 옛 장새(鄣塞: 국경 요새)를 수리하고 패수에 이르러 경계로 삼으며, 연에 속하게 하였다. 연왕 노관이 (한을) 배반하고 흉노로 들어가자 만(滿-위만)도 망명하여, 무리 천여 명을 모아, 상투를 틀고 오랑캐 복장을 하고, 동쪽으로 도망가 장새(鄣塞: 국경 요새)를 나와, 패수를 건너, 진(秦)나라의 옛 빈 땅인 상하장에 살았는데 점차 진번과 조선의 오랑캐 및 옛 연나라와 제나라의 망명자를 예속시켜 부려먹으며, 그들의 왕 노릇을 하고, 왕검에 도읍하였다(朝鮮王滿者, 故燕人也。自始全燕時嘗略屬真番、朝鮮, 為置吏, 築鄣塞。秦滅燕, 屬遼東外徼。漢興, 為其遠難守, 復修遼東故塞, 至浿水為界, 屬燕。燕王盧綰反, 入匈奴, 滿亡

命, 聚黨千餘人, 魋結蠻夷服而東走出塞, 渡浿水, 居秦故空地上下鄣, 稍役屬真番、朝鮮蠻夷及故燕、齊亡命者王之, 都王險).

　이때가 마침 효혜제(孝惠)와 고후(高后)의 시대로 천하가 처음 안정되니, 요동태수는 곧 만(滿-위만)을 외신(外臣)으로 삼을 것을 약속하고, 장새(鄣塞: 국경 요새) 밖 오랑캐를 지켜, 변경을 노략질하지 못하게 하고, 여러 오랑캐의 군장이 들어와 천자를 뵙고자 하면, 금할 수 없게 하였다. 이를 듣고 천자도 그것을 허락하니, 이 때문에 만(滿-위만)은 군사의 위세와 재물을 얻어, 그 주변의 소읍(小邑)을 침략하여 항복시키니, 진번과 임둔(臨屯)도 모두 와서 복속하여 사방 수천리가 되었다(會孝惠、高后時天下初定, 遼東太守即約滿為外臣, 保塞外蠻夷, 無使盜邊；諸蠻夷君長欲入見天子, 勿得禁止. 以聞, 上許之, 以故滿得兵威財物侵降其旁小邑, 真番、臨屯皆來服屬, 方數千里).

　아들을 거쳐 손자 우거(右渠) 때에 이르러, 꾀어낸 한나라의 망명자가 더욱 많아지자, 일찍이 들어와 알현하지 않았으며, 진번 주변의 여러 나라들이 글을 올려 천자에게 알현하고자 하여도, 또한 가로막고 통하지 못하게 하였다. 원봉 2년(서기전 109년), 한나라는 섭하(涉何)를 사신으로 보내 우거를 책망하고 깨우치게 하였으나 끝내 천자의 명을 받들지 않았다. 섭하가 돌아가며 국경에 이르러 패수에 다다라 마부를 시켜 섭하를 배웅하는 사람인 조선의 비왕(裨王) 장(長)을 찔러 죽이게 하고, 즉시 (패수를) 건너, (말을) 달려 (요동) 요새(塞)로 들어가, 마침내 돌아가서 천자에게 보고하여 말하기를「조선의 장수를 죽였습니다.」라고 하였다. 황상이 그의 공적을 훌륭하게 여기고, 꾸짖지 않으며, 섭하에게 벼슬을 내려 요동동부도위로 삼았다. 조선이 섭하에게 원한을 맺고, 군사를 일으켜 기습 공격해 섭하를 죽였다(傳子至孫右渠, 所誘漢亡人滋多, 又未嘗入見;真番旁眾國欲上書見天子, 又擁閼不通。元封二年, 漢使涉何譙諭右渠, 終不肯奉詔。何去至界上, 臨浿水, 使御刺殺送何者朝鮮裨王長, 即渡, 馳入塞, 遂歸報天子曰「殺朝鮮將」。上為其名美, 即不詰, 拜何為遼東東部都尉。朝鮮怨何, 發兵襲攻殺何).

천자는 죄인을 모집하여 조선을 치게 하였다. 그해(원봉 2년: 서기전 109년) 가을, 누선장군 양복을 파견하여 제(齊)로부터 발해(渤海)를 건너게 하고, 군사 5만 명으로 좌장군 순체를 요동에서 출격시켜, 우거를 토벌하게 하였다. 우거는 군사를 일으켜 험준한 곳에서 대항하였다. 좌장군의 졸정(卒正) 다(多)가 요동 군사를 거느리고 먼저 출정하였으나, (군사가) 패하여 흩어지고 다(多)는 도망하여 돌아오니, 법에 따라 참형(斬刑)에 처하였다. 누선 장군은 제나라 병사 7천 명을 거느리고 먼저 왕검성에 이르렀다. 우거가 성을 지키고 있으면서 누선의 군사가 적음을 엿보아 알고는 곧 성을 나와 누선을 치니, 누선군은 패해 흩어져 도망갔다. (누선)장군 양복은 그의 무리를 잃고 산속에서 10여 일을 도망 다니다가, 점차 흩어진 병졸들을 찾아 모아서 다시 무리를 이루었다. 좌장군도 조선의 패수서군(浿水西軍)을 쳤으나 깨뜨리고 스스로 전진할 수 없었다(天子募罪人擊朝鮮。其秋, 遣樓船將軍楊僕從齊浮渤海;兵五萬人, 左將軍荀彘出遼東:討右渠。右渠發兵距險。左將軍卒正多率遼東兵先縱, 敗散, 多還走, 坐法斬。樓船將軍將齊兵七千人先至王險。右渠城守, 窺知樓船軍少, 即出城擊樓船, 樓船軍敗散走。將軍楊僕失其眾, 遁山中十餘日, 稍求收散卒, 復聚。左將軍擊朝鮮浿水西軍, 未能破自前)。

천자는 두 장군이 유리하지 않다고 여겨, 마침내 위산(衛山)으로 하여금 군사의 위엄을 갖추고 가서 우거를 깨우치게 하였다. 우거는 사자(使者)를 보고 머리 숙여 사과하며: 「투항하기를 원하였으나 두 장군이 신을 속여 죽일까 두려웠는데, 이제 신절(信節-황제의 사신이 가지고 있는 신표)을 보았으니 항복을 청합니다.」라고 하였다. 태자를 보내 들어가 사죄하게 하고, 말 5천 필을 바치면서 더불어 군량(軍糧)을 선사하였다. 무리 만여 명이 무기를 지니고 막 패수를 건너려고 할 때, 사자(使者)와 좌장군은 그들이 변을 일으킬까 의심하여 태자에게 말하기를 이미 항복했으니, 마땅히 사람들에게 병기를 소지하지 말라고 명령해야 한다고 하였다. 태자 역시 사자와 좌장군이 자기를 속이고 죽일까 의심하여 마침내 패수를 건너지 않고 (군사들을) 이끌고 돌아갔다. 위산이 돌아와 천자께 보고하자 천자는 위산을 죽였다(天子爲兩將未有利, 乃使衛山因兵威往諭右渠. 右渠見使者頓首謝:「願降, 恐兩將詐殺臣;今見信節, 請服降。」遣太子入謝, 獻馬五千匹, 及饋軍糧。人眾萬餘, 持兵, 方渡浿水, 使者及左將軍疑其爲變, 謂太子已服降, 宜命人毋持兵。太子亦疑使者左將軍詐殺之, 遂不渡浿水, 復引歸。山還報天子, 天子誅山).

좌장군이 패수 가의 군대(浿水上軍)를 격파하고 전진하여 성(城) 아래 이르러 그 서북쪽을 포위하였다. 누선 또한 와서 합세하여 성(城) 남쪽에 거처하였다. 우거가 끝내 성을 굳게 지키므로 몇 달(數月)이 되어도 함락시킬 수 없었다(左將軍破浿水上軍, 乃前, 至城下, 圍其西北。樓船亦往會, 居城南。右渠遂堅守城, 數月未能下).

좌장군은 원래 시중(侍中)으로 천자의 총애를 받았고, 연(燕)과 대(代)의 군사를 거느려, 용맹한데다 싸움에 이긴 기세를 타고 군사들이 더욱

제3편 위만조선 173

교만하였다. 누선 장군은 제(齊)의 군사를 거느리고 바다로 출정하였으나 본래 이미 여러 번 패망하였으며, 앞서 우거와의 싸움에서 곤욕을 치른 패잔병들이라 군졸들은 모두 두려워하였고, 장군은 마음이 부끄러워, 우거를 포위하고도 항상 화평을 유지하였다(左將軍素侍中, 幸, 將燕代卒, 悍, 乘勝, 軍多驕。樓船將齊卒, 入海, 固已多敗亡; 其先與右渠戰, 因辱亡卒, 卒皆恐, 將心慙, 其圍右渠, 常持和節).

좌장군이 성을 세차게 공격하니, 조선 대신들은 마침내 몰래 사람을 보내 사사로이 누선(장군)에게 항복을 약속하였는데, 말만 오갈 뿐, 아직 결정을 내리지 못하였다. 좌장군이 여러 차례 누선(장군)과 싸울 시기를 정하였으나 누선(장군)은 그(조선과의) 약속을 급히 이루려고 하였지, (좌장군과) 합치지는 않았고, 좌장군 역시 사람을 보내 조선을 떨어뜨릴 기회를 찾으니 조선은 받아들이지 않고 마음은 누선(장군)을 가까이하니, 이 때문에 두 장군은 서로 반목하였다. 좌장군은 생각하기를 누선(장군)이 전에 군사를 잃은 죄가 있는데다가 지금은 사사로이 조선과 잘 지내고 있으며, (조선)또한 항복하지 않으니 배반할 계획이 있는 것이라고 의심하였으나 감히 발설하지는 못하였다(左將軍急擊之, 朝鮮大臣乃陰閒使人私約降樓船, 往來言, 尙未肯決. 左將軍數與樓船期戰, 樓船欲急就其約, 不會; 左將軍亦使人求閒郤降下朝鮮, 朝鮮不肯, 心附樓船: 以故兩將不相能. 左將軍心意樓船前有失軍罪, 今與朝鮮私善而又不降, 疑其有反計, 未敢發).

천자가 말하기를 "장수들이 (일을) 실행하지 못하므로 위산을 시켜 우거를 깨닫게 해서 항복하여 우거가 태자를 보냈는데, 위산이 전적으로 결정하지 못하고 좌장군과 계교가 서로 달라 마침내 약속이 깨졌다. 지금 두 장군이 성을 포위하고도 또 불일치하기 때문에 오래도록 결정하지 못한다"고 하였다. 제남태수 공손수(公孫遂)를 보내 이를 바로잡고 상황에 맞게 처리토록 하였다. 공손수가 도착하니 좌장군이 말하기를:「조선이 마땅히 항복할 때가 오래되었는데도 항복하지 않는 것은 사정이 있어서입니다.」라고 하면서 말하기를 누선(장군)이 여러 차례 합치지 않은 것과 평소의 생각을 공손수에게 구체적으로 알리고, (또) 말하기를:「지금 이와 같으므로 (누선 장군을) 체포하지 않으면 크게 해가 될까 두려운데, 누선(장군) 혼자가 아니라, 또한 조선과 함께 우리 군을 멸할 것입니다.」라고 하였다. 공손수 역시 그렇다고 여기고 부절(符節)로 누선장군을 불러 좌장군 진영에 들어오게 일을 꾸미고는, 즉시 좌장군 휘하에게 명령하여 누선장군을 체포하고 군대를 합치며 천자에게 보고하였다. 천자는 공손수를 죽였다(天子曰將率不能, 前(及)〔乃〕使衛山諭降右渠, 右渠遣太子, 山使不能剸決, 與左將軍計相誤, 卒沮約. 今兩將圍城, 又乖異, 以故久不決. 使濟南太守公孫遂往(征)〔正〕之, 有便宜得以從事. 遂至, 左將軍曰:「朝鮮當下久矣, 不下者有狀.」言樓船數期不會, 具以素所意告遂, 曰:「今如此不取, 恐爲大害, 非獨樓船, 又且與朝鮮共滅吾軍.」遂亦以爲然, 而以節召樓船將軍入左將軍營計事, 即命左將軍麾下執捕樓船將軍, 幷其軍, 以報天子. 天子誅遂).

좌장군이 양군을 합치고 즉시 조선을 세차게 공격하였다. 조선의 재상(相) 노인(路人)과 재상(相) 한음(韓陰), 니계상(尼谿相) 삼(參), 장군(將軍) 왕겹(王唊)이 서로 모의하며 말하기를:「처음 누선(장군)에게 항복하려고 하였으나 누선(장군)은 지금 잡혀있고, 좌장군 혼자 합쳐 거느리니 전투는 더욱 급박해졌으나, 맞서 싸우기 두려운데 왕은 또한 항복하려고 하지 않는다.」라고 하였다. 한음, 왕겹, 노인이 모두 도망하여 한나라에 항복하였다. 노인은 가는 길에 죽었다. 원봉 3년(서기전 108년) 여름, 니계상 삼(參)이 마침내 사람을 시켜 조선왕 우거를 죽이고 와서 항복하였다. (그러나) 왕검성(王險城)은 함락되지 않았고, 죽은 우거의 대신 성기(成己)가 또 반란을 일으켜 다시 군리(軍吏)를 공격하였다. 좌장군이 우거의 아들 장(長)과 항복한 재상 노인의 아들 최(最)를 시켜 그 백성을 널리 알려 깨우치게 하면서 성기를 죽이게 하니, 이로써 마침내 조선을 평정하고 사군(四郡)을 설치하였다(左將軍已幷兩軍, 即急擊朝鮮. 朝鮮相路人、相韓陰、尼谿相參、將軍王唊相與謀曰:「始欲降樓船, 樓船今執, 獨左將軍幷將, 戰益急, 恐不能與, (戰)王又不肯降.」陰、唊、路人皆亡降漢. 路人道死. 元封三年夏, 尼谿相參乃使人殺朝鮮王右渠來降. 王險城未下, 故右渠之大臣成巳又反, 復攻吏. 左將軍使右渠子長降、相路人之子最告諭其民, 誅成巳, 以故遂定朝鮮, 為四郡。).

삼(參)을 봉해 홰청후로 삼고, 한음은 추저후, 왕겹은 평주후(平州侯), 장(長: 우거의 아들)은 기후(幾侯)로 삼았다. 최(最: 재상 노인의 아들)는 아버지가 죽었으며 공이 자못 있었으므로 온양후(溫陽侯)로 삼았다. 좌장군은 불러 이르게 하여, 공을 다투고 서로 시기하여 계략을 어긋나게 한 죄로 기시(棄市)하였다. 누선장군 역시 군대가 열구(洌口)에 이르렀으면 마땅히 좌장군을 기다려야 하는데 멋대로 먼저 (군대를) 풀어서 많은 병사를 잃고 사망하게 하였으니, 죽이는 것이 마땅하나 속전(贖錢-죄를 면하려고 바치는 돈)을 바쳐 서인(庶人)으로 삼았다(封參為澅清侯, 陰為荻苴侯, 唊為平州侯, 長[降]為幾侯. 最以父死頗有功, 為溫陽侯. 左將軍徵至, 坐爭功相嫉, 乖計, 棄市. 樓船將軍亦坐兵至洌口, 當待左將軍, 擅先縱, 失亡多, 當誅, 贖為庶人).

태사공(太史公)이 말하기를:우거는 험고(險固)함을 믿어 나라가 사직을 끊겼다. 섭하는 공을 속여 전쟁의 발단을 만들었다. 누선 장군은 장병이 적어서 난을 당하고 죄에 걸렸으며, 번우(番禺: 광주-廣州의 옛 이름)에서의 실패를 후회하다가 도리어 의심을 받았다. 순체는 공을 다투다 공손수와 함께 죽음을 당했다. 양군(兩軍)이 함께 욕을 당하고 장수는 제후가 된 사람이 없었다(太史公曰:右渠負固, 國以絶祀。涉何誣功, 為兵發首。樓船將狹, 及難離咎。悔失番禺, 乃反見疑。荀彘爭勞, 與遂皆誅。兩軍俱辱, 將率莫侯矣).

2. 위략(魏略: 삼국지 위서 동이전 한-韓 조의 주석)

「노관(綰)이 [한(漢)을] 배반하고 흉노(匈奴)로 도망간 뒤, 연나라 사람 위만(衛滿)도 망명(亡命)하여 오랑캐의 복장을 하고, 동쪽으로 패수(浿水)를 건너 준(準)에게 항복하였다. [위만(衛滿)]이 서쪽 변방에 거주하도록 해 주면 중국(中國)의 망명자(亡命者)를 거두어, 조선의 번병(藩屛:병풍)이 되겠다고 준(準)을 설득하였다. 준(準)은 그를 믿고 사랑하여 박사(博士)에 임명하고 규(圭)를 하사하며, 100리(百里)의 땅을 봉(封)해 주어 서쪽 변경을 지키게 하였다. 위만이 망명한 무리들을 유인하여 (그) 무리가 점점 많아지자, 마침내 사람을 보내 준(準)에게 속여서 알리며, 말하기를 한나라 군대가 열 개의 길로 이르고 있으니, (왕궁에) 들어가 숙위(宿衛)하기를 요청한다고 하며, 드디어 (왕궁으로) 돌아와 준(準)을 공격하였다. 준(準)은 위만과 싸웠으나 상대가 되지 못하였다(及綰反, 入匈奴, 燕人衛滿亡命, 為胡服, 東度浿水, 詣準降, 說準求居西界, (故)〔收〕中國亡命為朝鮮藩屛。準信寵之, 拜為博士, 賜以圭, 封之百里, 令守西邊。滿誘亡黨, 眾稍多, 乃詐遣人告準, 言漢兵十道至, 求入宿衛, 遂還攻準。準與滿戰, 不敵也).」

3. 해설

위만조선의 존재와 역사에 대해서는 사기 조선열전에 상세하게 나와 있어 더 이상의 해설을 필요로 하지 않는다. 다만 위만이 어떻게 위만조선을 세웠는지는 위략을 보면 더 자세하게 알 수 있다.

제3장 위만조선의 영역

1. 사기 조선열전

사기 조선열전에서 보는 바와 같이 위만은 상하장에서 세력을 키운 뒤, 왕검성에 도읍하고 그 다음에 위만은 여기서 다시 세력을 키워 사방 수천 리의 위만조선을 만들었다. 수천 리란 최소한 2천 리 이상은 되는 거리이다. 2천 리만 하여도 약 800km이다. 한편 하북성 창려현역에서 요녕성 심양역까지가 451km이고, 심양역에서 다시 요동반도 쪽으로 그 끝부분인 대련역까지가 397km이니, 도합 848km이다. 그런데 상하장의 서쪽 끝인 지금의 양하에서 심양역까지는 432km이고, 심양역에서 대련역까지가 397km로 도합 829km이니, 대략 양하에서 심양을 거쳐 대련까지의 철도거리이다. 즉 위만조선의 영역은 대략 지금의 양하에서 심양을 거쳐 지금의 요녕성 대련시 부근까지였다고 할 수 있다.

2. 압록강 및 청천강 패수설

위만조선의 영역과 관련하여 압록강이나 청천강이 위만조선과 한나라의 경계인 패수이며, 남쪽 경계선은 황해도까지라는 주장이 있다. 즉 위만조선의 영역이 압록강이나 청천강에서부터 황해도까지라는 것이다. 그리고 위만조선의 영역인 압록강이나 청천강에서부터 황해도까지에 낙랑군이 설치되었는데, 황해도 지역에는 나중에 대방군이 설치되었다는 것이다. 사기 조선열전에 위만조선의 강토가 위만 때 이미 사방 수천 리가 되었다고 하였고, 그 위만조선 말기인 우거왕 때에 한무제가 위만조선을 무너뜨리고 그 땅에 한사군을 설치한 것이다. 그러면 압록강이나 청천강에서 황해도까지의 땅이 사방 수천 리가 되는가? 어림도 없는 이야기이다. 사방 수천 리에 최소한의 수치인 사방 2천 리(800km)에도 턱없이 못 미친다. 먼저 압록강에서 황해도까지의 거리를 알아보자. 압록강 강변에 있는 신의주에서 평양까지가 철도거리로 224km이고, 평양에서 황해도 너머, 경기도에 있는 개성까지가 철도거리로 186.5km이니 도합 410.5km이다. 즉 압록강에서 황해도 너머까지가 410.5km이다. 그런데 위만조선 말기의 영토인 사방 수천 리의 최소 수치인 2천 리만 해도 약 800km이니 압록강에서 황해도를 넘어 경기도에 있는 개성까지의 거리 410.5km는 약 절반 정도에 해당하므로 턱도 없는 이야기이다. 그 다음, 청천강에서 황해도까지의 거리를 알아보자. 청천강 북쪽에 있는 청천강역에서 평양까지가 철도거리로 80.3km이고, 평양에서 황해도를 넘어 경기도에 있는 개성까지가 철도거리로 186.5km이니 도합 266.8km이다. 즉 청천강 너머에서 황해도 너머까지가 266.8km이다. 이 거리는 2천 리, 약 800km의 4분의 1에 해당하니 무슨 말을 더 하겠는가?

또한 사방 수천 리라는 것은 가로(동서)와 세로(남북)가 수천 리라는 말이니 앞에서는 세로(남북)를 이야기했으므로, 가로(동서)를 말해보자.

압록강 하류 끝에서 동쪽으로 동해 바다까지의 거리가 약 350km(구글어스 지도상 직선거리)이고, 황해도의 서쪽 끝 장상곶에서 동쪽으로 동해 바다까지의 거리가 약 340km(구글어스 지도상 직선거리)이니, 2

천 리 약 800km의 절반에도 훨씬 못 미친다. 또한 이 두 곳을 제외하면 한반도 전체에서 가로(동서)폭은 모두 300km 이하이다(구글어스 지도상 직선거리). 더구나 원산만에서 서해 바다까지는 약 180km(구글어스 지도상 직선거리)밖에 안 된다. 결국 한반도 내에서는 사방 수천 리 되는 땅이 존재하지 않는다. 다시 말해서 한반도 내에서는 위만조선의 영역과 한사군이 존재할 수 없다.

또한, 황해도 지역에는 나중에 대방군으로 만들었다고 주장하는데, 이것 역시 터무니없는 소리이다.

대방군에 대해서는 두 가지 기록이 있다.

첫째, 공손강이 낙랑군 둔유현 이남의 황무지로 대방군을 만들었다는 삼국지 동이전 한(韓) 조의 기록이 있고,
둘째, 공손도가 대방군을 설치하였다는 진서지리지의 기록이 있다.

삼국지 권8 이공손도사장전(二公孫陶四張傳)을 보면, 공손강은 공손도의 아들인데 공손강이 대방군을 만들었다는 기록이 없으며, 조조가 유성(柳城)을 칠 때 원상(袁尙) 등이 요동(遼東)으로 달아나니 공손강(公孫康)이 원상을 참수해 그 수급을 보냈다는 것과 이 때문에 조조가 공손강을 양평후(襄平侯)에 봉하고 좌장군(左將軍)으로 임명했다는 기록이 전부이다. 또한 거기에는 공손도가 대방군을 설치하였다는 기록도 없다. 그러나 공손도가 요동태수(遼東太守)가 되어 동쪽으로 고구려를 치고 서쪽으로 오환(烏丸)을 공격하여 위엄을 해외에 떨쳤다는 기록이 있고, 한나라가 장차 망할 것 같으니 자기(공손도)가 왕이 되려고 한다는 기록이

있으며, 요동군을 나누어 요서군과 중료군(遼西中遼郡)을 설치하고 태수를 두었다는 기록과 마침내 공손도가 요동군의 중심지 양평성(襄平城: 원래의 양평에서 옮겨진 양평)에서 제왕의 의식을 거행하고서 제왕에 등극하였다는 기록, 조조가 공손도를 무위장군(武威將軍)으로 삼고 영녕향후(永寧鄕侯)에 봉하니 공손도가 "내가 요동(遼東)에서 왕으로 지내는데 무슨 영녕(향후)인가!"라고 말한 기록이 있다. 이런 것을 볼 때, 공손도는 요동군에서 창업하며 많은 일을 하여 바빴으므로, 공손강이 낙랑군 둔유현 이남의 황무지로 대방군을 만들었다는 이야기가 옳은 것으로 보인다.

그것보다 더 중요한 사실은 공손도 이하 공손씨 3대는 요동을 점거하고, 거기에서 왕 노릇을 하던 사람들이다. 공손도가 일어난 곳도 요동군이며 공손씨의 마지막 인물인 공손연이 죽은 곳도 요동의 중심지인 양평성(襄平城) 동남쪽의 유성(流星)이 떨어진 곳이다. 또한 공손도가 차지한 요동의 위치를 보면 공손도전에서 보는 바와 같이 동쪽에 고구려가 있고 서쪽에 오환이 있다. 즉 공손씨 3대는 요동을 벗어난 일이 없다. 그래서 공손도전의 마지막 부분을 보면「처음 공손도가 중평 6년(189년)에 요동(遼東)을 점거하고 3대 째인 공손연에 이르러 모두 50년 만에 멸망하였다(始度以中平六年據遼東, 至淵三世, 凡五十年而滅).」라고 되어 있는 것은 그것을 말해준다. 즉 대방군을 공손강이 만들었든, 공손도가 설치했든 대방군은 요동 지역에 설치한 것이다. 그래서 공손연이 죽자「공손연의 수급을 낙양(洛陽)으로 보냈으며, 요동, 대방, 낙랑, 현도가 모두 평정되었다(傳淵首洛陽, 遼東、帶方、樂浪、玄菟悉平).」는 것을 보면, 공손씨 3대가 요동을 점거하면서 요동 주변에서 차지한 지역이 요동군을 비롯해서, 대방군, 낙랑군, 현도군인데, 그 지역들이 모두 요동군 및 그 주변 지역임을 알 수 있는 것이다. 즉 대방군은 요동군의 인접 지역이지 황해도가 아니다.

이러한 사실은 황해도 지역을 대방군으로 만들었다는 주장이 얼마나 황당무계한 것인지를 말해준다. 결론적으로 이것은 위만조선의 영토가 압록강이나 청천강에서부터 황해도까지라느니, 그래서 한사군 역시 압록강이나 청천강에서부터 황해도까지라느니 하는 등의 주장 자체가 황당무계한 것임을 알 수 있게 한다.

그런데도 『한국고대사 속의 고조선사』 345쪽부터 보면 「고고학적으로 보면 기원전 3~2세기 무렵 서북한 지역의 대표적인 금속 유물인 한국식 동검(세형 동검)은 청천강 아래쪽에 주로 분포한다. 연·진나라 세력이 유입한 명도전이 서북한 북부지역에서 대량으로 출토되는데, 분포상 그 주된 경계선도 청천강이다. 따라서 명도전 등 연 계통 유물이 출토되는 청천강 이북 지역은 요동군 내지 그 영향이 강하게 미친 지역이고, 한국식 동검 등 조선의 독자적인 청동기가 출토되는 청천강 남쪽 지역이 고조선이었다고 보는 것이 합리적이라 생각한다.」라고 하고 있다. 이러한 주장은 옳은 것이며 사실인가?

첫째, 세형동검은 주로 청천강 이남에서 출토되는가? 어림도 없는 이야기이다.

중국 동북지방의 유물과 유적을 다룬 『동북문화와 유연문명(하)』의 927쪽부터 보면, 세형동검을 동퇴기(東退期)의 요녕식(遼寧式: 랴오닝식)곡인청동단검(비파형 동검의 중국식 표현)이라고 부르면서 다음과 같이 설명하고 있다.

「(3) 동퇴기(東退期)

주요 특징은 요동(遼東: 랴오둥)반도와 길림성(吉林省: 지린성)의 압록강 인근 지역에서 발견되는 검신이 좁고 검인(劍刃: 칼날)이 곧은 청동단검이다. '세형단검(細形短劍)'이라 부르기도 하는 이 유형의 단검은 한반도와 일본열도에서 많이 볼 수 있다. 그 연대는 전국 후기로 전한시대까지 연속된다. (중략)

현재까지 알려진 동퇴기의 요녕식(遼寧式: 랴오닝식)곡인청동단검(비파형 동검의 중국식 표현) 유적에는 요동(遼東: 랴오둥)반도 남단의 신금(新金: 신진) 후원대(後元臺: 허우위안타이), 여순(旅順: 뤼순) 윤가촌(尹家村: 인자촌) 제12호 석관묘, 장해현(長海縣: 창하이현) 서가구(徐家溝: 쉬자거우), 요동(遼東: 랴오둥) 산지부터 압록강 유역 일대의 본계(本溪: 번시) 양가(梁家: 량자), 상보(上堡: 상바오), 환인(桓仁: 환런) 대전자(大甸子: 다뎬쯔), 관전(寬甸: 콴뎬) 조가보(趙家堡: 자오자바오), 봉성(鳳城: 펑청) 소진가(小陳家: 샤오천자), 길림성(吉林省: 지린성) 백두산 지역의 화전현(華甸縣: 화뎬현) 서황산(西荒山: 시황산), 집안현(集安縣: 지안현) 오도구문(五道溝門: 우다오거우먼), 회덕현(懷德縣: 화이더현) 대청산(大靑山: 다칭산) 등이 있다. 요북(遼北: 랴오베이) 지역에서도 유사한 발견이 있었다. 발표된 자료를 보면 요양(遼陽: 랴오양) 양갑산(亮甲山: 량자산)의 것을 제외하면 나머지는 모두 석관묘이다.

이 시기의 무덤에서 출토되는 청동단검은 엽인(葉刃)의 전단(前端)이 곧고, 후단은 약간 호선을 그리며, 엽미(葉尾)는 꺾여 수축한다. 전기의 전형적인 요녕식(遼寧式: 랴오닝식)곡인청동단검(비파형 동검의 중국식 표현)과 비교하면, 검신 날 부분의 만곡도가 분명하게 감소하였으며 검봉(劍鋒: 칼끝)이 많이 길어졌다. '정(丁)'자형의 겸병(劍柄: 칼자루)에 장식된 문양은 초솔(草率: 거칠고 단정하지 못함)하며, 병통(柄筒: 통으로 된 자루) 중간에 융기된 마디는 편평해져 가는 경향을 보인다.」

그리고 세형동검은 요동반도와 길림성 압록강 인근 지역에서만 폭넓게 발굴되는 것이 아니다. 중국 북경의 남서쪽 하북성 이현(易縣) 주변 지역에서도 발굴되고, 연해주 지방에서도 발굴된다. 즉 세형동검이 청천강 이남에 주로 분포한다는 이야기는 사실이 아니다.

그런데『한국고대사 속의 고조선사』352쪽을 보면「특히 기원전 4세기를 지나면서 요동지역에서도 움무덤과 함께 초기 세형동검문화가 성장하게 되는데 이 문화는 연세력의 통제 하에 들어가게 되면서 결국 소멸하게 된다. 대신 서북한 지역으로 이러한 요령식 동검문화를 계승한 초기 세형동검문화가 새롭게 등장하게 된다.」라고 해서, 마치 요동지역의 세형동검 문화는 연세력이 진출하면서 소멸하고, 그 뒤에 서북한 지역에서 초기 세형동검문화가 새롭게 등장하는 것처럼 주장하고 있다. 그러나 앞에 있는『동북문화와 유연문명(하)』에서 보듯이 요동지역의 세형 동검문화는「그 연대가 전국 후기로 전한시대까지 연속된다.」는 것을 볼 때 그 주장은 사실이 아니다.『동북문화와 유연문명(하)』의 설명은 중국 땅에서 발굴한 유물을 직접 접하고 쓴 것이며,『한국고대사 속의 고조선사』의 주장은 중국 땅에서 발굴한 유물을 직접 접하지도 못하고 말한 것이니 어느 것이 사실이겠는가?

따라서 세형동검을 근거로 청천강이 위만조선과 한나라의 경계인 패수라고 주장하는 것은 사실이 아니며 거짓이다.

둘째, 명도전에 대해서…

우선 명도전의 경계선이 청천강인가? 그것도 사실이 아니다.
명도전은 김해패총에서도 출토되었으며, 일본 오키나와에서도 출토되었다.

그리고 명도전이 출토되는 지역을 보면 하북성 북부와 요녕성 그리고 내몽고자치구 동남부 일대에서 주로 출토되며, 압록강·청천강·대동강 일대에서도 다수 출토된다. 그뿐만이 아니라 연나라와 인접해 있던 조나라 및 제나라 지역에서도 출토된다.

특히 명도전이 연나라와 인접해 있던 조나라 및 제나라 지역에서 출토된다는 것은 명도전이 교역의 증거라는 것을 명백하게 증명해 주고 있다. 그리고 명도전의 출토범위가 이렇게 광범위하다는 것은 명도전이 지배의 증거가 아닌 교역내지 교류의 증거라는 것을 말하고 있다.

또한 고대조선 지역에서 발견되는 명도전은 고대조선에서 만든 것이거나 고대조선의 화폐라는 주장도 있다.

더구나 명도전은 위만과 아무런 관계가 없다. 위만은 한 고조 유방이 죽었을 때의 사람인데, 명도전은 진나라의 중국 통일과 함께 사라졌고, 진나라의 중국 통일 이후에는 반량전이 만들어져 사용되어 한 고조 유방 때에는 이미 반량전이 사용된 지 오래되었기 때문이다.

따라서 명도전을 근거로 청천강이 위만조선과 한나라의 경계인 패수라고 주장하는 것은 사실이 아니며 거짓이다.

조금 더 말하자면, 명도전을 연·진나라 세력이 유입한 것이라고 주장하는데, 이것은 중국의 화폐 역사를 모른다는 것을 말하고 있다. 진나라는 중국을 통일하면서 연나라와 제나라 등에서 사용하던 도폐(刀幣: 칼 모양의 화폐), 한, 위, 조 등에서 사용하던 포폐(布幣: 쟁기나 삽모양의 화폐) 등을 둥근 모양의 네모난 구멍을 가진 반량전으로 통일하였다. 진나라는 요동으로 피신한 연나라 왕을 잡은 후 다음 해에 6국 병합을 끝내고 중국을 통일하였다. 그러면서 화폐도 반량전으로 통일하였다. 즉 명도전은 진나라 세력이 요동에 유입한 것이 아니다.

덧붙여 말한다면 청천강이 위만조선과 한나라의 경계인 패수라고 주장하는 것은 근본적으로 요동군의 원래 위치와 옮겨진 위치를 모르기 때문이다. 이에 대한 자세한 설명은 제4편 부록 「요동군의 원래 위치와 옮겨진 위치」에 있다. 또한 그러한 주장은 한사군이 위만조선의 영토에 설치되었는데 위만조선의 영토가 위만 때 이미 사방 수천 리가 되었다는 사실을 애써 외면한 결과이다.

3. 왕검성의 위치[85]

사기 조선열전에 「그해(원봉 2년: 서기전 109년) 가을, 누선장군 양복을 파견하여 제(齊)로부터 발해(渤海)를 건너게 하고, 군사 5만 명으로 좌장군 순체를 요동에서 출격시켜, 우거를 토벌하게 하였다. 우거는 군사를 일으켜 험준한 곳에서 대항하였다. 좌장군의 졸정(卒正) 다(多)가 요동 군사를 거느리고 먼저 출정하였으나, (군사가) 패하여 흩어지고 다(多)는 도망하여 돌아오니, 법에 따라 참형(斬刑)에 처하였다. 누선 장군은 제나라 병사 7천 명을 거느리고 먼저 왕검성에 이르렀다. 우거가 (왕

---

85) 이 내용은 제4편 특집 「요동군의 원래 위치와 옮겨진 위치」 중에도 있음.

검)성을 지키고 있으면서 누선의 군사가 적음을 엿보아 알고는 곧 (왕검)성을 나와 누선을 치니, 누선군은 패해 흩어져 도망갔다. (누선)장군 양복은 그의 무리를 잃고 산속에서 10여 일을 도망 다니다가, 점차 흩어진 병졸들을 찾아 모아서 다시 무리를 이루었다.」라고 하였는데,

여기서 「좌장군의 졸정(卒正) 다(多)가 요동 군사를 거느리고 먼저 출정하였으나, (군사가) 패하여 흩어지고 다(多)는 도망하여 돌아오니, 법에 따라 참형(斬刑)에 처한」 것이 누선 장군이 출전하기도 전인 것으로 보아 위만조선의 도읍지 왕검성은 요동군에서 상당히 가깝다는 것을 알 수 있다.

이러한 일이, 무제 원봉 2년(서기전 109년) 가을에 일어났다고 하는데, 가을이란 옛날 중국에서는 7, 8, 9월을 말한다. 즉 7월인지 8월인지 9월인지는 모르나 그중 어느 달에 일어났다는 것이다. 다시 말해서 어느 한 달에 일어났다는 말이다.

그렇다면 요동에서 왕검성까지 가는데 15일, 오는데 15일 걸렸다는 말이고, 옛날 중국에서 군대의 하루 행군 거리는 1사(舍)라고 해서 30리였다. 그렇다면 왕검성은 요동군에서 15일×30리, 즉 450리 거리에 있었다는 말이다. 450리는 약 180km이다. 한나라 초기에 요동군이 지금의 양하까지였으므로 양하에서 약 180km(철도거리) 되는 곳을 찾아보면 지금의 요녕성 흥성시(興城市)이다.

여기에 흥성 수산(興城 首山)이 있는데, 이 산은 바다가 보일 정도로 가까우며 험고(險固)한 산으로 아마도 이 산에 산지 왕검성이 있었던 것으로 추정된다. 특히 흥성 수산(首山)에서 가까운 약 4.5km(도상 직선

거리) 되는 곳에 홍성고성(興城古城)이 있는데, 이 성은 명나라 말기 원숭환이 청태조 누르하치와 청태종 홍타이지를 물리친 영원성으로 유명한 곳이다. 이 성을 쌓은 것은 명나라 선덕 3년(1428년)인데 영원위(寧遠衛)를 설치하면서 쌓은 성(城)이다. 그런데 이 영원성의 서쪽 바로 앞 약 700m에 홍성하(興城河: 또는 홍성서하—興城西河)가 흐른다. 후금이 있었던 요동지역에서 보면 강을 등지고 있는 성이다. 배수진이라는 것은 위급한 상황에서 어쩔 수 없어 죽음을 각오하고 쓰는 극단적 선택이지 평상이 성을 쌓는데 쓰는 방책이 아니다. 즉 이 성의 위치는 요동지역을 방어하는 조건에 있지 않다. 반대로 중국 쪽에서 보면 성 앞에 강이 있어, 성을 보호하는 역할을 하고 있다. 즉 이 성의 자연적 조건은 중국 쪽으로부터 안전한 자연적 조건을 가지고 있다. 이러한 자연 환경을 감안하면 이 영원성은 중국 쪽으로부터 안전한 자연적 조건을 가지고 있는 평지 왕검성이 있었던 자리로 보인다. 다시 말해서 영원성은 평지 왕검성이 있었던 자리 위에 성을 쌓은 것으로 생각된다. 산과 산성, 평지의 성, 그리고 강의 구조는 고구려 등 우리 민족 고유의 성곽 배치 구조이다. 따라서 홍성 수산(興城 首山)과 왕검산성, 평지 왕검성, 홍성하로 구성된 지금의 홍성시 지역이 위만조선의 도읍지 왕검성으로 추정된다. 이러한 자연적 조건으로 홍성 수산(首山)에서 누선장군 양복의 군사 7천 명을 보고 그것이 적다고 판단하여 왕검성에서 나와 누선군의 군대를 쳐서 깨뜨린 것이다.

어떤 자들은 후조선과 위만조선 및 초기의 한사군이 요서 지방에 있었다면 그곳에 그와 관련된 유물은 왜 없냐고 말하는데 유물이 없는 게 아니다. 그 단적인 증거가 홍성시의 서북쪽에 붙어 있는 건창현(建昌縣)의 동대장자촌(東大杖子村)에서 나온 청동단검이다. 그 사진이 경향신문의 [코리안루트를 찾아서] (32)편에 나오는데 유리상자에 담겨 있으며 칼

끝이 땅을 향하고 있다. 사진 설명을 보면「랴오닝성 젠창셴」이라는 말이 나오는데, 이것은 遼寧省 建昌縣(요녕성 건창현)을 중국식 발음으로 적은 것이다.

이 손잡이가 황금으로 된 청동단검은 전체적으로 세형동검의 모습을 하고 있다. 그런데 일각에서는 이 세형동검이 출토된 무덤에서 전국시대 후기(연나라)의 전형적인 청동기들이 함께 나온다고 해서 이 무덤을 진개의 무덤으로 추정한다고 한다. 그러나 연하도 신장두(辛莊頭) 30호 무덤에서 출토된 전체 길이 71.6cm의 철제(鐵製) 장검(長劍: 긴 칼)에서 보듯이, 진개 당시의 연나라는 이미 철제 장검(긴 칼)을 쓰고 있었는데, 진개가 청동제 짧은 칼(단검)을 쓸 이유가 없다. 더구나 승전한 군대는 자기 나라 무기를 가지고 진군하지, 패전한 군대의 무기를 가지고 진군하지 않는다. 따라서 이 손잡이가 황금으로 된 청동단검은 후조선 후기부터 위만조선 때 조선왕이 쓰던 칼임에 틀림없다. 손잡이가 황금으로 된 세형동검은 발굴된 것 가운데 이것이 유일하기 때문이다. 함께 나온 연나라의 청동기는 후조선과 연나라가 교류가 있었다는 증거이지 그 무덤 자체가 연나라 무덤이라는 증거가 아니다. 또한 손잡이가 황금으로 된 세형동검이 발굴된 마을에서 수십 기의 고분이 확인되었다고 하는데, 이형구 교수의 말에 의하면 지금도 현장은 볼 수 없다는 것이다. 그 이유에 대해서 이형구 교수는 2002년 봄에 "궈다순(郭大順) 씨가 반농담조로 말했듯 한국 학자가 가면 고조선과 연결시키려고 하기 때문에 기피하는 측면도 있을 것이고"라고 말하고 있다. 다시 말해서 후조선과 위만조선 및 초기의 한사군 지역에 그와 관련된 유물이 없는 게 아니라 중국 당국이 이를 감추고, 공개하지 않아서 알려지지 않은 것이고, 우리나라 사람들을 출입 금지시켜서 알 수 없는 것이지, 없는 것이 아니다.

제4장 창해군[86]

1. 사기 평준서

이후부터 엄조와 주매신 등은 동구(東甌)를 끌어들여 양월(兩越)에서 (전쟁을) 일삼자, 강수(江水)와 회수(淮水) 사이는 소란스러워지고 크게 비용이 소모되었다. 당몽과 사마상여는 서남이(西南夷)의 도로를 개통하려고 산을 뚫어 길을 통하게 하기를 천여 리에 이르러, 파촉(지방)까지 확대하였으나, 파촉의 백성들은 지쳤다. 팽오는 조선을 매수하여 멸망시키려고, 창해군을 설치하니, 연(燕)과 제(齊) 사이가 바람에 휩쓸리듯 소동이 일어났다.

(自是之後, 嚴助, 朱買臣等招來東甌, 事兩越, 江淮之間蕭然煩費矣。唐蒙, 司馬相如開路西南夷, 鑿山通道千餘里, 以廣巴蜀, 巴蜀之民罷焉。彭吳賈滅朝鮮, 置滄海之郡, 則燕齊之間靡然發動) (중략)

동쪽으로 창해군에 이르는 데에도, 인건비용은 남쪽 오랑캐에 (길을 뚫는데 쓰이는 비용과) 비슷했다(東至滄海之郡, 人徒之費擬於南夷).

2. 사기 평준후 주부 열전

원삭 3년(서기전 126년), 장구가 면직되니, 공손홍을 어사대부로 삼았다. 이때는 서남이와 (길이) 통하고 동쪽으로 창해군을 설치하였으며, 북쪽으로 삭방군(朔方郡)을 건축하였다. 공손홍이 수차례 간언하여, 쓸모없는 땅에 힘씀으로써 중국을 피폐하게 하니, 폐지를 청원하였다. 이에 천자는 마침내 주매신 등으로 하여금 삭방군 설치의 편익으로 공손홍을 책망하게 하며, 10가지 수를 들었으나, 공손홍은 한 가지도 반박하지 못

---

86) 이 부분은 제4편 특집 「요동군의 원래 위치와 옮겨진 위치」 중에서 5. 창해군 설치 당시의 요동군에도 있음.

했다. 공손홍은 마침내 사죄하며 말하기를:「산동 시골사람이 이와 같은 편익을 몰랐으니, 서남이(의 도로)와 창해군은 폐지하고 삭방군만 힘쓰기를 바랍니다.」라고 하였다. 황상이 마침내 그것을 허락하였다(元朔三年, 張歐免, 以弘爲御史大夫. 是時通西南夷, 東置滄海, 北筑朔方之郡. 弘數諫, 以爲罷敝中國以奉無用之地, 願罷之. 於是天子乃使朱買臣等難弘置朔方之便. 發十策, 弘不得一. 弘乃謝曰:「山東鄙人, 不知其便若是, 願罷西南夷、滄海而專奉朔方.」上乃許之).

3. 한서 식화지

팽오가 예맥조선을 뚫으려고 창해군을 설치하니 연(燕)과 제(齊) 사이가 바람에 휩쓸리듯 소동이 일어났다(彭吳穿穢貊、朝鮮, 置滄海郡, 則燕齊之間靡然發動).

4. 한서 무제기

(원삭 원년-서기전 128년) 가을, (중략) 동이의 예군 남려 등 인구 28만 명이 항복하니, 창해군을 설치하였다(秋, (중략) 東夷薉君南閭等口二十八萬人降, 爲蒼海郡). (중략) 원삭 3년(서기전 126년) 봄, 창해군을 폐지하였다(三年春, 罷蒼海郡).

5. 후한서 예전

원삭 원년(서기전 128년), 예군 남려 등이 우거를 배반하고, 28만 인구를 인솔하고, 요동에 이르러 내속하니, 무제가 그 땅으로 창해군을 삼았으나, 수년 후에 결국 폐지하였다(元朔元年, 濊君南閭等畔右渠, 率二十八萬口詣遼東內屬, 武帝以其地爲蒼海郡, 數年乃罷).

6. 분석

위만이 위만조선을 세우면서 차지한 영역은 최소한 지금의 양하에서부터 지금의 대련시까지로 커다란 국가를 건설하였다. 그 뒤, 세월이 흘러 한 무제는 흉노와 전쟁을 벌였으나, 이기지 못하였다. 그러자 흉노의 서부에 있는 작은 나라들을 매수하거나 무력으로 위협해서 흉노와 관계를 끊고 한나라에 붙게 하는 전략을 썼는데, 한 무제가 무슨 짓을 했는지는 사기 대원열전과 한서 서역전 등에 자세히 있다. 흉노 동부에 있는 나라에도 그와 같은 전략을 쓰게 된다. 그와 같은 전략의 일환으로 한 무제는 팽오로 하여금 조선을 매수하여 멸망시키려고, 창해군을 설치한 것이다. 그래서 후한서 예전에 「원삭 원년(서기전 128년), 예군 남려 등이 우거를 배반하고, 28만 인구를 인솔하여, 요동에 이르러 내속하였다.」고 한 것이다. 예군 남려(濊君南閭)가 그 더러운 매수 전략에 넘어간 것이다. 예군 남려(濊君南閭)가 매수 전략에 넘어갔다는 것은 한서 무제기에서도 짐작할 수 있다. 한서 무제기 원삭 원년 가을 기록을 보면 「가을, 흉노가 요서(군)에 침입하여 태수를 죽이고, 어양(군)과 안문(군)에 침입하여 도위를 패배시키며, 3천여 명을 죽이고 약탈하였다. 장군 위청을 보내 안문(군)으로 출동하게 하고, 장군 이식은 대군(代郡)으로 출동하게 하여, 오랑캐(흉노)의 머리 수천 급을 얻었다. 동이의 예군(濊君) 남려(南閭) 등 인구 28만 명이 투항하여, 창해군으로 삼았다.」라고 되어 있다. 이것을 보면 온통 흉노의 공격과 한나라의 반격으로 되어 있는데, 이와는 관계없는 동이의 예군(濊君) 남려(南閭) 등 인구 28만 명이 아무런 이유 없이, 갑자기 투항하였다는 것이다. 한나라가 흉노와 전쟁을 하는데 왜 난데없이 동이의 예군(濊君) 남려(南閭)가 투항하였겠는가? 한 무제가 흉노의 동쪽인 어양에서도 흉노와 전쟁을 벌였으나, 이기지 못하자 서쪽에서 했던 매수 등의 짓을 동쪽에서도 하였던 것이다. 그 더러운 매수에 예군(濊君)

남려(南閭)가 넘어갔기 때문에 「예군 남려 등이 우거를 배반하고 요동에 내속하였다.」고 후한서가 쓴 것이다.

여기서 알 수 있는 것은 똑같은 사실을 써도 사기(평준서)와 후한서(예전)는 있는 사실을 그대로 다 썼으나 한서(무제기)는 중국(한나라)에 유리한 모습만으로 기록하였다는 것이다. 한서의 이러한 필법은 곳곳에 있는데 우리는 이러한 사실에 특히 주의해야 한다.

7. 창해군의 위치

그러면 창해군의 위치는 어디인가? 사기 평준서에 창해군(滄海郡)을 창해의 군(滄海之郡), 즉 창해에 있는 군(郡)이라고 하였는데, 조조가 갈석산에 올라 바다를 바라보며 지은 시가 관창해(觀滄海)이다.

창해(滄海)란 찬 바다, 싸늘한 바다라는 뜻이다. 갈석산 앞바다는 북쪽에 있으므로 바닷물의 온도가 낮아서 이런 이름을 붙인 것이다. 조조의 시를 보면 중국에서는 조조 때까지도 갈석산 앞바다를 창해(滄海)라고 하였음을 알 수 있다. 참고로 발해(渤海)란 무슨 뜻인가? 발(渤)이라는 말이 「안개가 자욱이 끼는 모양」을 뜻하므로 「안개가 자욱이 끼는 바다」라는 뜻이다. 그것은 황하가 따뜻한 하남지방을 지나면서 데워졌다가 찬 바닷물을 만나니, 안개가 자욱하게 끼어서 생긴 현상이다. 즉 발해(渤海)는 황하와 황해가 만나는 곳인데, 그곳은 산동반도 북쪽과 천진 남쪽 사이의 바다이다. 아무튼 창해는 조조가 본 갈석산 앞바다이고 창해군(滄海郡)이 창해의 군(滄海之郡), 즉 창해에 있는 군(郡)이므로 창해군(滄海郡)은 갈석산 앞바다에 있는 군(郡)이다. 또한 창해 자체가 갈석산 앞바다이므로 창해군 역시 갈석산에서 가까이 있는 지역이다. 갈석산은 요동군 지역이고, 한나라 초기에 요동군이 지금의 양하까지였으므로 양하 건너서부터가 창해군 지역이다. 다른 한편으로 한서 식화지에 「팽오가 예맥조선을 뚫으려고 창해군을 설치하였다.」고 하는 것으로 보아, 조선(위만조선)과 매우 가까운 곳까지 창해군이 있었음을 알 수 있다. 위만조선의 도읍지 왕검성은 앞서 잠깐 설명하였지만, 요녕성 흥성시(興城市)로 추정된다. 그렇다면 흥성시 서쪽을 흐르는 흥성하(흥성 서하)까지가 창해군이었을 것이다. 다시 말해서 창해군은 지금의 양하에서부터 흥성하(흥성 서하)까지 있었다고 추정된다.

그래서 창해군은 요동군 바로 옆(동쪽)에 있었으므로 「예군 남려 등이 28만 인구를 인솔하여 요동에 이르러 내속하였다.」고 한 것이다. 한나라의 입장에서 창해군을 설치한 목적은 조선(위만조선)을 「뚫으려고」 또는 「조선을 매수하여 멸망시키려고」이다. 아무튼 창해군은 원삭 원년(서기전 128년)에 설치되었다가 3년 뒤인 원삭 3년(서기전 126년)에 폐지되었다. 폐지되었으면 어떻게 되었는가? 당연히 본래 위만조선의 영역이었으므로 위만조선에 속하게 된 것이다. 그러나 한번 배반한 땅에 28만 명이 있었으니 어찌 예전만한 통제력이 작용했겠는가? 아마도 통제력이 약화되었을 것이다. 그래서 한 무제가 19년 뒤에 조선(위만조선)을 쉽게 보고 침략했을 것으로 생각된다.

그런데 창해군의 위치에 대하여 다른 이야기가 있다. 한서 무제기 원삭 원년(서기전 128년) 가을 기록인 「동이의 예군(薉君) 남려 등 인구 28만 명이 투항하여, 창해군을 설치하였다.」에서, 예(薉)에 대한 주석으로 『복건이 말하기를:「예맥은 진한의 북쪽, 고구려와 옥저의 남쪽에 있고 동쪽으로 큰 바다에 막혔다.」 진작이 말하기를:「薉는 옛 예(穢) 자(字)이다.」라고 하였다. 안사고가 말하기를:「남려는 예군(穢君)의 이름이다.」라고 하였다(服虔曰:「穢貊在辰韓之北, 高句麗沃沮之南, 東窮于大海。」晉灼曰:「穢, 古穢字。」師古曰:「南閭者, 穢君之名。」).」라고 되어 있다.

복건의 이야기는 창해군 설치 당시(서기전 128년) 창해군의 위치를 말한 것인가? 그것은 아니다. 복건이라는 사람은 후한 중평말(中平末) 때 구강태수를 지낸 사람이다. 중평(中平)은 후한 영제 때의 연호인데, 서기 184년 12월에서 189년 4월까지 5년 5개월 동안 사용하였다. 참고로 184년에는 황건적의 난이 일어났고 189년 9월에는 십상시의 난이 일어났다. 후한의 끝 무렵이라는 말이다. 따라서 복건의 이야기는 이 무렵 후한 사람들의 예맥에 대한 인식을 말한 것이지, 원삭 원년 당시 창해군의 위치를 말한 것이 아니다.

그 증거가 창해군을 설치한 원삭 원년은 서기전 128년인데, 이때에 옥저가 없었기 때문이다. 삼국지 동이전 동옥저 조를 보면「한나라 초에 연(燕)의 망명인 위만이 조선의 왕이 되자, 이때 옥저(沃沮)는 모두 (조선에) 속하였다(漢初, 燕亡人衛滿王朝鮮, 時沃沮皆屬焉)」라고 되어 있다. 위만이 조선의 왕이 된 때는 서기전 194년 무렵이므로 옥저가 없어진 때 역시 서기전 194년 무렵이다. 즉 서기전 128년은 옥저가 없어진 지 66년 정도 지난 때이다.

따라서 복건의 이야기는 창해군 설치 당시(서기전 128년) 창해군의 위치를 말한 것이 아니다. 다시 말해서 창해군의 위치가「진한의 북쪽, 고구려와 옥저의 남쪽에 있고 동쪽으로 큰 바다에 막힌 곳」에 있었다는 말은 사실이 아니다.

이러한 주석에서 알 수 있는 것은 안사고가 기존 한서를 필사하여 현존 한서를 만들면서 중국에 유리한 것이라면 사실이 아닌 것도, 사실로 오인할 수 있게끔 주석을 수집하여 첨부하였다는 것이다. 한서에는 이러한 유형의 거짓 주석이 많은데 이런 것을 특히 유의해야 한다.

제5장 위만조선과 공존한 나라

1. 부여

부여는 후조선 시절부터 존재하고 있었으며, 위만조선 이후에도 존재하고 있었으므로 당연히 위만조선과도 공존하였다.

2. 고구려

고구려 역시 위만조선과 공존한 나라이다. 그 증거를 보면 다음과 같다.

1) 후한서 동이전 고구려 조

「(한) 무제가 조선을 멸망시키고, 고구려를 현(縣)으로 만들어, 현도에 속하게 하였으며, 북과 관악기 및 악공(樂工)을 하사하였다(武帝滅朝鮮, 以高句驪爲縣, 使屬玄菟, 賜鼓吹伎人).」

2) 북사(北史) 열전(列傳) 고구려 조

북사(北史) 권94, 열전(列傳) 제82, 고구려 조를 보면 「그(주몽)가 부여에 있을 적에 아내가 임신하였고, 주몽이 도망한 후에 아들을 낳으니, 처음에는 (字를) 여해(閭諧)라고 하였다. 장성하여서 주몽이 국왕이 된 것을 알고, 곧 어머니와 함께 도망하여 오니, (주몽은) 여달(閭達)이라고 이름 지어 주며, 나라 일을 맡겼다. 주몽이 죽자, 아들 여율(如栗)이 즉위하였다. 여율(如栗)이 죽자, 아들 막래(莫來)가 즉위하고, 마침내 부여를 병합하였다. 한 무제 원봉 4년(서기전 107)에 조선을 멸망시키고, 현도군을 설치하며, 고구려를 현(縣)으로 삼아 현도군에 속하게 하였다(其在夫餘妻懷孕, 朱蒙逃後, 生子始閭諧。及長, 知朱蒙爲國王, 卽與母亡歸之。名曰閭達, 委之國事。朱蒙死, 子如栗立。如栗死, 子莫來立, 乃幷夫餘。漢武帝元封四年, 滅朝鮮, 置玄菟郡, 以高句麗爲縣以屬之)。」라고 되어 있다.

3) 위서(魏書) 열전 고구려 조

위서(魏書) 권100, 열전 제88, 고구려 조를 보면「애초에, 주몽이 부여에 있었을 때 아내가 임신하였는데, 주몽이 도망한 뒤에 한 아들을 낳으니, 자(字)를 처음에는 여해(閭諧)라고 하였다. 장성하여 주몽이 국왕(國王)이 되었음을 알고, 곧 어머니와 함께 도망하여 오니, (주몽이) 그에게 여달(閭達)이라고 이름을 지어주고, 그에게 나라 일(國事)을 맡겼다. 주몽이 죽자 여달이 대를 이어 즉위하였다. 여달이 죽자 아들 여율(如栗)이 대를 이어 즉위하였다. 여율이 죽자 아들 막래(莫來)가 대를 이어 즉위하고, 드디어 부여를 정벌하니 부여는 크게 패하여, 마침내 (고구려에) 모두 속하였다(初, 朱蒙在夫餘時, 妻懷孕, 朱蒙逃後生一子, 字始閭諧。及長, 知朱蒙爲國主, 卽與母亡而歸之, 名之曰閭達, 委之國事。朱蒙死, 閭達代立。閭達死, 子如栗代立。如栗死, 子莫來代立, 乃征夫餘, 夫餘大敗, 遂統屬焉)。」라고 되어 있다.

4) 수서 열전 고려(高麗: 고구려) 조

수서 권81, 열전 제46, 고려(高麗: 고구려) 조를 보면「주몽이 죽자 아들 여달(閭達)이 뒤를 이었다. 그의 손자 막래(莫來)에 이르러 군사를 일으켜 마침내 부여를 병합(幷合)하였다(朱蒙死, 子閭達嗣。至其孫莫來興兵, 遂幷夫餘)。」라고 되어 있다.

5) 삼국지 동이전 고구려 조

「한(漢)나라 때에는 북과 피리, 악공(樂工)을 하사하고, (고구려 사람이) 항상 현도군(玄菟郡)에 나아가 (한나라의) 조복(朝服)과 의책(衣幘)을 받아갔는데, 고구려현령(高句麗令)이 그 명부를 관장하였다. 그 뒤에 차츰 교만 방자해져서 다시는 (현도)군(郡)에 오지 않으니, (현도군의) 동쪽 경계에 작은 성을 쌓고, 조복과 의책을 그곳에 두어, 해마다 (고구려 사람이) 그 성에 와서 그것을 가져가게 하였는데, 지금도 오랑캐들은 여전히 이 성을 책구루라고 부른다. 구루란 (고)구려 사람들이 성(城)을 부르는 말이다(漢時賜鼓吹技人, 常從玄菟郡受朝服衣幘, 高句麗令主其名籍。後稍驕恣, 不復詣郡, 于東界築小城, 置朝服衣幘其中, 歲時來取之, 今胡猶名此城為幘溝漊。溝漊者, 句麗名城也)。」

6) 해설

(1) 후한서 동이전 고구려 조를 보면,「한 무제가 조선을 멸망시키고, 고구려를 현(縣)으로 만들어서, 현도에 속하게 하였다.」고 하였으므로, 고구려는 조선(위만조선)이 멸망하기 전에 이미 존재하고 있었음을 알 수 있다.

(2) 북사 열전 고구려 조를 보면, 위만조선이 멸망하기 전에 고구려에서 무슨 일이 있었는지를 알 수 있다. 즉 주몽이 나라를 세워 왕이 되자 부여에 있던 아들 여달(처음 이름은 여해)이 왔고, 주몽이 죽자 여달이 아니라 이상하게 여율이 왕으로 즉위하였다. 여율(如栗)이 죽자 아들 막래(莫來)가 즉위하고, 마침내 부여를 병합하였다. 그다음에 한 무제 원봉 4년(서기전 107), 조선을 멸망시키고 현도군을 설치하며 고구려를 현(縣)으로 삼아 현도군에 속하게 하였다.

다시 말해서 후한서 동이전 고구려 조를 보면 고구려가 위만조선이 멸망하기 전에 이미 존재하였다는 사실만 알 수 있는데 비하여 북사 열전 고구려 조를 보면, 고구려가 위만조선이 멸망하기 전에 어떠한 사실이 있었는지를 알 수 있다. 즉 고구려는 위만조선이 멸망하기 전에 주몽이 나라를 세웠고, 주몽이 죽자 여율이 왕으로 즉위하였으며, 여율이 죽자 아들 막래가 즉위하여 부여를 병합하였다. 다만, 북사 열전 고구려 조에서 이상한 것은 주몽이 죽자, 주몽의 아들 여달이 아니라 이상하게 누구의 아들인지 모르는 여율이 왕으로 즉위하였다는 점이다. 북사 열전에서 한 가지 주의할 점은 조선(위만조선을 멸망시킨 때가 한 무제 원봉 4년(서기전 107)이라고 하였는데, 이것은 틀린 것으로 사기 효무본기와 한서 무제기에 의하면 무제 원봉 3년(서기전 108년)이다.

(3) 위서(魏書) 열전 고구려 조를 보면, 앞에서 이상한 점이 어떻게 된 것인지를 알 수 있다. 주몽이 죽자, (주몽의 아들) 여달이 왕으로 즉위하였고, 여달이 죽자 여달의 아들 여율(如栗)이 즉위한 것이다. 그러니까 북사 열전에서는 「(주몽의 아들) 여달이 왕으로 즉위하였고, 여달이 죽자(閭達代立。閭達死)」가 빠진 것이다. 따라서 고구려는 위만조선이 망하

기 전에 주몽이 나라를 세웠고, 주몽이 죽자 (주몽의 아들) 여달이 왕으로 즉위하였으며, 여달이 죽자 여달의 아들 여율(如栗)이 즉위하였고, 여율이 죽자 여율의 아들 막래(莫來)가 즉위하여, 부여를 병합한 것이다.

(4) 수서 열전 고구려 조에서는 이러한 사실을 줄여 「주몽이 죽자 아들 여달이 뒤를 이었다. 그의 손자 막래에 이르러 군사를 일으켜 마침내 부여를 병합하였다.」라고만 한 것이다.

(5) 삼국지 동이전 고구려 조를 보면, 고구려와 고구려현의 관계 및 고구려와 한사군의 관계를 알 수 있다. 거기에는 「① 한(漢)나라 때에 (고구려 사람이) 항상 현도군(玄菟郡)에 나아가 (한나라의) 조복(朝服)과 의책(衣幘)을 받아갔는데, 고구려현령(高句麗令)이 그 명부를 관장하였다. ② 그 뒤에 차츰 교만 방자해져서 (고구려 사람이) 다시는 (현도)군(郡)에 오지 않았다. ③ 그래서 한나라에서는 현도군의 동쪽 경계에 작은 성을 쌓고, 조복과 의책을 그곳에 두어, 해마다 (고구려 사람이) 그 성에 와서 그것을 가져가게 하였는데, 지금도 고구려 사람들은 여전히 이 성을 책구루라고 부른다.」고 되어 있다. 여기에서 「한(漢)나라 때에 (고구려 사람이) 항상 현도군(玄菟郡)에 나아가 (한나라의) 조복(朝服)과 의책(衣幘)을 받아갔다.」는 것을 볼 때, 고구려는 현도군과 다른 곳에 있음을 알 수 있다. 또한 「고구려현령(高句麗令)이 그 (일에 관한) 명부를 관장하였다.」는 것을 볼 때, 고구려와 현도군의 고구려현은 엄연히 다른 곳에 존재한다는 사실을 알 수 있다. 그리고 「그 뒤에 차츰 교만 방자해져서 (고구려 사람이) 다시는 (현도)군(郡)에 오지 않았다.」라는 것에서 또다시 고구려와 현도군은 서로 다른 지역에 각각 존재하고 있었음을 알 수 있고, 「그래서 한나라에서는 현도군의 동쪽 경계에 작은 성을 쌓고, 조복과 의

책을 그곳에 두어, 해마다 (고구려 사람이) 그 성에 와서 그것을 가져가게 하였는데, 지금도 고구려 사람들은 여전히 이 성을 책구루라고 부른다.」는 것에서는 고구려와 현도군의 경계가 이른바 책구루임을 알 수 있는데, 책구루는 현도군의 동쪽 경계에 쌓은 작은 성이다. 이러한 것을 볼 때, 고구려현은 현도군지역으로 고구려와는 전혀 다르다는 것을 알 수 있으며, 한사군이 설치되었을 때, 고구려가 한사군과 병존하였음을 알 수 있다. 즉 고구려는 한사군이 설치되었을 때에도 독립적으로 존재하고 있었다는 사실을 알 수 있다. 그런데「후한서 동이전 고구려 조」와「북사 열전 고구려 조」에서「고구려를 현(縣)으로 만들어서, 현도에 속하게 하였다.」는 것을 보아, 고구려 땅의 일부를 점령해 고구려현으로 만들어 현도군에 속하게 한 것으로 보인다.

이상의 이야기를 간추려보면, 주몽이 나라를 세웠고, 주몽이 죽자 주몽의 아들 여달이 뒤를 이었으며, 여달이 죽자 여달의 아들 여율(如栗)이 뒤를 이었고, 여율이 죽자 여율의 아들 막래(莫來)가 뒤를 이어 부여를 병합한 것이다. 그 뒤에 위만조선이 망할 때 한나라가 고구려의 일부 영역을 점령해 고구려현으로 만들어 현도군에 속하게 한 것이다.

이제 고구려가 언제 건국하였는지를 알아볼 수 있다.
삼국사기와 대조해 보자.

주몽은 삼국사기에 주몽으로 나오고, 그 아들 여달은 삼국사기의 유리왕이며, 여달의 아들 여율은 삼국사기의 대무신왕이고, 여율의 아들 막래는 삼국사기의 모본왕이다. 그런데 모본왕 때에는 부여와의 전쟁이 없었고 고구려가 부여왕을 죽인 때는 대무신왕 5년이다. 그렇다면 막래는 대무신왕이다. 그러나 광개토대왕 비문을 보면 광개토대왕이 추모왕(주몽: 고구려 제1대 동명성왕)의 17세손으로 되어 있는데 삼국사기에는 주몽의 13세손으로 되어 있다.

즉 삼국사기에는 4명의 왕에 대한 기록이 빠져 있다. 이런 점을 살펴볼 때, 고구려가 부여왕을 죽인 때는 대무신왕 5년이라는 삼국사기의 기록이 맞다면, 삼국사기 기록은 추모왕과 대무신왕 사이에 적어도 한 명의 왕에 대한 기록이 빠져 있는 것으로 볼 수 있다. 이러한 문제는 후세에 누군가 밝힐 것이라고 믿는다.

아무튼 고구려가 부여왕을 죽인 때는 대무신왕 5년이라는 삼국사기의 기록이 옳다고 보면, 주몽의 그 뒤를 그 아들 여달이 잇고, 그 뒤를 그 아들 여율이 이었으며, 그 뒤를 아들 막래(莫來)가 이어 부여를 병합한 다음에 위만조선이 망한 것이다. 이것을 위만조선의 멸망부터 역산하면 다음과 같다.

위만조선의 멸망(서기전 108년) + 얼마인지 모르는 기간 + 막래(삼국사기의 대무신왕)가 부여왕을 죽인 때: 대무신왕 5년 + 막래의 아버지(여율) 재위 기간(삼국사기의 유리왕): 37년 + 주몽의 재위 기간: 18년

위 시간을 계산하여 보면,
108 + 5 + 37 + 18 = 168 + 얼마인지 모르는 기간
즉, 적어도 서기전 168년에 고구려가 건국하였다. 다시 말해서 고구려 건국은 최소한 서기전 168년 이전이다. 이 말은 고구려가 위만조선 때 건국된 것이며, 한사군이 설치되기 최소한 60년 전에는 건국되었다는 말이다.

또한, 고구려 건국이 서기전 168년이라고 한다면 '얼마인지 모르는 시간'을 0으로 본다는 말이며, 그것은 위만조선의 멸망과 고구려의 부여 병합이 같은 해에 일어났다는 말이다. 그런데 이것이 맞는 것인지, 틀리는 것인지는 사서의 기록이 없어 알 수 없다.

아무튼 후한서, 북사(北史), 위서, 수서, 삼국지에 이르는 기록, 즉 중국정사(中國正史)라는 증거에 의하면, 고구려의 건국은 아무리 늦게 잡아도 서기전 168년이다.

그런데 단재 신채호선생의 조선상고사를 보면,「고구려 건국이 사군 설치보다 약 백 몇십 년 전이 될 것이 의심 없음.」이라고 되어 있고, 보다 구체적으로「기원전 190년경의 전후 수십 년 동안을 동부여 · 북부여와 고구려의 분립한 시기」라는 것을 참고하면, 얼마인지 모르는 시간이 대략 50년 정도가 된다.

3. 삼한, 진국(辰國)
1) 삼국지 위서 동이전 한(韓) 조

한(韓)은 대방군의 남쪽에 있는데, 동쪽과 서쪽은 바다로 한계를 삼고, 남쪽은 왜(倭)와 접경하니, 면적이 사방 4천 리쯤 된다. (한-韓에는) 세 종족이 있으니, 첫째는 마한, 둘째는 진한, 셋째는 변한인데, 진한은 옛 진국(辰國)이다. (중략) [조선(朝鮮)]후(侯) 준(準)이 왕을 참칭하였는데, 연나라의 망명인 위만에게 공격을 받아 나라를 빼앗기니, 그의 측근 신하와 궁인(宮人)들을 거느리고 바다로 달려 들어가, 한(韓)의 지역에 거주하면서, 스스로 한왕(韓王)이라고 칭하였다(韓在帶方之南, 東西以海

爲限, 南與倭接, 方可四千里。有三種, 一曰馬韓, 二曰辰韓, 三曰弁韓。辰韓者, 古之辰國也。(중략) 侯準旣僭號稱王, 爲燕亡人衛滿所攻奪, 將其左右宮人走入海, 居韓地, 自號韓王).

2) 위략(삼국지 위서 동이전 한 조의 주석)

위략에 이르기를:「일찍이 우거가 격파되기 전에, 조선상(朝鮮相) 역계경이 우거에게 간하였으나 받아들여지지 않자, 동쪽의 진국(辰國)으로 갔는데, 이때 백성으로서 그를 따라가 그곳에 산 사람이 2천여 호(戶)나 되었는데, (그들도) 역시 조선에 조공하는 번국(藩國)과는 서로 왕래하지 않았다.」고 하였다(魏略曰:初, 右渠未破時, 朝鮮相歷谿卿以諫右渠不用, 東之辰國, 時民隨出居者二千餘戶, 亦與朝鮮貢蕃不相往來).

3) 해설

후조선왕 준이 위만에게 나라를 빼앗기니 바다를 경유하여 한(韓)의 지역에 거주하면서, 스스로 한왕(韓王)이라고 칭하였다고 하므로 한왕(韓王)은 당연히 위만조선과 공존한 것이다.

그리고 위만조선의 마지막 왕 우거가 죽기 전에 조선상(朝鮮相) 역계경이 우거에게 간하였으나 받아들여지지 않자, 동쪽의 진국(辰國)으로 갔다고 하였는데, 삼한의 하나인 진한은 옛 진국(辰國)이라고 하니, 삼한은 위만조선이 멸망하기 전부터 존재하고 있었던 것이다. 따라서 삼한은 위만조선과 공존한 나라들이다.

제4편 특집
: 요동군의 원래 위치와 옮겨진 위치

「요동군의 원래 위치와 옮겨진 위치」를 특집으로 마련한 것은 앞서 제6장 제1절 사기 흉노열전과 제5절 위략, 제6절 염철론에서 지적한 바와 같이 요동군의 위치에 대해 각각 다르게 기록해 혼란을 일으키게 하기 때문이다. 거기서는 요동군의 위치에 대해 간단히 설명했지만, 그것 가지고는 안 되기 때문에 여기서 요동군의 위치 문제에 대해 아주 명확하고 확실하게 밝히려고 하는 것이다. 요동군의 위치 문제를 명확하게 밝히려는 까닭은 요동군의 위치가 우리 역사에 매우 중요하기 때문이며, 요동군의 위치에 따라 갈석산과 패수, 왕검성의 위치는 물론, 후조선과 위만조선, 한사군의 영역과 위치가 결정되기 때문이다.

제1장 요동군의 원래 위치

제1절 연나라 때의 요동군

1. 거리로 본 연나라 요동군의 위치

앞서「제6장 후조선과 진개」에서 살펴본 바와 같이 연나라 진개가 차지한 땅은 1천여 리이다. 사기 흉노열전에서는 1천여 리, 위략에서는 2천여 리, 염철론에서는「동호를 습격해 달아나게 하여, 땅 천 리를 개척하였고, 요동을 지나 조선(후조선)을 공격하였다.」라고 되어 있지만, 위략의 기록은 요동군을 옮긴 뒤의 이야기만 알고 있어서 옮겨진 양평을 기준으로 말한 것이고, 염철론의 이야기는 요동을 지나 조선(후조선)을 공격하였지만 성과가 없었음을 말하고 있기 때문이다.

이 1천여 리에 연나라는 조양에서 양평(원래의 양평)까지 장성을 쌓은 것이며, 거기에 상곡군, 어양군, 우북평군, 요서군, 요동군을 설치한 것이다.

1) 조양과 양평의 위치

그러면 조양은 지금의 어디이고 조양에서 1천여 리 떨어진 양평은 오늘날의 어디인가?

이것을 알아보기 전에 먼저, 이 당시에 1리는 얼마만 한 거리인지 살펴봐야 한다. 그에 대한 견해가 제각각이라 혼란스러운데 가장 정확한 것은 중국에서 말하는 것이다. 자기 나라의 옛 제도는 자기 나라가 제일 잘 알기 때문이다. 바이두를 검색하여 찾아낸 결과는 다음과 같다.

一里换算表一:

根据历代尺长计算结果，如表格所示:

时期	一尺长度 (换算单位: 厘米)	一里 (换算单位: 米)	注释
商周	约16.95 (标准取值)	约406.8 (推算)	后世推算: 一步约八尺余 (约135.6厘米)
秦汉	23.1 (标准取值)	415.8 (标准取值)	一步六尺(取值138.6厘米), 一里三百步
隋唐	约29.5 (或29~31)	约531 (推算)	一步五尺(约147.5厘米), 一里三百六十步
明清	32(取整) (或32~34.35)	576 (清光绪34年)	沿用隋唐制度, 新数据为 清末(1908年) 测定
现代	33.33…… (一米等于三尺)	500	一里等于一千五百尺

이것을 번역한 것이 아래의 표이다.

1리 환산표 1:

역대 척도 길이에 근거하여 계산한 결과는 표에 나타난 바와 같다.

시기	1척의 길이 (환산단위: cm)	1리 (환산단위: m)	주석
상주	약 16.95 (표준 추출 값)	약 406.8 (추산)	후세추산: 1보는 약 8척 여 (약 135.6cm)
진한	23.1 (표준 추출 값)	415.8 (표준 추출 값)	1보는 6척 (138.6cm의 값을 취함), 1리는 300보
수당	약 29.5 (혹 29~31)	약 531 (추산)	1보는 5척 (약 147.5cm), 1리는 360보
명청	32(소수점 이하 버림) (혹 32~34.35)	576 (청 광서 34년)	수당제도를 계속 사용하다가, 새 수치는 청말(1908년)에 측정
현대	33.33…… (1m=3척)	500	1리=1500척

연나라 시대는 상주(商周)시대에 해당하므로, 이 당시 1리는 약 406.8m라고 추산하고 있다. 이것보다 정확한 것은 없다. 그렇다면 1천리는 약 406.8km이고, 1천여 리는 약 406.8km보다 조금 더 된다. 여기서는 거리를 가지고 연나라 요동군 치소인 양평의 위치를 알아보자.

이제 조양을 바이두로 검색해보면 「河北省赤城县(又说怀来县) 하북성 적성현(또는 회래현이라고도 한다)」이라고 되어 있다.

그러면 하북성 적성현(또는 회래현)에서 1천여 리(약 406.8여km) 떨어진 양평은 오늘날의 어디인가? 이 거리를 객관적으로 알려줄 열쇠가 바로 중국 도시간 철도거리이다.[87]

---

87) 이하에서 제시하는 철도거리는 인터넷 카페 「중국철도동호회」에서 취득한 자료임.

(1) 철도거리

적성현에 있는 적성역에서 회래현에 있는 사성역까지는 곧바로 가는 기찻길이 없고 적성역에서 장가구남역을 거쳐 사성역으로 가도록 되어 있는데 이것은 상당히 돌아간다. 적성역에서 장가구남역까지 철도거리를 제공하는 정보는 없어 바이두 지도에 표시된 철도를 따라 거리를 측정해보면 대략 90km이고, 장가구남역에서 사성역까지만 해도 75km라서 도합 165km이지만 이 철도거리는 상당히 돌아간 거리이기 때문에 의미가 없다. 차라리 적성현에서 회래현에 있는 사성역까지의 지도상 직선거리가 합리적이다. 바이두가 제공하는 지도를 이용하면 적성현에서 사성역까지의 직선 거리가 약 61km이다. 그리고 회래현에 있는 사성(沙城)역에서 북경서역(西驛)까지가 121km이고, 북경서역에서 북경역까지는 기차가 가지 않는데, 바이두 지도에서 제공하는 철도거리를 재보면 약 9km이며, 북경역에서 창려현역까지가 249km이다. 즉 적성현에서 창려현역까지 약 440km[88]이다. 이 거리는 1천여 리(약 406.8여km)라는 말과 부합한다. 그런데 회래현이 있는 사성역에서 창려현역까지는 약 350km이다. 따라서 철도거리로 보면 상곡군의 군치는 적성현에 있었고, 요동군의 군치는 창려현에 있었다고 말할 수 있다.

(2) 도로거리

철도거리는 객관적인 거리로 누구나 수긍할 수 있지만, 이 철도노선은 연나라 때 쌓은 장성의 방향과는 다르다. 연나라 때 쌓은 장성은 상곡군, 어양군, 우북평군, 요서군, 요동군 순서로 되어 있는데 상곡군의 치소 조양(造陽)은 지금의 하북성 적성현(또는 회래현)이고, 어양군은 지금의 북

---

88) 철도거리에 「약」이 붙어 있는 것은 중국철도동호회에 자료가 없어, 바이두에 표시된 철도의 거리를 측정한 값이 포함되어 있는 것임. 이하 같음.

경시 밀운(구), 연·진 때 우북평군은 지금의 천진시 계현에 있었다고 알려져 있으며, 잔나라 장성은 연나라 장성을 고쳐 쌓았는데 그 동쪽 끝이 갈석산이라는 기록이 있다. 연나라 때 쌓은 이러한 장성의 노선과 최대한 가깝게 하북성 적성현(또는 회래현)에서 북경시 밀운(구), 천진시 계현(지금은 계주구–薊州区로 바뀌었음), 갈석산 남쪽 자락에 있는 창려현 방향으로 개설된 도로의 최단거리를 따라 거리를 측정해 보자. 큰 방향은 하북성 적성현에서 창려현까지이다. 좀 더 자세하게 말하면 적성현(赤城县: 하북성)~밀운구(密云区: 북경시)~평곡구(平谷区: 북경시)~계주구(薊州区: 천진시)~옥전현(玉田县: 하북성 당산시)~풍윤구(丰润区: 당산시)~고야구(古冶区: 당산시)~창려현이다. 이 노선은 바이두가 제공하는 지도에 표시된 도로와 측정자를 이용하여 거리를 측정한다. 다만 이 노선을 한꺼번에 볼 수 있는 바이두 지도는 가능하지 않기 때문에 5개 구간으로 나누어 측정한다.

〈적성현에서 창려현까지〉

1구간
적성현~소영촌(小营村)~왕량보촌(王良堡村)~음구(阴沟)~소후구(小后沟)~탕하구진(汤河口镇)~동감(东坎)~청량곡풍격구(清凉谷风景区)~석문구(石门沟)~도원선곡자연풍경구(桃源仙谷自然风景区)~계옹장진(溪翁庄镇)~밀운구(密云区) 사거리: 약 171km

2구간
밀운구(密云区) 사거리~밀운구 기차참(密云区汽车站)~거각압진(巨各庄镇)~동소량진(东邵梁镇)~밀삼로(密三路) 사거리~양가회촌(杨家

会村)~평곡구(平谷区) 평삼로(平三路) 동고촌교(东高村桥): 약 53km

3구간
동고촌교(东高村桥)~계현호통(蓟县互通)~진계호통입교(津蓟互通立交)~옥전현참(玉田县站) 5거리: 약 72km

4구간
옥전현참(玉田縣站) 5거리~풍윤구(丰润区: 당산시)~경합고속(京哈高速)~천조선(迁曹线)~고야구(古冶区: 당산시) 사거리: 약 70km

5구간
당산시 고야구(古冶区) 사거리~창려현: 약 65km

적성현~창려현: 총 거리 약 431km

적성현에서 창려현까지의 거리가 약 431km이므로 1천여 리(약 406.8여km)에 부합한다. 따라서 창려현이 양평(원래의 양평)이다.

이번에는 조양을 하북성 회래현이라고도 하므로 회래현에서 창려현까지 도로거리를 측정해 보자. 앞서와 마찬가지로 5개 구간으로 나누어 측정한다. 이것은 1구간만 다르고 나머지 구간은 같다.

〈회래현에서 창려현까지〉

1구간
회래현~북경시 연경구(延庆区) 사거리~동와(东洼)/ 사해진(四海镇)/ 흑산첨(黑山尖)/ 편도자(偏道子) 삼거리~동감(东坎)~청량곡풍격구(清凉谷风景区)~석문구(石门沟)~도원선곡자연풍경구(桃源仙谷自然风景区)~계옹장진(溪翁庄镇)~밀운구(密云区) 사거리: 약 183km

2구간부터 5구간은 앞의 것과 같음.

2구간: 약 53km
3구간: 약 72km
4구간: 약 70km
5구간: 약 65km

회래현~창려현: 총 거리 약 443km

역시 회래현에서부터 창려현까지의 거리가 약 443km이므로 1천여 리(약 406.8여km)에 부합한다. 따라서 창려현이 양평(원래의 양평)이다.

도로거리로 보면 회래현에서 창려현까지가 적성현에서부터 창려현보다 약 12km 더 멀지만 둘 다 1천여 리(약 406.8여km)에 부합한다. 이래서 중국 바이두에서는 조양을 적성현 또는 회래현이라고도 한다고 말한 것임을 알 수 있다. 아무튼 조양을 적성현으로 보든 회래현으로 보든 거기서 천여 리 되는 곳은 창려현이고, 그곳이 원래 양평이 있었던 곳임을 알 수 있다.

이 책에서는 연나라 장성의 방향과 일치하는 도로거리를 기준으로 삼되, 1천여 리(약 406.8여km)라는 말에 좀 더 부합하는 회래현을 상곡군의 옛 치소로 보고자 한다. 또한 1천 리를 중국에서 약 406.8km로 추산하였지만, 특별한 경우가 아니면 계산의 편의를 위해 1천 리를 약 400km로 보고자 한다.

참고로 도로거리의 장점은 연나라 장성이 설치된 노선에 가장 가깝다는 것이다. 그런데 단점은 똑같은 노선을 측정해도 측정하는 사람에 따라 거리가 다소 다르게 나올 수 있다는 것이고, 산악도로는 매우 구불구불한데 그것을 어쩔 수 없이 직선으로 측정해야 하기 때문에 실제 도로거리보다 다소 짧게 나오게 된다는 것이다. 그러나 성을 쌓은 것은 산줄기 따라 비교적 직선으로 쌓기 때문에 오히려 구불구불한 도로를 직선으로 측정한 것이 실제 장성의 길이와 비슷할 수 있을 것이다.

2) 거리로 본 연나라 요동군의 위치에 대한 결론

연나라 장성의 방향과 일치하는 도로거리를 기준으로 볼 때, 조양을 적성현으로 보든 회래현으로 보든 거기서 천여 리 되는 곳은 창려현이고, 그곳이 원래 양평이 있었던 곳이다.

2. 사기 진시황본기로 본 연나라 요동군의 위치

연나라 멸망 당시 요동군의 위치를 밝혀내면 연나라의 요동군 위치는 명백해진다.

그것을 알 수 있는 것이 다음과 같은 사기 진시황본기 19년 조에서부터 25년 조에 있다. 이중에서 핵심적인 것은 진시황 25년(서기전 222년) 기록이다.

「진시황 19년(서기전 228년), 왕전과 강외가 조나라 땅 동양(東陽)을 모두 평정하여 빼앗고, 조나라 왕을 잡았다. 군대를 이끌어 연나라를 공격하려고 중산에 주둔하였다. (중략) 조나라 공자 가(嘉)가 일족 수백 명을 거느리고 대(代)로 가서, 스스로 즉위하여 대왕(代王)이 되었으며, 동쪽으로 연나라와 군대를 합쳐, 상곡(上谷)에 주둔시켰다(十九年, 王翦、羌瘣盡定取趙地東陽, 得趙王. 引兵欲攻燕, 屯中山. (중략) 趙公子嘉率其宗數百人之代, 自立爲代王, 東與燕合兵, 軍上谷).」

「진시황 20년(서기전 227년), 연나라 태자 단(丹)은 진나라 군사들이 연나라에 이르는 것을 걱정하고, 두려워서, 형가(荊軻)로 하여금 진왕을 찔러 죽이게 하였다. 진왕이 알아차리고, 형가를 죽여 팔다리를 찢어 널리 알린 뒤, 왕전(王翦)과 신승으로 하여금 연나라를 공격하게 하였다. 연나라와 대(代)나라는 군사를 일으켜 진나라 군대를 공격하였으나 진나라 군대는 연나라를 이수(易水) 서쪽에서 쳐부수었다(二十年, 燕太子丹患秦兵至國, 恐, 使荊軻刺秦王. 秦王覺之, 體解軻以徇, 而使王翦、辛勝攻燕. 燕、代發兵擊秦軍, 秦軍破燕易水之西).」

「진시황 21년(서기전 226년), 왕분(王賁)이 초나라를 공격하였다. 결국 군사를 더욱 일으켜 왕전(王翦)의 군대에 이르게 하니, 드디어 연나라 태자의 군대를 쳐부수어 연나라의 계성(薊城: 지금의 북경지방)을 빼앗고 태자 단의 목을 얻었다. 연왕은 동쪽으로 가서 요동(遼東)을 거두어 그곳에서 왕 노릇하였다. 왕전이 병들고 늙어 물러나 귀향하였다. 신정에서 반란이 일어났다. 창평군을 영도(郢: 초나라의 서울)에 이주시켰다(二十一年, 王賁攻荊. 乃益發卒詣王翦軍, 遂破燕太子軍, 取燕薊城, 得太子丹之首. 燕王東收遼東而王之. 王翦謝病老歸. 新鄭反. 昌平君徙於郢).」

「진시황 22년(서기전 225년), 왕분이 위나라를 공격하면서 하구(河溝)의 물을 끌어다가 대량으로 흘려보내 대량성이 무너지니 그 왕이 항복을 청하여 그 땅을 모두 빼앗았다(二十二年, 王賁攻魏, 引河溝灌大梁, 大梁城壞, 其王請降, 盡取其地).」

「진시황 23년(서기전 224년), 진왕이 다시 왕전을 다시 불러 억지로 그를 기용하고, 장군(왕전)으로 하여금 초나라를 공격하게 하였다. 진(陳)의 남쪽부터 평여(平輿)에 이르기까지를 빼앗고 형왕(荊王, 초왕)을 사로잡았다. 진왕이 이동하여 영도(郢: 초나라의 서울)와 진현(陳)에 도착하였다. 초나라 장수 항연(項燕)이 창평군을 초나라 왕으로 즉위시키고 회하(淮河) 남쪽에서 진나라에 반기를 들었다(二十三年, 秦王復召王翦, 彊起之, 使將擊荊。取陳以南至平輿, 虜荊王。秦王游至郢陳。荊將項燕立昌平君為荊王, 反秦於淮南).」

「진시황 24년(서기전 223년), 왕전과 몽무가 초나라를 공격해 초나라 군대를 쳐부수니 창평군이 죽고, 항연은 마침내 자살하였다(二十四年, 王翦、蒙武攻荊, 破荊軍, 昌平君死, 項燕遂自殺).」

「진시황 25년(서기전 222년), 군사를 크게 일으켜 왕분으로 하여금 거느리게 하고, 연나라의 요동을 공격하여 연나라 왕, 희(喜)를 잡았다. 돌아오면서 대(代)를 공격하여 대(代)왕, 가(嘉)를 사로잡았다. 왕전은 마침내 초나라의 강남땅을 평정하였으며, 월(越)나라의 군주를 항복시키고 회계군(會稽郡)을 설치하였다. 5월, 천하에 큰 잔치를 베풀었다(二十五年, 大興兵, 使王賁將, 攻燕遼東, 得燕王喜。還攻代, 虜代王嘉。王翦遂定荊江南地;降越君, 置會稽郡。五月, 天下大酺).」

이러한 기록 가운데, 진시황본기 21년(서기전 226년) 기록을 보면 진나라 왕전(王翦)의 군대가 연나라 서울 계성(薊城: 지금의 북경지방)을 빼앗았고, 그렇게 되자 연나라 왕은 동쪽으로 도주하여 요동(遼東)을 거두어 그곳에서 왕 노릇하였음을 알 수 있다. 간단히 말해 연나라 왕이 요동군으로 피신한 것이다.

그 다음, 진시황 25년(서기전 222년) 기록이 핵심인데 그것을 보면, 군사를 크게 일으켜 왕분에게 거느리게 해서 연나라의 요동군으로 피신한 연나라 왕, 희(喜)를 잡은 뒤, 돌아오면서 대(代)를 공격해 대(代)왕, 가(嘉)를 사로잡았다. 왕전(王翦)은 초나라의 강남땅을 평정하였으며, 월(越)나라의 군주를 항복시키면서 회계군(會稽郡)을 설치하였다. 그 뒤, 5월에 천하에 큰 잔치를 베풀었다.

진시황 25년 기록에서 확인할 수 있는 것은 왕분이 한 일과 왕전이 한 일은 늦어도 4월에 끝났음을 알 수 있어, 최대 7개월에 걸쳐 일어난 일이라는 것을 알 수 있다. 이 당시에는 새해가 10월에 시작되었기 때문이다. 즉,「군사를 크게 일으켜 왕분으로 하여금 거느리게 한」때는 아무리 빨라도 10월이고, 그 군대가 대(代)나라 왕, 가(嘉)를 사로잡은 때는 아무리 늦어도 4월이라는 것을 알 수 있다.

그러면 진시황본기 25년(서기전 222년) 조에 있는「군사를 크게 일으켜 왕분으로 하여금 거느리게 하고, 연나라 요동을 공격하여 연나라 왕, 희(喜)를 잡았다. 돌아오면서 대(代)를 공격하여 대(代)왕, 가(嘉)를 사로잡았다.」고 한 일은 구체적으로 어떻게 진행된 것인가?

1) 군사를 크게 일으키는데(大興兵) 소요된 시간

우선, 「군사를 크게 일으킨(大興兵)」 사람은 누구이고, 어디서 일으켰으며, 기간은 얼마나 되는가를 알아보자.

참고로, 진시황본기 21년(서기전 226년) 조를 보면, 이때 왕전과 그의 군대는 연나라 서울 계성(薊城: 지금의 북경지방)을 빼앗았는데, 사기 권73 왕전열전(뒤에 제시되어 있음)을 보면, 똑같은 진시황 21년(서기전 226년)에 왕전이 함양에 있는 진시황과 대화하는 것을 볼 때, 왕전과 그의 군대는 연나라 서울 계성(薊城: 지금의 북경지방)을 빼앗은 뒤에, 바로 진나라로 복귀하였음을 알 수 있다(자세한 사항은 뒤에 제시한 사기 권73 왕전열전에 있음). 이것은 진나라의 군대가 일단 전투를 마무리 지으면 진나라로 복귀한다는 것을 말하고 있다. 마찬가지로 진시황 22년(서기전 225년) 기록을 보면, 왕분의 군대가 조나라를 평정하였음을 알 수 있는데, 진시황 25년(서기전 222년) 기록을 보면 「군사를 크게 일으켜 왕분으로 하여금 거느리게 하였다.」라고 되어 있어, 진시황 22년(서기전 225년)에 왕분과 그의 군대가 조나라를 평정한 뒤, 왕분 군대도 진나라로 복귀하였음을 알 수 있다. 이렇게 진나라 군대는 전투가 일단 마무리되면 본국으로 북귀하였기 때문에, 진시황 23년(서기전 224년)에 진왕(진시황)이 이신(李信)에게 20만 군대를 주었으나 패배하자, 다시 왕전을 다시 불러 억지로 그를 기용하면서 60만 대군을 또다시 줄 수 있었던 것이다(20만과 60만 대군의 근거는 뒤에 자세히 제시한 사기 권73 왕전열전에 있음).

(1) 군사를 크게 일으킨 주체와 장소

- 군사를 크게 일으켜(大興兵) 왕분으로 하여금 거느리게 한 사람은 누구인가?

당연히 진시황이다. 이 기록이 진시황본기의 기록이기 때문이다. 중국 사서 본기에 동사(술어)만 있고 주어(主語)가 없으면, 그 동사의 주어는 해당 본기의 군주이다. 진시황 25년(서기전 222년) 기록의 예를 들면, 5월 기록에 「천하에 큰 잔치를 베풀었다(五月, 天下大酺)」라고 되어 있는데, 그 주체는 누구인가? 진시황이다. 진시황이 천하에 큰 잔치를 베푼 것이다. 마찬가지로 군사를 크게 일으켜 왕분으로 하여금 거느리게 한 사람도 진시황이다.

그리고 이때에 진나라의 군사권은 모두 진시황이 가지고 있었다. 군사를 크게 일으켜(大興兵) 왕분으로 하여금 거느리게 한 사람은 진시황이라는 말이다.

- 어디서 군사를 크게 일으켰는가?

진시황이 있는 진나라이며 구체적으로 함양이다(진나라의 서울).

- 어디서 군대를 출발시켰는가?

군사를 일으킨 함양이다. 기본적으로 진나라가 6국을 멸망시킬 때, 진나라 군대가 출발한 곳은 진나라의 서울 함양이다. 군사를 일으킨 함양에서 군대를 출발시켰다는 구체적인 증거를 몇 개 들자면, 진시황본기 15년 조와 18년 조, 사기 권73 왕전열전이다.

진시황본기 15년 조를 보면,「15년, 군사를 크게 일으켜, 한 군대는 업(鄴: 위나라 땅)에 도착하고, 또 한 군대는 태원(太原: 옛 조나라 땅)에 도착해 낭맹(狼孟: 조나라 땅)을 빼앗았다(十五年, 大興兵, 一軍至鄴, 一軍至太原, 取狼孟).」라고 되어 있는 것을 볼 때, 진나라 군대가 출발한 곳은 진나라(더 구체적으로는 진나라의 서울 함양)이며, 거기에서 출발하여 업과 태원에 도착한 것이다.

진시황본기 18년 조에도「18년, 군사를 크게 일으켜 조나라를 공격하게 하였다(十八年, 大興兵攻趙).」라고 되어 있는 것을 볼 때, 역시 진나라 군대가 진나라(더 구체적으로는 진나라의 서울 함양)에서 출발하여, 조나라를 공격한 것이다(이때 조나라는 멸망하였음).

사기 권73 왕전열전을 보면,「왕전은 자신의 말이 쓰이지 않자, 병을 핑계대고 빈양에 노령으로 사직하였다(王翦言不用, 因謝病, 歸老於頻陽). (중략) 형나라(荊: 초나라) 사람들이 그 뒤를 따라 사흘 낮밤을 머무르지도 않고서, 이신의 군대를 대파하고 두 진영에 침입하여 도위 일곱을 죽이니 진나라의 군대는 달아났다(荊人因隨之, 三日三夜不頓舍, 大破李信軍, 入兩壁, 殺七都尉, 秦軍走). 진시황은 그 소식에 들고 크게 화를 내었으며, 스스로 말을 몰아 빈양으로 가서, 왕전에게 사과하며 말하기를(始皇聞之, 大怒, 自馳如頻陽, 見謝王翦曰)」이라고 되어 있다. 좀 더 자세한 기록은 바로 뒤에 나와 그에 대한 설명을 하겠지만, 왕전이 병을 핑계대고 사직한 곳이 빈양이고, 진나라 군대가 패하자 진시황이 함양을 나와 왕전의 말을 조롱한 것을 사죄하러 가서 다시 왕전을 임용한 곳도 빈양이다. 그런데 빈양을 바이두에서 검색해보면 古频阳在今陕西富平县北(고대 빈양은 지금의 섬서성 부평현 북쪽에 있다)라고 되어 있는데, 섬서성 부평현은 함양시에서 북동쪽으로 약 63km(도상 직 선거리) 떨어져 있다. 왕전은 여기 빈양에서 진시황의 사과를 받고 함양 으로 돌아가 60만 대군을 데리고 초나라를 공격하러 떠나는데 진시황은 파상(灞上)까지 전송하였다. 파상(灞上)을 바이두로 검색해보면 霸上即 灞上, 在今西安市东(패상이 곧 파상이며, 지금 서안시 동쪽에 있다)라 고 되어 있다. 즉 진시황이 함양에서 서안시 동쪽까지 전송한 것이다. 이 러한 것은 왕전의 군대가 함양에서 떠났음을 말하고 있다. 다시 말해서 사기 왕전열전은 진나라 군대가 출발한 곳이 진나라의 서울인 함양임을 명백하게 말하고 있다.

따라서 이러한 증거들은 진시황 25년(서기전 222년) 왕분이 거느린 진나라 군대가 출발한 곳은 진나라의 서울인 함양임을 입증하고 있다.

(2) 군사를 크게 일으킨 규모

요동을 공격하기 위해 군사를 크게 일으킨 규모는 얼마나 되는가?
그것은 다음과 같은 사기 백기·왕전 열전 가운데 왕전열전을 통해 추 정할 수 있다.

「진나라의 장수 이신(李信)은 나이가 젊으며 튼튼하고 용감하였다. 일 찍이 병사 수천으로 연나라 태자 단을 뒤쫓아 연수(衍水)에 이르러 끝내 격파하고 단을 잡으니 진시황은 그를 현명하며 용감하다고 생각하였다. 이에 진시황은 이신에게 묻기를: 「내가 형나라(荊: 초나라)를 공격하여 빼앗고 싶은데, 장군이 생각하기에 몇 사람을 쓰면 충분하겠는가?」라고 하니, 이신(李信)이 말하기를: 「불과 20만 명만 쓰면 됩니다.」라고 하였 다. 진시황이 왕전에게 물으니 왕전이 말하기를: 「60만 명이 아니면 안 됩니다.」라고 하니, 진시황이 말하기를: 「왕 장군은 늙었구려, 어찌 그리 겁내시오! 이 장군이 과연 기세가 튼튼하고 용감하다더니 그 말이 옳구려.」라고 하였다. 드디어 이신과 몽염(蒙恬)으로 하여금 20만을 거느리고 남쪽으로 가서 형나라(荊: 초나라)를 정벌하게 하였다. 왕전은 자신의 말이 쓰이지 않자, 병을 핑계 대고 빈양에 노령으로 사직하였다(秦將李信者, 年少壯勇, 嘗以兵數千逐燕太子丹至於衍水中, 卒破得丹, 始皇以爲賢勇。於是始皇問李信:「吾欲攻取荊, 於將軍度用幾何人而足？」李信曰:「不過用二十萬人。始皇問王翦, 王翦曰:「非六十萬人不可。」始皇曰:「王將軍老矣, 何怯也！李將軍果勢壯勇, 其言是也。遂使李信及蒙恬將二十萬南伐荊。王翦言不用, 因謝病, 歸老於頻陽).

이신은 평여(平與)를 공격하고, 몽염은 침(寢)을 공격하여 형나라(荊: 초나라) 군대를 대파하였다. 이신은 또 언영(鄢郢: 초나라의 서울)을 공격하여 깨뜨렸으며, 이에 병사들을 이끌고 서쪽으로 가서, 몽염과 성보(城父)에서 만나려고 하였다. 형나라(荊: 초나라) 사람들이 그 뒤를 따라 사흘 낮밤을 머무르지도 않고서, 이신의 군대를 대파하고 두 진영에 침입하여 도위 일곱을 죽이니 진나라의 군대는 달아났다(李信攻平與, 蒙恬攻寢, 大破荊軍。信又攻鄢郢, 破之, 於是引兵而西, 與蒙恬會城父。荊人因隨之, 三日三夜不頓舍, 大破李信軍, 入兩壁, 殺七都尉, 秦軍走).

진시황은 그 소식에 듣고 크게 화를 내었으며, 스스로 말을 몰아 빈양으로 가서, 왕전에게 사과하며 말하기를: 「과인이 장군의 계책을 쓰지 않았더니 이신이 과연 진나라의 군대를 욕되게 하였소. 지금 듣자하니 형나라(荊: 초나라) 군대가 날마다 전진하여 서쪽으로 온다고 하니 장군이 비록 병중이긴 하나 어찌 차마 과인을 버리겠소!」라고 하니, 왕전이 사양

하며 말하기를:「늙은 신이 병에다 정신까지 흐려 사직하였으니, 오로지 대왕께서는 다시 현명한 장수를 택하십시오.」라고 하였다. 진시황이 다시 사과하며 말하기를:「그만! 장군은 더 말하지 마시오!」라고 하였다. 왕전이 말하기를:「대왕께서 부득이 신을 쓰시겠다면 60만 명이 아니면 안 됩니다.」라고 하였다. 진시황이 말하기를:「장군의 계책을 들을 뿐이오.」라고 하였다. 이에 왕전은 병사 60만을 거느렸고, 진시황은 몸소 파상(灞上)까지 전송하였다(始皇聞之, 大怒, 自馳如頻陽, 見謝王翦曰:「寡人以不用將軍計, 李信果辱秦軍. 今聞荊兵日進而西, 將軍雖病, 獨忍棄寡人乎!」王翦謝曰:「老臣罷病悖亂, 唯大王更擇賢將. 始皇謝曰:「已矣, 將軍勿復言!」王翦曰:「大王必不得已用臣, 非六十萬人不可.」始皇曰:「爲聽將軍計耳。於是王翦將兵六十萬人, 始皇自送至灞上).」

이상과 같은 사기 왕전열전을 보면, 왕전이 초나라를 공격할 때 60만 대군을 거느렸음을 알 수 있다.

또한, 진시황본기에 의하면, 이신(李信)이 20만의 군사를「불과 20만」이라고 하였고, 왕전이 노령으로 사직한 때는 진시황 21년(서기전 226년)임을 알 수 있으며, 왕전이 다시 재임용된 때는 진시황 23년(서기전 224년)임을 알 수 있고, 60만 대군을 동원했음에도 초나라를 정복하는 데 만 3년이 걸렸음을 알 수 있다.

그러면, 진시황 25년(서기전 222년)에 요동을 공격하기 위해 군사를 크게 일으킨(大興兵) 규모는 얼마나 될까? 이신(李信)이 20만의 군사를「불과 20만」이라고 하였으니, 20만은 넘을 것이고, 60만은 안 될 것으로 보인다. 그러면 30만 정도인가? 그럴 가능성이 있다.

그런데 다른 한편으로 생각하면 이것은 초나라를 상대로 이야기한 것이니, 이것과 비교하면 안 될 것으로 보이지만, 이 기록은 이 당시 진나라가 일으킨 군대 규모는 어느 정도인지를 알 수 있는 자료로는 큰 역할을 한다.

그러면 요동 공격과 비교할 수 있는 진본기의 기록을 보자.

「여공공 16년(서기전 461년), 황하 주변에 참호를 팠다. 병사 2만으로 대려(大荔)를 정벌하여 그 왕성(王城)을 빼앗았다(厲共公十六年, 塹河旁。以兵二萬伐大荔, 取其王城).」

여기에 나오는 대려(大荔)에 대해 바이두를 검색해 보면,
「东周初, 大荔戎族部落侵入境内, 灭据芮, 于老朝邑城东筑王城, 称大荔戎国, 附属晋国。秦穆公十五年(前645年), 秦晋韩原之战, 秦虏晋君, 晋遂献河西八城(郑、武城、阴晋、芮、王城、北徵、新城、少梁)子秦, 地遂属秦。秦穆公二十年(前640年)又灭梁、芮(동주 초에, 대려융족 부락이 대려현 경내에 침입하여, 거주하던 예를 멸하고, 노조읍성 동쪽에 왕성을 쌓아, 대리융국이라고 불렀는데, 진-진나라에 부속하였다. 진목공 15년-서기전 645년, 진-秦과 진-晋의 한나라 평원 전투 때, 진-秦나라가 진나라 군주-晋君를 사로잡아 진-晋나라는 마침내 하서 8개 성을 바쳐(정, 무성, 음진, 예, 왕성, 북징, 신성, 소양) 진-秦나라에게 주니, 그 땅은 결국 진-秦나라에 속하였다. 진목공 20년-서기전 640년, 또 양-梁과 예-芮를 멸하였다).

秦厉共公十六年(前461年), 秦灭大荔戎国, 取王城, 筑高垒以临晋国, 设临晋县(진여공공 16년-서기전 461년, 진-秦나라가 대려융국을

멸하고 왕성을 빼앗으며, 높은 보루를 쌓아 진-晉나라에 임하게 함으로써 임진현을 설치하였다).」라고 설명되어 있다.

대려는 결국 임진현이 되었는데, 진(秦)나라는 2만 명의 군대를 동원하였다. 요동을 공격하는 진시황 25년(서기전 222년)의 239년 전에 현(縣)급 국가를 공격하는 데에도 2만 명의 군대를 동원한 것이다.

그렇다면 군(郡: 요동군)을 점령하고 있었던 연나라를 공격하는데 2만 명은 훨씬 더 될 것이고, 20~60만보다는 적을 것으로 보이지만 「군사를 크게 일으켰다.」고 하니, 그 당시 진나라가 동원한 군사 규모로 보아 최소한 5만 이상은 될 것으로 추정할 수 있다.

(3) 징집과 훈련
「군사를 크게 일으키려면」 징집하고 훈련을 시켜야 한다.

- 징집

징집 기준은 나이이다. 그 증거가 진시황본기 16년(서기전 231년) 기록에 「처음으로 남자에게 나이를 등록하도록 영을 내렸다(初令男子書年).」는 기록이다. 이처럼 적령기가 되면 장부(帳簿: 호적부 등)에 등록하는 것을 부적(傅籍)이라고 한다. 이렇게 나이를 등록한 호적부 같은 것을 보고 징집한 것이다.

- 군사훈련

군사훈련은 병종에 따라 다르니 우선 진나라 군대의 병종(兵種)을 알아보자.

진나라를 바이두로 검색하면 진나라 군사제도를 소개하는 글 가운데 다음과 같은 내용이 있다.

「兵种区分, 秦军分为步兵(含弩兵)车兵骑兵和水兵种。步兵称材官, 有轻装与重装之分, 前者无甲, 持弓、弩远射兵器; 后者上体着甲, 持戈、矛、戟之类长兵器。着甲持弓、弩者称驾兵, 是步兵的主力。车兵仍然装备单辕双轮四马木质车, 每车3人, 皆着盔甲, 御者居中, 甲士2人分立两侧, 持戈矛类长兵器。骑兵称骑士, 着短甲, 执弓箭, 所乘之马有鞍, 无鞍蹬。 水军称楼船士, 具有一定规模〈병종 구분: 진나라 군대는 보병(노병 포함), 차병(车兵), 기병(骑兵)과 수병(水兵)의 종류로 나눈다. 보병은 재관(材官)이라고 부르며, 경장(轻装)과 중장(重装)의 구분이 있다. 전자(前者: 경장-轻装)는 갑옷이 없으며, 활이나 노(弩)를 가지고 병기를 멀리 쏜다. 후자(后者: 중장-重裝)는 상체에 갑옷을 입고, 과(戈)나 모(矛), 극(戟)과 같은 종류의 긴 무기를 가진다. 갑옷을 입고 활이나 노(쇠뇌)를 가진 자를 가병(驾兵)이라고 부르는데, 이것이 보병의 주력이다. 차병(车兵: 전차병)은 여전히 하나의 수레에 두 바퀴 4마리 말이 끄는 나무수레를 갖추고, 차량마다 3명씩인데, 모두 투구와 갑옷을 착용하고, 말을 모는 자는 가운데, 갑사 2명은 양쪽에 서서 과와 모(戈矛) 같은 긴 무기를 가진다. 기병(骑兵: 기마병)은 기사(骑士)라고 부르며, 쇠갑옷을 입고, 활과 화살을 집으며, 타고 있는 말에 안장이 있으면, 발걸이가 없다. 수군은 누선사(楼船士)라고 부르며, 일정한 규모를 가지고 있다〉.」

이것이 사실이라는 것은 진시황의 병마용 갱을 보면 알 수 있다(수군 제외).

말을 타는 기병(骑兵: 기마병)은 최소한 말을 다룰 줄 알아야 하고, 4

마리 말이 끄는 수레를 모는 차병(车兵: 전차병)은 4마리 말과 수레를 몰 줄 알아야 하며, 창 종류의 긴 무기를 가진 병사는 창검술을 익혀 적을 죽일 정도의 훈련을 시켜야 하고, 활과 쇠뇌를 쏘는 병사에게는 목표에 적중시키는 훈련을 시켜야 한다.

병종별(兵種別)로 군사훈련을 어느 정도 시켰는지, 전부는 알 수 없지만 그 일부에 대해서는 확실히 알 수 있다. 그것은 1975년, 호북성 운몽현에서 발굴된 수호지 진묘 죽간(睡虎地秦墓竹簡)의 진률잡초(秦律雜抄)에서 확인할 수 있다.

「除士吏、發弩嗇夫不如律, 及發弩射不中, 尉貲二甲。發弩嗇夫射不中, 貲二甲, 免, 嗇夫任之。駕騶除四歲, 不能駕御, 貲教者一盾 ; 免, 賞(償)四歲(徭)戍〈사리(士吏)나 발노색부(發弩嗇夫)를 임용함에 법률과 부합하지 않을 경우 및 쇠뇌(弩)를 쏘아 맞추지 못하면, 위관(尉官: 尉-장교)에게 2갑의 벌금을 물린다. 발로색부(發弩嗇夫)가 쏘아 맞추지 못하면, 2갑의 벌금을 물리고 면직시키며, 색부가 다른 사람을 임용한다. 마차를 모는 마부를 임용한 지 4년이 되었는데도 여전히 마차를 몰지 못한 경우 마부의 훈련을 담당한 자에게 벌금 1순(盾)을 부과하고, 마부 본인은 면직시키며, 아울러 4년간 변경에서 요역을 하여 잘못을 보상하게 한다〉[89].」

여기에서 보는 바와 같이 쇠뇌(弩)를 쏘아 맞추지 못하면, 쇠뇌(弩)를 쏜 사람은 물론 그 위의 상관(上官)도 처벌하였고, 마차를 모는 마부가 마차를 제대로 몰지 못하면 마부를 처벌하는 것은 물론 마부를 가르친 사람까지 처벌할 정도로 높은 수준과 엄격한 군사훈련을 시켰음을 알 수 있다.

---

89) 이 해석문은 『수호지진묘죽간 역주』, 윤재석, 소명출판, 2010의 해석을 참조하였음.

그밖에 최소한의 의식주 해결 방법과 병영 생활 및 그 규칙을 익혀야 하고, 최소한 명령에 따라 대열을 이루어 전진해서 공격하는 훈련과 후퇴하는 방법은 훈련이 되어 있어야 전선에 내보낼 수 있다. 후퇴하는 방법이 훈련되어 있지 않으면 단 한 번에 괴멸되기 때문이다.

이 정도의 군사훈련을 시키는데 어느 정도의 기간이 걸렸을까? 이러한 정도의 실전 훈련은 아무리 짧게 잡아도 한 달(30일) 이내에 달성하기 어렵다. 최소한 한 달(30일) 이상은 걸린다는 말이다.

(4) 군사를 크게 일으킨(大興兵) 기간

약 5만 명 이상에게 징집을 일일이 통고하고, 모이는데 필요한 기한을 감안하면, 징집에 필요한 기간도 상당할 것이다. 그런데, 진나라는 여러 차례 군사를 징집하였고, 함양을 중심으로 신속하게 징집이 이루어졌다고 가정하면 5만 명 이상에게 얼마만 한 기간 내에 징집을 통고하여 한 곳에 모을 수 있을까? 최소한 10일은 걸린다. 5만 명 이상에 대한 높은 수준과 엄격한 군사훈련은 아무리 적게 잡아도 최소한, 한 달(30일)은 소요된다.

2) 북경까지 가는데 소요되는 시간

함양에서 요동을 가려면 북경지방을 거쳐야 한다.

함양에서 북경까지가 철도거리로 1223km이므로 3천 리 정도이다(원래 중국에서 1리를 406.8m로 추산하였음을 감안한 것임-이하 같음). 이 당시 군대의 하루 행군 거리가 1사(舍)라고 해서 30리이므로 이것은 100일 행군 거리이다(역시 중국에서 1리를 406.8m로 추산하였음을 감안한 것임-이하 같음). 10월 1일에 징집을 실시하였으며, 징집에 약 10일이 소요되고, 군대훈련을 한 달(30일) 만에 끝냈다고 가정하면 10월 1일에서 140일이 경과했으므로 왕분의 진나라 군대가 북경 지방에 도착한 때는 2월 17일경이다.

3) 연나라 왕, 희(喜)를 잡은 때

요동은 상곡에서 천여 리(약 400여km) 되는 곳이므로 그곳은 지금의 하북성 창려현이다. 북경에서 창려현까지가 철도거리로 249km이므로 6백 리 정도이다. 이 당시 군대의 하루 행군 거리가 30리이므로, 이것은 20일 행군 거리이다.

그러면 요동에서 전투를 시작해, 연나라 왕, 희(喜)를 잡은 기간은 얼마나 될까? 아무리 허접한 군대라도 4년간 한 곳에 머물러 전쟁에 대비해 진을 치고 수비에 만전을 기하고 있었으니, 상당한 정도는 버틴다. 그래도 당시 진나라 군대가 워낙 막강한 군대라서 도착하자마자 5일 만에 전쟁을 끝냈다고 가정하자. 그러면, 연나라 왕, 희(喜)를 잡은 때는 언제인가?

북경에 도착한 2월 17일경에서 25일 걸렸으니 연나라 왕, 희(喜)를 잡은 때는 3월 14일경이다.

4) 대(代)왕, 가(嘉)를 사로잡은 때

돌아오면서 대(代)를 공격하여 대(代)왕, 가(嘉)를 사로잡은 때는 언제인가? 우선 대(代)가 지금의 어디인가?

대나라(代國)을 바이두로 검색해보면,

「商代、周代诸侯国之一, 故地在今山西大同与河北蔚县一代, 都代王城(今蔚县代王城镇)〈상나라 시대와 주나라 시대 제후국의 하나로, 옛 땅이 지금 산서성 대동 및 하북성 울현일대에 있었고, 대왕성(지금 울현 대왕성진)에 도읍하였다〉.」라고 되어 있다.

중국 연변대학 민족문화교육원 교수이며 중국 고대사를 전공한 역사학자인 박기수 씨가 쓴 글[90]을 보면 하북성 울현은 북경에서 220공리(公里: km) 거리에 있다. 즉 하북성 울현은 북경에서 220km 떨어져 있다.

그러면, 창려현에서 북경까지 돌아오는 길이 철도거리로 249km이므로 6백 리 정도로 20일 행군 거리이고, 북경에서 울현까지는 220km로 약 550리이니, 이 당시 군대의 하루 행군 거리가 30리인 점을 감안하면 약 18일 행군 거리이다. 그리고 대나라(代國)에서도 5일 만에 전투를 끝냈다고 가정하면, 창려에서 전투를 끝낸 3월 14일경에서 43일이 경과했으므로 4월 26일경으로 4월 말이다.

이와 거의 동시인 4월 말에 요동의 연나라를 멸망시킨 왕분의 아버지 왕전이 마침내 초나라의 강남땅을 평정하고, 월(越)나라의 군주를 항복시키며 회계군(會稽郡)을 설치하자, 5월에 진시황이 천하에 큰 잔치를 베푼 것이다.

5) 진시황본기로 본 연나라 요동군의 위치에 대한 결론

만약 일부에서 주장하는 대로, 연나라의 요동군이 지금의 요양시 지역

---

90) 「하북성 울향 전지의 본향 대국유지」, 박기수, 블로그에 올린 글.

(요동반도)라면, 이러한 일이 가능한가? 즉, 이 당시 새해의 시작인 10월에서 4월 사이에 진나라 장군 왕분이 요동에 있었던 연나라 왕, 희(喜)를 잡고, 돌아오면서 대(代)를 공격하여 대(代)왕, 가(嘉)를 사로잡을 수 있을까? 불가능하다.

앞서 살펴보았듯이 왕분의 진나라 군대가 북경 지방에 도착한 때는 2월 17일경이다. 북경에서 요양은 철도거리로 732km이니, 약 1천8백 리 정도이므로, 그 당시 군대의 하루 행군거리 30리를 감안하면 북경에서 요양까지 가는 데만 60일이 걸린다. 요양에서도 5일 만에 전투를 끝내, 연왕 희(喜)를 잡았다면, 2월 17일경에서 65일이 경과했으니, 연왕 희(喜)를 잡은 때는 4월 23일경이다.

되돌아가 요양에서 북경까지 60일이 걸리고, 북경에서 대나라의 도읍지였던 울현까지는 220km로 약 550리이므로, 약 18일 행군거리이며, 거기서도 5일 만에 전투를 끝내 대(代)왕, 가(嘉)를 사로잡았다면, 그때는 4월 23일경에서 83일이 경과했으므로 7월 15일경이다.

이것은 4월에 요동과 초나라의 모든 전투는 끝났고, 그것이 경사스러워, 5월에 천하에 큰 잔치를 베풀었다는 사기 진시황본기의 기록과 전혀 맞지 않는다.

따라서 연나라의 요동군이 요양시 지역에 있었다는 주장은 사실이 아니며 거짓이다. 그러므로 연나라의 요동군은 지금의 하북성 창려현에 있었다. 즉, 연나라의 요동군은 요양시 지역에 있지 않았고 창려현에 있었음이 명백하다.

3. 연나라 요동군의 위치에 대한 결론 및 기타 사항

연나라의 요동군이 지금의 하북성 창려현에 있었음이 명백하므로 사기 흉노열전의 1천여 리가 옳고, 위략의 2천여 리는 요동군의 원래 위치인 연나라 요동군이 아니라, 옮겨진 요동군의 위치임을 확인할 수 있다. 그리고 염철론의「동호를 습격해 달아나게 하여, 땅 천 리를 개척하였고, 요동을 지나 조선(후조선)을 공격하였다.」라고 한 것은 기록에 있는 그대로 조선을 공격하기만 하였지 그 성과는 없었던 것이다.

요동군의 원래 위치를 알았으므로 이하에서는 요동군과 관련된 나머지 사항을 확인하거나 알아보기로 하자.

1) 연나라 장성의 위치

앞서 설명하였지만 다시 한 번 연나라 장성의 위치를 확인하면 연나라는 장성을 조양에서 양평까지 천여 리를 쌓았는데 조양은 오늘날 하북성 회래현이고, 양평은 오늘날 창려현에 있으므로 연나라 장성은 오늘날 하북성 회래현에서부터 창려현까지 있었다.

2) 갈석산의 위치

갈석산의 위치를 다시 한 번 확인하면 다음과 같다. 사기 화식열전에 夫燕亦勃碣之閒 一都會也(연나라는 발해와 갈석산 사이에 있는 도회지이다)라고 되어 있는 것을 보면 연나라의 영역이 갈석산까지였음을 알 수 있고, 염철론 험고편에도 燕塞碣石 絶邪谷 繞援遼(연나라는 갈석산으로 막혀있고, 사곡—邪谷—으로 외적과 단절되어 있으며, 요수로 둘러싸여 있다)라는 것을 볼 때도 연나라 영토의 끝에는 갈석산이 있다는 것을 다시 한 번 알 수 있는 동시에 요수가 연나라 영역 안에 있음을 알 수 있다. 즉 연나라가 설치한 요동군의 끝에는 갈석산이 있다. 그런데 앞서 밝힌 바와 같이 연나라의 동쪽 끝이 창려현임을 알 수 있는데, 창려현은 갈석산 남쪽에 있으므로 갈석산은 창려현 북쪽에 있다.

3) 요수의 위치

그러면 요동군의 서쪽 끝은 어디인가? 요동이란 요수의 동쪽이라는 뜻이므로 요수가 요동군의 서쪽 끝이다. 원래의 양평이었던 창려현 서쪽으로 가깝게 연나라 영역 안에 있는 하천은 지금의 난하밖에 없다. 따라서 지금의 난하가 연(燕: 연나라)이 요동군을 설치할 당시의 요수(遼水)이다.

지금의 난하가 당시의 요수(遼水)라는 것에 대해서는 선행 연구가 있었다.

첫째, 북한의 사학자 리지린이 쓴 『고조선 연구』라는 책 56쪽을 보면 곽조경(郭造卿)의 『노룡새략(盧龍塞略)』을 가지고 요수에 대해 알아보고 있다. 그것을 보면 「동서(同書: 같은 책) 1권 經部守略經古(경부수략경고) 상(上)에서 관자의 사료적 가치를 그리 인정하지 않는다고 하면서 管子書多謠 故孔門無道焉 (중략) 岡者辨焉이라고 쓰면서, 그는 관자 16권 소문편(小問篇)의 제환공(桓公)과 관중(管仲)이 산융(山戎)을 정벌한 사실을 이야기하며 다음과 같이 썼다. 乃北伐之孤竹, 未至卑耳之谿十里(마침내 북쪽으로 고죽을 북벌하려고 비이의 계곡에 이르기 10리를 남겨두고) (중략) 至卑耳之谿谷, 其水曰遼水(비이의 계곡에 이르기 전에 그곳의 물을 요수라고 한다)라고 썼다. 이에 의하면 고죽에 이르기 전(즉 란하를 건너기 전)에 비이라는 계곡에 흐르는 강을 료수(요수)라고 칭하였음을 알 수 있다. 그런데 관자의 원문에는 이 료수(요수)에 관한 기록이 없다. 곽조경이 (중략) 반드시 어떠한 근거를 가지고 썼을 것이라고 보아야 할 것이다. 류향(劉向)의 설원 18권에도 동일한 내용이 있는 바 곽조경은 그것에 근거하고 있는 것으로 보인다.」라고 되어 있다.

즉 곽조경이 노룡새략에서 관자 소문편의 이야기를 하면서 고죽에 이르기 전에 비이라는 계곡에 흐르는 강을 요수라고 하였는데, 막상 관자 소문편에는 요수의 기록이 없다는 것이다. 유향의 설원 18권에 동일한 내용이 있으니 곽조경은 그것에 근거하여 비이라는 계곡에 흐르는 강을 요수라고 쓴 것으로 보인다는 것이 리지린의 판단이다.

동일한 내용이 있다는 설원 권18은 무엇이고 그 내용은 무엇인가? 권18은 변물(辨物)편이고 거기에 동일한 내용이란 從左方渡, 行十里果有水, 日遼水(왼쪽 방면을 따라 건너, 10리를 가니 과연 수-水가 있는데 요수라고 하였다)이다. 이러한 근거로 곽조경은 고죽에 이르기 전에 비이라는 계곡에 흐르는 강을 요수라고 하였다는 것이다.

고죽국은 지금의 노룡현 지방에 있었고 노룡현에 이르기 전에(서쪽에) 지금의 난하가 흐르고 있다. 이것을 그 당시에 요수라고 칭하였으므로 지금의 난하가 그 당시의 요수임이 명백하다. 이때는 제환공이 고죽을 북벌할 때인데 사기 제태공세가를 보면 제환공이 고죽을 갔다 온 것은 즉위 23년(서기전 659년)이다. 따라서 이 당시에는 지금의 난하를 요수라고 하였음을 확실하게 알 수 있다. 요수의 동쪽을 요동이라고 하므로 이 당시에도 지금의 난하 동쪽을 요동이라고 했음이 틀림없다. 이 당시가 춘추시대인데 전국시대에도 이것을 이어받아 요동이라고 하였다.

그 증거가 사기 소진열전이다. 앞서 사기 소진열전을 소개할 때 보았듯이 거기에는 소진이 연나라 문공에게 동쪽에 조선과 요동이 있다고 말하였다. 이때가 서기전 334년이니 틀림없는 전국시대이다. 서기전 334년은 연나라가 요동군을 설치하기 전이므로 요동군을 설치하기 전에 이미 요동이라는 말이 있었음을 알 수 있다. 춘추전국시대에는 지금의 난하를 요수라고 하였으므로 요동이라는 지명도 지금의 난하 동쪽을 말하고 있음을 알 수 있다.

그런데 이것을 부정하는 이야기가 있다. 『요동군과 현도군 연구』라는 책 24쪽을 보면 「리지린이 제시한 사료 중에서 난하를 요수로 볼 수 있는 유일한 사료는 설원(說苑) 변물(辨物)편에 춘추시대 초에 "제나라의 환공(桓公)이 관중(管仲)과 더불어 산융(山戎)과 고죽국(孤竹國)을 친 기록이 있는데 그때 그들은 고죽국에 이르러 요수를 건넜다"는 것이 유일한 것이다. 그러나 이는 관자를 재해석한 것인데 실제 관자에는 같은 내용의 기사가 실려 있으나 요수에 관한 기록은 없다. 설원의 찬자인 유향(劉向)이 살던 시기는 무제의 동방진출 이후로 이미 당시의 요수는 요하를 가리키는 강이었으며 유향이 현전하는 관자를 편집하였다는 점에서 오히려 이 기사는 유향이 임의로 기술한 오류로 볼 수밖에 없다. 이상에서 살펴본 바와 같이 리지린의 연구나 그를 전제한 윤내현의 견해는 사료의 선택이나 해석이 자의적이어서 성립되기 어렵다고 생각된다.」라고 하면서 그래서 난하 요수설은 오류라는 것이다.

그러나 『요동군과 현도군 연구』의 이야기가 오류이다. 유향이 설원에 쓴 것은 제환공 당시에 지금의 난하가 요수였다는 사실을 기록한 것이지, 유향이 살던 당시에 요수가 난하라는 것을 설명한 것이 아니기 때문이다.

설원에서 유향이 무슨 이야기를 했는지를 왜곡하면서 엉뚱한 이야기를 들어 난하 요수설은 오류라고 지적하고 있지만 그 지적이 틀린 것이다. 따라서 리지린의 난하 요수설은 타당하며 반대로 『요동군과 현도군 연구』가 오류를 범한 것이다. 오히려 사료를 자의적으로 해석한 것은 『요동군과 현도군 연구』이다.

더구나 유향(劉向)이 편집한 관자가 오늘날까지 전해지고 있는 것을 볼 때, 관자를 제일 잘 아는 사람이 유향이라는 것을 말해주고 있으므로, 유향 자신이 쓴 설원에서 관자를 근거로 요수가 지금의 난하임을 표현한 기사는 신뢰성이 더욱 큰 것이다.

또한, 리지린은 곽조경(郭造卿)이 『노룡새략(盧龍塞略)』에서 관자 소문편(小問篇)을 근거로 지금의 난하를 요수라고 하였는데, 관자의 원문을 찾아보니 요수에 관한 기록이 없어서, 그 근거를 유향 쓴 설원에서 찾아낸 것이다.

그런데 거꾸로 리지린이 유향의 설원을 근거로 지금의 난하가 요수라고 주장한 것처럼 말한 뒤, 설원은 관자를 재해석한 것인데 관자에는 요수에 관한 기록은 없다고 함으로써 마치 리지린의 주장은 근거가 없는 것처럼 이야기하고 있는데 이것은 리지린이 수행한 학문상의 노정을 거꾸로 이야기한 것으로써, 일종의 사기라고 생각한다.

또한 『요동군과 현도군 연구』에서는 「고죽국에 이르러 요수를 건넜다.」고 함으로써, 마치 고죽국 다음에 요수가 있는 것처럼 한 것도 리지린의 주장이나 사료 노룡새략(盧龍塞略)과 관자, 설원을 왜곡한 것으로써, 이것 역시 일종의 사기라고 생각한다.

마지막으로 춘추전국시대에는 지금의 난하를 요수라고 하였다. 그런데 지금의 요하를 요수라고 하는 것은 지명을 동쪽으로 천여 리 이동시킨 증거가 되는 것이다. 다시 말해서 이것이 오히려 요동군을 천여 리 동쪽으로 옮긴 또 하나의 증거가 된다는 말이다.

둘째, 북한의 사학자 리지린이 쓴 『고조선 연구』 59쪽을 보면, 회남자 권4 추형훈(墜形訓)의 요수와 그에 대한 주석을 가지고 요수의 위치를 알아보고 있다. 회남자 권4 추형훈(墜形訓: 지형훈-墜는 地의 古字임)을 보면 「무엇을 6수라고 하는가? 하수, 적수, 요수, 흑수, 강수, 회수를 이른다(何謂六水 曰 河水, 赤水, 遼水, 黑水, 江水, 淮水).」라고 되어 있는데, 여기서, 요수(遼水)에 대한 고유(高誘)의 주석을 보면 遼水出碣石山 自塞北東流 直遼東至西南入海(요수는 갈석산에서 나와, 새(塞)의 북쪽에서부터 동쪽으로 흘러, 곧바르게 요동군의 서남에 이르러 바다로 들어간다)라고 되어있다. 회남자는 전한(前漢) 회남왕(淮南王) 유안(劉安)이 편찬한 일종의 백과사전인데 회남왕 유안이 서기전 122년에 죽었으므로, 한무제가 한사군을 설치하기 전이다. 이때에도 요동군은 있었는데 그 위치가 요수에서부터 갈석산까지인데, 요수가 요동군의 서남에 이르러 바다로 들어간다고 하였는데, 지금의 난하가 갈석산의 서남쪽에서 바다로 흘러들어간다. 따라서 그 당시의 요수는 지금의 난하이다. 그런데 리지린은 이 주석의 뜻을 오해하여 「갈석산에서 시원하여 동류하여, 오늘의 요동 서남으로 흘러 바다로 들어가는」 것으로 해석하고 「이 주석은 한서지리지의 료수(요수)에 대한 반고의 주석과는 완전히 다르다.」고 하였다.

고유의 주석은 「요수가 갈석산에서 발원하여, 새(塞)의 북쪽으로 흐른 뒤, 거기에서부터 요수가 동쪽으로 흐른다.」고 한 것이지 「갈석산에서 시원하여 (바로) 동류한다.」라고 한 것이 아니었다. 다시 말해서 요수가 갈석산에서 발원해서 새(塞)의 북쪽 지점으로 흐르고, 그 지점에서부터 요수가 동쪽으로 흐른다고 한 것이지 「요수가 갈석산에서 발원하자마자 동류한다.」는 것은 아니었다. 즉, 동쪽으로 흐른 것은 어떤 새(塞)의 북쪽 지점에서부터이지 갈석산에서부터 바로 동쪽으로 흐른다고 한 것은 아니었다. 이러한 오해는 「회남자의 같은 편에는 료수(요수)의 발원지에 대하여 遼出砥石(요수는 지석산에서 발원한다)이라고 썼는바, 고유는 그를 주석하여 砥石山名, 在塞外, 遼水所出, 南入海(지석은 산 이름인데 새외에 있으며 요수가 발원하여 남쪽으로 흘러 바다로 들어간다)라고 썼다. 이 주석은 한서지리지의 료수와는 다른 료수라는 것을 알 수 있다. 또 그 흐르는 방향으로 보아서도 오늘의 료하와는 다른 것이다.」라는 말을 낳았다.

회남자 권4 추형훈(墜形訓)의 6수(六水)와 그에 속하는 요수(遼水)는 그 출처가 여씨춘추(呂氏春秋) 권13 유시람(有始覽)의 6천(六川)인데, 그것을 보면 何謂六川 河水, 赤水, 遼水, 黑水, 江水, 淮水(무엇을 6천이라고 하는가? 하수, 적수, 요수, 흑수, 강수, 회수이다)라고 되어 있고, 여기서 요수(遼水)에 대한 주석도 역시 고유(高誘)가 단 것인데 遼水出砥石山自塞北東流 直至遼東之西南入海(요수는 지석산에서 나와 새의 북쪽에서부터 동쪽으로 흘러 똑바로 요동의 서남에 이르러 바다에 들어간다)라고 한 것이다. 같은 사람이 같은 요수(遼水)에 대해 주석을 단 것인데 갈석산(碣石山)을 지석산(砥石山)으로 쓴 것뿐이다. 즉 갈석산(碣石山)은 지석산(砥石山)이다.

회남자 추형훈의 요수에 대한 주석에서 고유의 잘못은 요수(난하)의 발원지를 잘 몰라서 갈석산을 발원지라고 하였고, 본류를 잘 몰라서 갈석산에서 나온 지류를 본류라고 착각해서 「요수는 갈석산에서 나와, 새(塞)의 북쪽에서부터 동쪽으로 흐른다.」라고 한 점이다. 바이두를 검색해보면 난하에 대해서 잘 설명되어 있다. 그것을 보면 난하의 발원지는 하북성 풍녕현 낙타거우향(河北省丰宁县骆驼沟乡: 이곳은 북경시 북북동쪽 경계 근처이다) 동부의 소량산(小梁山)이라고 하는데 일설에 풍녕현 북서부의 바옌툰 투구르산(巴延屯图古尔山) 북록(北麓)이라고 한다. 그리고 난하의 전체적인 흐름 역시 바이두에 지도로 나오는데 복사해서 이곳에 올리니, 지도가 복사되지 않아 말로 설명하기로 한다. 난하의 흐름을 크게 보면 난하는 자루가 긴 낫의 모양으로 흐르는데, 발원지(서쪽)에서 북쪽으로 둥글게 흐르다가 동쪽으로 둥글게 작은 원 모양을 그리며 흘러서 융화현 곽가둔(隆化县郭家屯)에 이르고, 거기서부터 남쪽으로 방향을 튼 다음, 비교적 곧게 내려가며 반가구(潘家口)에 이르러 장성(長城)을 건너고, 천서현(遷西縣), 천안시(遷安市), 노룡현, 난현(灤縣)을 거쳐 바다로 들어간다. 그렇다면 고유는 발원지만 틀렸지 전체적인 강의 흐름은 정확하게 설명한 것이다.

그런데 리지린의 이러한 착각을 이용하여 『요동군과 현도군 연구』라는 책 25쪽을 보면 「요수의 흐름 방향에 대해서 출발 지점에서 동쪽으로 흘렀다는 표현을 근거로 오늘의 요수와 흐름 방향이 다르다고 이해하지만 본류만 보지 말고 시라무렌강(西拉木倫河)에 이어지는 서요하를 포함해 생각하면 현재의 흐름과 같다.」라고 지적하면서, 이래서 난하 요수설은 오류라고 하였으나, 이 지적은 완전히 잘못된 것이다. 이 지적에서 리지린과 고유가 말한 출발지점이란 갈석산인데, 시라무렌강은 갈석산에서 출발하지 않는다.

시라무렌강(西拉木倫河)은 내몽골의 적봉시 북부, 커스커텅기(克什克騰旗)에 발원한다. 커스커텅기(克什克騰旗)는 갈석산에서 북북서쪽으로 약 404km(구글어스 지도상 직선거리) 떨어져 있다. 즉 지도상 직선거리로만 천 리 이상 떨어져 있다. 또한 난하의 발원지인 하북성 풍녕현과는 북동쪽으로 약 240km(구글어스 지도상 직선거리) 떨어져 있다. 다시 말해서 고유가 주석으로 단 요수가 오늘날의 요하라는 지적은 완전히 틀렸다. 따라서『요동군과 현도군 연구』가 지적한 것이 오류이고, 그 반대인 난하 요수설이 옳은 것이다.

제2절 진(秦)나라 때의 요동군

1. 진나라가 점령한 요동군

진나라는 연나라의 요동군을 점령한 것이다. 따라서 진나라의 요동군은 연나라의 요동군이다. 그렇다면 더 이상 살펴볼 사항이 없지만, 우리가 살펴봐야 할 것이 사기 조선열전이다.

사기 조선열전을 보면「처음 연나라의 전성기로부터 일찍이 진번 조선을 침략하여 복속시키고, 관리를 두어 장새(鄣塞: 장벽과 요새)를 쌓았다. 진나라가 연나라를 멸망시키고 요동외요(遼東外徼)에 속하게 하였다. 한나라가 일어나 그곳이 멀어 지키기 어려우므로, 다시 요동고새(遼東故塞: 요동의 옛 요새)를 수리하고 패수에 이르는 곳을 경계로 하여 연(燕)에 속하게 하였다. 연왕 노관이 (한-漢을) 배반하고 흉노로 들어가자 만(滿)도 망명하였다. 무리 천여 명을 모아 상투에 오랑캐의 복장을 하고, 동쪽으로 도망하여 요새를 나와, 패수를 건너, 진(秦)의 옛 빈 땅이었던 상하장에 살았다(自始全燕時嘗略屬眞番、朝鮮, 爲置吏, 築鄣塞。

秦滅燕, 屬遼東外徼。漢興, 為其遠難守, 復修遼東故塞, 至浿水為界, 屬燕。燕王盧綰反, 入匈奴, 滿亡命, 聚黨千餘人, 魋結蠻夷服而東走出塞, 渡浿水, 居秦故空地上下鄣)。」라고 되어 있다.

여기에 기록되어 있는 것 가운데 「진나라가 연나라를 멸망시키고 요동외요(遼東外徼: 요동군의 바깥 경계)에 속하게 하였다.」라고 하였는데 무엇을 요동 외요에 속하게 하였는가? 문장이 뜻하는 바를 보면 「진번조선을 침략하여 복속시키고, 관리를 두어 장새(장벽과 요새)를 쌓은 곳」이다. 즉 그곳은 연나라가 설치한 요동군의 치소(원래 양평)이다. 결국 문장상으로 보면 진나라는 연나라가 설치한 요동군을 다스리던 원래의 양평(지금의 창려현)을 요동외요(遼東外徼: 요동군의 바깥 경계)에 속하게 한 것이다.

그러면, 「한나라가 일어나 그곳이 멀어 지키기 어려우므로, 다시 요동의 옛 요새를 수리하고 패수에 이르는 곳을 경계로 하여 연(燕)에 속하게 하였다.」라고 하였는데, 그곳은 어디이며, 요동고새(遼東故塞: 요동의 옛 요새)는 어디인가? 문장이 뜻하는 바를 보면, 그곳은 진나라가 설치한 요동군(연나라가 설치한 요동군)이고, 요동고새는 진나라가 쌓은 요동군의 옛 요새이다.

그러면 진나라가 설치한 요동군이 멀어 지키기 어려워 진나라가 쌓은 요동군의 옛 요새를 수리하였다는 것인데, 이것이 진짜 뜻하는 바는 몇 가지 문제를 해결해야 알 수 있으므로 몇 가지 문제를 해결한 뒤에 다시 알아보기로 하자.

위에 제시된 사기 조선열전 뒷부분에 만(滿: 위만)이 도주한 경로가 「동쪽으로 도망하여 성채를 나와, 패수를 건너, 진(秦)의 옛 빈 땅인 상하장에 살았다.」라고 하므로, 위만이 도주한 경로는 「동쪽으로 도망, (요동) 성채, 패수, 진(秦)의 옛 빈 땅이었던 상하장」이다. 제일 먼저, 동쪽으로 도망하였다는데 어디의 동쪽으로 도망간 것인가? 연나라 요동군임에 틀림없다. 요새를 나갔다는 것으로 보아, 요동군의 군치(郡治)인 원래 양평으로 볼 수 있지만, 동쪽으로 도망하였다는 것이 단순히 도주 방향을 뜻하는 것일 수도 있다. 그 다음에 요새라는 것은 진나라가 쌓은 옛 요동의 요새로 한나라가 수리한 것이다. 요새 동쪽이 패수인데 패수는 뒤에 자세히 밝히겠지만 여기서 결론만 말하면 창려현 동쪽에 있는 무녕현(撫寧縣)을 흐르는 양하(洋河)인데, 한나라 초에 패수를 경계로 삼은 이유는 패수가 진나라 때의 경계이기 때문으로 보인다.

2. 상하장

패수 동쪽이 상하장(上下鄣)인데, 사기에는 진나라의 옛 빈 땅(秦故空地)이라고 하였지만, 이것은 중국의 입장에서 말한 것이고, 당시 후조선의 입장에서 보았을 때는 조선(후조선)의 빈 땅(朝鮮空地)이다. 왜 그런가? 그것은 상하장의 정체에 대해서 삼국지 위서 동이전의 한(韓) 조에 주석으로 쓴 위략을 보면 알 수 있다. 그 위략에 「20여 년이 지나 진승과 항우가 일어나 천하가 어지러워지자, 연(燕), 제(齊), 조(趙)의 백성들이 근심 걱정으로 점점 준(準)에게 도망하니, 준(準)은 마침내 그들을 서쪽 방면에 두었다. 한나라 때에 이르러 노관을 연왕 삼았는데, 조선(후조선)과 연(燕)은 패수를 경계로 하였다. 노관이 (한-漢을) 배반하기에 이르러 흉노로 들어가니, 연나라 사람 위만도 망명하여 오랑캐의 복장을 하고 동쪽으로 패수를 건너 준에게 이르러 항복하면서, 준에게 설득하여 서쪽 경계에 거주하도록 요구하고, 중국 망명자를 거두어 조선의 울타리가 되겠다고 하였다. 준은 그를 믿고 총애하여 박사(博士)에 임명하고 규(圭)를 하사하며, 100리의 땅을 봉해 주고, 서쪽 변경을 지키도록 명령하였다(二十餘年而陳、項起, 天下亂, 燕、齊、趙民愁苦, 稍稍亡往準, 準乃置之於西方。及漢以盧綰爲燕王, 朝鮮與燕界於浿水。及綰反, 入匈奴, 燕人衛滿亡命, 爲胡服, 東度浿水, 詣準降, 說準求居西界, (故)〔收〕中國亡命爲朝鮮藩屛。準信寵之, 拜爲博士, 賜以圭, 封之百里, 令守西邊)。라고 되어 있다.

이 기록을 보면, 상하장은 위만이 망명해 보니, 이미 조선(후조선)의 영토였고, 100리의 땅으로 조선(후조선)의 서쪽 변경임을 알 수 있다. 따라서 상하장의 정체는 조선(후조선)의 서쪽 변경으로 조선(후조선)의 영토임을 알 수 있다. 그런데 사기를 쓴 사마천은 어째서「진(秦)의 옛 빈 땅(秦故空地)」이라고 하였는가? 이것은 상하장이 진나라 시대에 조선(후조선)과 진나라 사이의 완충지대(공유지대)이었기 때문이다. 그 완충지대(공유지대)를 진나라는 6국을 합병한 당시 세계 최강대국이었기 때문에 그 힘을 믿고 자기들의 땅(진나라의 땅)이라고 여긴 것이고, 사마천은 그러한 입장에서「진(秦)의 옛 빈 땅(秦故空地)」이라고 한 것이지만, 진나라 당시 조선(후조선)의 입장에서 보았을 때는 당연히 조선(후조선)의 빈 땅(朝鮮空地)이다. 즉, 진나라 때 상하장은 조선(후조선)과 진나라 사이의 완충지대(공유지대)로 설정된 것이다. 그런데 진나라가 진승·오광의 난으로 혼란이 벌어져 연나라 왕이 된 한광이 진 2세 원년(서기전 209년) 9월에 요동을 차지해, 완충지대(공유지대)인 상하장의 한쪽 주인인 진나라가 없어지자, 완충지대(공유지대)의 다른 한쪽 주인인 후조선이 상하장을 차지한 것으로 보인다.

이렇게 무력 충돌 방지를 위해 완충지대를 설치하는 것은 지금도 있는 일이다. 입에 올리기도 부끄러운 우리나라의 비무장지대(DMZ)가 남북한 사이에 폭 8km로 설치되어 있고, 조선(이성계가 세운 조선)과 청나라 사이에도 이런 완충지대가 있었다. 조선시대에 청나라의 경계선은 책성(柵城)이고, 그 출입문이 책문(柵門)이며 조선의 경계선은 압록강이다. 연행 기록들을 보면 압록강과 책성 간의 완충지대에는 피인(彼人)으로 불리는 야인들이 사냥을 하며 토굴에서 살고 있었다. 평안도에서는 피인이 왔다 하면 울던 아기가 울음을 멈추었고, 계집아이 꾸짖을 때 피인한테 시집보낸다고 하면 을렀던 바로 그 피인이다. 이 책성에서 가장 큰 책문(柵門)이 압록강에서 120리 북쪽 국경마을에 있는 고려문(高麗門)이다. 이 책문에 대해 연암 박지원은 열하일기에서 「압록강으로부터 1백2십여 리 떨어진 곳이다. 여기를 우리나라 사람들은 책문(柵門)이라고 부르며, 이곳 사람은 가자문(架子門)이라고 부르며, 중국 사람들은 변문(邊門)이라고 한다.」라고 하였다. 이곳은 조선 사신들이 청나라로 들어갈 때 입국 심사를 받기 위하여 봉황성에서 중국관리가 내려오는 며칠 동안 머물던 곳으로 그야말로 조선과 청나라의 국경선이다. 그 청나라 국경선에서 120여 리(약 48km) 떨어진 곳에 압록강이 있었다. 이러한 것을 보면 조선(후조선)과 진나라 사이의 완충지대(공유지대)인 상하장이 100리인 것은 조선(이성계가 세운 조선)과 청나라 사이의 완충지대 120리와 비슷한 규모이다.

그러면 왜 상하장(上下鄣)이라는 명칭이 붙었을까? 상하장이 패수를 건너(패수에서부터) 100리 땅인데, 패수는 지금의 양하(洋河)로 거기서 북북동쪽으로 100리(약 41.7km: 바이두에서 제공하는 지도의 철도거리를 측정한 값)에 지금의 석하(石河)가 있다. 그런데 북쪽에 있는 석하와 남쪽에 있는 양하가 마치 자연적인 장새(鄣)의 역할을 하므로, 그 땅 이름을 진나라에서 상하장(上下鄣)이라고 한 것으로 보인다. 이런 것을 보면 지금의 양하가 조선(후조선)과 진나라의 경계임을 다시 한 번 알 수 있다.

3. 진나라 요동군의 위치

한편 사기 진시황본기를 보면 二十六年 地東至海暨朝鮮, 西至臨洮、羌中, 南至北嚮戶, 北據河爲塞, 並陰山至遼東(진시황 26년, 영토는 동쪽으로 바다 및 조선에 이르고, 서쪽으로 임조와 강중에 이르렀으며, 남쪽으로 북향호에 이르고, 북쪽으로 황하를 의지하여 성채를 쌓아 음산을 아우르고 요동에 이르렀다)라고 되어 있어 진시황 26년(서기전 221년)에 요동까지 성을 쌓았다고 하였다. 그러나 같은 진시황본기 32년 조 뒷부분을 보면 燕人盧生使入海還, 以鬼神事, 因奏錄圖書, 曰「亡秦者胡也」 始皇乃使將軍蒙恬發兵三十萬人北擊胡, 略取河南地(연나라 사람 노생이 바다에 나갔다가 돌아와서 귀신에 관한 일로 녹도서-참위서를 바쳤는데 거기에 이르기를 '진을 망하게 할 자는 호-胡이다'라고 하였다. 시황은 마침내 장군 몽염으로 하여금 30만 명의 군대를 일으켜 북쪽으로 호를 쳐서 하남의 땅을 빼앗게 하였다)라고 되어 있어 하남의 땅(오르도스 지역)을 빼앗은 때가 진시황 32년(서기전 215년)으로 되어 있다.

그런데 사기 몽염열전을 보면 始皇二十六年, 秦已幷天下, 乃使蒙恬將三十萬衆北逐戎狄, 收河南。築長城, 因地形, 用制險塞, 起臨洮, 至遼東, 延袤萬餘里(진시황 26년, 진나라가 천하를 합병하자 마침내 몽염으로 하여금 30만 무리를 거느리고 북쪽으로 융적을 내쫓고 하남을 빼앗게 하였다. 장성을 쌓되 지형에 따라 험준한 곳에 성채를 세웠는데, 임조에서 시작하여 요동에 이르렀으며 멀리 뻗은 길이가 만여 리였다)라고 되어 있어, 몽염이 북방 민족들을 공격하고 하남의 땅(오르도스 지역)을 빼앗은 때가 진시황 26년(서기전 221년)으로 되어 있고 요동에 이르는 장성을 쌓은 것은 그다음으로 되어 있다. 진시황본기에 의하면 하남의 땅(오르도스 지역)을 빼앗은 때가 진시황 32년(서기전 215년)이므로, 요동에 이르는 장성을 쌓은 때는 그 후가 되어야 하는데 몽염열전에는 그보다 앞서는 진시황 26년(서기전 221년)이라고 하니 둘 중에 하나는 틀린 것이다. 이것은 임조에서 요동까지 장성을 쌓은 때(진나라의 만리장성을 쌓은 때)가 언제인지 알 수 없게 하고 있다.

아무튼 진나라 때에도 요동까지 성을 쌓은 것은 분명하다. 그런데 사기 흉노열전을 보면 而通直道, 自九原至雲陽, 因邊山險漸谿谷可繕者治之, 起臨洮至遼東萬餘里(직도-直道를 개통하여 구원에서 운양까지 이르게 하고, 산이 험한 것을 이으며 계곡에 해자를 파고, 수선할 수 있는 것은 고쳐서, 임조에서 시작해서 요동까지 만여 리에 이르렀다)라고 되어 있는 것을 보면, 진나라가 쌓은 장성 가운데는 기존에 있던 성 가운데 수리할 수 있는 것은 수리한 것임을 알 수 있다. 즉 연나라가 이미 조양에서 양평까지 천여 리에 장성을 쌓은 것이 있었으므로 이 부분은 수리하여 쌓은 것임을 알 수 있다. 따라서 진나라가 요동군까지 쌓은 장성은 연나라가 쌓았던 장성이다.

그런데 진시황본기에 진시황이 갈석산에 갔다는 기록이 있는 것으로 보아 진나라의 장성은 연나라가 쌓은 장성과 마찬가지이지만 굳이 갈석산이라는 표현이 있는 것으로 보아 그보다 약간 동쪽으로 더 나간 것이다. 연나라의 장성을 수리하면서 갈석산까지 조금 더 쌓은 것이다. 뒤에 좀 더 자세히 밝히겠지만 진서 당빈(唐彬)열전에도 진나라 장성의 끝이 갈석산이라는 기록이 있어 이를 뒷받침한다. 즉 진나라의 요동군은 연나라의 요동군보다 동쪽으로 갈석산까지 약간 넓어졌다고 볼 수 있다.

4. 갈석산의 위치

1) 갈석산

진시황본기 32년 조에 三十二年, 始皇之碣石, 使燕人盧生求羨門、高誓。刻碣石門(진시황 32년, 진시황이 갈석산에 가서 연나라 사람 노생으로 하여금 선문과 고서를 구하게 하였다. 갈석의 문에다 비문을 새겼다)라고 되어 있는 것을 보면 진시황이 갈석산에 간 것을 알 수 있는데 갈석산이 바로 진나라 때 요동군의 끝인 동시에 진나라가 연나라 장성을 수리해서 쌓은 진나라 장성의 끝이다. 그런데 갈석산은 앞서 말한 바와 같이 지금의 창려현 북쪽에 있다.

갈석산은 진시황만 간 것이 아니다. 한 무제와 간웅으로 유명한 조조(曹操)도 갔다.

한 무제는 남긴 글이 없지만 조조는 갈석산에 가서 남긴 시가 있다. 제목이 觀滄海(창해를 바라보며)이고 작자는 조조(曹操)이다. 그 앞부분을 보면,

東臨碣石, 以觀滄海(동쪽 갈석산-정상-에서 창해를 바라보니)
水何澹澹, 山島竦峙(강물은 출렁이며 산과 섬이 우뚝 솟아 있고)
樹木叢生, 百草豐茂(수목이 울창하고 온갖 풀들은 무성하네)
(중략)
作于建安十二年秋(건안 12년-서기 207년, 가을에 짓다)라고 되어 있다.

여기에도 나오는 갈석산이 지금의 창려현 북쪽에 있다는 증거는 이 시가 창려현 북쪽에 있는 갈석산 바위에 아예 새겨져 있다. 또 하나, 이 시를 지은 때가 건안 12년(서기 207년) 가을에 지었다고 하는데, 옛날 중국에서 가을이란 7, 8, 9월을 말한다. 조조의 기록인 삼국지 위서 무제기 건안 12년(서기 207년) 기록을 보면 5월에 무종(無終)에 도착하였고, 7월에는 노룡새(노룡 요새)를 나와 유성(柳城)에 이르렀으며, 8월에는 원상의 군대와 전투를 벌였고, 9월에는 조조가 병사를 이끌고 유성에서부터 (허도-許都로) 돌아왔다. 무종에서 노룡까지가 2달 거리이고, 노룡에서 유성까지는 1달 거리가 못된다. 그것보다는 7월 기록을 조금 자세히 보면「가을 7월, 홍수로 해안가의 길이 불통되자, 전주(田疇)가 길 안내 되기를 청하니 조조는 그를 따랐다. 군대를 이끌고 노룡새(盧龍塞: 노룡의 요새)를 나왔지만 요새 바깥 길은 끊어져 통하지 않았다(秋七月, 大水, 傍海道不通, 田疇請為鄉導, 公從之. 引軍出盧龍塞, 塞外道絶不通)라고 되어 있는 것을 볼 때, 가을 7월에는 조조가 이미 노룡에 있었음을 알 수 있다. 觀滄海(관창해)라는 시를 가을에 지었다는 것을 보면, 아마 조조는 7월 초, 노룡새(盧龍塞: 노룡 요새)에 도착하자마자 갈석산에 갔고 그때 시를 지은 것으로 보인다. 그러나 조조가 돌아가는 길에 갈석산에 올라 시를 지었다는 이야기가 있는데 그것은 무슨 근거로 그런 이야기를 한 것인지는 알 수 없다. 8월에 전투를 끝내고 9월에 병사를 이끌고 허도로 돌아왔다는 삼국지 위서 무제기의 기록을 보면 거리로 보아 매우 빠르게 회군한 것인데 그 틈에 어떻게 갈석산에 올라갔는지 알 수 없는 일이다. 아무튼 7월 초이든, 8월에서 9월이든 조조의 행로를 볼 때 갈석산이 지금의 창려현에 있다는 것은 변함없다. 이러한 증거들은 진시황과 조조가 갔던 갈석산이 창려현 북쪽에 있음을 증명하고 있다. 따라서 진시황과 조조가 올라간 갈석산은 창려현 북쪽에 있다.

또 하나, 조조의 시에서 반드시 기억해야 할 사실은 조조가 갈석산에서 바다를 보았다는 사실이고, 바다를 보니 산과 섬이 우뚝 솟아 있는 것을 보았다는 것이며, 갈석산에 수목이 울창하고 온갖 풀들은 무성한 것을 보고 시를 지었다는 사실이다.

그런데 우리나라 사람 최종명이라는 작가가 2008년 4월 29일 「13억과의 대화」라는 블로그에 올린 글을 보면, 갈석산 정상으로 가는 도중 중국 대학생 10여 명이 떼를 지어 산 중턱 정자에 앉아 있었고, 그중 몇 명이 산 정상까지 갔다가 내려왔는데 정상에서는 바다가 보이냐고 물었더니, 당연하다는 듯이 보이지 않는다고 하였다는 것이다. 그래서 그 작가가 갈석산 정상에 올라가서 사진을 찍어 블로그에 올렸는데 과연 바다는 보이지 않았다. 또 다른 관광객은 갈석산 정상 부근의 '관창해'를 음각해 놓은 바위를 바라볼 수 있는 '갈석관해'에 올라가 보니 창려현 읍내는 잘 보이는데, 좋은 날씨에도 불구하고 바다(창해)는 보이지 않았다고 한다. 이에 대해 중국 안내원은 "조조가 보았다던 창해는 갈석산에서 15km 떨어져 있는데 요즘은 잘 보이지 않는다"고 하였다는 것이다.

조조가 보았다던 바다가 지금은 왜 안 보일까? 그것은 창해가 갈석산에서 15km 떨어져 있다는 안내원의 말에서 알 수 있다. 즉 조조 때에는 조조가 보았을 만큼 바다가 갈석산에서 가까이 있었는데 지금은 볼 수 없을 만큼 바다가 멀어졌다는 것을 말해주고 있다. 이것은 바다가 육지에서 멀어졌다는 사실을 증명하고 있다. 해안선의 후퇴 현상은 우리나라에서도 관찰된다. 신라시대 당나라와의 교역 항구였다는 당항포가 있었던 당성(唐城)은 지금 경기도 화성시 서신면 상안리 산 32번지 구봉산 (165m) 9부 능선에 있는데, 주변을 보면 산뿐이지 바닷물은 없다. 해안선은 당성에서 약 4km(구글어스 지도상 직선거리) 떨어진 곳에 있다. 예전에는 구봉산 밑에까지 바닷물이 들어와서 수로를 따라 배들이 드나들어 당항포라는 포구(항구)가 당성이 있는 산 아래에 있었다고 하는데 그곳은 지금 육지로 되어 있지, 배가 드나드는 포구(항구)가 아니다. 이러한 사실은 옛날보다 지금은 바닷물이 육지에서 멀어졌다는 것을 증명하고 있다.

2) 고갈석에 대하여

중국을 비롯한 국내의 어떤 자들은 수중현(綏中縣) 앞바다의 해상 바위 몇 개를 고갈석(古碣石: 옛 갈석)이라고 하면서 이것이 갈석산이라고 주장하고 있다. 이것을 근거로 요동군이 수중현까지 있었다고 주장하려는 것이다.

이른바 고갈석이 있는 곳은 수중현(綏中縣)의 현 소재지가 있는 앞바다가 아니라, 산해관에 가까이에 있으며(산해관에서 15km 떨어져 있음), 해안에서 200여 미터 떨어진 바다 가운데 위치하고 있다. 몇 개의 작은 초석(礁石)으로 구성되어 있고, 해면에서 약 20미터 솟아올라 있다. 민간전설에 의하면 맹강녀(孟姜女)가 투신한 곳으로 알려져 있어 "강녀분(姜女墳)"이라고 부르고 있다.

하지만, 앞서 살펴본 바와 같이 조조는 갈석산에 올라 바다를 보았고, 바다를 보니 산과 섬이 우뚝 솟아 있는 것을 보았다는 것이며, 갈석산에 수목이 울창하고 온갖 풀들은 무성한 것을 보고 시를 지은 것이다.

그러면 해안에서 200여 미터 떨어진 바다 가운데 있는 해상 바위 몇 개에 조조가 올라갈 수 있는가? 터무니없는 이야기이다. 그리고 불가능한 이야기이다.

또한 해상 바위 몇 개에 수목이 울창하고 온갖 풀들은 무성한가? 사진에서 보는 바와 같이 그렇지 않다. 터무니없는 이야기이다.

따라서, 고갈석(古碣石)이라는 것은 갈석산이 아니다. 그러므로 요동군이 수중현까지 있었다는 주장은 사실이 아니며 거짓이다.

한편 이른바 고갈석을 갈석산이라고 주장하는 근거는 앞서 잠깐 언급되었듯이 맹강녀의 전설이다. 그런데 맹강녀의 전설이 역사적 사실이라고 주장하면서, 수중현의 이른바 '고대 건축 유적'을 그 증거로 제시하고 있다. 이것은 호메로스가 쓴 고대 서사시 '일리어드'에 나오는 전설상의 트로이(Troy)가 유적 발굴을 통하여 역사적 사실이 되었다는데 착안하여, 중국인들도 유적 발굴을 통하여 전설을 역사적 사실로 둔갑시키려는 획책임에 틀림없다. 이에 대해서 알아보자.

3) 수중현의 이른바 '고대 건축 유적'에 대하여

『한국고대사 속의 고조선사』라는 책 340쪽을 보면『산해관 동쪽 약 15km에서 진·한대 대형 건축 유적이 발견되었다. 이 유적 조사를 담당한 요녕성 고고연구소는 이것들을 진한대의 갈석과 관계된 유적으로 추정하고 있다. 왜냐하면 이 지역에는 갈석과 관련된 전승이 있기 때문이다. 여기서 지금까지 시황제릉에서만 출토되던 직경 50cm가 넘는 대형 기와가 출토되고, 한 대 유구도 섬서성의 황실 관계 건물을 연상케 하는 규모인 점에서 이 유적이 진한 왕조시대의 중요한 건물이 아닌가 하는 것이다. 즉 요녕성 수중현 진한대 유적은 전승과 유적의 규모로 보아 시황제나 한무제가 방문하였다는 갈석일 가능성이 높다.』라고 주장하고 있다. 그리고 그 앞 339쪽에는 관련 유물 사진이 있는데 위쪽에는 구름무늬 와당 등 갈석궁 출토 유물이라는 사진이 있으나 2천 년이 넘은 기와라고 보기에는 무늬가 너무 뚜렷하고 완전한 모양을 하고 있다. 그 아래는 이른바 갈석궁에서 발굴한 우물이라는 사진이 있는데, 이것 역시 2천 년이 넘은 우물이라고는 보이지 않을 정도로 거의 완전한 모양을 하고 있다. 그 아래에도 이른바 갈석궁 건물지 출토 기와라는 사진이 있는데, 깨진 것이지만 역시 2천 년이 넘은 기와라고 보이지 않을 정도로 깨끗하다. 이러한 주장은 사실이며 그 주장을 뒷받침한다는 유물은 과연 진짜 진(秦)나라 시대의 것인가?

이에 대한 자세한 설명은 『동북문화와 유연문명(하)』에 나와 있다. 그 책 1163쪽부터 1169쪽까지를 보면 「1982년 4월, 랴오닝성이 전 성에 걸친 문화재 조사 때에 진저우시(錦州市)의 문화재를 조사하는 과정에서 베이다허에 가까운 수이중현 완자진(萬家鎭) 창쯔리촌(墻子里村) 남쪽의 해안과 허자촌(賀家村) 남쪽 헤이산터우(黑山頭) 해안에서 각각 고대의 유적을 발견하고 동시에 '천추만세' 와당 등 진·한시대의 유물을 수습하였다. 해안에서 '천추만세' 와당 같은 높은 등급의 건축 부재가 나타난 것은 심상치 않은 일이었으므로, 이 일은 랴오닝성박물관의 쑨서우다오(孫守道), 궈다순(郭大順) 등의 주목을 끌게 되었다. 이들은 1983년 현장으로 가서 유적을 재조사하고, 창쯔리(1163쪽) 스베이디(石碑地) 해안에서 항축 기단과 진 특유의 거대형 기문(夔文)와당 파편을 발견하였다. 이들은 특히 이 진대의 항축 기단 터가 바다에 우뚝 솟아있는 3개의 암초, 즉 민간 전설에서 말하는 '장뉘스(姜女石)'를 정면으로 바라보고 있는 점에 주목하여, 그것을 문헌 기록에 나타나는 '갈석(碣石)'과 연계시켰다(1164쪽). (중략) 스베이디 유적과 헤이산터우 유적은 정식으로 발굴되었다(1166쪽). (중략) 궁전 구역 중 모래사장 쪽에 가까운 곳에 대형 고대식(高臺式) 건물 1기가 구축되었다. 이 궁전 터는 마침 유적 남부의 정 중앙부를 차지하고 있으며 바다에 있는 장뉘스 암초군을 똑바로 쳐다보고 있다(1167쪽). (중략) 각 궁전과 담장의 주변으로는 대량의 승문 평기와, 반 원통형 기와, 승문 사이에 패문(貝文)을 장식한 와당, 뇌문(雷文)을 장식한 벽돌과 타일 등 체계를 이룬 건축 부재가 흩어져 있다. 특히 20여 개체의 거대한 기문 와당이 발견되었다. 이들 특대형 기문 와당은 와면이 반원형이고 그 지름은 50cm 이상에 달한다(1168쪽). (중략) 그 가운데 가장 분명한 한 가지 특징은 궁성의 주요 건물이 궁성 남쪽에 위치하고 있는 점이다. 특히 행궁의 중심 건물은 남부 한 가운데, 해변에 가깝고 장뉘스 암초군을 똑바로 바라보는 위치에 두어졌다. 이것은 일반적으로 고대의 건물군이 북쪽에 입지하여 남쪽을 바라보는 상제(常制)와는 다르다. 말할 나위 없이, 이와 같은 건물 배치는 스베이디의 전체 궁성 건축이 해상의 '거스먼(碣石門)' 암초군을 중심 좌표로 하여 건설된 데서 말미암은 것이다. 거기에 나타나는 바다와 암초를 주요 대상으로 하는 건물 배치 의도와 비일상적인 내용의 의례적 기능은 한눈에 분명히 드러난다. 이러한 사실에 입각하여 스베이디 유적은 제사의례적인 기능과 직접적인 관련을 가지는 건물군이라고 추정할 수 있다(1169쪽)."라고 되어 있다.

  여기에서 알 수 있는 사실은,
  첫째, 쑨서우다오(孫守道), 궈다순(郭大順) 등이 수이중현(綏中縣: 수중현) 완자진(萬家鎭) 창쯔리촌(墻子里村) 스베이디(石碑地) 해안에서 발견된 건물 유적을 '갈석(碣石)'과 연계시켰다는 것이다.

둘째, 이 건물 유적은 장뉘스(姜女石) 암초군을 똑바로 바라보는 위치에 두어졌을 정도로 강녀석(姜女石) 암초군과 밀접한 관계에 있다는 것이다.

셋째, 이 건물 유적이 제사의례적인 기능과 직접적인 관련을 가지는 건물군으로 추정된다는 것이다.

넷째, 궁전과 담장의 주변에 타일 등이 흩어져 있다는 점이다.

그러면, 여기서 말하는 강녀석(姜女石) 혹은 강녀분(姜女墳)이라는 것은 무엇인가?
그것은 맹강녀(孟姜女)의 전설에서 비롯된 것이다.

그러면, 맹강녀(孟姜女)의 전설은 어떻게 된 것인가?
맹강녀전설(孟姜女传说)을 바이두로 검색해보면 맹강녀(孟姜女)의 전설에 대해 상세하게 나온다.

(1) 맹강녀전설의 역사연원(历史渊源)

그 역사연원(历史渊源) 항목을 보면 다음과 같이 되어 있다.
『孟姜女的传说一直以口头传承的方式在民间广为流传。直到20世纪初, 在"五四"精神的推动下, 才被纳入到研究者的视野中。中国著名的历史学家顾颉刚将孟姜女传说的原初形态一直上溯到《左传》上的一个故事。《左传》记述这个故事是想褒扬杞梁妻(也就是后世的孟姜女)在哀痛之际, 仍能以礼处事, 神志不乱, 令人钦佩〈맹강녀의 전설은 줄곧 구두로 전승되는 방식으로 민간에 널리 전해져 왔다. 20세기 초

에 이르러서야, "54" 정신의 추진에 의해 비로소 연구자의 시야에 포함되었다. 중국의 저명한 역사학자 고힐강은 맹강녀 전설의 원초적 형태를 좌전(左傳: 춘추좌전) 상의 한 고사(故事)로 거슬러 올라갔다. 좌전(左傳)에서 이 고사(故事)를 기술한 것은 기량의 처(바로 후세의 맹강녀)가 애통한 때에도 예의를 갖추어 처신할 수 있고 정신이 흐트러지지 아니해, 사람으로 하여금 탄복하게 한다는 것을 찬양하려는 것이었다.〉 (중략)

杞梁妻的故事最早记载在信史《左传》襄公二十三年里。周灵王二十二年(齐庄公四年, 前550年)秋, 齐庄公姜光伐卫、晋, 夺取朝歌。前549年, 齐庄公从朝歌回师, 没有回齐都临淄便突袭莒国。在袭莒的战斗中, 齐国将领杞梁、华周英勇战死, 为国捐躯。后来齐莒讲和罢战, 齐人载杞梁尸回临淄。杞梁妻哭迎丈夫的灵柩于郊外的道路。齐庄公派人吊唁。杞梁妻认为自己的丈夫有功于国, 齐庄公派人在郊外吊唁既缺乏诚意, 又仓促草率, 对烈士不够尊重, 便回绝了齐庄公的郊外吊唁。后来, 齐庄公亲自到杞梁家中吊唁, 并把杞梁安葬在齐都郊外。(杞梁墓在今山东淄博市临淄区齐都镇郎家村东)。应该说, 这段故事明文记载在《左传》中, 是真人实事。虽无后来"哭夫"、"城崩"、"投水"等情节, 主要是表现杞梁妻大义凛然的刚烈性格, 但其反对战争、热爱丈夫的主体框架已隐隐显现〈기량 처(妻)의 고사(故事)는 기록이 정확한 사서 '좌전' 양공 23년에 가장 먼저 기재되었다. 주 영왕 22년(제 장공 4년, 서기전 550년) 가을, 제 장공 강광이 위나라와 진(晋)나라를 정벌하여 조가(朝歌)를 빼앗았다. 서기전 549년, 제 장공은 조가에서 회군하여, 제나라의 도읍지 임치로 돌아가지 않고, 바로 거나라를 기습하였다. 거나라를 기습하는 전투 중에 제나라 장수는 기량과 화주를 이끌고 용감하게 전사하여 나라를 위해 목숨을 바쳤다. 그 뒤에 제나라와 거나라는 강화(講和: 두 나라가 전투를 그치고 조약을 맺어 평화를 회복함)하고 전쟁을 그치니, 제나

라 사람들이 기량의 시신을 싣고 임치로 돌아왔다. 기량의 처가 울며 남편의 영구를 교외의 도로에서 맞이하였다. 제 장공이 사람을 파견하여 조문하였다. 기량의 처는 자신의 남편이 나라에 공로가 있다고 생각하였는데, 제 장공이 사람을 파견하여 교외에서 조문하는 것은 성의가 부족한 것이며, 또 성급하고 경솔한 것으로, 열사에 대한 존중이 부족한 것이기 때문에, 즉시 제 장공의 교외 조문을 거절하였다. 그 후, 제 장공은 직접 기량의 집을 찾아 조문하였고, 기량은 제나라의 도읍지 교외에 안장되었다(기량의 묘는 지금 산동성 치박시 임치구 제도진-齐都镇 랑가촌-郎家村 동쪽에 있다). 이 단계의 고사(故事)는 《좌전》에 명백한 문장으로 기재되어 있는 것이, 실제 인물과 실제 있었던 일이라고 말하는 것이 마땅하다. 비록 훗날 (등장하는) '곡부(哭夫: 죽은 남편에게 곡하다)', '성붕(城崩: 성이 무너지다)', '투수(投水: 물에-몸을-던지다)' 등의 줄거리는 없지만, 주로 기량 처의 대의(大義)에 매우 엄한, 강직한 성격을 표현한 것인데, 단지 전쟁을 반대하고, 남편을 사랑하는 주체의 틀이 은은히 드러나 있다.〉

"哭夫"情节的增加, 是在《礼记》"檀弓"里曾子的话。曾子说杞梁妻"哭之哀";到了战国时期的《孟子》, 又引淳于髡的话说"华周杞梁之妻哭其夫而变了国俗[91]";使《左传》中的史实"杞梁妻拒齐庄公郊外吊唁"变成了"杞梁妻哭夫", 故事的重心发生偏移〈"곡부(哭夫: 남편에게 곡하다)"라는 줄거리의 증가는 《礼记(예기)》 "단궁" 안에 있는 증자의 말이다. 증자는 기량 처의 "곡이 애통하였다"라고 말하였으며, 전국시대 《孟子(맹자)》에 이르러서는 또 순우곤의 이야기를 인용하여 "화주와 기량의 처가 그 남편의-상喪에-곡해서 나라의 풍속이 변했다"고 하여, 좌전(传) 안의 사실인 "기량의 처가 장공의 교외 조문 거절하였다"를 "기량의 처가

---

91) 맹자에 있는 문장은 華周杞梁之妻善哭其夫而變了國俗(화주와 기량의 처는 남편-상喪에-곡을 잘해서 나라의 풍속이 변했다)으로 본문에서는 善자가 빠졌음.

남편의-상(喪)에-곡하였다"로 바꿔, 고사(故事)의 중심에 편이(偏移: 치우쳐 옮겨짐)가 발생하였다〉.

"崩城"情节的增加, 是在西汉刘向的《说苑》;在《列女传》中, 又平添了"投淄水"的情节. 杞梁妻的故事到了汉代, 哭夫、崩城、投水已成系列〈"성의 붕괴(崩城)"라는 줄거리의 증가는 서한(전한) 유향의 《说苑(설원)》이고, 《列女传(열녀전)》 안에서는 "투치수(投淄水-치수에 몸을 던졌다)"라는 줄거리가 쉽게 더해졌다. (이에 따라) 기량 처의 고사(故事)는 한나라 시대에 이르러, 곡부(哭夫)와 붕성(崩城), 투수(投水)가 이미 시리즈(series)로 완성되었다〉.

如果说从春秋到西晋, 杞梁妻的故事还是在史实的基础上添枝加叶的话, 那么, 到了唐代诗僧贯休的诗《杞梁妻》那里, 就变得面目全非了. 贯休在这首诗里, 把春秋时期的事挪到了秦代, 把临淄的事搬到了长城内外, 把"城"嫁接到"长城", 再把"长城"直接定义为"秦长城". 经过贯休的大幅度调整, 杞梁妻的故事开始向"孟姜女哭长城"的传说靠近〈춘추에서 서진까지는 기량 처의 고사(故事)가 여전히 역사적 사실의 바탕에 지엽적인 말을 더하였다면, 당나라 시승(詩僧: 시 짓는 승려) 관휴의 시 《杞梁妻(기량처)》라는 곳에 이르러서는 모습이 전혀 달라졌다고 할 수 있을 정도로 변했다. 관휴는 이 시에서, 춘추시대의 일을 진(秦)나라 시대로 옮겼고, 임치의 일을 만리장성 안팎으로 옮겼으며, "城(성)"을 "长城(장성)"에 접목하고, 다시 "长城(장성)"을 "秦长城(진나라 장성)"으로 직접 정의하였다. 관휴의 대폭적인 조정을 거쳐, 기양 처의 고사(故事)는 "맹강녀가 장성을 울렸다"는 전설로 접근하기 시작하였다〉.

到了明代，明政府为了防止瓦剌入侵，大修长城，招致民怨沸腾。老百姓为了发泄对封建统治者的不满，又改杞梁妻为"孟姜女"，改杞梁为"万喜梁"(或范喜梁)，加了诸如招亲、夫妻恩爱、千里送寒衣等情节，创造出全新的"孟姜女哭长城"传说〈명나라 시대에 이르러, 명나라 정부는 와랄의 침입을 막기 위하여, 장성을 대대적으로 보수해, 백성의 원성을 들끓게 하였다. 백성들은 봉건 통치자에 대한 것을 숨김없이 털어놓기 위해, 또 기량의 처를 "맹강녀"로 바꾸고, 기량을 '만희량(혹은 범희량)'으로 바꾸었으며, 데릴사위와 부부애, 천리나 떨어진 곳에서 음력 10월 1일 죽은 사람에게 겨울옷을 보내 주는 행사 등과 같은 여러 줄거리를 더하여, 완전히 새로운 "맹강녀가 만리장성을 울리다"의 전설을 창조해 냈다〉.』

이러한 역사적 과정에서 알 수 있듯이, 기량 처(妻)의 고사(故事)는 당나라 때, 완전히 변질되어 춘추시대의 일을 진(秦)나라 시대로 옮겼고, 임치의 일을 만리장성 안팎으로 옮겼으며, "城(성)"을 "长城(장성)"에 접목하고, 다시 "长城(장성)"을 "秦长城(진나라 장성)"으로 직접 정의하였다는 것이다.

그리고 명나라 시대에 이르러서는 또 한 번 완전히 탈바꿈하여, 기량의 처를 "맹강녀"로 바꾸고, 기량을 '만희량(혹은 범희량)'으로 바꾸었으며, 데릴사위와 부부애 등과 같은 여러 줄거리를 더하여, 완전히 새로운 "맹강녀가 만리장성을 울리다"의 전설을 창조해 낸 것이라는 것이다.

즉, 맹강녀라는 말은 명나라 시대에 등장한 것이라는 말이다.

그런데, 이 건물 유적은 장뉘스(姜女石) 암초군을 똑바로 바라보는 위치에 두어졌을 정도로 강녀석(姜女石) 암초군과 밀접한 관계에 있고, 「이 건물 유적이 제사의례적인 기능과 직접적인 관련을 가지는 건물군으로 추정된다.」는 것을 보건대, 이 건물 유적은 맹강녀의 전설 및 맹강녀의 제사와 직접적인 관련을 가지는 건물군이다.

맹강녀라는 이름 자체가 명나라 장성을 건축할 때 생긴 것이므로, 이 건물 유적은 명나라 장성 건축 이후에 지어진 것이다. 명나라 장성은 영락제(永樂帝, 재위 1402~1424) 때, 동쪽에 산해관을 설치하였고, 정통제(正統帝, 재위 1435~1449) 때 내장성을 쌓았으며, 성화제(成化帝, 재위 1464~1487) 때는 오르도스 남쪽에, 가정제(嘉靖帝, 재위 1521~1567) 때는 동쪽 일대에 대대적으로 장성을 수축하였다고 하니, 이 건물 유적은 빠르면 1402년, 늦으면 1521년에 지어진 것이다.

그래서 이 건물 유적에서 나온 구름무늬 와당 등 이른바 갈석궁 출토 유물은 2천 년이 넘은 기와라고 보기에는 무늬가 너무 뚜렷하고 완전한 모양을 하고 있으며, 이른바 갈석궁에서 발굴한 우물이라는 것도 역시 2천 년이 넘은 우물이라고는 보이지 않을 정도로 거의 완전한 모양을 하고 있고, 이른바 갈석궁 건물지 출토 기와라는 것 역시 깨진 것이지만, 역시 2천 년이 넘은 기와라고 보이지 않을 정도로 마모되지 않았으며 깨끗한 것이다.

그러면 이 건물 유적에서 발견되었다는 '천추만세' 와당이나 항축 기단 및 진 특유의 거대형 기문(夔文)와당 파편, 각 궁전과 담장의 주변에서 발견된 대량의 승문 평기와, 반 원통형 기와, 승문 사이에 패문(貝文)을 장식한 와당, 뇌문(雷文)을 장식한 벽돌과 타일 등은 무엇일까?

명나라 장성 건축 이후에 맹강녀 전설이 창조되면서, 맹강녀가 진(秦)나라 장성과 연결되었다고 믿는 산해관 주변 백성들이 맹강녀를 제사지내는 건물을 지으면서 진나라 시대의 건물을 상상하며 진나라 때에 썼을 것으로 생각되는 건축부재를 만들어 쓴 것이 틀림없다. 특히 타일 같은 것은 진(秦)나라 시대에 썼던 건축 부재가 아니다.

다시 말해서 명나라 시대에 만든 진(秦)나라를 상상한 모방품이다. 그런데 그런 백성들은 역사 전문가가 아니다. 그래서 맹강녀가 진(秦)나라 장성과 연결되었다고 믿으면서도, 한나라 때나 사용된 '천추만세'라는 글을 새긴 와당이 나온 것이다.

특히, 와당이나 벽돌 같은 것은 불에 구웠으므로 그런 것이 진(秦)나라 시대에 만들어졌는지, 명나라시대에 만들어졌는지 정도는 열 발광 연대 측정법(TL: ThermoLuminescence)으로 확실히 판별할 수 있다.

그런데도 중국에서는 그러한 유물들이 진·한대에 만들어진 것이라는 증거 제시 없이, 그냥 그렇게 생긴 유물들이 건물 유적에서 발견되었다고 하는 것이다.

또한, 「손수도(孫守道), 곽대순(郭大順) 등이 수중현(綏中縣) 완자진(萬家鎭) 창쯔리촌(墙子里村) 스베이디(石碑地) 해안에서 발견된 건물 유적을 '갈석(碣石)'과 연계시켰다.」고 하는데, 이 뒤에 제시하는 바와 같이 맹강녀의 전설에는 갈석산이 한마디도 나오지 않는다. 그런데 어떻게 맹강녀의 전설과 갈석산을 연계시켰는가? 거기에 진나라 장성이 나오고, 이 건물 유적이 산해관과 가깝다는 것을 떠올려, 맹강녀의 전설에 나오지도 않는 갈석산을 맹강녀의 전설과 억지로 얽어맨 것이다.

따라서 산해관과 가까운 수중현 앞바다의 해상 바위 3개(이른바 고갈석)는 갈석산이 아니다.

그러면 명나라 때 창조된 맹강녀의 전설은 어떻게 되게 되어 있는지, 맹강녀의 전설 내용을 알아보자(역시 바이두 백과에 있는 내용임).

(2) 맹강녀전설 내용(传说内容)

『맹강녀가 장성을 울리다(孟姜女哭长城)

相传秦朝时有个孟老汉和姜老汉一墙之隔互为邻居, 孟老汉一年春天在院子的墙边种了一颗葫芦籽, 经过细心浇水、施肥培育, 后来结了一个几十斤重的葫芦瓜, 姜老汉眼看葫芦瓜成熟, 一刀切开了后, 却看见一个白白胖胖的女娃娃躺在里面。于是孟、姜两老汉为争夺女娃娃吵闹不休, 最后只好协商两家共同养育这个女娃娃, 取名"孟姜女"(대대로 전해오기를 진나라 때 맹노인과 강노인이 한 담의 간격을 두고 서로 이웃이 되었는데, 맹노인이 어느 한 해 봄에, 정원의 벽 쪽에 조롱박 씨앗을 하나 심고, 세심하게 물을 주며 비료를 주어 배양하니, 그 후에 한 개가 몇십 근 무게가 나가는 조롱박이 열렸는데, 강 노인이 조롱박이 익은 것을 보고서, 한칼에 절개를 한 후에, 뜻밖에 하나의 희고 포동포동한 여자 아기가 그 안에 누워 있는 것이 보였다. 그리하여 맹과 강 두 노인은 여자 아기를 쟁탈하기 위하여 큰 소리로 다투며 멈추지 않다가, 결국 두 집안이 이 여자 아기를 함께 기르기로 합의하며, "맹강녀"라고 이름을 지었다.

秦始皇统一中国后, 在全国各地征集数十万民夫, 将秦、燕、赵三国北边的城墙连通、修缮合一, 修筑万里长城。有个叫万喜良的书生公子, 因为逃避衙役的追拿, 翻墙逃进孟家院子, 躲在丝瓜架下, 正好被游园的孟姜女发现, 万喜良连忙起身作揖哀告。孟姜女一看是个俊俏书生, 便回报给孟老汉, 孟老汉见万喜良一表人才, 又知书达礼, 于是提出把孟姜女许配给他(진시황이 중국을 통일한 후, 전국 각지에 있는 수십만 명의 인부를 징집하여, 진, 연, 조 3국 북쪽의 성벽을 잇고, 수선하여 하나로 합쳐, 만리장성을 고치는 방법으로 축조하였다. 만희량이라고 부르는 서생(書生: 공부하는 사람) 공자(公子: 젊은이)가 있었는데, 관청 하급관리(衙役)의 추격 체포에 도피하기 위해, 벽을 넘어 맹씨 정원으로 도망쳐 들어가, 수세미 받침대 아래 숨어있었다. 마침 정원에서 놀던 맹강녀에게 발견되니, 만희량은 얼른 일어나 읍하며 도움을 청하였다. 맹강녀가 보니 잘생긴 서생(書生)이었으므로 즉시 맹노인에게 보고해 주니, 맹노인은 만희량이 뛰어난 인재이며, 또한 학식과 교양이 있고 예절에 밝음을 알아보았다. 그래서 맹강녀를 그에게 시집보내자고 제의하였다).

良辰吉日时, 正当二人即将拜堂成亲, 不料闯进几个衙役, 一拥而上把新郎万喜良抓了去做民夫。孟姜女日日哭、夜夜哭, 转眼已是一载, 万喜良一去后杳无音信, 眼看天寒地冻, 孟姜女万分不放心, 夜赶寒衣, 辞别二老, 风餐露宿、饥寒交迫, 一路打探着万里跋涉寻到长城脚底, 却听得修长城的民夫说丈夫早已累死, 尸体不知埋于何处。孟姜女顿时痛哭失声, 只哭得日月无光、天昏地暗, 只哭得秋风悲号, 海水荡波, 长城一段段倒塌, 足有八百里, 一堆堆死人骨露出来。孟姜女为了辨认出丈夫的骨骸, 咬破中指, 把血滴在一堆堆白骨上, 滴到万喜良的骨头之上时, 血珠凝住不动(좋은 날, 마침 두 사람이 곧 절하며 결혼

할 즈음에 뜻밖에 몇몇 관청 하급관리(衙役)이 뛰어들어, 우루루 몰려들어 신랑 만희량이 잡혀 인부가 되어 떠났다. 맹강녀는 밤낮으로 울었고, 순식간에 이미 일 년이 되었으나, 만희량은 한번 떠난 뒤에 소식이 없었는데, 날씨는 차고 땅이 어는 것을 지켜보니, 맹강녀는 도저히 마음이 놓이지 않아, 밤에 서둘러 겨울옷을 만들어, 두 노인에게 작별을 고하고, 비바람을 맞으며 길에서 먹고 자며, 굶주림과 추위에 시달리고, 한편으로 만 리 길을 물어보면서 산 넘고 물 건넌 뒤에야, 장성의 발끝에 도착하였는데, 오히려 장성을 수리하는 인부에게 남편이 오래전에 지쳐 죽었고, 시체는 어디에 묻혔는지 모른다는 말을 들을 수 있었다. 맹강녀는 갑자기 목이 메어 통곡 소리도 나오지 않았는데, 단지 달과 해가 빛도 없이 울 수 있어서, 천지가 어두컴컴해졌고, 다만 가을바람이 구슬프게 울부짖을 수 있었다. (그런데) 바닷물이 출렁이면서, 장성의 한 구간이 무너져, 족히 8백 리는 되었는데, 한 무더기의 죽은 사람들의 뼈가 드러났다. 맹강녀는 남편의 유골을 알아내기 위해, 가운데 손가락을 물어뜯어, 피를 한 무더기의 백골 위에 떨어뜨렸는데, 만희량의 골두(骨頭) 위로 떨어졌을 때, 핏방울이 맺히고 머무르며 움직이지 않았다).

正在这时, 秦始皇巡察长城而来, 看见眉清目秀、如花似玉的孟姜女, 隧起心霸占(마침 이때 진시황이 장성을 순찰하며 왔는데, 용모가 수려하여 꽃이나 옥처럼 아름다운 맹강녀를 보자, 깊이 차지하고 싶은 마음이 일어났다).

孟姜女将计就计, 要秦始皇答应她三个条件:一要秦始皇搭起三十里长的孝棚;二要秦始皇披麻戴孝, 领文武百官到祭台上吊祀万喜良; 三要在成亲之前, 与秦始皇游海为万喜良举行葬礼。三个条件缺一不

可, 否则宁死不从。秦始皇此时色心难耐, 为了讨得孟姜女欢心, 竟然一一答应。但在祭祀那天, 孟姜女哭完丈夫, 哭得血泪模糊时, 一纵跳入了海里。秦始皇大发雷霆, 命令士兵赶忙打捞, 即时大海咆哮, 狂风四起, 秦始皇不得而归。原来是海龙王和公主可怜孟姜女的遭遇, 命令了蟹兵蟹将前去把孟姜女接进了龙宫(맹강녀는 계책을 세워, 진시황으로 하여금 그녀의 세 가지 조건을 승낙하도록 요구하였다. 첫째, 진시황은 30리 길이의 효붕—孝棚[92]을 세운다. 둘째, 진시황은 삼베옷을 입고 머리에 흰 것을 두르는 것으로 효를 표시하며, 문무백관을 거느리고 제단에 가서 만희량에게 제사를 올린다. 셋째, 결혼하기 전에 진시황과 바다를 오가며 만희량을 위해 장례를 치른다. 세 가지 조건은 하나라도 부족해서는 안 된다. 그렇지 않으면 죽을지언정 따르지 않겠다. 진시황은 이때 호색하는 마음으로 견딜 수 없어, 맹강녀의 환심을 사기 위해, 놀랍게도 차례차례 응낙했다. 그러나 제사를 지내던 날, 맹강녀는 남편에게 곡을 마치고, 피눈물을 흘리며 곡을 할 수 있을 때, 훌쩍 바다에 뛰어들었다. 진시황이 노발대발하여, 사병들에게 서둘러 인양하도록 명령하자, 즉시 바다가 포효하고 광풍이 사방으로 일어나니, 진시황은 할 수 없이 돌아갔다. 원래 해룡왕과 공주가 맹강녀의 만남을 불쌍히 여겨, 일이 일어나기 전에 가서 맹강녀를 용궁으로 데려오라고 명령한 것이다).』

4) 수경주와 해상 바위 몇 개

맹강녀 전설의 역사연원(历史渊源)을 보면 당나라 때 맹강녀 전설이 전혀 달라졌다고 할 수 있을 정도로 변했다고 하였는데 수경주를 보면 저간의 사정을 알 수 있다.

---

92) 빈소 앞에 임시로 세운 조문용 천막.

맹강녀 전설, 즉 산해관과 가까운 수중현 앞바다의 해상 바위 몇 개와 관련된 것으로 보이는 내용이 수경주에 있는데, 그 핵심 내용을 보면 다음과 같다.

『한서지리지에 이르기를: 「대갈석산은 우북평군 여성현 서남쪽에 있는데 왕망이 게석(揭石)이라고 고쳤다.」고 하였다(《地理志》曰: 大碣石山在右北平驪成縣西南, 王莽改曰揭石也).

한(漢) 무제(武帝)가 또한 일찍이 그곳에 올라 큰 바다를 바라보고, 이곳에 돌에다가 새겼다. 지금 바다에 접해서 용도(甬道)와 같은 돌이 수십 리 있는데, 당연히 산 정상에는 큰 돌이 마치 기둥 형상으로 있어서 종종 가서 보니, 큰 바다 가운데에 서 있으며, 밀물이 크게 이르면 드러나지 않고, 조수(潮水)와 파도가 물러나면 움직이지 않고 잠기지도 않아 그 깊고 얕음을 알지 못하니, 세상에서는 그것을 천교주(天橋柱)라고 이름 붙였다. 형상은 사람이 만든 것 같지만, 반드시 사람의 힘으로 이루어진 것은 아니니, 위소(韋昭) 역시 이것을 가리켜 갈석이라고 하였다(漢武帝亦嘗登之以望巨海, 而勒其石於此. 今枕海有石如甬道數十里, 當山頂有大石如柱形, 往往而見, 立於巨海之中, 潮水大至則隱, 及潮波退, 不動不沒, 不知深淺, 世名之天橋柱也. 狀若人造, 要亦非人力所就, 韋昭亦指此以為碣石也).

삼제략기(三齊略記)에 이르기를: 『진시황이 바다 가운데에 돌다리(石橋)를 만드니, 해신(海神)이 그를 위하여 기둥을 세워 주었다. 진시황(始皇)이 그와 서로 만나 보기를 요구하자, 해신이 말하기를: 「나는 형상이 추하니 나의 형상을 그리지 마시고, 마땅히 (내가 황제를 찾아서) 제(帝)

와 서로 만나 뵙겠습니다.」라고 하였다. 그런데도 (진시황이) 바다로 40리를 들어가 해신을 만나, 측근들에게 손을 움직이지 못하게 하고서, 화공(工人)에게 몰래 다리(脚)로 그 형상을 그리게 하였다. 해신이 화를 내며 말하기를: 「황제(帝)가 약속을 어겼으니, 신속하게 떠나시오.」라고 하였다. 진시황(始皇)이 말을 갈아타고 돌아오는데, 앞다리가 움직여 서니, 뒷다리에서는 뒤를 따라 무너져, 겨우 해안에 오를 수 있었으나, (그림을) 그린 자는 바다에 빠져 죽고, 여러 산의 바위들은 모두 (바다로) 쏟아져 들어갔는데, 지금도 (그 바위들이) 급급하게 동쪽으로 달려간다.」고 하였는데, 아마 맞을 듯하다(《三齊略記》曰: 始皇於海中作石橋, 海神爲之豎柱. 始皇求與相見, 神曰: 我形醜, 莫圖我形, 當與帝相見. 乃入海四十里, 見海神, 左右莫動手, 工人潛以脚畫其狀. 神怒曰: 帝負約, 速去. 始皇轉馬還, 前脚猶立, 後脚隨崩, 僅得登岸, 畫者溺死于海, 衆山之石皆傾注, 今猶岌岌東趣, 疑卽是也). (중략)

옛날 한(漢)나라 시대에 바닷물이 일렁이며 올라와서 땅을 광범위하게 삼켰으니 당연히 갈석도 함께, 큰 파도에 싸여서 빠진 것이다(昔在漢世, 海水波襄, 呑食地廣, 當同碣石, 苞淪洪波也).」

이 부분에서 수경주의 내용을 전체적으로 보면, 육도원은 갈석산의 위치를 잘 모르며, 역사적 사실도 잘 모르고 있음을 알 수 있다.

첫째, 육도원은 갈석산의 지리적 위치를 잘 모르고 있다. 한서지리지는 한나라 말기의 지리적 상황을 기록한 것인데, 한서지리지에 갈석산은 우북평군에 있다. 그러나 지금의 수중현(綏中縣) 앞바다 가운데에 서 있는 바위는 한나라 말기에 요서군에 속했다. 따라서 수경주를 쓴 육도원은 요서군에 속했던 지금의 수중현(綏中縣) 앞바다에 서 있는 바위를 우북평군에 있는 갈석산으로 혼동하고 있는 것이다. 즉 육도원은 한나라 말기 때 요서군에 속했던 지금의 수중현(綏中縣) 앞바다를 한나라 말기 때의 우북평군으로 착각하고 있는 것이다.

둘째, 육도원은 역사적 사실 관계를 잘 모르고 있다. 육도원은 「한(漢) 무제(武帝)가 또한 일찍이 그곳에 올라 큰 바다를 바라보고, 이곳에 돌에다가 새겼다.」고 하였는데, 한 무제는 갈석산의 돌에 글을 새긴 일이 없다. 한 무제가 갈석산에 간일을 기록한 것은 사기 효무본기와 한서 무제기인데, 둘 다 「至碣石(갈석산에 이르렀다―도착하였다).」라고만 되어 있다. 갈석산에 올라 바다를 바라보고 글을 짓고, 그 글이 갈석산 바위에 새겨진 것은 한 무제가 아니라 조조이다. 즉, 육도원은 조조를 한 무제로 착각한 것이다.

셋째, 조조가 올랐던 산은 창려현에 있는 갈석산이다. 그런데 육도원은 이러한 사실을 모르고, 지금의 수중현(綏中縣) 앞바다 가운데에 서 있는 바위를 갈석산이라고 착각하고 있다.

넷째, 육도원이 그렇게 생각한 첫 번째 근거는 「위소(韋昭) 역시 이것을 가리켜 갈석이라고 하였다.」고 하는데서 알 수 있듯이, 위소에서부터 비롯된 것임을 알 수 있다. 그런데, 한서서례를 보면 위소(韋昭)는 오군(吳郡) 운양현(雲陽) 사람으로 중국의 삼국시대에 오나라에서 벼슬을 한 사람이다. 위소를 바이두로 검색해보면, 오군 운양현은 오늘날 강소성 단양시(今江苏丹阳)인데, 단양시는 양자강(장강) 남쪽이며, 양자강 하류에 위치하고 있다. 위소는 후에 오나라의 마지막 군주 손호에게 살해

당했는데, 그때 나이 70세였다(后为孙皓所害, 时年七十岁). 즉 위소는 위나라에 속했던 갈석산에 평생 갈 수 없었고, 따라서 갈석산을 보지도 못한 사람이다. 마찬가지로 위소는 위나라에 속했던 지금의 수중현(綏中縣) 앞바다 가운데에 서 있는 바위 역시 구경도 못한 사람이다. 그런데 갈석산과 수중현(綏中縣) 앞바다 가운데에 서 있는 바위를 보지도 못한 사람이 무슨 근거로 지금의 수중현(綏中縣) 앞바다 가운데에 서 있는 바위를 갈석산이라고 하였다는 말인가? 위소의 이야기는 위증이므로 거짓이다. 위소(韋昭)는 그저 글 속에 있는 갈석산과 수중현(綏中縣) 앞바다 가운데에 서 있는 바위를 보고「이것을 가리켜 갈석이라고 한 것」으로 보인다. 그저 글만을 보고 상상으로 수중현(綏中縣) 앞바다 가운데에 서 있는 바위를 가리켜 갈석산이라고 한 것이다. 따라서 위소가 위증한 것인지도 모르고 위소가 상상으로 수중현(綏中縣) 앞바다 가운데에 서 있는 바위를 가리켜 갈석산이라고 하였다고 해서, 육도원도 그렇게 결론을 내린 것은 잘못이며 틀린 것이다.

넷째, 육도원이 그렇게 생각한 두 번째 근거는 삼제략기(三齊略記)에 있는 전설이다. 그것을 보고,「아마도 맞을 것이다.」라고 추측한 것이다. 그러나 이러한 전설과 짐작은 수중현(綏中縣) 앞바다에 있는 바위 몇 개가 갈석산이라는 근거가 되지 못한다.

다섯째, 육도원이 그렇게 생각한 세 번째 근거는「옛날 한(漢)나라 시대에 바닷물이 일렁이며 올라와서 땅을 광범위하게 삼켰다.」는 주장이다. 그러나 그와 같은 일은 한나라 시대의 일을 기록한 사기 고조본기나. 여태후본기, 효문본기, 효경본기, 효무본기에 없음을 물론이고, 물(하천)과 땅(농토)에 관한 기록인 사기 하거서에도 없고, 한서본기에도 물론 없으며, 한나라의 자연재해와 자연의 이변현상을 기록한 『한서오행지』를 보아도 많은 비가 내렸다는 대수(大水), 대우(大雨), 상우(常雨) 같은 기록과 많은 하천이 거꾸로 흘러 범람하였다는 百川逆溢이라는 기록은 있어도, 바닷물이 올라와서 광범위한 땅을 삼켰다는 기록은 없다. 그리고 한나라 시대까지 물을 다스린 기록인 『한서구혁지』를 보아도 바닷물이 올라와서 광범위한 땅을 삼켰다는 기록은 없다. 즉 그와 같은 육도원의 주장은 사실무근이다. 다른 한편으로, 삼제략기(三齊略記)에 기록된 전설에 의하면 진시황 때 이미 수중현(綏中縣) 앞바다에 있는 바위 3개는 바다에 잠겼는데, 육도원은 한(漢)나라 시대에 바닷물이 올라와 땅을 광범위하게 삼킬 때 갈석도 함께, 큰 파도에 싸여서 빠졌으므로, 수중현(綏中縣) 앞바다에 있는 바위 3개가 갈석산이라는 주장은 모순이다. 따라서 육도원의 추정인 「옛날 한(漢)나라 시대에 바닷물이 일렁이며 올라와서 땅을 광범위하게 삼켰으니 당연히 갈석도 함께, 큰 파도에 싸여서 빠졌다.」는 주장 역시 근거 없는 낭설로 거짓이다. 다시 말해서 「옛날 한(漢)나라 시대에 바닷물이 일렁이며 올라와서 땅을 광범위하게 삼켰으니 당연히 갈석도 함께, 큰 파도에 싸여서 빠진 것」이라는 주장은 근거 없는 낭설이므로, 수중현(綏中縣) 앞바다에 있는 바위 3개가 갈석산이라고 말할 수 없다.

여섯째, 앞서 맹강녀 전설의 역사연원(历史渊源)에서 보았듯이, 강녀분(姜女墳)이라고 하는 수중현(綏中縣) 앞바다에 있는 바위 몇 개는 근본적으로 갈석산 및 진나라 장성과 아무런 관련이 없다. 따라서 수중현(綏中縣) 앞바다에 있는 바위 몇 개는 갈석산이 아니다.

이처럼 수경주를 쓴 육도원이 살던 북위시대에 이미 수중현(綏中縣) 앞바다에 있는 바위 3개를 갈석산과 연결시키고 있었음을 알 수 있다.

그러나 그것은 한나라 말기 때 요서군과 우북평군의 지리적 위치에 대한 무지와 역사적 사실 관계에 대한 무지, 위소의 주장이 위증이라는 것을 모르고 있는 점, 삼제략기(三齊略記)에 있는 전설을 역사적 사실로 인식한 오류, 근거 없는 낭설을 사실로 착각한 것에 따르고 있음을 알 수 있다.

이러한 무지와 위증, 전설 및 근거 없는 낭설이 섞여 마침내 당나라 시대에는 춘추시대의 일을 진(秦)나라 시대로 옮기고, 임치의 일을 만리장성 안팎으로 옮기며, "城(성)"을 "长城(장성)"에 접목하고, 다시 "长城(장성)"을 "秦长城(진나라 장성)"으로 직접 정의한 것이다.

5) 갈석산의 위치 결론

이상에서 살펴본 바와 같이 갈석산의 위치는 명백하다. 지금의 하북성 창려현 북쪽이다. 산해관과 가까운 수중현(綏中縣) 앞바다에 있는 바위 몇 개를 고갈석(古碣石: 옛 갈석산)이라고 하면서, 그 증거로 제시한 수중현의 이른바 '고대 건축 유적'은 진·한대 건축물이 아니며, 명나라 시대에 지어진 것이다. 그 증거가 맹강녀 전설의 역사연원(历史渊源)과 거기서 나온 유물이다. 따라서 연·진시대의 요동군은 지금의 하북성 창려현 지역에 있었다.

5. 갈석산과 진나라 장성의 관계

갈석산은 진나라 장성의 끝이다. 그 증거가 바로 진서 권42 당빈(唐彬)열전이다. 그것을 보면 遂開拓舊境, 卻地千里。復秦長城塞, 自溫城洎于碣石, 綿亙山谷且三千里(마침내 옛 경계를 개척해 땅 천리를 물러나게 하였다. 진나라 장성과 요새를 복구하면서, 온성에서부터 갈석까지 이르렀는데 산과 골짜기를 계속하여 대략 3천 리에 이어졌다)라고 되어 있어서 당빈도 진개와 똑같이 (외적으로 하여금) 땅 천 리를 물러나게 한 뒤, 진나라 장성을 복구하였는데 그 끝이 진나라 장성과 마찬가지로 갈석산임을 진술하고 있다. 진개의 장성은 천여 리인데 여기서는 어째서 3천 리이며, 여기에 있는 갈석산이 어느 곳에 있는지, 이런 일이 왜 일어났는지는 이 문구의 앞을 보면 알 수 있다. 그것을 보면 北虜侵掠北平, 以彬爲使持節、監幽州諸軍事、領護烏丸校尉、右將軍(북쪽 오랑캐가 북평을 침략하여 약탈해, 당빈을 사지절, 감유주제군사, 영호오환교위, 우장군으로 삼았다)라고 되어 있다. 그래서 북평을 침략한 북쪽 오랑캐들을 물러나게 한 뒤, 진나라 장성과 요새를 복구하면서, 온성에서부터 갈석까지 이르게 한 것이다. 여기에 나오는 북평을 바이두로 검색해 보면 北平, 是北京的旧称之一(북평은 북경의 옛 명칭 중 하나이다)라고 되어 있다. 즉 북평은 오늘날 북경이다. 또한 온성(溫城)은 온현성(溫縣城)으로 지금 하남성 초작시(河南省焦作市)에 속해 있는데 낙양에서 동북쪽으로 약 67.61km(구글어스 지도상 직선거리) 떨어져 있고, 황하 바로 북쪽에 있는데 진나라의 창업자 사마의가 태어난 곳이다. 그런데, 북경 서역에서 낙양역까지의 철도거리가 813km인데, 연나라 장성이 지나갔던 어양군이 지금 북경시 밀운구이므로, 북경 서역에서 밀운구까지는 약 69.81km(구글어스 지도상 직선거리)인 점을 생각하면, 대략 2천 리는 온성(지금의 하남성 온현)에서 북경시 밀운구(옛 어양군)까지의 거리이고, 천여 리는 진개가 물리친 땅과 마찬가지로 조양에서부터 천여 리임을 알 수 있다. 진개가 물리친 천여 리는 조양(오늘날 하북성 회래현)에서부터 양평(하북성 창려현)까지의 거리이고, 창려현 북쪽에 갈석산이 있으므로, 당빈열전에 있는 갈석산도 창려현 북쪽에 있는 산이다. 결국 진나라 때의 요동군이 갈석산까지이며, 진나라가 쌓았다고 하는 장성도 기존에 연나라가 쌓았던 장성을 수리하면서 갈석산까지 쌓은 것임을 알 수 있다.

제3절 진승·오광의 난 이후 혼란기의 요동군

1. 사기 진섭세가

2세 원년(기원전 209년) 7월, (중략) 진섭은 이에 즉위하여 왕이 되고 국호를 장초(張楚)라고 하였다. (중략) 진현(陳縣) 사람 무신(武臣), 장이(張耳), 진여(陳餘)로 하여금 조(趙) 지역을 빼앗게 하였고, (중략) 무신(武臣)은 한단(邯鄲: 옛 조나라의 서울)에 이르러 스스로 즉위하여 조왕(趙王)이 되고, 진여는 대장군, 장이와 소소(召騷)는 좌우 승상이 되었다. (중략) (무신은) 옛 상곡(上谷) 졸사(卒史: 군승—郡丞 밑에 있으면서 군수부의 문서 수발을 담당한 관리)였던 한광(韓廣)을 보내 군사를 거느리고 북쪽으로 연(燕)의 땅을 빼앗게 하였다. 연(燕)의 옛 귀족과 호걸들이 한광에게 일러 말하기를:「초(楚)가 이미 왕을 세웠고, 조(趙)도 왕을 세웠습니다. 연(燕)이 비록 작지만 역시 만 승의 나라입니다. 장군께서도 즉위하여 연왕이 되시기를 원합니다.」라고 하니, 한광이 말하기를:「(나) 한광의 어머니가 조(趙)나라에 계시니 안 됩니다.」라고 하였다. 연(燕) 사람들이 말하기를:「조(趙)나라는 서쪽으로 진나라를 걱정하고, 남쪽으로 초나라를 걱정하니, 그 힘으로는 우리를 위협할 수 없습니다. 또한 초나라의 강함으로도 조나라의 왕과 장상(將相)의 가족들을 감히 해치지 못하는데, 조(趙)나라 홀로 어찌 장군의 집안을 해칠 수 있습니까!」라고 하니, 한광이 그렇다고 여겨 마침내 스스로 즉위하여 연왕(燕王)이 되었다 (二世元年七月, (중략) 陳涉乃立爲王, 号爲張楚。 (중략) 令陳人武臣、張耳、陳余徇趙地, (중략) 武臣到邯鄲, 自立爲趙王, 陳餘爲大將軍, 張

耳、召騷爲左右丞相。(중략) 而遣故上谷卒史韓廣將兵北徇燕地。燕故貴人豪傑謂韓廣曰:「楚已立王, 趙又已立王。燕雖小, 亦萬乘之國也。願將軍立爲燕王。」韓廣曰:「廣母在趙, 不可。」燕人曰:「趙方西憂秦, 南憂楚, 其力不能禁我。且以楚之彊, 不敢害趙王將相之家, 趙獨安敢害將軍之家!」韓廣以爲然, 乃自立爲燕王」.

2. 사기 항우본기

「(항우가) 연왕 한광(韓廣)을 옮겨 요동왕(遼東王)으로 삼고, 연나라 장수 장도(臧荼)는 초군을 따라 조(趙)를 구원하였으며 관중에 따라 들어왔으므로 장도를 세워 연왕으로 삼고 계(薊)에 도읍하게 하였다. (중략) 한나라 원년 4월 (중략) 장도는 (연)나라로 가서 한광을 내쫓아 요동으로 가게 하였으나, 한광이 말을 듣지 않자, 장도는 한광을 공격하여 무종(無終)에서 죽이고, 왕위과 그 땅을 합하였다(徙燕王韓廣爲遼東王, 燕將臧荼從楚救趙, 因從入關, 故立荼爲燕王, 都薊 (중략) 漢之元年四月 (중략) 臧荼之國, 因逐韓廣之遼東, 廣弗聽, 荼擊殺廣無終, 幷王其地)」.

3. 사기 고조본기

「한나라 원년(서기전 206년) 정월 (중략) (항우가) 연나라 장수 장도를 연왕으로 삼고, 계에 도읍하게 하였다. 옛 연나라 왕 한광은 옮겨 요동에서 왕 노릇하게 하였는데, 한광이 듣지 않자, 장도가 그를 공격하여 무종에서 죽였다(漢元年正月 (중략) 燕將臧荼爲燕王, 都薊。故燕王韓廣徙王遼東。廣不聽, 臧荼攻殺之無終)」.

4. 한서 고제기

「고제 원년(서기전 206년) 2월 (중략) (항우가) 연왕 한광을 옮겨 요동왕으로 삼았다. 연나라 장수 장도를 연왕으로 삼고, 계(薊)에 도읍하게 하였다. (중략) 6월, (중략) 연왕 한광 또한 요동(군)으로 옮기려고 하지 않았다. 가을 8월, 장도가 한광을 죽이고 그 땅을 합쳤다(元年 二月 (중략) 徙燕王韓廣爲遼東王。燕將臧荼爲燕王, 都薊。(중략) 六月, (중략) 燕王韓廣亦不肯徙遼東。秋八月, 臧荼殺韓廣, 幷其地).」

5. 사기 진초지제월표(秦楚之際月表)

때	연나라
진 2세 원년 (서기전 209년) 9월	韓廣爲趙略地至薊, 自立爲燕王始。 한광이 조나라를 위해 (연나라) 땅을 공략하여 계에 도착하고는 스스로 즉위하여 비로소 연왕이 되었다.
진 2세 3년 (서기전 207년) 10월	使將臧荼救趙。 (항우가) 장군 장도로 하여금 조를 구원하게 하였다.
한나라 원년 (서기전 206년) 12월	臧荼從入, 分燕爲二國【索隱】燕、遼東也。 장도가 따라 (관중지방에) 들어갔으며, 연나라를 나누어 두 나라가 되었다. (사기)색은: 연(나라)과 요동(국)이다.

때	연나라	요동국
한나라 원년 (서기전 206년) 정월	燕(연나라)	分爲遼東 (나뉘어 요동이 되었다)
한나라 원년 (서기전 206년) 2월	王臧荼始, 故燕將 장도가 비로소 (연나라) 왕이 되었는데, 옛 연나라 장수이다.	王韓廣始, 故燕王 한광이 비로소 (요동국) 왕이 되었는데 옛 연나라 왕이다.
한나라 원년 (서기전 206년) 3월	都薊 (연나라 왕 장도가) 계에 도읍하였다.	都無終 (요동 왕 한광이) 무종에 도읍하였다.
한나라 원년 (서기전 206년) 8월		臧荼擊廣無終, 滅之 장도가 한광을 무종에서 공격하여 그를 멸하였다.
한나라 원년 (서기전 206년) 9월		屬燕 (요동국이) 연나라에 속하였다.

6. 분석

　진나라가 차지했던 요동군은 진 2세 원년(서기전 209년) 9월에 연나라 왕이 된 한광에게 속하게 되었다. 그 뒤, 한나라 원년(서기전 206년) 12월에 항우가 연왕 한광(韓廣)을 요동왕(遼東王)으로 옮기고, 연왕으로는 장도(臧荼)를 세웠다. 그 까닭은 연나라 장수 장도(臧荼)가 초군을 따라 조(趙)를 구원하였으며, 관중에도 초군을 따라 들어왔기 때문이다. 그에 따라 한나라 원년(서기전 206년) 정월에 연나라는 연나라와 요동국 2개의 나라로 나뉘었다. 요동군이 요동국이 된 것이다. 그다음 달인 한나라 원년(서기전 206년) 2월에 장도가 비로소 연나라 왕이 되고 같은 달에 한광이 비로소 요동왕이 되었으며, 한나라 원년(서기전 206년) 3월에 장도는 연나라의 원래 서울이었던 계(薊)에 도읍하고, 요동왕 한광은 무종(無終)에 도읍하였다. 무종이 어디인지는 한서지리지에 무종현이 옛 무종자국(無終子國)이라고 되어 있는데 바이두로 검색해보면 무종자국(無終子國)을 무종국(無終國)이라고 하면서 무종국은 지금 천진 계현 일대(无终国在今天津蓟县一带)에 있었다고 되어 있다. 계현은 현재 계주구(薊州区)로 바뀌었다. 천진시 계주구는 북경시와 하북성 옥전현 사이에 있다. 중국 철도거리를 소개하는 곳에서 북경역과 옥전현역 사이의 거리 정보는 117km라고 제공하고 있는데, 이상하게 북경역에서 계주구역 사이의 거리 정보는 없다. 바이두 지도에서 제공하는 철도 길을 따라 계주구역과 옥전현역 사이의 거리를 측정해보니 약 34km가 나왔다. 즉 계주구역(薊州区站)은 북경역에서 약 83km(철도거리) 떨어져 있다. 이곳 계주구역(薊州区站)은 요동군의 동쪽 끝인 창려현에서 북경쪽(서쪽)으로 약 166km(철도거리) 떨어진 곳이다(창려현역에서 북경역까지의 철도거리가 249km).

이렇게 요동군이 탈바꿈한 요동국의 서울인 무종(無終)이 요동군의 동쪽 끝인 창려현에서도 북경쪽으로 약 400리 떨어져 있다는 것은 무엇을 뜻하는가?

가능성이 두 가지이다.
첫째는 요동군이 창려현 쪽에 있었던 것이 아니라 오늘날 천진시 계주구(薊州区)에 있었다는 것을 뜻한다. 그런데 이것은 요동군이 조양에서 천여 리 떨어져 있다는 사실과 배치되므로, 그 가능성은 작아 보인다.

둘째는 한서 고제기에 있는 대로 한광이 요동군으로 옮기려고 하지 않아서 요동군으로 가는 도중인 무종(無終) 즉 오늘날 천진시 계현(薊縣-계주구薊州区)에 도읍을 정한 것이다. 무종(無終) 즉 오늘날 천진시 계현(薊縣-계주구薊州区)은 우북평군에 속한 땅이다. 이러한 점을 보면 한광은 우북평군에서부터 요서군 요동군까지를 요동국의 영토로 삼은 것이다. 물론 요동군은 창려현까지이다. 그렇다면 그 폭이 약 166km(철도거리)이니 대략 400리의 땅인데 도읍이 천진시 계주구(薊州区)에 있고 그 서쪽 방향인 북경쪽에 장도(臧荼)라는 위험이 크게 존재하였으므로, 요동국의 동쪽 끝 경계인 창려현 쪽은 신경조차 쓰지 못했던 상황이었다.

아무튼, 요동왕 한광은 무종(無終)에 도읍한지 3년 만에 연나라 왕 장도(臧荼)에게 공격당해 한광의 요동국은 멸망하고, 요동국이 연나라에 합쳐짐으로써 요동군은 다시 연나라 왕 장도(臧荼)에게 속하게 되었다. 이때가 한나라 원년(서기전 206년) 9월이다.

이를 간단하게 말하면, 진나라가 차지했던 요동군은 진 2세 원년(서기전 209년) 9월에 연나라 왕이 된 한광에게 속하였다가, 한나라 원년(서기전 206년) 9월에 연나라 왕 장도(臧荼)에게 속하게 되었다.

제4절 한나라 초기의 요동군

1. 사기 고조본기

「한나라 5년(서기전 202년) 10월, 연왕 장도가 반란을 일으켜 대(代)의 땅을 공격하여 함락시켰다. 고조는 스스로 장수가 되어 그를 쳐서 연왕 장도를 잡았다. 즉시 태위(太尉) 노관(盧綰)을 즉위시켜 연왕으로 만들었다(五年十月, 燕王臧荼反, 攻下代地。高祖自將擊之, 得燕王臧荼。即立太尉盧綰為燕王).

한나라 12년(서기전 195년) 12월, 진희의 항복한 장수가 말하기를 진희가 반역했을 때, 연왕 노관이 진희에게 사람을 보내 함께 음모를 꾸몄다고 하였다. 황상이 벽양후(辟陽侯: 심이기)로 하여금 노관을 영접하게 하였으나 노관은 병을 핑계 댔다. 벽양후가 돌아와서 노관에게 반역의 단서가 있음을 구체적으로 말하였다(十二年十二月, 陳豨降將言豨反時, 燕王盧綰使人之豨所, 與陰謀。上使辟陽侯迎綰, 綰稱病。辟陽侯歸, 具言綰反有端矣).

2월, (고조는) 번쾌와 주발로 하여금 군사를 거느리고 연왕 노관을 치게 하고, 연나라의 관리와 백성 및 반란자를 사면하였다. 아들 유건(劉建)을 연왕으로 즉위시켰다. 고조가 경포를 칠 때 흐르는 화살에 맞아 도중에 병이 났다. (중략) 노관은 기병 수천과 함께 변경에서 거처하여, 기다리고 엿보면서, 다행히 황상의 병이 나으면 스스로 들어가 사죄하려고 하였다(二月, 使樊噲、周勃將兵擊燕王綰, 赦燕吏民與反者。立皇子建爲燕王。高祖擊布時, 爲流矢所中, 行道病。(중략) 盧綰與數千騎居塞下候伺, 幸上病愈自入謝).

4월 정미일, 노관은 고조가 죽었다는 소식을 듣고 마침내 흉노로 도망쳐 들어갔다(四月丁未, 盧綰聞高祖崩, 遂亡入匈奴).」

2. 한서 고제기

「고제 5년(서기전 202년) 가을 7월, 연왕 장도가 반란을 일으키니 황상이 스스로 군사를 거느리고 그를 정벌하였다(五年秋七月, 燕王臧荼反, 上自將征之).

9월, 장도를 사로잡았다. 제후왕에게 조서를 내려, 공이 있는 자 가운데, 세워서 연나라 왕으로 삼을 만한 자를 살펴보게 하였다. 형왕(荊王: 초왕) 신(臣) 한신 등 10명이 모두 말하기를: 「태위인 장안후 노관의 공이 가장 많으니 청컨대 (그를) 세워 연왕으로 삼으십시오.」라고 하였다(九月, 虜荼。詔諸侯王視有功者立以爲燕王。荊王臣信等十人皆曰:「太尉長安侯盧綰功最多, 請立以爲燕王。).」

고제 12년(서기전 195년) 12월, 진희의 항복한 장수가 말하기를 진희가 반란하였을 때, 연왕 노관이 사람을 시켜 진희가 있는 곳으로 가도록 해서, 음모를 꾸몄다고 하였다. 황상이 벽양후 심이기로 하여금 노관을 맞이하게 하였으나 노관은 병을 핑계 대었다. 심이기가 노관이 반란하려는 단서가 있다고 말하였다(十二年十二月, 陳豨降將言豨反時燕王盧綰使人之豨所陰謀。上使辟陽侯審食其迎綰, 綰稱疾。食其言綰反有端).

봄 2월, 번쾌와 주발로 하여금 병사를 거느리고 노관을 치게 하였다. 조서를 내려 말하기를:「연왕 노관과 나는 옛정이 있어서, 자식처럼 아꼈는데, 진희와 함께 모반이 있었다는 말을 듣고, 나는 (모반이) 있지 않았다고 생각했으므로 사람을 시켜 노관을 맞이하게 하였다. 노관이 병을 핑계 대고 오지 않으니 모반이 명백하다. 연나라의 관리와 백성은 죄가 있지 않으니, 그 나라의 관리 6백석 이상에게 작위를 각각 1급씩 하사한다. 노관과 함께하였으나 (그를) 떠나 돌아온 자는 사면하고, 작위를 역시 1급씩 추가하라.」고 하였다. 제후왕들에게 조서를 내려 세워서 연왕으로 삼을 만한 자를 의논하게 하니, 장사왕 오신 등이 청하기를 (유방의) 아들 유건을 세워 연왕으로 삼자고 하였다(春二月, 使樊噲、周勃將兵擊綰. 詔曰:「燕王綰與吾有故, 愛之如子, 聞與陳豨有謀, 吾以為亡有, 故使人迎綰. 綰稱疾不來, 謀反明矣. 燕吏民非有罪也, 賜其吏六百石以上爵各一級. 與綰居, 去來歸者, 赦之, 加爵亦一級。詔諸侯王議可立為燕王者, 長沙王臣等請立子建為燕王).

3월, (중략) 황상이 경포를 칠 때, 떠도는 화살에 맞았는데 길에서 병이 났다. (중략) 노관은 수천 명과 함께 변경 쪽에 거처하여, 기다리고 엿보면서, 다행히 황상의 병이 나으면 스스로 들어가 사죄하려고 하였다(三月, (중략) 上擊布時, 為流矢所中, 行道疾. (중략) 盧綰與數千人居塞下候伺, 幸上疾愈, 自入謝).

여름 4월 갑진일(25일), 황제가 장락궁에서 죽었다. 노관은 그 소식을 듣자, 마침내 도망하여 흉노로 들어갔다(夏四月甲辰, 帝崩于長樂宮。盧綰聞之, 遂亡入匈奴).」

3. 사기 진초지제월표(秦楚之際月表)

때	사건
한나라 5년 (서기전 202년) 정월	燕國 연나라
한나라 5년 (서기전 202년) 8월	帝自將誅燕。 황제가 스스로 군사를 거느리고 연(燕)나라를 쳤다.
한나라 5년 (서기전 202년) 9월	反漢, 虜荼。【索隱】虜臧荼。 漢書作四年九月, 誤也。 (연나라가) 한나라에 반란을 일으켜, (연나라 왕) 장도를 사로잡았다
한나라 5년 (서기전 202년) 후9월- 後九月(윤9월)	燕王盧綰始, 漢太尉。 노관이 비로소 연왕이 되었는데, 한나라 태위이다.

4. 사기 조선열전

「한나라가 일어나서는 그곳이 멀어 지키기 어려우므로, 다시 요동의 옛 요새를 수리하고 패수에 이르는 곳을 경계로 하여 연(燕)에 속하게 하였다. 연왕 노관이 (한-漢을) 배반하고 흉노로 들어가자 만(滿)도 망명하였다. 무리 천여 명을 모아 북상투에 오랑캐의 복장을 하고, 동쪽으로 도망하여 (요동:遼東) 요새를 나와 패수를 건너 진(秦)의 옛 빈 땅이었던 상하장(上下鄣)에 살면서, 점차 진번과 조선의 오랑캐 및 옛 연(燕), 제(齊)의 망명자를 복속시켜 거느리고 왕이 되었으며, 왕검(王儉)에 도읍하였다. 이때가 마침 효혜(孝惠), 고후(高后)의 시대로서 천하가 처음 안정되니, 요동태수는 곧 만을 외신(外臣)으로 삼을 것을 약속하고, 국경 밖 오랑캐를 지켜 변경을 노략질하지 못하게 하였으며, 여러 오랑캐의 군장이 들어와 천자를 뵙고자 하면 막지 않도록 하였다. 이를 듣고 황상도 그것을 허락하니, 이로써 만은 군사의 위세와 재물을 얻게 되어, 그 주변의 소읍(小邑)을 침략해 항복시키니, 진번과 임둔도 모두 와서 복속하여 사방 수천 리가 되었다(漢興, 爲其遠難守, 復修遼東故塞, 至浿水爲界, 屬燕. 燕王盧綰反, 入匈奴, 滿亡命, 聚黨千餘人, 魋結蠻夷服而東走出塞, 渡浿水, 居秦故空地上下鄣, 稍役屬眞番、朝鮮蠻夷及故燕、齊亡命者王之, 都王險. 會孝惠、高后時天下初定, 遼東太守卽約滿爲外臣, 保塞外蠻夷, 無使盜邊 ; 諸蠻夷君長欲入見天子, 勿得禁止. 以聞, 上許之, 以故滿得兵威財物侵降其旁小邑, 眞番、臨屯皆來服屬, 方數千里).」라고 되어 있다.

5. 분석

앞에 있는 사료를 분석하기에 앞서, 사기 고조본기에 한나라 5년(서기전 202년) 10월이라고 되어 있는데, 이것은 사기 진초지제월표(秦楚之際月表)에서 보듯이 후9월(後九月) 즉 윤9월이다.

이제 진나라 말기에서 여기까지 요동군의 역사를 간추려보자. 진나라가 차지했던 요동군은 진 2세 원년(서기전 209년) 9월에 연나라 왕이 된 한광에게 속하였다가, 한나라 원년(서기전 206년) 9월에 연나라 왕 장도(臧茶)에게 속하게 되었다. 그런데 한나라 5년(서기전 202년) 7월에 연나라 왕 장도(臧茶)가 군사를 일으켜 대(代)의 땅을 공격하여 함락시키자, 그해 8월에 한 고조 유방은 스스로 군사를 거느리고 연(燕)나라를 토벌하여, 그해 9월에 연왕 장도를 사로잡았고, 그해 10월에 노관을 연왕으로 세웠다. 즉 요동군은 진 2세 원년(서기전 209년) 9월에 연나라 왕이 된 한광에게 속하였다가, 한나라 원년(서기전 206년) 9월에 연나라 왕 장도(臧茶)에게 속하게 된 후, 한나라 5년(서기전 202년) 8월까지 장도의 소유였는데, 이때 고조 유방은 스스로 군사를 거느리고 연(燕)나라를 토벌하여, 그해 9월에 연왕 장도를 사로잡음으로써 한나라 5년(서기전 202년) 9월에 비로소 한나라에 속하게 되고, 그다음 달인 후9월(윤9월)에 노관을 연왕으로 세움으로써 요동군이 한나라의 제후국 연나라에 속하게 된 것이다. 다시 말해서 요동군이 한나라에 속하게 된 때는 한나라 5년(서기전 202년) 후9월(윤9월)인데, 사기 고조본기에는 잘못해서 한나라 5년 10월이라고 쓴 것이다.

　이 기간, 즉 진 2세 원년(서기전 209년) 9월과 한나라 5년(서기전 202년) 후9월(윤9월) 사이에 중국에서 상하장이라고 부르는 조선(후조선)과 진나라 사이의 공유지이자 완충지대는 공유지의 한쪽 소유자인 진나라가 없어지자 다른 한쪽의 소유자인 조선(후조선)이 차지한 것이다. 언제 차지한 것인가? 빠르면 진 2세 원년(서기전 209년) 9월에 진나라가 상하장에서 없어지자 조선(후조선)은 공유지(상하장)을 차지한 것이고, 늦어도 한나라 원년(서기전 206년) 9월에 요동국이 연나라 왕 장도(臧荼)에게 속하게 되었을 때이며, 아무리 늦어도 요동군이 한나라에 속하게 된 한나라 5년(서기전 202년) 후9월(윤9월)이다.

　그런데 여기서 한나라 5년은 다름 아닌 한 고조 유방이 항우를 물리치고 중국을 통일한 해이다. 그때가 12월이다. 여기서 주의할 점은 이 당시에는 10월이 한 해의 첫 달이고 9월이 마지막 달이었다. 그러니까 일이 일어난 순서는 한나라 5년(서기전 202년) 12월에 한 고조 유방이 중국을 통일하였고, 한나라 5년(서기전 202년) 7월에 연나라 왕 장도(臧荼)가 군사를 일으켜 대(代)의 땅을 공격하여 함락시키자, 한나라 5년(서기전 202년) 8월에 한 고조 유방이 연(燕)나라를 토벌하여, 한나라 5년(서기전 202년) 9월에 연왕 장도를 사로잡았고, 한나라 5년(서기전 202

년) 후9월(윤9월)에 노관을 연왕으로 세운 것이다. 즉 한나라가 중국을 통일한 그해 마지막 달에 요동군이 연(燕)에 속한 것이다.

6. 사기 조선열전의 의문점 해결

이제 사기 조선열전을 보자.

「한나라가 일어나서는 그곳이 멀어 지키기 어려우므로, 다시 요동 옛 요새(遼東故塞)를 수리하고 패수에 이르는 곳을 경계로 하여 연(燕)에 속하게 하였다.」고 하였는데, 여기서 가장 확실한 것은 연(燕)에 속하게 한 때이다. 이것은 한나라 5년(서기전 202년) 후9월(윤9월)이다. 따라서 한나라가 일어났다고 한 때 역시 한나라 5년(서기전 202년)으로 한나라가 중국을 통일한 때이다. 즉 한나라가 일어났다고 한 때가 한나라 원년(서기전 206년)이 아님에 주의하여야 한다.

그 다음에 분명한 것은 요동 옛 요새(遼東故塞)이다. 이것은 진나라가 요동군을 다스리던 양평(원래의 양평)이다. 그런데 왜 다시 요동 옛 요새(遼東故塞)를 수리하였는가? 요동군을 다스리던 양평(원래의 양평)은 진나라가 통치했을 때만 해도 사용하여서 멀쩡했으나, 진 2세 원년(서기전 209년) 9월에 연나라 왕이 된 한광에게 속하면서부터 방치되었다. 방치된 까닭은 한광이 계(薊: 북경)에 있는 연나라 왕 장도(臧荼)에게만 신경을 썼던 상황이었기 때문이다. 한광은 원래 계(薊: 북경)에 있었던 연나라 왕이었는데, 항우가 요동으로 쫓아내면서 요동왕으로 삼는 바람에 계(薊: 북경)를 장도에게 빼앗기고 요동으로 가는 도중에 우북평군인 무종(無終), 즉 오늘날 천진시 계현(薊縣-계주구薊州区)에 도읍을 정한 것이다. 더구나 항우의 도움으로 연나라 왕이 된 장도가 계(薊: 북경)에 있으므로, 장도가 언제 무종으로 쳐들어올지 모르는 상황이었다. 왜냐하면 한광은 항우가 요동으로 가라고 하였는데 가지 않고, 요동으로 가는 도중인 무종에 도읍하여 항우 명령에 반기를 들었기 때문이다. 그래서 한광은 계(薊: 북경) 쪽에 극도로 신경을 쓰는 바람에 그 반대편 끝에 있는 요동군을 다스리던 요동요새, 즉 양평(원래의 양평)은 신경을 쓰지 못하고 방치할 수밖에 없었던 상황이었다. 그런데 마침내 3년 만에 장도가 무종에 쳐들어와 한광의 요동국은 멸망하였다. 장도 역시 그를 요동왕으로 만들어준 항우가 죽는 바람에 자기도 언제 망할지 모르는 처지가 되어, 한나라가 언제 쳐들어올지 모르는 상황이라 계(薊: 북경)의 서남쪽만 신경을 쓰는 바람에 그 반대쪽 끝에 있는 요동군을 다스리던 요동요새, 즉 양평(원래의 양평)은 신경을 쓰지 못하고 방치할 수밖에 없었던 상황이었다. 이렇게 되자 장도는 힘을 키워 한나라에 대항하자는 전략이었는지, 옛 대나라 땅에 쳐들어가 함락시켰다. 이래서 한 고조 유방은 자신이 직접 군사들을 거느리고 연나라로 쳐들어가 장도를 사로잡은 것이다. 그 후에 노관을 연나라 왕으로 세운 것이다. 이때가 한나라 5년(서기전 202년) 후9월(後九月: 윤9월)이다. 즉 진나라가 요동군을 다스리던 요동요새, 즉 양평(원래의 양평)이 한나라에 들어온 것은 한나라 5년(서기전 202년) 후9월(後九月: 윤9월)이다. 그러면 한광이 요동군을 차지한 때는 언제였는가? 진 2세 원년(서기전 209년) 9월이다. 다시 말해서 7년 동안 요동군을 다스리던 요동요새, 즉 양평(원래의 양평)은 극심하게 혼란한 시기에 방치되었던 것이다. 그런데 7년 정도만 방치되었기 때문에 수리하기도 쉬웠고, 아마 비용도 적게 들 것으로 예상했을 것이다. 그래서 요동 옛 요새(遼東故塞: 원래의 양평)를 다시 수리한 것이다.

그 다음, 「그곳」이 어디인가?

「한나라가 일어나서는 그곳이 멀어 지키기 어려우므로, 다시 요동 옛 요새(遼東故塞)를 수리하고 패수에 이르는 곳을 경계로 하여 연(燕)에 속하게 하였다.」는 문장을 간단히 하면 「그곳을 연(燕)에 속하게 하였다.」이고, 조금 더 이야기하면 「그곳이 멀어 지키기 어려워 다시 요동 옛 요새를 수리해서 연(燕)에 속하게 하였다.」이다. 여기서 요동 옛 요새(遼東故塞)가 요동군을 다스리던 요동요새, 즉 양평(원래의 양평)이므로 그곳은 당연히 요동 옛 요새(遼東故塞)와 관련 깊은 요동군임일 알 수 있다. 다시 말해서 윗 문장의 핵심은 「한나라가 일어나서는 요동군이 멀어 지키기 어려우므로, 한때 방치되었던 요동 옛 요새(遼東故塞: 원래의 양평)를 다시 수리해서 (요동군을) 연(燕)에 속하게 하였다.」이다. 즉 「그곳」은 당연히 요동군이다.

이 앞의 문장은 「진나라가 연나라를 멸망시키고 요동 외요(遼東外徼)에 속하게 하였다(秦滅燕, 屬遼東外徼).」이고, 요동 외요(遼東外徼)가 요동군의 바깥 경계, 즉 요동군의 끝 지점인 양평(원래 양평)인데, 이것은 진나라 때의 일이다. 즉 이곳은 한나라가 일어난 때의 「그곳」이 아니다.

그러면 「한나라가 일어나서 그곳이 멀어 지키기 어렵다.」는 것은 한나라가 어떻게 알았는가? 한 고조 유방이 장도(臧荼)가 왕으로 있던 연나라를 정벌하면서 안 것이다. 사기 조선열전에서 한나라가 일어났다고 한 때는 한나라 5년(서기전 202년)인데 이때는 한 고조 유방이 장안(오늘날 서안)에 있었다. 장도가 있었던 곳은 계(薊)로 오늘날 북경지방이다. 서안에서 북경까지는 철도거리로만 1200km이다. 즉 약 3천 리이다. 옛날에는 오늘날의 철도처럼 과학적으로 측정한 최단 거리를 가는 것이 아니었으므로 3천 리보다 훨씬 멀었을 것이다. 3천 리만 하여도 그 당시 군대의 하루 행군 거리가 1사(舍), 즉 30리였으므로 약 100일 행군 거리이다. 다시 말해서 가는데만 석 달 열흘이 걸리는 매우 먼 거리이다. 그런데 요동군은 연나라에서 가장 동쪽 끝에 있어 북경에서도 249km(철도거리)를 더 가야 한다. 600리를 더 가야 한다는 말이다. 그래서 한나라는「그곳(요동군)이 멀다.」는 것을 알았고, 이에 따라「지키기 어렵다.」고 판단한 것이다.

즉,「한나라가 일어나서는 그곳이 멀어 지키기 어려우므로, 다시 요동 옛 요새(遼東故塞)를 수리하고 패수에 이르는 곳을 경계로 하여 연(燕)에 속하게 하였다.」는 것은 한나라(한 고조 유방)가 한나라 5년(서기전 202년) 후9월(윤9월) 연나라왕 장도를 사로잡고서야「그곳(요동군)이 멀다.」는 것을 알았고, 이에 따라「지키기 어렵다.」고 판단해서, 한때 방치되었던 요동 옛 요새(遼東故塞: 원래의 양평)를 다시 수리해서 (요동군을) 연(燕)에 속하게 한 것이다.

7. 패수의 위치

여기서 초기 한나라와 조선(후조선)의 경계라고 하는 패수는 어느 하천인가? 이때 요동군의 동쪽 경계선인 요동 요새(遼東塞: 요동 고세를 수리한 것-원래의 양평)가 지금의 하북성 창려현이므로, 여기서부터 북동쪽으로 비교적 큰 하천은 양하(洋河), 석하(石河), 육고하(六股河), 연태하(烟台河), 흥성하(興城河), 소릉하(小凌河), 대릉하(大凌河) 등의 순서로 있다.

어떤 자들은 패수가 압록강이니, 청천강이니, 심지어 대동강이라고 하는데, 한나라 초기의 요동군 동쪽 경계인 요동 요새(遼東塞: 요동 고새를 수리한 것-원래의 양평)가 지금의 하북성 창려현이고, 그 동쪽이 조선(후조선)이라는 사실을 생각할 때, 그것은 역사적 사실도 모르는 자들의 이야기이다. 한나라 초기의 요동군 동쪽 경계인 요동 요새(遼東塞: 요동 고새를 수리한 것-원래의 양평)가 지금의 하북성 창려현이라는 사실과 그 동쪽에 조선(후조선)이 있다는 점을 생각하면, 패수는 적어도 지금의 하북성 창려현 가까이 있음을 알 수 있다. 패수가 요동 요새(遼東塞: 요동 고새를 수리한 것-원래의 양평)와 가깝다는 사실은 사기 조선열전을 통해서도 확인할 수 있는데 사기 조선열전에 「섭하가 돌아가면서 국경인 패수에 이르러서 마부를 시켜 전송 나온 조선의 비왕(裨王) 장(長)을 찔러 죽이고 바로 [패수를] 건너 (요동)요새 안으로 달려 들어갔다.」는 기록과 「이에 조선은 섭하를 원망하여 군사를 일으켜 기습 공격해 섭하를 죽였다.」는 기록이다. 패수가 (요동)요새에서 가깝지 않다면 섭하가 패수에서 조선의 비왕을 찔러 죽이고 바로 패수를 건너 (요동)요새 안으로 들어갈 수 없으며, 조선이 기습하였다는 것도 가까운 거리가 아니면 기습이 안 되는 것이다. 이렇듯 패수와 요동 요새는 가깝고 패수는 위급한 때 바로 건널 수 있을 만큼 작은 하천이다.

연행록 가운데 저작자 미상인 『계산기정(薊山紀程)』을 보면 「압록강 이후 건넌 물 중에 혹 마소 발자국에 괸 물 정도에 불과한 것도 있었으나 모두 하수라 이름 붙여, 명실(名實)이 서로 맞지 않은 것이 많았다. 요동의 태자하(太子河), 심양의 혼하(渾河)·주류하(周流河), 금주의 대릉하(大凌河), 영평부의 청룡하(靑龍河), 풍윤현의 환향하(還鄕河), 계주의 어양하(漁陽河), 삼하현의 호타하(滹沱河), 통주의 백하(白河) 등 13개의 하수에는 모두 배와 다리가 있다. 그런데 백하와 주류하가 가장 커서 우리나라의 임진강(臨津江)만 하고 그 나머지 8개의 하수는 전주(全州)의 저탄(猪灘)만 할 따름이다.」라는 대목을 볼 수 있다. 그만큼 우리나라에서 북경 가는 길에 있는 하천은 대부분 작고 깊이가 깊지 않다는 것을 알 수 있다.

양하(洋河)는 하북성 창려현에서 북동쪽으로 약 18.8km(바이두 지도가 제공하는 철도 노선을 측정한 값: 이하 같음)[93]에 있는 지금의 창려현 동쪽인 무녕현(撫寧縣)을 흐르는 하천이고, 석하(石河)는 창려현역에서 동북쪽 약 61.3km(철도거리)에 있는 지금의 진황도시 산해관구 서쪽을 흐르는 하천이며, 육고하(六股河)는 창려현역에서 동북쪽 약 127.8km(철도거리)에 있는 지금의 요녕성 호로도시 수중현(綏中縣) 동쪽을 흐르는 하천이고, 연태하(烟台河)는 창려현에서 동북쪽 약 147.9km(철도거리)에 있는 지금의 요녕성 호로도시 관내 흥성시 중남부를 흐르는 하천이며, 흥성하(興城河)는 창려현에서 동북쪽 약 170.8km(철도거리)에 있는 지금의 요녕성 호로도시 관내 흥성시 동북부를 흐르는 하천이고, 소릉하(小凌河)는 창려현에서 동북쪽 약 261.7km(철도거리)에 있는 지금의 요녕성 금주시를 흐르는 하천이며, 대릉하(大凌河)는 창려현에서 동북쪽 약 277.8km(철도거리)에 있는 능해시(凌海市: 옛 금현-錦縣) 동쪽을 흐르는 하천이다. 패수는 이 중에 어느 것일까?

우리나라와 중국 사이에 이런 예가 있었다. 조선(이성계가 창업한 조

---

[93] 철도거리를 약 몇 km라고 표시한 것은 모두, 바이두 지도가 제공하는 철도 노선을 측정한 값이 포함된 것임. 이하 같음.

선)과 청나라 사이에 국경이 있었는데 그것은 책성(柵城)과 그 출입문인 책문(柵門)이다. 조선에서 청나라로 들어가는 첫 책문에 대해 연암 박지원은 열하일기에서 「압록강으로부터 1백2십여 리 떨어진 곳이다. 여기를 우리나라 사람들은 '책문(柵門)'이라고 부르며, 이곳 사람은 '가자문(架子門)'이라고 부르며, 중국 사람들은 변문(邊門)이라고 한다.」라고 하였다. 이곳은 조선 사신들이 청나라로 들어갈 때 입국 심사를 받기 위하여 봉황성에서 중국관리가 내려오는 며칠 동안 동안 머물던 곳으로 그야말로 조선과 청나라의 국경선이다. 그 국경선에서 120여 리(약 48km) 떨어진 곳에 압록강이 있다.

이런 예를 기준으로 보면, 양하(洋河)와 석하(石河) 둘 중에 하나가 패수이다. 그런데 사기 조선열전에 「섭하가 돌아가면서 국경인 패수에 이르러서 마부를 시켜 전송 나온 조선의 비왕(裨王) 장(長)을 찔러 죽이고 바로 [패수를] 건너 요새 안으로 달려들어 갔다.」는 기록과 「이에 조선은 섭하를 원망하여 군사를 일으켜 기습 공격해 섭하를 죽였다.」는 기록에서 알 수 있듯이 패수와 요동 요새는 가깝다. 패수가 요동군에서 가깝지 않다면 섭하가 패수에서 조선의 비왕을 찔러 죽이고 바로 패수를 건너 요새 안으로 들어갈 수 없으며, 조선이 기습하였다는 것도 가까운 거리가 아니면 기습이 안 되는 것이다. 따라서 한나라 초기의 요동군 치소로 원래의 양평인 지금의 창려현에서 가까운 양하(洋河)가 패수이다.

그러면 한나라 초기의 경계선인 지금의 하북성 창려현에서 양하(洋河: 패수) 사이에는 약 18.5km(약 45리)의 공지(空地: 빈 땅)가 있었다는 말인데, 그것은 사기 조선열전에 「좌장군(순체)도 조선(위만조선)의 패수(浿水) 서군(西軍)을 공격하였으나 깨뜨리고 전진할 수가 없었다.」는 기록에서 확인할 수 있다. 이는 좌장군의 졸정(卒正)인 다(多)가 요동 군사를 거느리고 먼저 출전하였다가 패하고, 누선장군 양복(楊僕)도 수군을 거느리고 왕검성에 먼저 도착하였다가 패하자, 조선(위만조선)이 한나라의 침략 사실을 알아차리고, 국경선인 패수 서쪽의 빈 땅에 군대를 배치하여 한나라의 대대적인 침략에 대비한 것이다.

8. 한나라 초기의 위만조선의 영역

위만은 상하장에서 세력을 키운 뒤, 왕검성에 도읍하고 그 다음에 위만은 여기서 다시 세력을 키워 사방 수천 리의 위만조선을 만들었다. 수천 리란 최소한 2천 리 이상은 되는 거리이다. 2천 리만 하여도 약 800km이다. 한편 하북성 창려현역에서 요녕성 심양역까지가 451km이고, 심양역에서 다시 요동반도 쪽으로 그 끝 부분인 대련역까지가 397km이니, 도합 848km이다. 그런데 상하장의 서쪽 끝인 지금의 양하에서 심양역까지는 432km이고, 심양역에서 대련역까지가 397km로 도합 829km이니, 대략 양하에서 심양을 거쳐 대련까지의 철도거리이다. 즉 위만조선의 영역은 대략 옛 상하장의 서쪽 끝인 지금의 양하에서 심양을 거쳐 지금의 요녕성 대련시 부근까지였다고 할 수 있다.

9. 한나라 초기 요동군의 위치

한나라는 그 초기에 요동군이 멀어 지키기 어렵다고 판단하여, 한때 방치되었던 요동 옛 요새(遼東故塞: 원래의 양평)를 다시 수리해서 (요동군을) 연(燕)에 속하게 하였으므로 연나라가 설치한 요동군과 같다. 이것은 진나라가 설치한 갈석산까지의 요동군보다 조금 줄어든 것이다. 그리고 패수를 경계로 하였는데 패수는 지금의 양하(洋河)이다. 양하 너머 그 동쪽은 이른바 상하장인데 위만이 위만조선을 세우면서 차지한 영역은 상하장에서부터 지금의 대련까지이다(자세한 것은 '위만조선' 참조). 따라서 한나라 초기의 요동군은 동쪽으로 위만의 초기 정착지 상하장에 막혀 있었고, 한 조고 유방 역시 그곳(요동군)이 멀어서 지키기 어렵다고 판단해, 방치되었던 요동 옛 요새(遼東故塞: 원래의 양평)를 다시 수리하는 선에서, 패수를 경계로 하여 연나라에 속하게 하였으므로, 한나라 초기 요동군의 위치는 연나라가 설치한 요동군의 위치와 같다. 요동군 동쪽 끝이 지금의 하북성 창려현이라는 말이다.

제5절 창해군 설치 당시의 요동군

1. 사기 평준서

「이후부터 엄조와 주매신 등은 동구(東甌)를 끌어들여 양월(兩越)에서 (전쟁을) 일삼자, 강수(江水)와 회수(淮水) 사이는 소란스러워지고 크게 비용이 소모되었다. 당몽(唐蒙)과 사마상여는 서남이(西南夷)의 도로를 개통하려고 산을 뚫어 길을 통하게 하기를 천여 리에 이르러, 파촉(지방)까지 확대하였으나, 파촉의 백성들은 지쳤다. 팽오는 조선을 매수하여 멸망시키려고, 창해의 군(滄海之郡)을 설치하니, 연(燕)과 제(齊) 사이가 바람에 휩쓸리듯 소동이 일어났다(自是之後, 嚴助、朱買臣等招來東甌, 事兩越, 江淮之間蕭然煩費矣。唐蒙、司馬相如開路西南夷, 鑿山通道千餘里, 以廣巴蜀, 巴蜀之民罷焉。彭吳賈滅朝鮮, 置滄海之郡, 則燕齊之間靡然發動). (중략) 동쪽으로 창해의 군(滄海之郡)에 이르는 데에도, 인건비용은 남쪽 오랑캐에 (길을 뚫는데 쓰이는 비용과) 비슷했다(東至滄海之郡, 人徒之費擬於南夷).」

2. 사기 평준후 주부 열전(平津侯主父列傳)

「원삭 3년(서기전 126년), 장구(張歐)가 면직되자, 공손홍을 어사대부로 삼았다. 이때는 서남이와 (길을) 통하고 동쪽으로 창해군을 설치하였으며, 북쪽으로 삭방군(朔方郡)을 건축하였다. 공손홍이 수차례 간언하여, 쓸모없는 땅에 힘씀으로써 중국을 피폐하게 하니, 폐지를 청원하였다. 이에 천자는 마침내 주매신 등으로 하여금 삭방군 설치의 편익으로 공손홍을 책망하게 하며, 10가지 책략을 들었으나, 공손홍은 한 가지도 반박하지 못했다. 공손홍은 마침내 사죄하며 말하기를:「산동 시골사람이 이와 같은 편익을 몰랐으니, 서남이(의 도로)와 창해군은 폐지하고 삭방군만 힘쓰기를 바랍니다.」라고 하였다. 황상이 마침내 그것을 허락하였다 (元朔三年, 張歐免, 以弘爲御史大夫。是時通西南夷, 東置滄海, 北筑朔方之郡。弘數諫, 以爲罷敝中國以奉無用之地, 願罷之。於是天子乃使朱買臣等難弘置朔方之便。發十策, 弘不得一。弘乃謝曰:「山東鄙人, 不知其便若是, 願罷西南夷、滄海而專奉朔方。」上乃許之)。」

3. 한서 식화지

「팽오가 예맥조선을 뚫으려고 창해군을 설치하니 연(燕)과 제(齊) 사이가 바람에 휩쓸리듯 소동이 일어났다(彭吳穿穢貊、朝鮮, 置滄海郡, 則燕齊之間靡然發動)。」

4. 한서 무제기

「(원삭 원년-서기전 128년) 가을, (중략) 동이의 예군 남려 등 인구 28만 명이 투항하여, 창해군을 설치하였다 (秋, …중략… 東夷薉君南閭等口二十八萬人降, 爲蒼海郡)。…중략…

원삭 3년(서기전 126년) 봄, 창해군을 폐지하였다(三年春, 罷蒼海郡).」

5. 후한서 예전

「원삭 원년(서기전 128년), 예군 남려 등이 우거를 배반하고, 28만 인구를 인솔하고, 요동에 이르러 내속하니, 무제가 그 땅으로 창해군을 삼았으나, 수년 후에 결국 폐지하였다(元朔元年, 濊君南閭等畔右渠, 率二十八萬口詣遼東內屬, 武帝以其地爲蒼海郡, 數年乃罷).」

6. 분석

위만이 위만조선을 세우면서 차지한 영역은 최소한 상하장에서부터 지금의 대련시까지로 커다란 국가를 건설하였다. 그 뒤, 세월이 흘러 한 무제는 흉노와 전쟁을 벌였으나 이기지 못하였다. 그러자 흉노의 서부에 있는 작은 나라들을 매수하거나 무력으로 위협해서 흉노와 관계를 끊고 한나라에 붙게 하는 전략을 썼는데, 한 무제가 무슨 짓을 했는지는 사기 대원열전과 한서 서역전 등에 자세히 있다. 흉노 동부에 있는 나라에도 그와 같은 전략을 쓰게 된다. 그와 같은 전략의 일환으로 한 무제는 팽오로 하여금 조선을 매수하여 멸망시키려고, 창해군을 설치한 것이다. 그래서 후한서 예전에 「원삭 원년(서기전 128년), 예군 남려 등이 우거를 배반하고, 28만 인구를 인솔하여, 요동에 이르러 내속하였다.」고 한 것이다. 예군 남려(濊君南閭)가 그 더러운 매수 전략에 넘어간 것이다. 예군 남려(濊君南閭)가 매수 전략에 넘어갔다는 것은 한서 무제기에서도 짐작할 수 있다. 한서 무제기 원삭 원년 가을 기록을 보면「가을, 흉노가 요서(군)에 침입하여 태수를 죽이고, 어양(군)과 안문(군)에 침입하여 도위를 패배시키며, 3천여 명을 죽이고 약탈하였다. 장군 위청을 보내 안문(군)으로 출동하게 하고, 장군 이식은 대군(代郡)으로 출동하게 하여, 오랑캐(흉노)의 머리 수천 급을 얻었다. 동이의 예군(濊君) 남려(南閭) 등 인구 28만 명이 투항하여, 창해군으로 삼았다.」라고 되어 있다. 이것을 보면 온통 흉노의 공격과 한나라의 반격으로 되어 있는데, 이와는 관계없는 동이의 예군(濊君) 남려(南閭) 등 인구 28만 명이 아무런 이유 없이 갑자기 투항하였다는 것이다. 한나라가 흉노와 전쟁을 하는데 왜 난데없이 동이의 예군(濊君) 남려(南閭)가 투항하였겠는가? 한 무제가 흉노의 동쪽인 어양에서도 흉노와 전쟁을 벌였으나 이기지 못하자 서쪽에서 했던 매수 등의 짓을 동쪽에서도 하였던 것이다. 그 더러운 매수에 예군(濊君) 남려(南閭)가 넘어갔기 때문에 「예군 남려 등이 우거를 배반하고 요동에 내속하였다.」고 후한서가 쓴 것이다.

여기서 알 수 있는 것은 똑같은 사실을 써도 사기(평준서)와 후한서(예전)는 있는 사실을 그대로 다 썼으나 한서(무제기)는 중국(한나라)에 유리한 모습만으로 기록하였다는 것이다.

한서의 이러한 필법은 곳곳에 있는데 우리는 이러한 사실에 특히 주의해야 한다.

7. 창해군의 위치

그러면 창해군의 위치는 어디인가? 사기 평준서에 창해군(滄海郡)을 창해의 군(滄海之郡), 즉 창해에 있는 군(郡)이라고 하였는데, 조조가 갈석산에 올라 바다를 바라보며 지은 시가 관창해(觀滄海)이다.

창해(滄海)란 찬 바다, 싸늘한 바다라는 뜻이다. 갈석산 앞바다는 북쪽에 있으므로 바닷물의 온도가 낮아서 이런 이름을 붙인 것이다. 조조의 시를 보면 중국에서는 조조 때까지도 갈석산 앞바다를 창해(滄海)라고 하였음을 알 수 있다. 참고로 발해(渤海)란 무슨 뜻인가? 발(渤)이라는 말이 「안개가 자욱이 끼는 모양」을 뜻하므로 「안개가 자욱이 끼는 바다」라는 뜻이다. 그것은 황하가 따뜻한 하남지방을 지나면서 데워졌다가 찬 바닷물을 만나니, 안개가 자욱하게 끼어서 생긴 현상이다. 즉 발해(渤海)는 황하와 황해가 만나는 곳인데, 그곳은 산동반도 북쪽과 천진 남쪽 사이의 바다이다. 아무튼 창해는 조조가 본 갈석산 앞바다이고 창해군(滄海郡)이 창해의 군(滄海之郡), 즉 창해에 있는 군(郡)이므로 창해군(滄海郡)은 갈석산 앞바다에 있는 군(郡)이다. 또한 창해 자체가 갈석산 앞바다이므로 창해군 역시 갈석산에서 가까이 있는 지역이다. 갈석산은 요동군 지역이고, 한나라 초기에 요동군이 지금의 양하까지였으므로 양하 건너서부터가 창해군 지역이다. 다른 한편으로 한서 식화지에 「팽오가 예맥조선을 뚫으려고 창해군을 설치하였다.」고 하는 것으로 보아, 조선(위만조선)과 매우 가까운 곳까지 창해군이 있었음을 알 수 있다. 위만조선의 도읍지 왕검성은 아래에서 설명하겠지만, 결론만 말하면 요녕성 홍성시(興城市)로 추정된다. 그렇다면 홍성시 서쪽을 흐르는 홍성하(홍성 서하)까지가 창해군이었을 것이다. 다시 말해서 창해군은 지금의 양하에서부터 홍성하(홍성 서하)까지 있었다고 추정된다.

그래서 창해군은 요동군 바로 옆(동쪽)에 있었으므로 「예군 남려 등이 28만 인구를 인솔하여 요동에 이르러 내속하였다.」고 한 것이다. 한나라의 입장에서 창해군을 설치한 목적은 조선(위만조선)을 「뚫으려고」 또는 「조선을 매수하여 멸망시키려고」이다. 아무튼 창해군은 원삭 원년(서기전

128년)에 설치되었다가 3년 뒤인 원삭 3년(서기전 126년)에 폐지되었다. 폐지되었으면 어떻게 되었는가? 당연히 본래 위만조선의 영역이었으므로 위만조선에 속하게 된 것이다. 그러나 한번 배반한 땅에 28만 명이 있었으니 어찌 예전만 한 통제력이 작용했겠는가? 아마도 통제력이 약화되었을 것이다. 그래서 한 무제가 19년 뒤에 조선(위만조선)을 쉽게 보고 침략했을 것으로 생각된다.

그런데 창해군의 위치에 대하여 다른 이야기가 있다. 한서 무제기 원삭 원년(서기전 128년) 가을 기록인「동이의 예군(薉君) 남려 등 인구 28만 명이 투항하여, 창해군을 설치하였다.」에서, 예(薉)에 대한 주석으로『복건이 말하기를:「예맥은 진한의 북쪽, 고구려와 옥저의 남쪽에 있고 동쪽으로 큰 바다에 막혔다.」진작이 말하기를:「薉는 옛 예(穢) 자(字)이다.」라고 하였다. 안사고가 말하기를:「남려는 예군(薉君)의 이름이다.」라고 하였다(服虔曰:「穢貊在辰韓之北, 高句麗沃沮之南, 東窮于大海。」晉灼曰:「薉, 古穢字。」師古曰:「南閭者, 薉君之名。」).』라고 되어 있다.

복건의 이야기는 창해군 설치 당시(서기전 128년) 창해군의 위치를 말한 것인가? 그것은 아니다. 복건이라는 사람은 후한 중평말(中平末) 때 구강태수를 지낸 사람이다. 중평(中平)은 후한 영제 때의 연호인데, 서기 184년 12월에서 189년 4월까지 5년 5개월 동안 사용하였다. 참고로 184년에는 황건적의 난이 일어났고 189년 9월에는 십상시의 난이 일어났다. 후한의 끝 무렵이라는 말이다. 따라서 복건의 이야기는 이 무렵 후한 사람들의 예맥에 대한 인식을 말한 것이지, 원삭 원년 당시 창해군의 위치를 말한 것이 아니다.

그 증거가 창해군을 설치한 원삭 원년은 서기전 128년인데, 이때에 옥저가 없었기 때문이다. 삼국지 동이전 동옥저 조를 보면「한나라 초에 연(燕)의 망명인 위만이 조선의 왕이 되자, 이때 옥저(沃沮)는 모두 (조선에) 속하였다(漢初, 燕亡人衛滿王朝鮮, 時沃沮皆屬焉).」라고 되어 있다. 위민이 조선의 왕이 된 때는 서기전 194년 무렵이므로 옥저가 없어진 때 역시 서기전 194년 무렵이다. 즉 서기전 128년은 옥저가 없어진 지 66년 정도 지난 때이다.

따라서 복건의 이야기는 창해군 설치 당시(서기전 128년) 창해군의 위치를 말한 것이 아니다. 다시 말해서 창해군의 위치가「진한의 북쪽, 고구려와 옥저의 남쪽에 있고 동쪽으로 큰 바다에 막힌 곳」에 있었다는 말은 사실이 아니다.

이러한 주석에서 알 수 있는 것은 안사고가 기존 한서를 필사하여 현존 한서를 만들면서 중국에 유리한 것이라면 사실이 아닌 것도, 사실로 오인할 수 있게끔 주석을 수집하여 첨부하였다는 것이다. 한서에는 이러한 유형의 거짓 주석이 많은데 이런 것을 특히 유의해야 한다.

8. 창해군 설치 당시 요동군의 위치

따라서 창해군 설치 당시(무제 원삭 원년: 서기전 128년), 요동군의 위치는 역시 연나라가 설치했던 요동군의 위치와 같다. 요동군 동쪽 끝이 지금의 하북성 창려현이라는 말이다. 그 당시 요동군의 동쪽인 지금의 양하에서부터 흥성하(흥성 서하)까지 창해군을 설치하였다가 3년 만에 폐지되었고, 폐지된 창해군 동쪽에 위만조선이 있었던 것이다.

제6절 한 무제 갈석산 방문 당시의 요동군

한서 무제기 원봉(元封) 원년(서기전 110년) 여름 4월 기록을 보면 「(황제가) 태산에서부터 행차하여, 다시 동쪽으로 가서 바닷가를 순행하여 갈석산에 이르렀다. 요서에서부터 북쪽 변경과 구원(九原)을 거쳐 감천궁으로 돌아왔다(行自泰山, 復東巡海上, 至碣石。自遼西歷北邊九原, 歸于甘泉).」라고 되어 있고, 갈석산에 대한 주석으로 『문영이 말하기를: 「(갈석산은) 요서군 유현에 있다. 유현은 지금 폐지되어 임유현에 속한다(文穎曰: 「在遼西絫縣。絫縣今罷, 屬臨榆」).」라고 하였다.』라고 되어 있는데, 이 한서 무제기 기록과 특히 문영의 주석을 가지고 갈석산이 요서군에 있었다고 말하는 자들이 있다. 그러나 그러한 말은 뭐가 무엇인지도 모르고 하는 말일 뿐이다.

1. 문영의 주석

먼저 문영의 주석에 대해 살펴보자.

한서 무제기에 있는 주석에는 『문영이 말하기를: 「(갈석산은) 요서군 유현에 있다. 유현은 지금 폐지되어 임유현에 속한다(文穎曰: 「在遼西絫縣。絫縣今罷, 屬臨榆。」).」라고 하였다.』라고 되어 있다. 그런데 수경주 유수(濡水) 조에 인용된 갈석산에 대한 주석을 보면 『문영이 말하기를: 「갈석산은 요서군 유현에 있다. 왕망의 선무이다. 유현은 임유현에 병합되어 속하였다. 왕망은 임유를 바꾸어 풍덕이라고 하였다. 한서지리지에 이르기를 대갈석산은 우북평 여성현 서남쪽에 있다고 하였다. 왕망이 고쳐서 걸석이라고 하였다).」라고 하였다(文穎曰: 「碣石在遼西絫縣, 王莽之選武也. 絫縣并屬臨渝, 王莽更臨渝為馮德. 地理志曰: 大碣石山在右北平驪成縣西南, 王莽改曰揭石也」).」라고 되어 있어 한서와 다르다. 현존

하는 한서 필사본을 만든 사람은 당나라 때의 안사고이고, 수경주는 북위 때 역도원이 편찬한 것이므로 역도원이 수경주에 인용한 갈석산에 대한 주석이 원본이고, 현존하는 한서에 인용된 갈석산에 대한 주석은 이를 줄여 쓰면서 변형한 것이다. 즉 현존 한서에 인용된 주석은 원본 주석에서 맨 앞에 있는 碣石과 그 뒷부분에 있는 王莽之選武也, 그리고 王莽更臨渝爲馮德. 地理志曰:大碣石山在右北平驪成縣西南, 王莽改曰揭石也를 빼버리며, 絫縣幷屬臨渝는 絫縣今罷, 屬臨揄라고 고쳐 쓴 것이다. 이러한 사실은 현존 한서지리지 우북평군 여성현 조에 大揭石山在縣西南. 莽曰揭石(대게석산이 현 서남쪽에 있다. 왕망은 걸석이라고 하였다)라는 것에서도 확인할 수 있다. 다만 수경주가 인용하고 있는 한서지리지에는 「대갈석산(大碣石山)을 왕망이 게석이라고 고쳤다(王莽改曰揭石也).」라고 되어 있는데, 현존 한서지리지에는 「대게석산을 왕망이 게석이라고 하였다(大揭石山在縣西南. 莽曰揭石).」라고 되어 있으나 이것은 수경주가 인용한 한서지리지가 옳다. 왕망은 본래의 이름을 다르게 고쳤기 때문이다. 현존 한서지리지는 필사하는 과정에서 실수로 대갈석산(大碣石山)을 대게석산(大揭石山)이라고 썼거나, 대갈석산을 왕망이 걸석이라고 한 사실을 감추기 위해 고의로 대갈석산(大碣石山)을 대게석산(大揭石山)이라고 쓴 것으로 보인다.

즉 안사고가 현존 한서 필사본을 만들 때 갈석산에 대해서 갈석산이 요서군 임유현에 있다는 문영의 주장(갈석산에 대한 문영의 주석 원본)과 갈석산이 우북평군 여성현에 있다는 현존 한서 필사본보다 더 오래된 한서지리지의 기록이 있었다. 어느 주장이 정확한 것인가?

문영은 한서서례에 「자(字)는 숙량으로 남양 사람이다. 후한 말 형주종사를 지냈고, 위나라 건안 연간에 감릉부승이 되었다(文穎字叔良, 南陽人, 後漢末荊州從事, 魏建安中為甘陵府丞).」라고 되어 있으므로 후한이 망할 무렵부터 위나라 초기에 활동했던 사람이다. 그런데 한서지리지는 후한 장제(章帝: 제3대) 건초연간(建初年間: 서기 76~84년)에 완성되었다. 이런 측면에서 현존 한서 필사본보다 더 오래된 한서지리지의 기록이 더 정확하다고 말할 수 있다. 더구나 한서지리지를 쓴 반고는 역사가로서 근거를 가지고 쓴 것이지만 문영은 일반 관리에 불과하고 갈석산과는 아무런 관련이 없는 사람이다. 따라서 현존 한서 필사본보다 더 오래된 한서지리지가 더 정확한 것이다. 그러므로 갈석산에 대한 주석을 올바르게 달려면 현존 한서 필사본보다 더 오래된 한서지리지를 인용했어야 했다.

문영의 주장과 현존 한서 필사본보다 더 오래된 한서지리지의 기록 중에서는 현존 한서 필사본보다 더 오래된 한서지리지가 더 정확한 것이지만, 상대적으로 더 정확하다는 한서지리지의 기록도 군국(郡國)은 평제 원시 2년(서기 2년)의 상황을 기록한 것이지만, 그 속현에 대해서는 역시 평제 원시 2년(서기 2년)이라는 한서지리지의 기록과 청나라 고증학자 전대흔(錢大昕)의 원연 · 수화 연간[元延 · 綏和之際: 서기전 9~8년]이라는 주장이 엇갈리고 있다.

즉, 한서지리지의 기록도 한나라 말기의 상황을 쓴 것뿐이다. 즉 한서지리지의 기록도 한나라 말기에 갈석산이 우북평군 여성현에 속하였다고 말한 것뿐이다. 다시 말해서 한 무제가 갈석산을 방문했을 당시(서기전 110년)에 갈석산이 어디에 속했는지는 한서지리지의 기록으로도 알 수 없는 것이다. 그런데도 안사고는 갈석산에 대한 주석으로 가장 신뢰도가 낮은 문영의 주장을 인용하였다.

그 까닭은 무엇인가? 한 무제가 갈석산을 방문했을 당시(서기전 110년)에 마치 갈석산이 요서군에 있었던 것처럼 말하려는 수작 밖에 더 있는가? 그것은 안사고가 주석으로 역사를 왜곡하겠다는 의도를 표출한 것 뿐이다. 한서에는 이런 성격의 주석들이 한두 개가 아니다.

2. 한서 무제기의 기록

그 다음, 한서 무제기의 기록을 보자.

원문이 行自泰山, 復東巡海上, 至碣石。自遼西歷北邊九原, 歸于甘泉(—한 무제가— 태산에서부터 행차하여, 다시 동쪽으로 가서 바닷가를 순행하여 갈석산에 이르렀다. 요서에서부터 북쪽 변경과 구원(九原현: 오원군)을 거쳐 감천궁으로 돌아왔다)인데, 사기 효무본기를 보면 「천자가 태산에서 봉선을 끝내자, 비바람의 재앙이 없어지니, 방사들이 다시 봉래산과 같은 여러 신산—神山들을 장차 찾을 수 있을 것이라고 말하니, 이에 황상은 흔쾌히 그들을 만나기를 바라며, 마침내 다시 동쪽으로 가서 바닷가에 도착해 멀리 내다보면서 봉래(의 신선들)를 만나기 바랐다. (그런데) 봉거장군 곽자후가 갑자기 병에 걸려 하루 만에 죽었다. 황상은 이에 즉시 떠나 바닷가를 따라 북쪽으로 가서 갈석산에 도착하였으며, 다시 요서에서부터 순행하여 북쪽 변경을 거쳐 구원에 이르렀다. 5월, 감천궁으로 되돌아왔다(天子旣已封禪泰山, 無風雨菑, 而方士更言蓬萊諸神山若將可得, 於是上欣然庶幾遇之, 乃復東至海上望, 冀遇蓬萊焉。奉車子侯暴病, 一日死。上乃遂去, 並海上, 北至碣石, 巡自遼西, 歷北邊至九原。五月, 返至甘泉)」라고 되어 있다.

이것을 볼 때, 원문(한서 무제기에 있는 갈석산 행차 기록)은 사기 효무본기를 줄여서 쓴 것임과 동시에 적당히 고친 것임을 알 수 있다. 사기 효무본기가 원본이라는 말이다.

한서에서는 自遼西歷北邊九原(요서에서부터 북쪽 변경과 구원을 거쳐)라고 썼지만 사기를 보면 巡自遼西, 歷北邊至九原(요서에서부터 순행하여 북쪽 변경을 거쳐 구원에 이르렀다)고 되어 있다. 요서(遼西)는 순행을 시작한 곳이라는 말이다.

또한 사기의 乃復東至海上望(마침내 다시 동쪽으로 가서 바닷가에 도착해 멀리 내다보았다)을 한서에서는 復東巡海上(다시 동쪽으로 가서 바닷가를 순행하였다)라고 써 놓았는데, 이렇듯 순행을 시작한 바닷가는 태산과 명백히 다른 곳이다.

어떻게 얼마나 다른가? 한 무제가 태산을 떠나 순행을 시작한 바닷가는 태산에서 제일 가까운 바닷가가 틀림없는데, 그곳은 지금의 산동성 수광시(壽光市) 바닷가이다. 수광시는 한나라 때 수광현(壽光縣)으로 수광현은 한서지리지에 북해군으로 되어 있다. 그리고 태산은 지금의 태안(泰安)시에 있는데 태안시는 한 무제가 태산을 떠나 바닷가를 순행할 당시에 태산군에 속하였다. 이렇듯 태산과 순행을 시작한 바닷가는 군(郡)이 각각 다르다.

그런데 사기 효무본기를 보면 요서에서 순행을 시작하였다. 따라서 갈석산과 순행을 시작한 요서는 군(郡)이 각각 다르다.

다른 한편으로 원문(한서)의 至碣石。自遼西歷北邊九原, 歸于甘泉과 사기의 北至碣石, 巡自遼西, 歷北邊至九原。五月, 返至甘泉에 나오는 지명이 갈석산(碣石), 요서(遼西), 구원(九原), 감천궁(甘泉) 등 4개인데, 뒤에 나오는 구원(九原)과 감천궁(甘泉)이 각각 오원군 구원현과 좌풍익 운양현으로 각각 다른 군(郡)임을 생각할 때, 앞에 나오는 갈석산(碣石) 과 요서(遼西)도 각각 다른 군(郡)임이 명백하다.

이러한 증거들은 갈석산(碣石)과 요서(遼西)가 다른 곳으로 군(郡)이 각각 다른 곳임을 증명하고 있다.

그러면 갈석산은 어느 군(郡)인가? 태산이 바닷가가 있는 북해군과 이웃한 태산군에 있었듯이 갈석산도 요서군에 이웃한 요동군이 명백하다. 이 당시에도 갈석산은 요동군에 있었던 것이다.

참고로 필자는 태산이 있는 태안시가「한 무제가 태산을 떠나 바닷가를 순행할 당시에」태산군에 속하였다고 하였는데 이를 좀 더 자세히 설명하면 다음과 같다.

태산군을 바이두를 검색해보면 汉元狩元年(前122年), 济北王将其领地内的泰山一带献给汉武帝。武帝以其地置泰山郡(한나라 원수 원년- 서기전 122년, 제북왕은 그 영지 내의 태산 일대를 한 무제에게 바쳤다. 무제는 그 땅을 태산군에 두었다)라고 하므로, 태산 일대가 태산군이 된 때는 원수 원년(서기전 122년)부터임을 알 수 있다. 한 무제가 태산을 떠나 바닷가를 순행할 당시는 원봉(元封) 원년(서기전 110년)이므로 12년 전에 태산은 이미 태산군에 속하였던 것이다.

3. 한 무제 갈석산 방문 당시 요동군의 위치

앞선 논의에서 한 무제가 갈석산을 방문했을 때 요동군은 갈석산까지였음을 알 수 있다. 물론 이때에도 갈석산은 지금의 하북성 창려현 북쪽에 있는 산이다. 그런데 한나라 초기의 요동군은 창려현까지였지만 한 무제 때는 요동군이 갈석산까지이므로, 이때의 요동군은 한나라 초기의 요동군보다 약간 동쪽으로 더 넓혀졌다고 할 수 있다. 그도 그럴 것이 요동군 동쪽에 청해군을 설치하였다가(원삭 원년: 서기전 128년), 비록 3년 뒤인 원삭 3년(서기전 126년)에 창해군을 폐지하였어도, 일단 요동군의 동쪽 수백 리 땅을 지배했었으니, 요동군을 조금 동쪽으로 넓히는 것이야 무슨 힘이 들었겠는가…

제7절 한사군 설치 당시의 요동군

1. 한사군 설치 당시의 요동군 위치

갈석산을 방문한 뒤 1년 만인 원봉(元封) 2년(서기전 109년)에 한 무제는 조선(위만조선)을 침략한다. 갈석산을 방문할 때 갈석산 동쪽에 있는 조선(위만조선)의 상태를 시찰한 것으로 보인다. 한 무제가 조선(위만조선)을 침략할 때의 상황은 사기 조선열전에 자세히 나와 있다. 그러나 거기에는 「그해(원봉 2년: 서기전 109년) 가을, 누선장군 양복을 파견하여 제(齊)로부터 발해(渤海)를 건너게 하고, 군사 5만 명으로 좌장군 순체를 요동에서 출격시켜, 우거를 토벌하게 하였다(其秋, 遣樓船將軍楊僕從齊浮渤海;兵五萬人, 左將軍荀彘出遼東:討右渠).」라고 되어 있고, 「이로써 마침내 조선을 평정하고 사군(四郡)을 설치하였다(以故遂定朝鮮, 爲四郡).」라고만 되어 있지, 요동군과 한사군의 위치에 대해서는 알 수 없게 되어 있다. 물론 사군(四郡)은 조선(위만조선)의 영역에 설치한 것이다. 조선(위만조선)은 옛 상하장부터 그 동쪽으로 있었고, 옛 상하장은 요동군 동쪽에 있었으므로, 한사군은 요동군 동쪽에 설치한 것이다.

그런데, 조선(위만조선)을 침략하기 1년 전에 요동군은 갈석산까지였으므로, 한사군을 설치한 원봉(元封) 3년(서기전 108년)에도 요동군은 같은 자리에 있었다. 전쟁이 끝나고, 요동군 동쪽에 한사군을 설치하며 끝난 것이다. 즉 이때에도 요동군은 동쪽으로 갈석산까지에 있었다.

2. 한사군 설치 당시의 한사군 위치

여기서는 요동군에 대해 중점적으로 다루고 한사군의 위치에 대해서 논하지 않아 다음 기회로 미루겠지만, 그 주요한 것과 결론만 간추려 이야기하면 다음과 같다.

1) 신찬의 주석

한서 무제기에는 「(무제) 원봉(元封) 3년(서기전 108년) 여름, 조선이 그 왕 우거를 목 베어 죽이고 항복하여 그 땅을 낙랑, 임둔, 현도, 진번군으로 삼았다(夏, 朝鮮斬其王右渠降, 以其地爲樂浪、臨屯、玄菟、眞番郡).」라고 되어 있어 사기 조선열전에서 말한 사군(四郡)이 낙랑군, 임둔군, 현도군, 진번군임을 알 수 있지만 그 위치는 알 수 없게 되어 있다. 그런데 여기에 임둔군과 진번군에 대한 주석이 다음과 같이 있다.

신찬이 말하기를:「무릉서에 임둔군은 그 치소(治所)가 동이현(東暆縣)이고 장안(長安)에서 6138리 떨어져 있으며, 15개의 현이 있다. 진번군은 그 치소가 삽현(霅縣)이고 장안에서 7640리 떨어져 있으며 15개의

현이 있다(臣瓚日:「茂陵書臨屯郡治東暆縣, 去長安六千一百三十八里, 十五縣;眞番郡治霅縣, 去長安七千六百四十里, 十五縣」).

그러나 이것이 거짓임은 단재 신채호 선생이 다음과 같이 밝혔다.

「그러나 그 소위 무릉서(茂陵書) 즉, 사마상여(司馬相如)가 지었다는 책이 과연 믿을 만한 책이냐. 사기나 한서에 사마상여가 무릉서를 지었다는 기록이 없을뿐더러, 한서 사마상여전에 의거하면 사마상여가 죽은 뒤 5년 만에 무제가 사마상여의 위패를 후토사(后土祠: 대지의 신에게 제사를 지내기 위한 사당)에 처음 세웠다고 하고, 사기 봉선서(封禪書)나 한서 비사지(邲祀志)에 의거하면 무제가 원수(元狩) 2년(서기전 121년)에 비로소 후토사(后土祠)를 세웠으니, 그러면 사마상여가 죽은 해는 원수(元狩) 2년의 5년 전인 원삭(元朔) 3년(서기전 126년)이요, 진번, 임둔 양군의 설치는 원삭(元朔) 3년에서 18년 후인 원봉(元封) 3년(서기전 108년)이니, 원봉(元封) 3년(서기전 108년) 진번, 임둔의 설치할 때 벌써 죽은 지 18년이 넘은 사마상여가 무릉서를 지어 진번, 임둔 양군의 명칭 위치 및 그 속현의 수를 말하였다 하면 이는 비사학적인 요괴담이 될 뿐이니 위에 있는 한서의 주(註), "신찬이 말하기를 무릉서에 의하면 (臣瓚曰 茂陵書…)"이 위조임이 또한 명백하지 아니하냐.」

물론 여기서 단재 선생께서는 사기 봉선서의 「세 번째의 기원은 교사(郊祠) 중에 뿔이 하나 있는 짐승을 획득하였기에 마땅히 '원수(元狩)'라고 칭하자고 하였다. 그다음 해 겨울, (중략) 이에 천자는 마침내 동쪽으로 행차하여 처음으로 분음수(汾陰脽)의 구릉에 후토사를 세웠다(三元以郊得一角獸曰「狩」云. 其明年冬 (중략) 於是天子遂東, 始立后土祠

汾陰脽丘).」라는 근거에 의해, 후토사를 세운 때를 원수(元狩) 2년이라고 하였는데, 한서 교사지(郊祀志) 하(下)에는 「이에 원정 4년(元鼎四年) 11월 갑자일, 처음 후토사를 분음에 세웠다(於是元鼎四年十一月甲子始立后土祠於汾陰).」라고 되어 있고, 한서 무제기를 보면 「원정(元鼎) 4년(서기전 113년) 11월 갑자일, 후토사를 분음수(汾陰脽) 위에 세웠다(十一月甲子, 立后土祠于汾陰脽上).」라고 되어 있는 것으로 보아, 후토사를 세운 때는 원정(元鼎) 4년(서기전 113년)으로 보인다. 그러므로 사마상여가 죽은 해도 원정(元鼎) 4년(서기전 113년)의 5년 전인 원수(元狩) 5년(서기전 118년)으로 보인다. 그래도 단재선생의 결론은 달라지지 않는다. 원봉(元封) 3년(서기전 108년) 진번, 임둔을 설치할 때 죽은 지 이미 10년이 넘은 사마상여가 무릉서를 지어, 진번, 임둔 양군의 명칭 위치 및 그 속현의 수를 말한 것이 되므로 신찬의 주석은 위조임이 명백한 것이다.

즉, 임둔군과 진번군에 대한 신찬의 주석은 사실이 아니다. 그런데도 안사고는 이러한 거짓 주석을 한서본기에 첨부하여 마치 사실인 것처럼 역사를 왜곡하려고 한 것이다.

다시 말해서, 신찬의 주석에 있는 임둔군과 진번군의 위치는 거짓이며, 그 위치를 알 수 있는 문헌적 자료는 없다.

이에 따라 한사군의 위치는 유물과 유적에 따를 수밖에 없는데, 일제 식민사가들이 평양 일대에 100여 기의 고분 등을 발굴, 조사하며, 낙랑군의 유물, 유적이라고 주장하였지만, 해방 후, 북한에서 그보다 30배가 많은 무덤 등을 발굴, 조사하면서 그것은 낙랑군의 유물 유적이 아님을 밝혀냈다. 즉 낙랑군이 평양에 있었다는 이야기는 사실이 아니다. 한사군에 대해서는 다른 기회에 자세히 설명할 것이다.

2) 임둔군의 위치

그 다음, 한사군의 유물이 나온 곳은 임둔군인데, 임둔군의 위치에 대해서는 복기대 교수가 2002년 백산학보 61집에 발표한「임둔태수장 봉니를 통해 본 한사군의 위치」를 참고할 필요가 있다. 그 논문을 보면, 임둔태수장 봉니가 발견된 곳은 요녕성 금서시 연산구 여아가 태집둔 소황지(遼寧省 錦西市 連山區 女兒街 邰集屯 小荒地)에 있는 옛 성터이다. 그런데 바이두가 제공하는 지도를 보면 태집둔은 태집둔진(邰集屯鎭)이고 소황지는 소황지촌(小荒地村)으로 되어 있으며, 이곳은 현재 호로도시(葫蘆島市) 남표구(南票區)로 되어 있어, 아마도 행정구역 개편이 있었던 것으로 보인다. 호로도시(葫蘆島市) 남표구(南票區) 동쪽에는 금주시(錦州市)가 있고, 호로도시(葫蘆島市) 남표구(南票區)와 금주시 사이에는 칠리하(七里河)가 흐른다. 이곳에서 임둔태수장 봉니가 발견 되었으므로, 지금의 호로도시 남표구 칠리하(七里河)에서부터 임둔군이 있었다고 확실하게 말할 수 있다.

3) 진번군과 낙랑군의 위치

나머지 진번군, 낙랑군, 현도군에 대해서는 문헌 기록에 있는 정황 증거로 그 위치를 추정하는 수밖에 없다.

진번의 위치에 대하여 사기 조선열전을 보면「처음 연나라 전성기 때부터 일찍이 진번과 조선을 공략하여 복속시켰다.」라고 하고,「(위만이) 진

(秦)나라의 옛 빈 땅인 상하장에 살았는데 점차 진번과 조선의 오랑캐 및 옛 연나라와 제나라의 망명자를 예속시켜 부려먹으며, 그들의 왕 노릇을 하고, 왕검에 도읍하였다.」라고 하는 것으로 보아 진번과 조선(나중에 낙랑군이 설치됨)은 거리가 가까웠고, 진번군이 중국 한나라와 조선(위만조선) 사이에 있는 것으로 보인다.

그런데 같은 사기 조선열전에 「그해(원봉 2년: 서기전 109년) 가을, 누선장군 양복을 파견하여 제(齊)로부터 발해(渤海)를 건너게 하고, 군사 5만 명으로 좌장군 순체를 요동에서 출격시켜, 우거를 토벌하게 하였다. 우거는 군사를 일으켜 험준한 곳에서 대항하였다. 좌장군의 졸정(卒正) 다(多)가 요동 군사를 거느리고 먼저 출정하였으나, (군사가) 패하여 흩어지고 다(多)는 도망하여 돌아오니, 법에 따라 참형(斬刑)에 처하였다. 누선 장군은 제나라 병사 7천 명을 거느리고 먼저 왕검성에 이르렀다. 우거가 (왕검)성을 지키고 있으면서 누선의 군사가 적음을 엿보아 알고는 곧 (왕검)성을 나와 누선을 치니, 누선군은 패해 흩어져 도망갔다. (누선)장군 양복은 그의 무리를 잃고 산속에서 10여 일을 도망 다니다가, 점차 흩어진 병졸들을 찾아 모아서 다시 무리를 이루었다.」라고 하였는데,

여기서 「좌장군의 졸정(卒正) 다(多)가 요동 군사를 거느리고 먼저 출정하였으나, (군사가) 패하여 흩어지고 다(多)는 도망하여 돌아오니, 법에 따라 참형(斬刑)에 처한」 것이 누선 장군이 출전하기도 전인 것으로 보아 위만조선의 도읍지 왕검성은 요동군에서 상당히 가깝다는 것을 알 수 있다.

이러한 일이, 무제 원봉 2년(서기전 109년) 가을에 일어났다고 하는데, 가을이란 옛날 중국에서는 7, 8, 9월을 말한다. 즉 7월인지 8월인지

9월인지는 모르나 그중 어느 달에 일어났다는 것이다. 다시 말해서 어느 한 달에 일어났다는 말이다.

그렇다면 요동에서 왕검성까지 가는데 15일, 오는데 15일 걸렸다는 말이고, 옛날 중국에서 군대의 하루 행군 거리는 1사(舍)라고 해서 30리였다. 그렇다면 왕검성은 요동군에서 15일×30리, 즉 450리 거리에 있었다는 말이다. 450리는 약 180km이다. 한나라 초기에 요동군이 지금의 양하까지였으므로 양하에서 약 180km(철도거리) 되는 곳을 찾아보면 지금의 요녕성 흥성시(興城市)이다.

여기에 흥성 수산(興城 首山)이 있는데, 이 산은 바다가 보일 정도로 가까우며 험고(險固)한 산으로 아마도 이 산에 산지 왕검성이 있었던 것으로 추정된다. 특히 흥성 수산(首山)에서 가까운 약 4.5km(도상 직선 거리) 되는 곳에 흥성고성(興城古城)이 있는데, 이 성은 명나라 말기 원숭환이 청태조 누르하치와 청태종 홍타이지를 물리친 영원성으로 유명한 곳이다. 이 성을 쌓은 것은 명나라 선덕 3년(1428년)인데 영원위(寧遠衛)를 설치하면서 쌓은 성(城)이다. 그런데 이 영원성의 서쪽 바로 앞 약 700m에 흥성하(興城河: 또는 흥성서하─興城西河)가 흐른다. 후금이 있었던 요동지역에서 보면 강을 등지고 있는 성이다. 배수진이라는 것은 위급한 상황에서 어쩔 수 없어 죽음을 각오하고 쓰는 극단적 선택이지 평상이 성을 쌓는데 쓰는 방책이 아니다. 즉 이 성의 위치는 요동지역을 방어하는 조건에 있지 않다. 반대로 중국 쪽에서 보면 성 앞에 강이 있어, 성을 보호하는 역할을 하고 있다. 즉 이 성의 자연적 조건은 중국 쪽으로부터 안전한 자연적 조건을 가지고 있다. 이러한 자연 환경을 감안하면 이 영원성은 중국 쪽으로부터 안전한 자연적 조건을 가지고 있는 평지 왕검성이 있었던 자리로 보인다. 다시 말해서 영원성은 평지 왕검성이 있었던 자리 위에 성을 쌓은 것으로 생각된다. 산과 산성, 평지의 성, 그리고 강의 구조는 고구려 등 우리 민족 고유의 성곽 배치 구조이다. 따라서 흥성 수산(興城 首山)과 왕검산성, 평지 왕검성, 흥성하로 구성된 지금의 흥성시 지역이 위만조선의 도읍지 왕검성으로 추정된다. 이러한 자연적 조건으로 흥성 수산(首山)에서 누선장군 양복의 군사 7천명을 보고 그것이 적다고 판단하여 왕검성에서 나와 누선군의 군대를 쳐서 깨뜨린 것이다.

그리고 진번은 요동군과 조선(낙랑군) 사이에 있었으므로 지금의 양하에서부터 동쪽으로 있었음이 틀림없는데, 호로도시 남표구에서 바다로 흐르는 칠리하(七里河) 동쪽에서부터는 임둔군이므로, 양하에서 칠리하 사이에 진번군과 낙랑군이 설치된 것으로 추정할 수 있다. 양하에서 칠리하까지는 약 206.6km(철도거리)인데 여기에 두 개의 군을 설치하였지만, 진번보다는 조선의 영역이 컸을 것이므로 양하에서 동쪽으로 약 92.8km(철도거리)에 있는 요녕성 수중현 서쪽 망호만족향(网户满族乡)의 구하(狗河)까지가 진번군이고, 구하(狗河)에서 동쪽으로 약 113.8m(철도거리)에 있는 호로도시 남표구의 칠리하(七里河)까지가 낙랑군으로 추정된다.

칠리하(七里河) 동쪽부터는 임둔군이 있었는데 한사군은 최소한 2천리 약 800km에 걸쳐 설치되었으므로 한 개 군이 약 200km에 걸쳐 설치된 것이다. 그런데 진번군과 낙랑군의 2개 군이 약 200km에 걸쳐 설치되었으므로, 임둔군은 200km보다 컸을 것으로 보인다. 따라서 호로도시 남표구 칠리하에서부터 약 232km(철도거리) 떨어진 심양시까지에 임둔군을 설치한 것으로 추정된다. 나머지 약 361km에 걸쳐 현도군을 설치한 것으로 보인다.

어떤 자들은 후조선과 위만조선 및 초기의 한사군이 요서 지방에 있었다면 그곳에 그와 관련된 유물은 왜 없냐고 말하는데 유물이 없는 게 아니다. 단적인 증거가 흥성시의 서북쪽에 붙어 있는 건창현(建昌縣) 동대장자촌(東大杖子村)에서 나온 청동단검이다.

이 손잡이가 황금으로 된 청동단검은 전체적으로 세형동검의 모습을 하고 있다. 그런데 일각에서는 이 세형동검이 출토된 무덤에서 전국시대 후기(연나라)의 전형적인 청동기들이 함께 나온다고 해서 이 무덤을 진개의 무덤으로 추정한다고 한다. 그러나 연하도 신장두(辛莊頭) 30호 무덤에서 출토된 전체 길이 71.6cm의 철제(鐵製) 장검(長劍: 긴 칼)에서 보듯이, 진개 당시의 연나라는 이미 철제 장검(긴 칼)을 쓰고 있었는데, 진개가 청동제 짧은 칼(단검)을 쓸 이유가 없다. 더구나 승전한 군대는 자기 나라 무기를 가지고 진군하지, 패전한 군대의 무기를 가지고 진군하지 않는다. 따라서 이 손잡이가 황금으로 된 청동단검은 후조선 후기부터 위만조선 때 조선왕이 쓰던 칼임에 틀림없다. 손잡이가 황금으로 된 세형동검은 발굴된 것 가운데 이것이 유일하기 때문이다. 함께 나온 연나라의 청동기는 후조선과 연나라가 교류가 있었다는 증거이지 그 무덤 자체가 연나라 무덤이라는 증거가 아니다. 또한 손잡이가 황금으로 된 세형동검이 발굴된 마을에서 수십 기의 고분이 확인되었다고 하는데, 이형구 교수의 말에 의하면 지금도 현장은 볼 수 없다는 것이다. 그 이유에 대해서 이형구 교수는 2002년 봄에 "궈다순(郭大順) 씨가 반농담조로 말했듯 한국 학자가 가면 고조선과 연결시키려 하기 때문에 기피하는 측면도 있을 것이고"라고 말하고 있다. 다시 말해서 후조선과 위만조선 및 초기의 한사군 지역에 그와 관련된 유물이 없는 게 아니라 중국 당국이 이를 감추고, 공개하지 않아서 알려지지 않은 것이고, 우리나라 사람들을 출입 금지시켜서 알 수 없는 것이지, 없는 것이 아니다.

4) 현도군의 위치

현도군의 위치에 대해서는 사료에 따라 다르게 기록되어 상당히 혼란스럽게 하고 있다.

한서지리지 현도군 조를 보면 「무제 원봉 4년(서기전 107년) 개설. 고구려는 왕망이 하구려라고 하였다. 현이 3개로 고구려(현), 상은태(현), 서개마(현)이다(武帝元封四年開。高句驪, 莽曰下句驪。縣三: 高句驪, 上殷台, 西蓋馬).」라고 되어 있다.

그런데, 삼국지 동이전 동옥저 조를 보면 「동옥저는 고구려 개마대산의 동쪽에 있는데, 큰 바다 물가에 가까이 있으며, (그곳에) 산다. 그 지형은 동북이 좁고, 서남은 길어 천 리 정도 된다. 북쪽은 읍루 및 부여와, 남쪽은 예맥과 접한다(東沃沮在高句麗蓋馬大山之東, 濱大海而居。其地形東北狹, 西南長, 可千里, 北與挹婁、夫餘, 南與濊貊接).」라고 해서 동옥저가 마치 함경남북도 바닷가에 있는 것처럼 기술되어 있고, 몇 문장 뒤에는 「한 무제 원봉 2년(B.C. 109)에 조선을 정벌하여 위만의 손자 우거를 죽이고, 그 땅을 나누어 4군을 설치하였는데, 옥저성으로 현도군을 삼았다(漢武帝元封二年, 伐朝鮮, 殺滿孫右渠, 分其地為四郡, 以沃沮城為玄菟郡).」라고 해서 마치 함흥으로 추정되는 곳을 현도군으로 삼은 것처럼 기술되어 있다.

이 기록을 따른 후한서 동이전 동옥저 조에도 「동옥저는 고구려 개마대산의 동쪽에 있다. 동쪽은 큰 바다에 연접하였으며, 북쪽은 읍루·부여와, 남쪽은 예맥과 접하였다. 그 땅이 동서는 좁고 남북은 긴데 (면적은) 사방 천 리의 절반쯤 된다(東沃沮在高句驪蓋馬大山之東, 東濱大海;北與挹婁、夫餘, 南與濊貊接。其地東西夾, 南北長, 可折方千里).」고 기록하여, 동옥저가 마치 오늘날 함경남북도에 있는 것처럼 되어 있다. 그리고는 「(한) 무제가 조선을 멸망시키고 옥저 땅으로 현도군을 삼았다(武帝滅朝鮮, 以沃沮地爲玄菟郡).」라고 해서 역시 함경남북도 바닷가를 현도군으로 삼은 것처럼 기술되어 있다.

그러나 후한서 동이전 고구려 조를 보면 「무제(武帝: 한 무제)는 조선을 멸망시키고 고구려를 현(縣)으로 삼아 현도에 속하게 하였으며, 북과 관악기, 악공(樂工)을 하사하였다(武帝滅朝鮮, 以高句驪爲縣, 使屬玄菟, 賜鼓吹伎人).」라고 되어 있고,

북사(北史: 권94) 열전(列傳) 고구려 조에도 「한 무제 원봉 4년(서기전 107), 조선을 멸망시켜 현도군을 설치하고, 고구려를 현(縣)으로 삼아 현도에 속하게 하였다(漢武帝元封四年, 滅朝鮮, 置玄菟郡, 以高句麗爲縣以屬之).」라고 되어 있다.

그리고 이 뒤를 이어서 나오는 문장들이 중요한데, 삼국지 동이전 동옥저 조에 「뒤에 이맥의 침략을 받아 군(郡: 현도군)을 고구려의 서북쪽으로 옮기니 지금의 이른바 현도의 옛 관아(故府)가 그것이다(後爲夷貊所侵, 徙郡句麗西北, 今所謂玄菟故府是也).」라고 되어 있고, 이것을 따른 후한서 동이전 동옥저 조에도 「뒤에 이맥의 침략을 받아 郡을 고구

려의 서북쪽으로 옮겼다(後爲夷貊所侵, 徙郡於高句驪西北).」라고 되어 있는 기록이다.

현도군을 옮겼다는 사실은 한서본기에서도 확인할 수 있다. 한서 소제기 원봉(元鳳) 6년(서기전 75년) 기록을 보면「봄 정월, 군국의 노동 형을 받은 죄수들을 모아, 요동군과 현도군의 성을 쌓았다(春正月, 募郡國徒築遼東玄菟城).」라고 되어 있어 현도군을 옮겼다는 것을 알 수 있다.

그런데 한서지리지의 기록은 청(淸)나라 때의 고증학자 전대흔(錢大昕)에 의하면 한서지리지의 군국(郡國) 목록은 평제(平帝) 원시(元始) 2년(서기 2년)에 해당되고, 현·국·읍·도 목록은 성제(成帝) 원연(元延)·수화(綏和) 연간(元延·綏和之際: 기원전 9~8년 사이)에 해당된다고 정의하였다. 쉽게 말해서 한서지리지에 나오는 군국(郡國)은 서기 2년의 기록이고, 현·국·읍·도는 서기전 9~8년 사이의 기록이라는 말이다. 예를 들어서 한서지리지에 나오는 현도군은 서기 2년 때의 기록이고, 그 속현인 고구려현, 상은태현, 서개마현은 서기전 9~8년 사이의 기록이라는 말이다.

현도군은 서기전 75년에 고구려의 서북쪽으로 옮겼으므로, 한서지리지의 기록은 현도군이 원래 있었던 자리가 아니라 고구려의 서북쪽으로 옮겨진 뒤의 상황을 쓴 것이다. 그런데 여기서 명확히 해야 할 것은 삼국지 동이전 동옥저 조의「군(郡: 현도군)을 고구려의 서북쪽으로 옮겼다(徙郡句麗西).」는 기록으로, 군(郡), 즉 현도군 자체를 고구려의 서북쪽으로 옮겼다는 사실이다. 그러므로, 옮겨진 현도군은 고구려의 서북쪽에 있는 것이기 때문에 한서지리지에 있는 현도군의 고구려현, 상은태현, 서개마현 역시 당연히 고구려의 서북쪽에 위치하는 것이다. 고구려의 초기 발상지가 길림성 집안현 일대라면, 고구려현, 상은태현, 서개마현 모두는 집안현 일대의 서북쪽에 있는 것이다. 따라서 서개마현을 평안북도 위원-초산 일대로 추정하는 것은 사료 자체를 무시하고 자행한 추측일 뿐이다. 다시 한 번 명백히 해야 할 것은 옮겨진 현도군은 고구려와 명백히 다른 지역이라는 것이다. 따라서 한서지리지에 나오는 현도군과 고구려현 등은 고구려가 아니며, 고구려와는 명백히 다른 지역으로 고구려의 서북쪽에 위치하였다. 즉 서기전 9~8년 사이와 그 이후 왕망 때에 한나라와 왕망은 고구려를 지배한 것이 아니다. 너무도 당연한 말이지만 왕망이 상은태현을 하은태현으로 고치고, 서개마현을 현도정이라고 고친 것은 현도군이지 고구려가 아니다.

나머지 기록들을 보면,「옥저성으로 현도군을 삼았다.」또는「옥저 땅으로 현도군을 삼았다.」가 핵심이고, 부수적인 것이「고구려를 현(縣)으로 삼아 현도에 속하게 하였다.」이므로, 현도군의 본질은 옥저이고 고구려는 현으로 삼아 현도군에 속하게 한 것이다. 다시 말해서 현도군이 처음 설치된 곳은 옥저이다.

옥저는 어느 곳인가?

삼국지 동이전이나 후한서 동이전을 보면, 옥저가 마치 함경남북도, 특히 그 중심지역인 함흥에 있었던 것으로 착각하게 하지만, 그 지역에서는 한나라 유물과 유적이 발견되지 않는다. 왜인들이 일제강점기 때 한반도 전역을 그렇게 샅샅이 뒤졌는데도 함흥에서는 한나라 유물과 유적이 나온 일이 없고, 해방 후 70여 년이 지난 지금까지도 함흥에서는 한나라 유물과 유적이 나온 일이 없다. 물적 증거가 없다는 말이다.

뿐만 아니라 『요동군과 현도군 연구』라는 책에 있는 「요동·현도군의 한묘」라는 글 151쪽을 보면, "한대(漢代)의 요동군과 현도군 지역이라 믿어지는 요하(遼河)의 동안, 혼하(渾河) 유역에 해당되는 지금의 무순시, 심양시, 요양시, 안산시 일대와 요동반도의 개주시, 와방점시, 대련시 일대에서는 많은 한대의 무덤이 발견되고 조사되었다. (중략) 이 일대에 분포된 한묘(漢墓: 한나라 묘지)는 수천 기 이상이 조사된 것으로 알려져 있으나 특성 있는 몇십 기의 묘 이외에는 우리에게 잘 소개되어 있지 않은 것이 현재의 실정이다"라고 하고 있으며, 152쪽을 보면 "이 지역에 분포하고 있는 한묘의 수는 2천여 기 이상으로 보고(劉俊勇, 1990년)되었는데, 우리가 자료로 접할 수 있는 것은 그리 많지 않다"고 하고 있다. 이어서 조금 더 구체적인 분포 지역을 개괄하고 있는데, 심양지구의 한묘, 무순지역의 한묘, 요양지역의 한묘, 안산지역의 한묘, 영구지구의 한묘, 와방점과 보란점지구의 한묘, 대련지구의 한묘를 들고 있다.

이러한 한묘의 분포지역을 보면, 모두가 무순시에서 요동반도 방향을 따라 대련시 쪽으로 분포하고 있다. 즉 요동반도의 척추에 해당하는 천산산맥 이북에 분포하고 있다. 이 중에서 고구려의 초기 발상지로 추정되는 집안현과 가장 가까운 곳이 무순시이다. 그렇다면 고구려의 초기 발상지 집안현에 한나라 사람이 없었다는 것이 밝혀져 그곳이 초기 현도군 치소가 아니라는 것이 판명되었음은 물론이고, 여태까지 제2의 현도군 치소라고 주장해온 신빈현 영릉진 고성(新賓縣 永陵鎭 古城)에도 한나라 사람이 없었다는 말이며, 따라서 그곳은 제2의 현도군 치소가 아닌 것으로 밝혀진 것이고, 상은태현이라고 주장해온 통화의 적백송 고성(赤柏松 古城)에도 한나라 사람이 없었다는 말이며, 따라서 그곳 역시 상은태현이 아닌 것으로 판명된 것이다. 겨우 제3의 현도군 치소라고 주장해온 무순시 영안태 고성 주변만이 한나라 사람이 있었던 것이 밝혀져, 그곳이 제2의 현도군 치소일 가능성이 있었으나 근래에 그곳에서 고구려 유물이 대량 발굴됨으로써 그런 주장도 설득력을 잃고 있다. 이에 따라 1988년에야 발굴된 무순시 소갑방 고성(撫順市 小甲邦 古城)만이 무순시 소갑방에서 한묘(漢墓)가 발견됨에 따라 제2의 현도군 치소일 가능성이 있게 되었다.

다시 말해서 여태까지 함흥을 초기 현도군 치소라고 주장하고, 집안현을 초기 현도군의 치소라고 주장하며, 신빈현 영릉진 고성(新賓縣 永陵鎭 古城)을 제2의 현도군 치소라고 주장하고, 통화의 적백송 고성(赤柏松古城)을 상은태현이라고 주장하며, 평안북도 위원-초산 일대를 서개마현이라고 주장한 것은 모두 사실이 아닌 것으로 밝혀진 것이다. 여태까지 근거 없는 추측과 악의적인 억측으로 사람들을 속여 온 것이다.

그러면 현도군이 처음 설치된 옥저는 어느 곳인가?

요사지리지2 동경도(東京道) 조를 보면「해주: 남해군이 설치되었으며 절도를 두었다. 본래 옥저국의 땅이다. (중략) 주(州) 2개와 현 1개를 다스린다: 임명현(海州, 南海軍, 節度。本沃沮國地。(중략) 統州二、縣一: 臨溟縣)。」이라고 되어 있다.

여기서 해주(海州)와 임염현(臨溟縣)에 대해 바이두로 검색해보면 다음과 같다.

요해총서(遼海叢書) 수암지략 권3(岫巖志略卷三)에 있는 임명현 조를 보면「임명현: 요나라 때 설치하였는데 해주에 속하였다. 금나라 때는 징주에 속하였다. 원나라 때 폐지하였다(臨溟縣 遼置, 屬海州。金屬澄州。元廢)。」라고 되어 있는데, 명사(明史) 권41 지리2(地理二) 해주위 조를 보면「해주위는 본래 해주인데 홍무 초에 옛 징주성(澄州城)에 설치하였다. (홍무)9년에 (해주)위를 설치하였다. (홍무)28년 4월에 (징)주를 폐지하였다. [서남쪽은 바닷물에 가까이 있어 염전이 있다. 서쪽에는 요하가 있는데, 혼하와 태자하가 모여 바다로 들어가니, 그것을 일러 삼차하-三岔河라고 한다. 또 서쪽에 남과 북의 통강-通江이 있는데 역시 요하에 합류한다. 동쪽에는 대편령관-大片嶺關이 있고, 염전이 있다.] 동북쪽으로 도사(都司: 요동도사)와 120리 떨어져 있다(海州衞, 本海州, 洪武初, 置於舊澄州城。九年置衞。二十八年四月, 州廢。[西南濱海, 有鹽場。西有遼河, 匯渾河、太子河入海, 謂之三岔河。又西有南、北通江, 亦合於遼河。東有大片嶺關, 有鹽場。]東北距都司百二十里)。」라고 되어 있어, 요해총서의 기록과 합치하고 있다.

그리고 임명현(臨溟縣)에 대해서는「요나라 때 설치되어 해주를 다스렸다. 치소는 즉 지금의 요녕성 해성시이다. 금나라 때는 징주에 속하였다. 원나라 때 폐지하였다(辽置, 为海州治。治所即今辽宁海城市。金属澄州。元废)。」라고 되어 있어 임명현이 바로 지금의 해성시임을 알 수 있다.

또한 해주위(海州衞)에 대해서는「명나라 홍무 9년(1376년) 설치. 지금의 요녕성 해주시에서 다스렸는데 요동도사에 속하였다. 청나라 순치 10년(1653년)에 해성현으로 개편되었다(明洪武九年(1376)置。治今辽宁海城市。属辽东都司。清顺治十年(1653)改为海城县)。」라고 되어 있어 역시 해주위도 지금의 해성시임을 알 수 있다.

다시 말해서 옥저는 지금의 요녕성 해성시 지역이다. 즉 현도군은 처음 설치될 때 지금의 해성시에 치소를 두었고, 심양시 남남서쪽으로 요양시 지역부터 안산시와 영구시 및 그 남쪽을 포함한 약 361km에 걸쳐 설치되었던 것으로 추정된다.

해성시는 현도군의 물적 증거인 한묘(漢墓: 한나라 묘지)가 발견되는 천산산맥 이북으로 안산시와 영구시 사이에 있다.

제8절 요동군의 원래 위치에 대한 결론 및 요약

요동군의 원래 위치는 지금의 하북성 창려현이다. 이곳은 연나라 때 처음 설치되었는데, 진나라와 진승·오광의 난, 항우와 유방의 전쟁, 한나라 초기, 창해군 설치 당시, 한 무제의 갈석산 방문 당시와 한사군 설치 당시, 그리고 그 후 요동군이 옮겨질 때까지 줄곧 변함이 없었다.

제2장 요동군이 옮겨진 위치

제1절 요동군을 옮긴 계기

요동군을 동쪽으로 옮긴 계기는 2가지이다.
첫째는 요동군 동쪽에 있는 한사군이 2개의 군으로 축소된 때문이고, 둘째는 요동군에서 반란을 일으킨 오환을 진압했기 때문이다. 차례대로 알아보자.

1. 한사군의 변화

서기전 108년에 요동군의 동쪽에 한사군이 설치되었다. 그 26년 뒤인 서기전 82년에 한 소제는 요동군의 동쪽에 있던 진번군과 임둔군을 폐지하여 낙랑군과 현도군에 합침으로써 한사군이 2개 군으로 축소되었다.

한서 소제기를 보면「시원 5년(始元五年: 서기전 82년) 6월, 담이(군)와 진번군을 폐지하였다(始元五年六月, 罷儋耳、真番郡).」라고 되어 있어, 진번군을 폐지하였다는 기록만 있는데, 후한서 동이전 예(濊)전을 보면「소제(昭帝) 시원 5년(B.C. 82)에 이르러 임둔과 진번을 폐지하고 낙랑과 현도에 합쳤다(至昭帝始元五年, 罷臨屯、真番, 以并樂浪、玄菟).」라고 되어 있어, 시원 5년(始元五年: 서기전 82년)에 진번군만 폐지한 것이 아니라 임둔군도 폐지하였고, 그 두 군을 낙랑군과 현도군에 합쳤음을 알 수 있다. 4개 군을 2개 군으로 통폐합한 까닭은, 기록에는 없지만, 현도군을 옮긴 원인을 보건대, 4개 군에 있었던 조선인(위만조선인)의 투쟁 때문으로 여겨진다.

진번군이 낙랑군과 가까우므로 진번군은 낙랑군에 합치고, 나머지 임둔군은 현도군에 합친 것으로 보인다. 따라서 한사군은 양하(洋河)에서 칠리하(七里河)까지 약 206.6km(철도거리)에 걸친 낙랑군과 칠리하 동쪽에서부터 심양 지역을 거쳐 요동반도 방향으로 약 593.4km에 걸친 현도군의 2개 군으로 재편된 것인데, 재편된 현도군 지역은 너무 멀고 넓어 통치 공백이 생긴 것으로 보인다.

2. 요동군에 있는 오환 진압

이와 관련된 한서 소제기를 보면 다음과 같다.

『(소제) 원봉(元鳳) 3년(서기전 78년) 겨울, 요동(군)의 오환(烏桓)이 반란을 일으켜, 중랑장 범명우를 도요 장군으로 삼아, 북쪽 변방 7개 군(郡)에서 군마다 2천 기병씩을 거느리게 하여 그들을 치게 하였다(冬, 遼東烏桓反, 以中郎將范明友爲度遼將軍, 將北邊七郡郡二千騎擊之).』

『(소제) 원봉(元鳳) 4년(서기전 77년) 여름 4월, 조서를 내려 말하기를: 「도요장군 범명우는 전에 강기교위로 강족의 왕 및 후와 군장 이하의 사람들을 거느리고 익주(군)에서 반란을 일으킨 오랑캐를 쳤고, 그 뒤에 다시 (그들을) 거느리고 무도(군)에서 반란을 일으킨 저족을 쳤으며, 지금은 오환을 깨뜨려 오랑캐를 참수하고 포로를 잡아, 공을 세웠다. 범명우를 봉하여 평릉후로 삼는다.」라고 하였다(夏四月, 詔曰:「度遼將軍明友前以羌騎校尉將羌王侯君長以下擊益州反虜, 後復率擊武都反氐, 今破烏桓, 斬虜獲生, 有功。其封明友爲平陵侯」).』

여기서 범명우를 도요장군(度遼將軍)으로 삼았다고 하는데, 도요장군에 대한 주석을 보면 『응소가 말하기를: 「마땅히 요수를 건너서(度遼水), 그들을 쳐야 하기 때문에 도요(度遼: 요수를 건넌다)를 관직 이름으로 삼았다(應劭曰:「當度遼水往擊之, 故以度遼爲官號).」라고 하였다.』라고 되어 있다. 즉 범명우는 요수를 건너 요동군에 있는 오환을 친 것이다. 이때의 요수는 지금의 난하이므로 서기전 78년과 서기전 77년 당시에 요동군의 위치도 갈석산까지였음을 알 수 있다.

그리고 범명우는 소제 원봉(元鳳) 3년(서기전 78년) 겨울에 오환을 공격하도록 명령받아, 소제 원봉(元鳳) 4년(서기전 77년) 4월 이전에 오환을 평정한 것이다.

제2절 요동군이 옮겨진 위치와 시기

소제 시원 5년(始元五年: 서기전 82년)에 한사군을 2개 군을 통폐합하면서 현도군은 너무 멀고 넓어 통치에 어려움이 생겼는데, 소제 원봉(元鳳) 3년(서기전 78년) 겨울에 오환이 준동하자, 소제 원봉(元鳳) 4년(서기전 77년) 4월 이전에 오환을 평정하면서, 이쪽 지방에 대해서도 지배할 수 있다는 힘이 입증되자, 이러한 기회에 현도군 통치의 공백을 메꿈과 동시에 옛 한사군 지역 대부분을 직접 통치하겠다는 목적으로 요동군과 현도군을 이동한 것으로 보인다. 그 2개 군을 오환 평정 다음 년도에 바로 옮기지 못하고, 소제 원봉(元鳳) 6년(서기전 75년)에 옮긴 까닭은 소제 원봉(元鳳) 5년(서기전 76년) 여름에 큰 가뭄이 들었기 때문이다.

요동군은 원래 있던 자리에서 소제 원봉(元鳳) 6년(서기전 75년)에 현재의 요양시 지역으로 옮겨졌다. 그 증거는 2가지이다.

첫째, 조양과 양평의 거리와 위치이다.
둘째, 한서 소제기 원봉(元鳳) 6년(서기전 75년) 조이다.

첫째, 조양과 양평의 거리와 위치를 알아보자.

원래 연나라가 차지한 땅은 상곡군의 군치인 조양에서 천여 리 떨어진 양평까지이다. 오늘날 조양에서 천여 리(약 400여km) 떨어진 곳을 조사해보면 그곳은 지금의 창려현이다.

그런데 양평을 바이두로 검색해보면 지금의 요녕성 요양시(即今辽宁省辽阳市)라고 하는데, 그 증거 유물로는 요양시에 옛 한나라식 토성이 있으며, 한나라 묘가 있다는 것이다.

원래 있었던 양평(창려현)에서 요양시까지의 철도 거리를 계산해보면, 약 483km이다. 이 말은 지금의 요양시라고 주장하는 양평은 요동군을 설치할 당시에 원래 있었던 양평(창려현)에서 1천여 리 동쪽으로 옮겨간 것임을 말하고 있다.

또한, 조양(상곡군 치소)에서 오늘날 요양시까지의 거리를 계산해보면, 회래현(상곡군 치소의 현재 위치로 추정되는 곳)에서 원래 양평이 있었던 창려현까지의 총 거리(도로거리)가 약 443km이고, 창려현에서 요양시까지의 거리(철도거리)가 약 483km이므로 합계 약 926km가 되어, 대략 2천3백 리 정도가 된다. 원래의 양평이 오늘날의 요양시로 옮겨진 때는 서기전 75년이다(한 소제 원봉 6년). 그보다 약 340년 뒤인 서기 266년 무렵에 위략을 편찬한 어환은 오늘날의 요양시로 옮겨진 양평만 알고 있었으므로, 위략에 조양에서 요양시로 옮겨진 양평과의 거리인 2천여 리라고 쓴 것이다. 그래서 위략에 「그(조선)의 서쪽 지방을 공격하여, 땅 2천여 리를 빼앗았다.」고 쓰여 있는 것이다.

둘째, 한서 소제기 원봉(元鳳) 6년(서기전 75년) 조를 알아보자.

요동군과 현도군이 옮겨졌다는 문헌적 증거는 한서 소제기 원봉(元鳳) 6년(서기전 75년) 조이다. 한서 소제기 원봉(元鳳) 6년(서기전 75년) 조를 보면「봄 정월, 군국의 노동 형을 받은 죄수들을 모아, 요동군과 현도군의 성을 쌓았다. 여름, (중략) 오환이 다시 변방을 침범하여 도요장군 범명우를 보내 그들을 치게 하였다(六年春正月, 募郡國徒築遼東玄菟城。夏, (중략) 烏桓復犯塞, 遣度遼將軍范明友擊之).」라고 되어 있다. 요동군성을 다시 쌓은 것은 연나라가 요동군성을 쌓은 이래로 처음이다. 요동군을 지금의 창려현에서 지금의 요양시로 옮기면서 요동군성을 새로 쌓은 것이다. 그리고 요동군성을 옮겨 쌓으면서 현도군성 역시 지금의 해성시 지역에서 무순시 지역으로 옮겨 새로 쌓은 것이다. 현도군 성은 왜 옮기며 새로 쌓았는가? 그 이유는 삼국지 동이전 동옥저 조에 「뒤에 이맥의 침공을 받아 군(郡: 현도군)을 고구려의 서북쪽으로 옮기니 지금의 이른바 현도의 옛 관아(故府)가 그것이다(後爲夷貊所侵, 徙郡句麗西北, 今所謂玄菟故府是也).」라고 되어 있는 기록을 보면, 임둔군을 현도군에 합치면서 합쳐진 현도군이 약 593.4km에 걸쳐 있어 너무 넓고 멀어서 통치의 공백이 생겨 이맥의 침공을 받았기 때문이다.

그런데, 원봉(元鳳) 6년(서기전 75년)의 정월 기사를 일부러 틀리게 해석하는 자들이 있다.

정월 기사의 원문은 募郡國徒築遼東玄菟城인데 여기서 중요한 구절은 築遼東玄菟城이다. 이 구절을 「요동의 현도성을 쌓았다.」라거나, 아예 「요동에 현도성을 쌓았다.」라고 해석하는 것이다.

그러면 築遼東玄菟城의 정확한 뜻은 무엇인가?

築(축)은 「건축하였다. 쌓았다.」는 뜻이고, 遼東(요동)은 요동군이며, 玄菟(현도)는 현도군이고, 城(성)은 성곽이다. 즉, 「요동군과 현도군의 성을 쌓았다.」이다.

여기서, 遼東(요동)은 요동군이며, 玄菟(현도)는 현도군이라는 것은 너무나 당연한데도, 그것이 아니라고 하면서 틀리게 해석하는 단초를 마련하는데 문제가 있다.

그러면, 왜 「遼東(요동)은 요동군이며, 玄菟(현도)는 현도군」인가? 너무나도 당연한 이 이야기를 해야 그들이 어떻게 틀린 해석하고 있는지를 알게 된다. 한서나 한서본기에서는 군(郡) 이름이 나오면, 군(郡)이라는 것은 빼버리고 앞에 있는 이름만 쓰고 있으며, 특별하고 예외적인 경우에만 군(郡)이라는 것을 붙인다.

예를 들어서, 한서 소제기에 나오는 匈奴入朔方에서 朔方(삭방)은 朔方郡(삭방군)에서 군(郡)이라는 것은 빼버린 것이므로 「흉노가 삭방군에 침입하였다.」이고, 鳳皇集東海에서 東海(동해)는 東海郡(동해군)에서 군(郡)이라는 것을 빼버린 것이므로 「봉황이 동해군에 모였다.」이며, 分屬鬱林、牂柯에서 鬱林、牂柯(울림과 장가) 역시 鬱林郡、牂柯郡(울림군과 장가군)에서 군(郡)이라는 것을 빼버린 것이므로 「울림군과 장가군에 나누어 속하게 하였다.」이다.

특별하고 예외적인 경우란, 上郡(상군)과 같이 군(郡)이라는 것을 빼버리면 무슨 소리인지 모르는 경우와 珠崖郡山南縣(주애군 산남현)과 같이 군과 현을 함께 쓰는 경우, 遂定越地, 以爲南海, 蒼梧, 鬱林, 合浦, 交阯, 九真, 日南, 珠厓, 儋耳郡(마침내 월의 땅을 평정하고 남해, 창오, 울림, 합포, 교지, 구진, 일남, 주애, 담이군으로 삼았다)과 같이, 군(郡) 이름이 계속 나오는 경우 맨 끝에만 붙이는 경우 등이다.

즉, 遼東(요동)은 요동군이며, 玄菟(현도)는 현도군이다.

따라서, 築遼東玄菟城의 뜻은「요동군과 현도군의 성을 쌓았다.」이다.

이러한 사실은 한서 천문지에서도 확인할 수 있다.

한서 천문지에는 똑같은 구절을 築遼東、玄菟城(요동군과 현도군의 성을 쌓았다)이라고 명백하게 되어 있는데, 이것은 표점을 정확하게 찍은 것뿐이다.

다시 말해서 築遼東玄菟城의 뜻은 명백하게「요동군과 현도군의 성을 쌓았다.」이다.

그러므로 築遼東玄菟城을「요동의 현도성을 쌓았다.」라거나, 아예「요동에 현도성을 쌓았다.」라고 해석하는 것은 둘 다 잘못된 것이며 악의적인 의도로 거짓 해석한 것이다.

「요동의 현도성을 쌓았다.」라고 해석하는 것은「요동군의 현도군 성을 쌓았다.」는 것인데, 이것은 말도 이상하거니와 현도군이 요동군 소속이라는 말이 되어 명백히 틀린 해석이다. 그 다음,「요동에 현도성을 쌓았다.」라고 해석하는 것은「요동군에 현도군 성을 쌓았다.」라는 말인데, 이것 역시 말이 이상할 뿐만 아니라, 그렇게 해석하려면 문장이 築玄菟城於遼東 또는 築玄菟城于遼東이라고 되어 있어야 한다. 그러나 원문은 명백히 築遼東玄菟城이라고 되어 있으며, 築遼東玄菟城과 築玄菟城於遼東(築玄菟城于遼東)은 문장 형태도 완전히 다를 뿐만 아니라 뜻도 전혀 다른 것이다. 이렇게 거짓으로 해석하는 것은 요동군이 동쪽으로 옮겨졌다는 사실을 감추기 위한 흉계가 숨어 있다.

이 기록이 현도군을 옮긴 것이라는 증거는 삼국지 동이전 동옥저 편에도 있다. 그것을 보면 「한 무제 원봉(元封) 2년(B.C. 109), 조선을 정벌하여 위만의 손자 우거를 죽이고, 그 지역을 분할하여 4군을 설치하였는데, 옥저성(沃沮城)으로 현도군을 삼았다. 뒤에 이맥(夷·貊)의 침략을 받아 군(郡)을 고구려의 서북쪽으로 옮기니 지금의 이른바 현도의 고부(故府)라는 곳이 바로 그곳이다.」라고 되어 있어, 현도군이 처음에는 옥저성에 있다가 고구려의 서북쪽으로 옮겼음을 알 수 있는데, 바로 원봉(元鳳) 6년(서기전 75년)의 정월 기사가 현도군이 고구려의 서북쪽으로 옮긴 구체적 기록이다.

마찬가지로 소제 원봉(元鳳) 6년(서기전 75년)의 정월 기사는 요동성 역시 처음에는 조양에서 천여 리 떨어진 원래의 양평(지금의 창려현)에 장성을 쌓으며 요동군을 설치했다가, 현재의 요양시로 옮기면서 새로 요동군 성을 쌓은 구체적인 기록이다.

제3절 현도군의 이동

현도군은 처음 설치될 때 옥저에 설치하였는데 옥저는 앞서 밝힌 바와 같이 지금의 요녕성 해성시이다. 즉 현도군은 처음 설치될 때(서기전 108년) 지금의 해성시에 치소를 두었고, 심양시 남남서쪽으로 요양시 지역부터 안산시와 영구시 및 그 남쪽을 포함한 약 361km에 걸쳐 설치되었다가, 그 26년 뒤인 소제 시원 5년(始元五年: 서기전 82년)에 임둔군을 현도군에 합치는 바람에 칠리하 동쪽에서부터 심양 지역을 거쳐 요동반도 방향으로 약 593.4km에 걸친 크고도 먼 현도군이 되어 통치의 공백이 생겼는데, 다시 그 7년 뒤인 소제 원봉(元鳳) 6년(서기전 75년)에 요동군이 현 요양시로 옮겨지면서 옛 한사군 지역 대부분을 한나라에서 직접 통치하게 되었는데, 현도군은 그 사이 크고도 먼 현도군이 되어 통치의 공백이 생기니 이맥의 침공을 받자, 요동군을 옮기는 기회에, 크고도 먼 현도군 역시 많은 지역을 다 버리고, 사람들만 일부 데리고 무순시 방향으로 옮기면서 작은 군이 된 것이다. 그래서 한서지리지에 현도군이 현(縣)은 3개밖에 안 되는데, 인구는 현이 18개나 되는 요동군의 인구와 비슷하게 된 것이다.

제4절 요동군을 옮기면서 발생한 결과

요동군을 이동함에 따라 함께 현도군도 이동되었고 낙랑군과 우북평군, 요서군 역시 일정하게 동쪽으로 이동하게 되었다. 또 하나는 요동군에서 준동했던 선비족이 이동한 요동군 밖으로 축출된 것이다.

1. 낙랑군의 이동

낙랑군은 처음 설치될 때(서기전 108년), 지금의 구하(狗河)에서부터 동쪽으로 약 113.8m(철도거리)에 있는 호로도시 남표구의 칠리하(七里河)까지에 있었다가, 그 26년 뒤인 소제 시원 5년(始元五年: 서기전 82년)에 진번군을 낙랑군에 합치는 바람에, 낙랑군이 지금의 양하(洋河)에서 칠리하(七里河)까지 약 206.6km(철도거리)에 걸쳐 있었는데, 다시 그 7년 뒤인 소제 원봉(元鳳) 6년(서기전 75년)에 요동군과 현도군이 이동하는 바람에 옮겨지게 되었다.

낙랑군은 어디로 옮겨졌는가?

요동군이 지금의 창려현에서 동쪽으로 요양으로 옮겨지고, 현도군은 처음 설치될 때 지금의 해성시에 치소를 두고, 심양시 남남서쪽으로 요양시 지역부터 안산시와 영구시 및 그 남쪽을 포함한 약 361km에 걸쳐 설치되었다가, 임둔군까지 합쳐지는 바람에 칠리하 동쪽에서부터 심양 지역을 거쳐 요동반도 방향으로 약 593.4km에 걸친 크고도 먼 현도군이 되었다. 이 바람에 통치의 공백이 생겨 이맥의 침공을 받자, 그 넓은 지역을 다 버리고, 사람만 일부 데리고 무순 지역으로 옮기게 되자, 합쳐진 현도군의 옛 지역 가운데 요동군이 옮겨온 요양 지역을 뺀 나머지 지역이 텅텅 비게 되었다. 낙랑군을 바로 이 지역으로 옮긴 것으로 추정된다. 즉 지금의 대석교시에서부터 바닷가를 따라 남쪽 대련시 방향으로 낙랑군을 옮긴 것이다.

2. 우북평군의 이동

본래 요동군의 동쪽 끝이었던 갈석산이 한서지리지에는 우북평군 여성현으로 되어 있다. 이것이 바로 우북평군이 동쪽으로 이동하였거나 동쪽으로 확대된 증거이다. 한서지리지의 현·국·읍·도 목록은 성제(成帝) 원연·수화 연간(元延·綏和之際, 서기전 9~8년 사이)에 해당하므로, 한서지리지의 기록은 서기전 9~8년경에 갈석산이 우북평군 여성현이었다는 상황을 기록한 것이다. 그러면 언제 우북평군이 동쪽으로 옮겨졌나 동쪽으로 확대된 것인가? 물론 요동군이 동쪽으로 옮겨진 소제 원봉(元鳳) 6년(서기전 75년)이다. 요동군을 동쪽으로 옮겨 가면서 그 공백을 우북평군을 이동하거나 확대하여 메꾼 것이다.

3. 요서군의 이동

요동군이 가장 멀리 동쪽으로 옮겨졌지만, 그 다음으로 동쪽으로 멀리 옮겨진 것은 요서군이다. 요서군은 본래 난하 서쪽에 있었다가 요동군이 지금의 요양쪽으로 이동함에 따라 갈석산 동쪽에서부터 요하까지로 이동한 것이다. 이동하면서 원래의 요서군보다 매우 커졌다.

이 옮겨진 요서군 지역은 옛 진번군과 낙랑군 지역이며 통합된 낙랑군 지역에 옛 임둔군 지역이 상당히 포함된 영역이다. 다시 말해서 요서군은 위만조선 영역의 약 절반 가량을 차지한 것이다.

4. 요동군과 요서군, 우북평군 등을 이동한 까닭

요동군 등은 왜 옮겼는가? 낙랑군과 같은 한사군 지역은 한나라에서 직접 통치한 것이 아니었다. 그 증거가 한서지리지의 뒷부분인 연지(燕地: 연나라 지역) 기록이다. 그 가운데 「현도군과 낙랑군은 무제 때 설치하였는데 모두 조선, 예맥, 구려(句驪)의 만이(蠻夷: 오랑캐의 땅)이다. (중략) 군(郡: 낙랑군)은 처음에 요동군에서 관리를 데려왔다(玄菟、樂浪、武帝時置、皆朝鮮、濊貉、句驪蠻夷 (중략) 郡初取吏於遼東).」라는 기록을 보면 아주 명확하게 알 수 있다. 이 기록을 보면 한사군이 2개 군으로 합쳐진 뒤의 기록임을 알 수 있는데, 한사군이 2개 군으로 합쳐진 뒤에도, 초기에 낙랑군은 요동군에 있는 관리를 데려왔음을 알 수 있다. 한나라에서 관리를 파견하여 직접 통치한 것이 아니라는 말이다. 이 말은 한사군이 2개 군으로 합쳐진 뒤에도, 초기에 낙랑군은 위만조선의 유민들이 자체적으로 통치하고 관리를 데려와서 행정만 맡겼다는 말이다. 이 말은 2개 군으로 합쳐진 한사군(한2군)은 한나라에서 관리를 파견하여 직접 통치한 것이 아니라는 것을 확인하고 있다. 그러니 한사군이 설치된 당시에는 그 사정이 더 했을 것이 명확하다. 다시 말해서 한사군이 설치되었을 당시에는 한사군마다 위만조선의 유민들이 자치적으로 통치하였던 것이다.

그러다 보니 현지 지역민인 위만조선 유민이 들고 일어나니, 한사군 설치 후 26년만인 소제 시원 5년(서기전 82년)에 한사군을 2개 군으로 통폐합한 것으로 생각된다. 2개 군으로 통폐합하였는데도 현도군이 이맥의 공격을 받자, 아예 옛 한사군 지역을 직접 통치할 생각으로 요동군을 현도군 지역으로 옮기면서, 요동군 지역과 통합된 낙랑군 지역이 비게 되자, 우북평군을 동쪽으로 옮기거나 확대하고, 요서군 역시 통합된 낙랑군 지역으로 옮기면서 확대하고, 현도군은 옮긴 요동군과 가까우면서도 고구려 서북쪽 방면으로 옮기고, 낙랑군은 옮겨진 현도군 지역 가운데 요동군이 차지한 지역을 제외한 곳으로 옮긴 것이다.

한마디로 옛 한사군 지역 대부분을 한나라에서 직접 통치하려고 요동군과 요서군, 우북평군을 동쪽으로 옮긴 것이다. 그리고 나머지 옛 한사군 지역에 낙랑군과 현도군을 옮겼으나, 그 초기에도 여전히 한나라에서 관리를 파견하여 직접 통치를 못했던 것이다.

그러면 왜 한 소제 때의 한나라는 옛 한사군 지역 대부분을 직접 통치하려고 하였는가? 심각한 재정난 때문이다. 그 증거가 사기 평준서와 한서 소제기 찬(贊)이다. 사기 평준서를 보면 한 무제 때 흉노와 전쟁을 벌이느라고 재정이 고갈되자, 각종 세금을 신설하여 국고를 보충하고, 그것도 모자라 매관매직에다 사형수도 돈을 내면 살려주는 속전(贖錢)이 있었고, 그래도 재정이 부족하자, 국가에서 소금과 철을 전매하였고, 그것도 모자라 국가에서 직접 물건을 사고파는 균수법도 시행하였다. 즉 한 무제 때 이미 재정이 고갈되었던 것이다. 그 다음, 소제기 찬(贊)을 보면 「(효소제 때는) 효무제의 사치와 남겨진 피로 및 궁핍, 전쟁의 뒤를 이어, 국내는 (재물이) 다하여 없어지고, 호구(戶口)는 절반으로 줄어들었다(承孝武奢侈餘敝師旅之後, 海內虛耗, 戶口減半).」라고 되어 있다. 이와 같이 한 소제 때에는 국가가 궁핍해지고 호구가 절반으로 줄어들어 재정이 매우 악화되었다. 한나라는 사람에게 직접 세금을 매기는 인두세로써 산부(算賦)와 구부(口賦)제도를 실시하여, 호구(戶口: 집수와 인구수)가 절반으로 줄어듦에 따라 재정이 반 토막 난 것이다. 그래서 한나라는 세수 증대를 위한 인구를 불리려고 옛 한사군 지역 대부분을 직접 통치하려고 한 것이다. 한나라는 위만조선이 망하기 전에 창해군을 만들었는데, 그때 창해군의 인구가 28만 명이다. 그런데 위만은 사방 수천 리의 나라를 만들었다. 위만조선의 영역이 바로 한사군의 영역이다. 그러니 한사군 지역 전체에는 28만보다는 훨씬 많은 사람과 물자가 있었음이 틀림없다. 또한 옛 한사군 지역 대부분을 한나라에서 직접 통치하면 늘어난 영토에서 농지세인 전조(田租)도 거둘 수 있다. 그래서 한 소제는 국가 재정의 확충을 목적으로 옛 한사군 지역 대부분을 직접 통치하려고 한 것이다. 그래서 옛 한사군 지역 대부분에 요동군과 요서군, 우북평군을 옮긴 것이다.

5. 선비족의 이동

요동군이 이동한 계기가 되었던 원래 위치의 요동군에서 준동한 오환족(선비족)이 이동된 요동군 밖으로 축출되었다. 이렇게 요동군이 동쪽으로 이동하면서 그 밖으로 축출되는 바람에 선비족이 시라무렌강 유역에 있게 된 것이다.

제5절 요동군이 옮겨진 위치(요약)

1) 요동군이 옮겨진 위치는 지금의 요양시 지역이다.
2) 요동군이 옮겨진 때는 소제 원봉(元鳳) 6년(서기전 75년)이다.
3) 요동군을 옮긴 계기는 한사군이 2개의 군으로 축소된 것과 요동군 내 오환의 진압이다.
4) 요동군 등을 옮긴 까닭은 옛 한사군지역의 직접통치와 요동군 내의 오환 축출 때문이다.
5) 요동군을 옮기면서 발생한 결과는 현도군 및 낙랑군과 우북평군, 요서군의 이동과 선비족이 이동된 요동군 밖으로 축출된 것이다.

제3장 요동군이 연나라 때부터
요동반도에 있었다는 주장에 대하여

요동군이 연·진 시대부터 현재의 요동반도에 있었다는 주장은 그 증거로 유물과 유적을 들고 있다.

제1절 유물

요동군이 연·진 시대부터 현재의 요동반도에 있었다고 주장하면서 그 유물 증거를 제시한 책으로 대표적인 것은 『한국 고대사속의 고조선사』라는 책이다.

그중에서도 핵심적인 내용은 그 책 337쪽과 341쪽에 있다. 그 책 337쪽을 보면「진나라 군대는 중국 동북지방에 대한 통제를 강화하기 위해 장성을 따라 병사를 두어 북방 동호 등의 남하를 방어했을 뿐 아니라, 요령 지역 남부의 중요 지점도 병사를 나누어 지켰다. 군위관병의 존재는 이러한 점을 방증하는 것이다. 이러한 점은 고고학 발굴상으로도 실증할 수 있다. 예를 들어 건창현에서 출토된 3점의 병기-'둔유과(屯留戈)'와 '망과(亡戈)'가 출토되었다. 신금현에서는 위나라의 '계봉과(啓封戈)'가 출토되었는데 啓封 두 글자는 분명히 진이 위를 멸한 후에 새긴 것이며, 장하현에서 출토된 조나라의 '춘평후검(春平候劍)', 관전현 태평초에서 발견된 진 2세 원년(기원전 208)의 '석읍과(石邑戈)'도 진 군대의 노획물이거나 혹은 진나라에서 제조한 것으로, 진나라 군사가 동북지방에 진군할 때 각지에 남긴 것으로 볼 수 있다.」고 하였다. 즉, 이러한 말은 진시황 때 지금의 요동반도 남부까지 진나라 장성이 있었다는 말이며 따라서 진시황 때 지금의 요동반도 남부까지 요동군이었다는 것으로, 이러한 유물이 바로 지금의 요동반도 남부까지 진나라 장성이 있었다는 증거인 동시에 지금의 요동반도 남부까지 요동군이었다는 증거라는 것이다.

특히 그 책 341쪽을 보면「요령성(요녕성) 관전현 경내에서는 진나라 2세 원년에 제조한 석읍과(石邑戈)가, 길림성 집안현에서는 조나라의 청동단검이, 현 평안남도에서는 진나라의 과(戈) 등이 발견되었다.」고 하면서「중국 학계에서는 이것을 모두 진나라 병사들이 주둔할 때 사용했던 유물로 보고 이것이 진의 통치 세력이 일찍이 압록강과 한반도 북부까지 이르렀음을 입증해 준다고 보고 있다.」는 것이다. 이 말은 진나라의 요동군이 압록강과 한반도 북부까지라는 주장으로 관전현 태평초에서 발견된 석읍과(石邑戈)와 길림성 집안현에 발견된 조나라 청동단검, 그리고 현 평안남도에서 발견된 진나라의 과(戈)가 그 증거라는 것이다.

그 책 341쪽을 계속 보면 「《사기》에는 "시황 26년… 장성을 쌓아 임조에서 요동에 이르렀다"고 실려 있는데 석읍과가 요동 북부지방에서 발견되었으므로 이곳이 연·진대의 옛 장성 유지와 관련된 곳임을 알 수 있고, 《사기》의 기록 또한 정확한 사실임이 입증되었다. 이러한 유물들은 연나라 이후 중국 세력이 요동과 길림 일대에 진출하면서 남긴 흔적이라고 보는 것이 타당하다.」라는 것이다. 이러한 주장은 석읍과(石邑戈)가 요동 북부지방에 연·진대의 옛 장성이 있었다는 증거라는 말이며, 석읍과(石邑戈)와 길림성 집안현에 발견된 조나라 청동단검, 그리고 현 평안남도에서 발견된 진나라의 과(戈)가 연나라 이후 중국 세력이 요동과 길림 일대에 진출하면서 남긴 흔적이라고 보는 것이 타당하다는 증거라는 것이다.

이러한 말과 주장들은 과연 옳은가?

1. 관련 유물에 대한 사실 점검

앞에서 언급된 유물들에 대한 사실을 알아보자. 다음은 2012년 8월 대련대학학보(大連大學學報)에 실린 『요녕소출 상주동기 명문 모음과 해석(辽宁所出商周铜器铭文辑、解)』이라는 논문으로, 글 쓴 사람은 유소굉(俞紹宏)이다.[94]

1) 둔유과(屯留戈)

(상략) 둔유과의 명문(銘文) 해석문: 屯留(둔유)
둔유는 지금의 산서성 장자현(长子) 북쪽, 둔유현 남쪽으로, 전국 초기

---

94) 출처: https://www.docin.com/p-1754075910.html

에는 먼저 진(晉)나라에 속하였고, 후에는 정나라와 조나라에 귀속하였으며, 최후에는 한국(韓国)에 예속되었다. 이 창(戈: 과)은 전국 만기(晚期: 후기)인 한국(韓国: 3진의 하나)에 속한다(논문에는 屯留戈가 59쪽, 29번에 있음).

원문) 屯留戈
(상략) 屯留戈銘文释文: 屯留
屯留在今山西省长子北屯留县南, 战国初期先属晉, 后归郑、赵, 最后隶归韩国: 此戈属战国晚期韩国.

2) 8년 망령과(八年訇令戈)

(상략) 전국시대의 유물로, 1979년 요녕성 건창현 영롱탑후장자에서 출토되었다. 13개 글자-합문:合文 1자, 현재 조양시 박물관에 소장되어 있다. 8년 망령과의 명문 해석문은 八年訇令□□, 左库工师叔梁扫, 冶小(8년 망령□□, 좌고공사 숙량소, 야소)이다. 이 창(戈)은 위나라 기물인데(위나라의 창), "망(訇)"은 허현(許縣)의 "허(許)"라고 읽는다. 하림의(何琳儀)는 "야-冶(야윤-冶尹)"를 응당 "축씨(祝氏)"나 "야씨(冶氏)"와 같은 기술 있는 직공의 장(職工長)이라고 여겼다. 건조자(建造者)는 망현(訇縣: 허현-許縣)의 현령이고, "숙량소(叔梁掃)"는 주관자 좌고공사(左库工師)의 이름이며, "소(小)"는 만든 사람(야-冶)의 이름이다(논문에는 59쪽, 32번에 있음). ※ 망과(亡戈)는 망령과(訇令戈)를 틀리게 말한 것임.

원문) 八年訇令戈
(상략) 战国, 1979年辽宁省建昌县玲珑塔后杖子出土, 13字(合文 1), 现藏朝阳市博物馆。八年訇令戈铭文释文: 八年訇令□□, 左库工

师叔梁扫, 冶小。此戈系魏器, "㠯"读作许县之"许"。何琳仪以为"冶(冶尹)"应是"祝氏"、"冶氏"之类有技术的工头。建造者为㠯(许)令, "叔梁扫"为主办者左库工师之名, "小"为制造者(冶)之名。

3) 21년 계봉과(二十一年㠯封戈)

(상략) 21년 계봉과의 명문 해석문은 廿一年, 㠯封令癰, 工师钐, 冶者(21년, 계봉령창, 공사삼, 야자)이다. 계봉은 별도의 다른 한 면에 있다. 계봉은 원래 위나라에 속하였다(즉, 계봉과는 위나라의 창이라는 말임). 한 경제의 이름을 피하여 뒤에 개봉으로 개명하였으며, 옛 성이 지금의 하남성 개봉현 남쪽 15리에 있다. 이 창(戈 : 과)의 제조 감독자는 계봉령(계봉 현령)으로, 이름이 옹(癰)이고, 주된 행위자(제품 설계 및 제조 방법 결정 등)는 "삼"이라는 이름의 장인 우두머리이며, 만든 자는 이름이 "자"라고 하는 대장장이이다(논문에는 59쪽, 31번에 있음).

원문) 二十一年㠯封戈
(상략) 二十一年㠯封令癰戈铭文释文 : 廿一年, 㠯封令癰, 工师钐, 冶者。㠯封(另一面)。㠯封原属魏。因避汉景帝讳, 后改名开封, 故城在今河南省开封县南五十里。此戈监造者为㠯封令, 名"癰", 主为者系名为"钐"的工师, 制造者系名为"者"的冶。

4) 4년 춘평후피(四年春平侯皮)

(상략) 4년 춘평후피 명문의 해석문은 四年相邦春平侯, 邦左库工帀(师)长身, 冶匋瀆幸攵(调)剂(4년상방춘평후, 방좌고공잡-사-장신, 야도왕행복-조-제)이다。 "幸攵(한 개로 붙어 있는 글자)"자는 하림의(何琳

仪)가 해석하였는데, "조(调)"라고 읽었고, "조제(调剂)"는 야금할 때 섞는 구리와 주석의 성분 비율이다. "공윤(工尹)"은 모든 장인의 담당관이다. 학자의 고증에 의하면, 이 기물은 전국시대 조나라 상국 춘평후가 조나라 도양공왕 4년(서기전 241년)에 제조를 감독(監造)한 것이다(논문에는 59쪽, 33번에 있음). ※ 춘평후검은 춘평후피를 말한 것임.

원문) 四年春平侯鈹

(상략) 四年春平侯鈹铭文释文: 四年相邦春平侯, 邦左库工市(师)长身, 冶甸瀵幸夊(调)剂。大攻(工)肩[95](尹)肖(赵)閒。"幸夊(한개로 붙어 있는 글자)"字为何琳仪释, 读"调", "调剂"是指冶金时参兑铜、锡的成份比例。"工尹"为掌百工之官。据学者考证, 此器系战国时赵国相邦春平侯在赵悼襄公王四年监造。

5) 원년 승상사과(元年丞相斯戈)

(상략) 원년 승상사과(元年丞相斯戈) 정면 명문의 해석문은 元年丞相斯造, 栎阳左工去疾(원년승상사조, 동양좌공거질)이고, 뒷면 명문의 해석문은 石邑(석읍)이며, 안쪽 위에 명문의 해석문은 武库(무고)이다. 이 창(戈: 과)은 승상 이사가 주조한 것인데, "원년(元年)"은 주조한 년도이다. "좌공(左工)"은 "좌사공(左工师)"의 준말이며, "거질(去疾)"은 좌공사의 이름이다. "석읍(石邑)"은 선후로 중산국과 조나라, 진나라에 속하였는데 옛 터가 하북성 석가장시 서남일대에 있다(논문에는 60쪽, 35번에 있음). ※ 석읍과(石邑戈)는 중국에서 원년 승상사과(元年丞相斯戈)라고 불리고 있음을 알 수 있음.

---

95) 원래의 글자는 갑골문 형태로 생겼는데 가장 가까운 모양이 肩이다. 그런데 그 글자를 尹으로 해독하고 있으므로 원 글자는 크게 신경 쓰지 않아도 될 것이다.

원문) 元年丞相斯戈

(상략) 元年丞相斯戈正面铭文释文: 元年丞相斯造, 栎阳左工去疾。元年丞相斯戈背面铭文释文: 石邑。元年丞相斯戈內上铭文释文: 武库。此戈为丞相李斯铸造, "元年"为铸造年份。"左工"为 "左工师"之省: "去疾"为左工师名。"石邑"先后归原属中山、赵、秦, 故址在今河北省石家庄市西南一带。

2. 관련 유물에 대해 틀리게 주장한 점

앞서 살펴본 바와 같이 망과(亡戈)는 망령과(亡令戈)를 틀리게 말한 것이고, 「계봉과(啓封戈)'의 啓封 두 글자는 분명히 진이 위를 멸한 후에 새긴 것」이라고 주장하는데, 계봉과의 명문(銘文: 새겨진 글자)에 卄一年(21년)은 계봉과의 제조년도로써, 위나라의 어느 왕 21년이 명백한데, 그중에서 위나라 안리왕(安釐王) 21년(서기전 256년)으로 추정되고 있으며, 启封令雍(계봉 현령 옹)이라는 글자는 위나라 계봉현 현령인 옹이라는 사람을 말하는 것으로, 위나라에서 새긴 글자가 명백하다. 따라서 진나라가 위나라를 멸한 후에 새긴 것이라는 주장은 틀렸다.

3. 둔유과(屯留戈)에 대하여

요녕성 건창현에서 출토된 둔유과(屯留戈)에 대해 알아보자. 앞서 대련대학학보 논문에서 보았듯이, 이 창(戈)은 屯留(둔유)라는 명문(銘文: 새겨진 글자, 문장)이 있어서 둔유과(屯留戈)라고 부른다. 여기에 있는 屯留(둔유)라는 것은 지명으로, 지금의 산서성 장자현(長子) 북쪽, 둔유현 남쪽인데, 이곳은 전국(戰國) 초기에는 먼저 진(晋)나라에 속하였고, 그 뒤에는 정나라와 조나라에 귀속하였으며, 최후에는 한국(韓國: 3진의 하나)에 예속되었다. 이 창(戈: 과)은 전국(戰國) 후기인 한국(韓國: 3진의 하나)에 속하므로 둔유과(屯留戈)는 한(韓)나라의 창(戈: 과)이다. 참고로 한(韓)나라는 진(晉)나라에서 갈라진 3나라(3진: 한, 위, 조) 중에 한 개의 나라이다.

또 하나 확실히 해야 할 것은 둔유과(屯留戈)가 출토된 건창현은 요동 지방이 아니라는 사실이다. 건창현은 지금의 요서 지방에 있는데, 요하에 있는 반금시에서 서쪽으로 호로도시까지가 철도거리로 145km이고, 호로도시에서 건창현까지가 약 120km(바이두 지도에 표시된 철도를 측정한 값)로 요하에서 총 약 265km 떨어져 있다. 즉 둔유과(屯留戈)는 요동군이 요동반도에 있었다는 증거물이 아니다.

그럼에도 둔유과를 요동반도에 요동군이 있었다는 증거 유물로 소개한 이유는 둔유과(屯留戈)가 진 군대의 노획물이거나 혹은 진나라에서 제조한 것으로, 진나라 군사가 건창현에 진군할 때 각지에 남긴 것으로 볼 수 있다고 생각했기 때문이며, 둔유과(屯留戈)가 건창현을 경유하여 지금의 요동반도 남부까지 진나라 장성이 뻗어 있었다는 증거로 생각했기 때문이다.

그러면, 건창현에서 출토된 둔유과(屯留戈)는 진나라 군대의 노획물로 진나라 군사가 건창현에 진군할 때 건창현에 남긴 것으로 볼 수 있는가?

그렇게 볼 수 있다고 주장한 이유는 진나라 군대가 3진(三晉)의 하나인 한국(韓國)을 멸망시킬 때 노획해서 6국을 병합한 뒤, 진나라 군사가 건창현에 진군할 때 건창현에 남긴 것이라고 추정했기 때문이다. 그러면

3진(三晉)의 하나인 한국(韓國)이 멸망한 때는 언제인가? 사기 진시황본기에 의하면 진시황 17년(서기전 230년)이다. 그때 한나라를 멸망시키고 그 땅을 영천군으로 삼았다. 그리고 6국 병합을 끝낸 때는 진시황 26년(서기전 221년)이다. 그 9년 동안 진나라는 해마다 전쟁을 하였다. 그래서 6국을 병합한 것이다.

만약 진나라 어느 병사가 3진(三晉)의 하나인 한국(韓國)을 멸망시킨 진시황 17년(서기전 230년)에 한(韓)나라의 창(戈: 과)인 둔유과를 노획했다고 하여도, 그것을 9년 동안 해마다 전쟁을 하는데 가지고 다닐 수 있는가? 절대로 불가능한 이야기이다. 전쟁터는 그렇게 한가한 곳이 아니다. 언제 죽을지도 모르는 극단적으로 위험한 곳이다. 그렇게 위험한 전쟁터에서는 자기의 무기도 없어지거나 잃어버릴 판이다. 그런데 길어서 거추장스러운 패전국의 창(戈: 과)을 가지고 다니며 전쟁을 할 수 있는가? 절대 불가능한 이야기이다. 그리고 노획물은 고향에 가져가거나 패전국 땅에 버린다. 요녕성 건창현은 진나라 군대의 고향도 아니고, 3진(三晉)의 하나인 한(韓)나라의 땅도 아니다. 또한 승리한 군대는 자국의 무기를 가지고 진군하지, 패전한 군대의 무기를 들고 진군하지 않는다.

다시 말해서, 건창현에서 출토된 둔유과(屯留戈)는 진나라 군대의 노획물로써 진나라 군사가 건창현에 진군할 때 건창현에 남긴 것이 아니다.

따라서 둔유과(屯留戈)는 건창현을 경유하여 지금의 요동반도 남부까지 진나라 장성이 뻗어 있었다는 증거물이 아니다. 그러므로 연・진 장성이 건창현을 경유하여 요동반도까지 뻗어 있었다는 주장은 거짓이다.

4. 망과(亡戈)에 대하여

앞서 밝힌 바와 같이, 망과(亡戈)는 듭令戈(망령과)를 틀리게 소개한 것이다. 이 창(戈)에서 밝혀진 명문(銘文: 새겨진 글자—문장)은 八年듭令□□, 左庫工师叔梁扫, 冶小(8년 망령□□, 좌고공사 숙량소, 야소)이다. 이 창(戈)은 위나라의 창(戈)으로, "망(듭)"은 허현(許縣)의 "허(許)"라고 읽는다고 한다. 즉 망령(듭令)은 허현(許縣)의 현령을 뜻한다. 다시 말해서 망령과(듭令戈)는 허현(許縣)의 현령이 만든 것이다. 그 다음 좌고공사(左庫工师)는 기술 있는 직공의 장(職工長)을 뜻하고, 숙량소(叔梁扫)는 좌고공사(左庫工师)의 이름이며, "소(小)"는 만든 사람(야—冶)의 이름이다. 그런데 8년 이상 재위한 위나라 군주는 너무 많아서 망령과(듭令戈)를 언제 만들었는지는 알 수 없다. 참고로 위나라는 진(晉)나라에서 갈라진 3나라(3진: 한, 위, 조) 중에 한 개의 나라이다.

망령과(듭令戈) 역시 요녕성 건창현에서 출토된 것으로, 건창현은 지금의 요서지방이다. 즉 요하에서 서쪽으로 약 265km 떨어져 있다. 망령과(듭令戈) 역시 요동군이 요동반도에 있었다는 증거물이 아니다.

그럼에도 망령과(듭令戈)를 증거 유물로 소개한 이유는 망령과(듭令戈)가 진 군대의 노획물이거나 혹은 진나라에서 제조한 것으로, 진나라 군사가 건창현에 진군할 때 건창현에 남긴 것으로 볼 수 있다고 생각했기 때문이며, 망령과(듭令戈)가 건창현을 경유하여 지금의 요동반도 남부까지 진나라 장성이 뻗어 있었다는 증거로 생각했기 때문이다.

그러면, 건창현에서 출토된 망령과(듭令戈)는 진나라 군대의 노획물로 진나라 군사가 건창현에 진군할 때 건창현에 남긴 것으로 볼 수 있는가?

그렇게 볼 수 있다고 주장한 이유는 진나라 군대가 위나라를 멸망시킬 때 노획해서, 6국을 병합한 뒤, 진나라 군사가 건창현에 진군할 때 건창현에 남긴 것이라고 생각했기 때문이다. 그러면 위나라가 멸망한 때는 언제인가? 사기 진시황본기에 의하면 진시황 22년(서기전 225년)이다. 그리고 6국 병합을 끝낸 때는 진시황 26년(서기전 221년)이다. 그 4년 동안 진나라는 해마다 전쟁을 하였다. 그래서 6국을 병합한 것이다. 만약 진나라 어느 병사가 위나라를 멸망시킨 진시황 22년(서기전 225년)에 위나라의 창(戈: 과)인 망령과(䛒 ?戈)를 노획했다고 하여도 그것을 4년 동안 해마다 전쟁을 하는데 가지고 다닐 수 있는가? 절대로 불가능한 이야기이다. 전쟁터는 그렇게 한가한 곳이 아니다. 언제 죽을지도 모르는 극단적으로 위험한 곳이다. 그렇게 위험한 전쟁터에서는 자기의 무기도 없어지거나 잃어버릴 판이다. 그런데 길어서 거추장스러운 패전국의 창(戈: 과)을 가지고 다니며 전쟁을 할 수 있는가? 절대 불가능한 이야기이다. 그리고 노획물은 고향에 가져가거나 패전국 땅에 버린다. 요녕성 건창현은 진나라 군대의 고향도 아니고 위나라 땅도 아니다. 또한 승리한 군대는 자국의 무기를 가지고 진군하지, 패전한 군대의 무기를 들고 진군하지 않는다.

다시 말해서 건창현에서 출토된 망령과(䛒 ?戈)는 진나라 군대의 노획물로써 진나라 군사가 건창현에 진군할 때 건창현에 남긴 것이 아니다.

따라서 망령과(䛒 ?戈)는 건창현을 경유하여 지금의 요동반도 남부까지 연·진 장성이 뻗어 있었다는 증거물이 아니다. 그러므로 연·진 장성이 건창현을 경유하여 요동반도까지 뻗어 있었다는 주장은 거짓이다.

5. 계봉과(啓封戈)에 대하여

『한국 고대사속의 고조선사』라는 책을 보면, 위나라의 계봉과(啓封戈)에 대해 「啓封 두 글자는 분명히 진이 위를 멸한 후에 새긴 것」이라고 주장하는데 과연 그것이 사실인가?

먼저 계봉과에 대한 사실을 점검해보자. 계봉과의 명문(銘文: 새겨진 글자-문장)은 卄一年, 启封令癰, 工师钐, 冶者(21년, 계봉령창, 공사 삼, 야자)이다. 계봉은 별도의 다른 한 면에 있다. 계봉은 원래 위나라에 속하였다. 즉, 계봉과는 위나라의 창이라는 말이다. 한 경제(景帝)의 이름을 피하여 뒤에 개봉으로 개명하였으며, 옛 성이 지금의 하남성 개봉현 남쪽 15리에 있다. 이 창(戈: 과)의 제조 감독자는 계봉령(계봉 현령)으로, 이름이 옹(癰)이고, 주된 행위자(제품 설계 및 제조 방법 결정 등)는 "삼"이라는 이름의 장인 우두머리이며, 만든 자는 이름이 "자"라고 하는 대장장이이다. 그런데 21년 이상 재위한 위나라 군주는 위 문후(38년), 위 혜왕(36년), 위 애왕(23년), 위 안희왕(34년) 등 4명이므로 계봉과를 언제 만들었는지는 알 수 없다.

그럼에도 불구하고 앞서 보다시피, 계봉(啓封)은 계봉현인데, 위나라의 현이고, 계봉령옹(启封令癰)은 계봉현령 옹, 즉 계봉현령은 관직명이고 옹은 계봉현령의 이름이다. 그리고 장인 우두머리(工师) 이름은 삼(钐)이며, 이 창을 만든 대장장이 이름은 "자"이다. 모두 위나라 사람이다. 결국 계봉과(啓封戈)는 위나라의 계봉령 옹이 주관하여 만든 창이다. 따라서 「啓封 두 글자는 분명히 진이 위를 멸한 후에 새긴 것」이라는 주장은 사실관계도 모르고 이야기한 것으로 사실이 아니다.

그리고 계봉과(啓封戈)가 출토된 신금현은 1991년 보란점시로 승격된 후, 2016년 대련시 보란점구가 되었다.

그 다음, 계봉과를 『한국 고대사속의 고조선사』라는 책에서 소개한 까닭은 계봉과(啓封戈)가 진군대의 노획물이거나 혹은 진나라에서 제조한 것으로, 진나라 군사가 신금현에 진군할 때 신금현에 남긴 것으로 볼 수 있다고 상상했기 때문이며, 동시에 계봉과(啓封戈)가 요동반도 남부까지 요동군이었다는 증거라고 생각했기 때문이다.

그러면, 신금현 즉 지금의 대련시 보란점구에서 출토된 계봉과(啓封戈)가 진군대의 노획물로, 진나라 군사가 신금현에 진군할 때 신금현에 남긴 것으로 볼 수 있는가?

그렇게 볼 수 있다고 주장한 이유는 진나라 군대가 위나라를 멸망시킬 때 노획해서, 6국을 병합한 뒤, 진나라 군사가 신금현에 진군할 때 신금현에 남긴 것이라고 상상했기 때문이다. 그러면 위나라가 멸망한 때는 언제인가? 사기 진시황본기에 의하면 진시황 22년(서기전 225년)이다. 그리고 6국 병합을 끝낸 때는 진시황 26년(서기전 221년)이다. 그 4년 동안 진나라는 해마다 전쟁을 하였다. 그래서 6국을 병합한 것이다. 만약 진나라의 어느 병사가 위나라를 멸망시킨 진시황 22년(서기전 225년)에 위나라의 창(戈: 과)인 계봉과(啓封戈)를 노획했다고 하여도 그것을 4년 동안 해마다 전쟁을 하는데 가지고 다닐 수 있는가? 절대로 불가능한 이야기이다. 전쟁터는 그렇게 한가한 곳이 아니다. 언제 죽을지도 모르는 극단적으로 위험한 곳이다. 그렇게 위험한 전쟁터에서는 자기의 무기도 없어지거나 잃어버릴 판이다. 그런데 길어서 거추장스러운 패전국의 창(戈: 과)을 가지고 다니며 전쟁을 할 수 있는가? 절대 불가능한 이야기이다. 그리고 노획물은 고향에 가져가거나 패전국 땅에 버린다. 대련시 보란점구는 진나라 군대의 고향도 아니고 위나라 땅도 아니다. 또한 승리한 군대는 자국의 무기를 가지고 진군하지, 패전한 군대의 무기를 들고 진군하지 않는다.

다시 말해서 신금현에서 출토된 계봉과(啓封戈)는 진나라 군대의 노획물로써 진나라 군사가 신금현에 진군할 때 신금현에 남긴 것이 아니다.

따라서 계봉과(啓封戈)는 요동반도 남부까지 요동군이었다는 증거물이 아니다.
그러므로 요동군이 요동반도 남부까지 있었다는 주장은 거짓이다.

6. 춘평후검(春平侯劍)에 대하여

장하현에서 출토된 조나라의 춘평후검(春平侯劍)이 진 군대의 노획물이거나 혹은 진나라에서 제조한 것으로, 진나라 군사가 장하현에 진군할 때 장하현에 남긴 것으로 볼 수 있다는 주장은 어떤가? 과연 그것이 사실인가?

우선 용어부터 점검해보자.
대련대학학보의 논문에서는 4년 춘평후피(四年春平侯鈹: 긴 창−長槍)라고 하는데, 『한국 고대사속의 고조선사』라는 책에서는 왜 춘평후검(春平侯劍: 칼)이라고 하였는가?

춘평후피(春平侯铍)를 바이두에서 검색해보면 제원이 나오는데 다음과 같이 되어 있다.

长33cm, 宽3.5cm, 重0.34kg(길이 33cm, 폭 3.5cm, 무게 0.34kg)

그런데 진나라 검(秦剑)을 바이두에서 검색해보면 진검발전(秦剑发展) 항목에 다음과 같이 되어 있다. 「回顾中原铜剑的发展历程, 剑身一断地加长。当其初起之时, 剑长只有二三十厘米;至春秋战国之际, 长度普遍达到50~60厘米左右;战国晚期, 一些剑超出了70厘米, 最长达75、76厘米, 秦代, 关中秦剑的长度更上新台阶, 超过了80厘米, 最长者将近95厘米(중원 동검의 발전 경로를 되돌아보면 검신이 끊임없이 길어졌다. 그 초기의 검은 길이가 20~30cm에 불과했고, 춘추전국시대에 이르러서는 길이가 50~60cm 정도였으며, 전국 말기에는 70cm를 넘어, 최장 75cm나 76cm에 달했고, 진나라 시대에 관중—关中 진나라 검의 길이는 새로운 단계를 더 올라, 80cm를 초과했으며, 가장 긴 것은 95cm에 가까웠다).」

그런데 춘평후피는 중국 학자의 고증에 의하면, 전국시대 조나라 상국 춘평후가 조나라 도양왕 4년(서기전 241년)에 제조를 감독(监造)한 것이다. 조나라는 진시황 19년(서기전 228년)에 멸망했으므로 조나라가 멸망하기 13년 전에 만든 것이니 전국 말기에 해당한다. 그때에 중원 동검의 길이는 70cm를 넘었다고 하므로, 이 기물은 동검(銅劍: 칼)이 아니다.

또한 중국에서 춘평후(春平侯)라는 명문을 가진 기물이 적어도 8개 발굴되었는데 그중에서 二年相邦春平侯라는 명문을 가진 것과 十七年, 相邦□(春)平□(侯)라는 명문을 가진 기물의 사진을 보면 칼의 손잡이

부분에 해당하는 것은 칼자루가 아니다. 중국식 동검의 칼자루 끝을 보면, 칼을 휘둘렀을 때 칼이 손에서 빠지지 않게 둥근 턱이 적어도 1개 이상 있으나, 그것들은 그런 장치가 없고 밋밋하게 되어 있다. 그 기물을 칼처럼 휘둘렀다면 손에서 빠지게 되어 있다. 그래서 중국에서는 지금 그런 기물들은 모두 칼이 아니고 자루 부분에 나무를 끼워 사용한 긴 창(鈹: 피)이라고 한다. 즉, 중국에서는 지금 그러한 기물들을 모두 춘평후피(春平侯鈹: 긴 창-長槍)라고 한다.

그 기물의 실물을 보지 못한 것은 물론, 그것의 제원이나 중국 동검의 역사를 모르다 보니, 남들이 말하는 대로 따라하게 되고, 남들 따라 말하다 보니 춘평후검(春平候劍: 칼)이라고 한 것이다.

다시 본론으로 돌아가자. 앞서 제시했듯이 춘평후피의 명문(銘文: 새겨진 글자-문장) 해석문은 四年相邦春平侯, 邦左庫工帀(师)長身, 冶匋潢幸夂(调)剂(4년 상방 춘평후, 방좌고공잡-사-장신, 야도왕행복-조-제)이다. "幸夂(한 개로 붙어 있는 글자)"자는 하림의(何琳仪)가 해석하였는데, "조(调)"라고 읽었고, "조제(调剂)"는 야금할 때 섞는 구리와 주석의 성분 비율이다. "공윤(工尹)"은 모든 장인의 담당관이다. 학자의 고증에 의하면, 이 기물은 전국시대 조나라 상국 춘평후가 조나라 도양왕 4년(서기전 241년)에 제조를 감독(監造)한 것이다. 참고로 장하현(莊河縣)은 대련시 산하의 장하시(莊河市)가 되었다.

그러면 4년 춘평후피(四年春平侯鈹)를 만들 당시에 어떤 일이 있었고, 춘평후가 이 일과 어떤 연관이 있는지 조(趙)세가 도양왕(悼襄王) 기록을 보자.

「도양왕 2년, 이목(李牧)이 장수가 되어 연나라를 공격해서 무수(武遂)와 방성(方城)을 함락시켰다. 진(秦)나라가 춘평군(春平君)을 불렀다가 그를 억류하였다. 설균(泄鈞)이 그를 위해서 문신후(文信侯, 여불위)에게 일러 말하기를 "춘평군은 조나라 왕이 그를 매우 아껴서, 낭중(郞中)들이 그를 시기합니다. 그래서 서로 모의하여 말하기를 『춘평군이 진(秦)나라에 들어가면 진나라는 반드시 그를 억류시킬 것이다.』라고 하면서, 서로 모의하여 그를 진나라로 들여보낸 것입니다. 지금 군(君: 문신후 여불위)께서 그를 억류시키면, 조나라와는 끊어지고 낭중들의 계략은 들어맞게 됩니다. 군(君)께서는 춘평군을 보내 평도에 머무르게 하는 것만 못합니다. 춘평군은 말과 행동이 조왕의 신임을 받고 있으니, 조왕은 반드시 넉넉하게 조나라를 떼어 평도에 주고 춘평군을 찾으려고 할 것입니다."라고 하였다. 문신후가 말하기를 "훌륭하다."고 하며, 이로 인해 그(춘평군)를 보냈다. (조나라가) 한고(韓皐)에 성을 쌓았다.(二年, 李牧將, 攻燕, 拔武遂、方城。秦召春平君, 因而留之。泄鈞為之謂文信侯曰:『春平君者, 趙王甚愛之而郞中妒之, 故相與謀曰『春平君入秦, 秦必留之』, 故相與謀而內之秦也。今君留之, 是絕趙而郞中之計中也。君不如遣春平君而留平都。春平君者言行信於王, 王必厚割趙而贖平都。』文信侯曰:『善。』因遣之。城韓皐)。」

「도양왕 3년, 방훤(龐煖)이 장수가 되어, 연나라를 공격해서 장수 극신(劇辛)을 포로로 잡았다(三年, 龐煖將, 攻燕, 禽其將劇辛)。」

「도양왕 4년, 방훤이 조나라, 초나라, 위나라, 연나라의 정예병을 거느리고, 진(秦)나라의 최(蕞)를 공격했으나 함락시키지 못하였다. 바꾸어서 제나라를 공격해 요안(饒安)을 빼앗았다(四年, 龐煖將趙、楚、魏、燕之銳師, 攻秦蕞, 不拔;移攻齊, 取饒安)。」

이상 조나라 도양왕 2년, 3년, 4년 기록을 보면, 이 당시 조나라는 힘이 강해서, 연나라를 공격하여 연나라 땅을 함락시키고, 연나라 장수를 포로로 잡았지, 수세에 몰린 나라가 아님을 알 수 있다. 그리고 춘평후(春平侯: 춘평군-春平君)는 도양왕의 총애를 받는 사람으로 시기를 받아 진나라에 들어갔다가 억류되어, 조나라 도양왕이 조나라 땅을 떼어주고 돌려받은 사람임을 알 수 있다. 그래서 춘평후(춘평군)가 진나라에 돌아온 지 2년 만인 도양왕 4년에 조나라 장수 방훤이 조나라, 초나라, 위나라, 연나라의 정예병을 거느리고, 진(秦)나라를 공격한 것이다.

즉, 도양왕 4년에 춘평후가 주도하여 4년 춘평후피(四年春平侯鈹)를 만들어, 같은 해인 도양왕 4년에 조나라는 연합군을 거느리고 진나라를 공격한 것이다. 즉 4년 춘평후피(四年春平侯鈹)는 조나라의 춘평후가 진나라를 공격하려고 만든 피(鈹: 장창-長槍)임을 알 수 있다.

따라서 4년 춘평후피(四年春平侯鈹)는 이것을 만들 당시에 진나라 군대가 조나라에 쳐들어가 승리하고 습득한 노획물이 아니다.

조나라의 4년 춘평후피(四年春平侯鈹)가 진나라 군대의 노획물이 되어, 진나라 군사가 장하현에 진군할 때 장하현에 남긴 것이 되려면, 조나라가 멸망할 때, 진나라 병사가 노획하여, 연나라를 요동군에서 멸망시킬 때가 아니면 6국 병합 후, 요동에 진군할 때이다.

그러면 조나라는 언제 망하였는가? 진시황 19년(서기전 228년)이다. 연나라를 요동군에서 멸망시킬 때는 진시황 25년(서기전 222년)이다. 그 6년 동안에도 진나라는 해마다 전쟁을 하였다. 만약 진나라의 어느 병사가 조나라를 멸망시킨 진시황 19년(서기전 228년)에 조나라의 긴 창(鈹)을 노획했다고 하여도 그것을 6년 동안 해마다 전쟁을 하는데 가지고 다닐 수 있는가? 절대로 불가능한 이야기이다. 전쟁터는 그렇게 한가한 곳이 아니다. 언제 죽을지도 모르는 극단적으로 위험한 곳이다. 그렇게 위험한 전쟁터에서는 자기의 무기도 없어지거나 잃어버릴 판이다. 그런데 패전국의 노획물을 가지고 다니며 전쟁을 할 수 있는가? 절대 불가능한 이야기이다.

한편, 앞서 살펴보았듯이 진시황 22년(서기전 225년)에 왕분과 그의 군대가 조나라를 평정한 뒤, 왕분 군대도 진나라로 복귀하였음을 알 수 있다. 일반적으로 노획물은 고향에 가져가거나 패전국 땅에 버린다. 만약 진나라의 어느 병사가 조나라를 멸망시킨 진시황 19년(서기전 228년)에 조나라의 긴 창(鈹)을 노획했다면, 진나라로 복귀할 때, 혹시 고향으로 가져가는 경우가 있다. 그런데 대련시 소속 장하시는 진나라 군사의 고향이 아니다. 진나라 군사의 고향은 지금의 서안시 일대의 관중지방이기 때문이다. 그렇다고 대련시 소속 장하시가 조나라 땅도 아니다. 조나라 땅은 하북성 한단시를 중심으로 그 서쪽에 있었기 때문이다.

즉, 장하현에서 출토된 4년 춘평후피(四年春平候鈹)는 조나라가 멸망할 때, 진나라 병사가 노획하여, 연나라를 요동군에서 멸망시킬 때, 장하현에 남긴 것이 아니라는 말이다.

그러면 6국 병합 후, 진나라 군대가 요동에 진군할 때 가져간 것인가?
승리한 군대는 자국의 무기를 가지고 진군하지, 패전한 군대의 무기를 들고 진군하지 않는다.

결론적으로 장하현에서 출토된 4년 춘평후피(四年春平候鈹)는 진나라 군대의 노획물로써 진나라 군사가 장하현에 진군할 때 장하현에 남긴 것이 아니다.

따라서 4년 춘평후피(四年春平候鈹)는 요동반도 남부까지 요동군이었다는 증거물이 아니다.
그러므로 요동군이 요동반도 남부까지 있었다는 주장은 거짓이다.

※ 참고, 왜 굳이 4년 춘평후피(四年春平候鈹)라고 하는가? 춘평후(春平候)가 새겨진 유물은 여러 개이다. 그중에는 2년, 3년짜리도 있고, 4년은 2개가 있으며 5년, 17년짜리도 2개가 있다. 따라서 여기서 다루는 춘평후피(四年春平候鈹)는 4년 춘평후피(四年春平候鈹) 중에서도 장하현에서 출토된 것으로 특정해야 한다.

7. 석읍과(石邑戈)에 대하여

『한국 고대사속의 고조선사』라는 책을 보면, 석읍과가 마치 연·진 시대에 요동반도에 요동군이 존재하였다는 결정적인 증거물인 것처럼 이야기하고 있다. 그 구체적인 이야기를 보면, 「관전현 태평초에서 발견된 진 2세 원년(기원전 208)의 석읍과(石邑戈)도 진 군대의 노획물이거나 혹은 진나라에서 제조한 것으로, 진나라 군사가 동북지방에 진군할 때 각지에 남긴 것으로 볼 수 있다.」라고 하고, 「요령성(요녕성) 관전현 경내에서는 진나라 2세 원년에 제조한 석읍과(石邑戈)가 발견되었다.」고 하면서 「중국 학계에서는 이것을 진나라 병사들이 주둔할 때 사용했던 유물로 보고 이것이 진의 통치 세력이 일찍이 압록강까지 이르렀음을 입증해준다고 보고 있다.」고 하며, 또한 「석읍과가 요동 북부지방에서 발견되었으므로 이곳이 연·진대의 옛 장성 유지와 관련된 곳임을 알 수 있다.」라고 한다. 과연 그런가?

먼저, 석읍과에 대한 사실을 점검해보자. 앞서 설명한대로 석읍과(石邑戈)를 중국 현지에서는 원년 승상사과(元年丞相斯戈)라고 하고 있다. 여기서 원년(元年)은 석읍과(石邑戈)를 주조한 연도인데, 원년이란 진 2세 원년(기원전 208년)을 말한다. 그리고 승상사(丞相斯)는 승상 이사(李斯)이다. 석읍(石邑)은 지명이며, 시간 순으로 중산국과 조나라, 진나라에 속하였는데 옛 터가 하북성 석가장시 서남일대에 있다. 다시 말해서 석읍과(石邑戈)는 진(秦)나라 승상 이사가 주도해서 만든 것으로, 진 2세 원년(기원전 208년)에 만든 진(秦)나라 창(戈)이다. 그리고 관전현은 단동시 소속으로 단동시보다 압록강 상류쪽에 있다. 압록강 자체로 보면 압록강 하류이고, 관전현은 압록강 북쪽에 있다. 그리고 태평초는 관전현에 속한 태평초진(太平哨鎭)이다.

우선 「석읍과(石邑戈)는 진나라 군사가 관전현 태평초에 진군할 때 관전현 태평초에 남긴 것으로 볼 수 있다.」는 주장은 역사적 사실조차 모르고 말한 것에 불과하다.

석읍과(石邑戈)는 진 2세 원년(서기전 209년)에 만든 것인데, 진 2세 원년(서기전 209년)이라는 해에 주목할 필요가 있다. 이해는 진승·오광의 난이 일어난 해이다. 석읍과(石邑戈)가 이때에 만들어졌다는 사실은 진승·오광의 난을 진압하려고 제작한 것이 명백하다. 진 2세 때는 그 이전에 무기를 만들 일이 없었기 때문이다. 진 2세가 황제가 된 때는 진시황이 죽은 때인 진시황 37년 9월이다. 이때에 진시황을 여산(酈山)에 안장하면서, 70여만 명을 투입하여 진시황릉을 대규모로 축조하였다. 그것이 끝나고 나서는 진 2세 원년(서기전 209년) 봄에 자신(진 2세)의 강함을 보이기 위해서 진나라 서울 함양에서 갈석산으로 간 다음, 바다를 따라 남쪽 회계에 이른 다음에 다시 함양으로 왔다. 함양으로 돌아온 때가 그해(진 2세 원년-서기전 209년) 4월인데, 4월부터 다시 아방궁을 짓기 시작하였다. 아방궁을 지을 때 거기에 투입된 공사 인력 말고도 병사 5만을 징집하여 함양에 주둔시켜 지키게 하였다.

그리고는 진승·오광의 난이 일어난 것이다. 진승·오광의 난이 일어난 때가 그해(서기전 209년) 7월이다. 이때에 진섭이 군사를 일으켜 진(秦)나라로 쳐들어갔다. 이러한 일련의 사실들은 석읍과(石邑戈)가 진승·오광의 난을 진압하려고 제작한 것임을 말하고 있다. 따라서 석읍과(石邑戈)는 빨라야 그해(서기전 209년) 7월 말에 제작된 것이다.

석읍과(石邑戈)에 대해서 앞서 밝혔듯이 석읍(石邑)이라는 지명은 시간 순으로 중산국과 조나라, 진나라에 속하였는데 옛 터가 하북성 석가장시 서남일대에 있다. 그리고 이 창은 승상 이사가 책임자가 되어 만든 창이다.

한편 사기 진섭세가와 진초지제월표(秦楚之際月表)를 보면 그해(서기전 209년) 8월에 진승이 그의 부하 무신(武臣) 등을 조(趙) 지역에서 기반을 넓히라고 보내자 무신은 한단(邯鄲: 옛 조나라의 서울)에 이르러 조왕(趙王)으로 자립했다. 이로써 진나라와 연나라 사이는 단절되었다. 다시 말해서 연(燕) 지역의 동쪽 끝에 있는 요동군과 진나라는 이때(서기전 209년 8월)에 단절되었다. 물론 진나라에 있는 석읍(石邑)과도 단절된 것이다.

그리고 무신 역시 자기의 하급 부하인 상곡(上谷) 졸사(卒史)였던 한광을 연(燕)의 땅을 빼앗으라고 연(燕) 지역으로 보냈는데 한광도 연나라 왕으로 자립하였다. 이때가 그해(서기전 209년) 9월이다.

그런데 한광은 연(燕) 지역을 전쟁을 치르고 빼앗은 것이 아니다. 한광이 연(燕)으로 가자 연(燕)의 오랜 귀족과 호걸들이 한광에게 연나라 왕으로 자립하라고 권해서 고민 끝에 차지한 것이다. 다시 말해서 이때 요동군에서 전쟁이 없었다. 그리고 그 이후 진나라는 내란의 소용돌이에 빠져 멸망하였다.

다시 말해서 석읍과를 만든 이후에는 진나라 군대가 압록강까지 진군할 기회조차 없었다. 이러한 일련의 사실들을 볼 때 「석읍과(石邑戈)는 진나라 군사가 관전현 태평초에 진군할 때 관전현 태평초에 남긴 것으로 볼 수 있다.」는 이야기는 역사적 사실조차 모르고 말한 것에 불과하다.

석읍과를 만든 진 2세 원년(서기전 209년)에는 진나라 군대가 한가하게 압록강에 진군할 수 있는 시기가 아니었다. 진나라의 중심부 자체가 몰락하고 있는 극도로 위험한 판에 거기서 수천 리나 떨어진 압록강에 진나라 군대가 진군할 수 있는가?

다시 말해서 「석읍과(石邑戈)는 진나라 군사가 관전현 태평초에 진군할 때 관전현 태평초에 남긴 것으로 볼 수 있다.」는 주장은 역사적 사실조차 모르고 말한 것에 불과한 잘못된 주장으로 틀렸다.

이러한 주장을 한 것은 석읍과(石邑戈)가 진시황 때 압록강까지 요동군이었다는 증거물로 제시한 것인데 그 주장이 역사적 사실조차 모르고 말한 것에 불과한 잘못된 주장으로 드러났으므로, 석읍과(石邑戈)는 진시황 때 압록강까지 요동군이었다는 증거물이 아니다. 따라서 진시황 때 압록강까지 요동군이었다는 말도 근거 없는 낭설로 거짓이다.

또한 그러한 잘못된 근거로 주장한 「중국 학계에서는 이것을 진나라 병사들이 주둔할 때 사용했던 유물로 보고 이것이 진의 통치세력이 일찍이 압록강까지 이르렀음을 입증해준다.」는 이야기 역시 근거 없는 낭설로써 허무맹랑한 거짓말이다.

그러면 압록강 북쪽 관전현 태평초에서 발견된 석읍과(石邑戈)는 어떻게 그곳에 있게 된 것일까?

그것은 진 2세 군대의 어떤 병사가 전쟁에 패하자 처벌이 두려워 평화로운 조선(후조선)으로 깊숙이 도망치며 가져온 것이거나, 진 2세 병사와 싸워 이긴 군대의 어느 병사가 전쟁 없이 평화로운 조선(후조선)으로 도망치면서 가져온 것이거나, 어떤 병사가 진나라 말기의 진승오광의 난에서부터 항우 유방의 전쟁을 피하여 평화로운 조선(후조선) 깊숙이 도망치며 가져온 것으로 보인다. 이것이 합리적인 시각일 것이다.

다른 한편으로 석읍과는 진 2세 원년(서기전 209)에 만들었으므로, 그 이전인 진시황 때의 유물은 요동반도에 없다는 것을 뜻한다. 그런데, 만약 진시황 때 요동반도를 요동군으로 점령했다면 요동반도에는 연나라와 진나라가 전쟁했을 때 널브러진 무기들, 특히 패전한 연나라의 무기들이 요동반도에 무더기로 쏟아져야 한다. 그럼에도 요동반도에 연나라의 무기는커녕 진시황 때의 유물도 없다는 것은 연나라 때나 진시황 때, 요동 반도에 요동군이 없었다는 증거가 된다.

8. 길림성 집안현의 조나라 청동단검

『한국 고대사속의 고조선사』라는 책을 보면, 「길림성 집안현에서는 조나라의 청동단검이, 현 평안남도에서는 진나라의 과(戈) 등이 발견되었다.」고 하면서 「중국 학계에서는 이것을 모두 진나라 병사들이 주둔할 때 사용했던 유물로 보고 이것이 진의 통치 세력이 일찍이 압록강과 한반도 북부까지 이르렀음을 입증해준다고 보고 있다.」고 하는데, 길림성 집안현의 조나라 청동단검만을 가지고 보면 「길림성 집안현에서는 조나라의 청동단검이 발견되었다.」고 하면서 「중국 학계에서는 이것을 진나라 병사들이 주둔할 때 사용했던 유물로 보고 이것이 진의 통치 세력이 일찍이 압록강까지 이르렀음을 입증해준다고 보고 있다.」고 하는 것이다. 과연 그런가?

여기서 길림성 집안현의 조나라 청동단검과 관련된 주장의 결론은 「중국학계에서는 길림성 집안현에서 발견된 조나라의 청동단검을 진의 통치 세력이 일찍이 압록강까지 이르렀음을 입증해준다고 본다.」는 것이지만 그 근거는 「길림성 집안현에서 발견된 조나라의 청동단검을 진나라 병사들이 길림성 집안현에 주둔할 때 사용했던 유물로 본 것」이다. 따라서 그 근거가 거짓이면 결론도 자연히 거짓이 되는 것이다. 즉 이 주장의 핵심은 「길림성 집안현에서 발견된 조나라의 청동단검을 진나라 병사들이 길림성 집안현에 주둔할 때 사용했던 유물로 본 것」이다. 그리고 이 주장은 길림성 집안현이 요동군이었기 때문에 진나라 병사들이 주둔한 것이고,

길림성 집안현에서 진나라 병사들이 주둔할 때 사용했던 유물로 보이는 조나라의 청동단검이 발견되었으므로 길림성 집안현이 요동군이었다는 순환 논리를 구성하고 있다.

「길림성 집안현에서 발견된 조나라의 청동단검을 진나라 병사들이 길림성 집안현에 주둔할 때 사용했던 유물로 본 것」은 올바른 추정이며 맞는 것인가? 그리고 그렇게 추정하기만 하면 주장의 올바른 근거가 되는가? 우선 사실 여부에 상관없고 유물의 진위에 상관없이 어떤 유물을 멋대로 판정해 추정하면 그것은 어떠한 주장의 근거가 될 수 있는가? 가짜 유물을 만들어 그것을 어떤 역사적 사실을 반영하는 유물로 판정하면서 그것이 어떠한 역사적 사실을 입증해준다고 멋대로 주장하면, 그것은 올바른 주장인가? 그렇다면 역사가 무슨 필요가 있는가? 그냥 자기 멋대로 소설을 쓰고 그것이 역사적 사실이라고 주장하면 되지, 역사라는 학문이 무슨 필요가 있겠는가?

이 추정의 핵심 요소들을 보면 「길림성 집안현에서 발견된 조나라의 청동단검은 진나라 병사들이 사용했던 유물로 본 것」과 「진나라 병사들이 길림성 집안현에 주둔한 것으로 본 것」이다. 이 추정은 길림성 집안현에서 발견된 청동단검이 진짜(진품)일 것이라는 가정과 그 청동단검이 조나라의 청동단검일 것이라는 가정, 그 청동단검을 진나라 병사들이 사용했을 것이라는 추정, 그 청동단검은 진나라 병사들이 조나라를 멸망시켰을 때 습득한 노획물이었을 것이라는 추정, 진나라 병사들이 길림성 집안현에 주둔하였을 것이라는 추정, 그리고 무엇보다도 길림성 집안현이 진나라시대에 요동군이었을 것이라는 추정을 모두 포함하고 있다. 이 중에서 단 하나의 가정 및 추정만 틀려도 이 주장은 성립하지 않는다.

1) 길림성 집안현의 청동단검이 진짜(진품)인가?

먼저 길림성 집안현에서 발견된 조나라의 청동단검에 대해 사실관계를 알아보자. 이 청동단검은 명문(銘文)도 있고, 1977년에 출토되었다고 하는데, 왜 2012년 관련 명문을 연구하여 발표한 대련대학학보 논문에 실리지 않았을까? 그것은 중국의 집안현문물보관소(集安縣文物保管所)가 쓴「길림 집안현 발견 조국 청동단검(吉林集安縣发现赵国青铜短劍)」이라는 글[96]을 보면 알 수 있다. 그 첫머리에「1980년 1월, 집안현 양차 공사 고합자 대대 초등학교 교사 곽명군 동지가 청동단검 한 자루를 보내왔다. 소개에 의하면, 이것은 그의 아버지가 1977년 가을에 채소 움을 팠을 때 발견되었다(1980年1月,集安县阳岔公社高合子大队小学教师郭明君同志,送来一把青铜短剑。据介绍,这是他父亲在1977年秋天挖菜窖时发现的).」라고 하고 있다. 그러니까 그 청동단검은 정식으로 고고학자에 의한 고고학적 발굴에 의해 발견된 것이 아니고, 초등학교 교사 곽명군의 아버지라는 사람이 발견하였다고 하면서, 유물을 발견하였다고 한 지, 3년이 지난 후에야 청동단검을 국가기관에 보냈다는 것이다. 그리고 그 글을 좀 더 보면「채소 움을 파내고 뒤집은 사람 중에는 또 엄지손가락의 손톱만 한 크기의 동전도 발견하였는데, 매우 얇아서, 한 번 움켜쥐기만 하면 바로 부서졌다(在挖菜窖翻出的土中还发现了大拇指甲般大小的铜钱,很薄,一捏就碎了).」는 말도 있다. 함께 발견된 동전이 얇다고 하지만 쥐면 부서질 정도라는데, 함께 발견된 청동단검은 같은 청동 제품인데도 사진을 보면 상태가 매우 양호하다. 거기에 새겨 넣은 글자까지도 똑똑히 보일 정도이다. 2천3백 년 이상 땅속에 묻혀 있었다고는 보이지 않는다. 그 청동단검에 새겨 넣은 글자는 그 표면을 긁어서 새긴 것인데 그렇다면 글자가 새겨진 부분은 부식이 매우 심했을 텐

---

96) 출처: https://www.docin.com/p-1047052900.html

데, 청동단검도 부식이 없어 보이고 무엇보다 글자가 또렷하게 보일 정도로 멀쩡하다는 것은 있을 수 없는 일이다. 중국에는 가짜 유물이 많다는데 혹시 그것이 가짜를 만들어 땅속에 묻어놓고 1977년 가을에 파내서 1980년 1월에 집안현문물보관소에 제출한 것은 아닌지 모를 일이다. 그 청동단검이 진짜인지 위조품인지는 철저한 출처 조사와 부식 상태, 거기에 새겨진 글자가 조나라에서 썼던 글자인지, 청동의 합금 비율 등을 조사하면 되고, 무엇보다도 조나라 지역에서 발굴된 조나라의 청동단검과 비교해보면 당장 알 수 있다. 그런데도 집안현문물보관소에서는 발견 정황조사는 나간 일이 있어도, 그런 철저한 사실조사는 없었다. 이렇게 그 청동단검이 위조품이 아닌지 의심스러우므로, 논문에 싣지 않은 것이다.

2) 그 청동단검이 조나라 청동단검인가?

그것이 조나라의 청동단검이라고 하는 근거는 무엇인가?

집안현문물보관소가 쓴 글을 계속 보면, 그 청동단검의 정면명문(正面銘文)이 "十(七)年相邦阳安君邦右庫工师吏虒朝冶吏疤(幸文)剂"의 20자(字)이고, 뒷면의 명문(背面銘文)은 "大攻尹□□"의 5자(字)라고 하고 있다. 여기서 十(七)이라는 것은 그 글자가 十자인지 七자인지 아리송하지만 十年(10년)으로 판정하였다는 말이다. 그리고 阳安君(양안군)이라는 것이 이 명문에서 핵심적인 글자인데, 양안군(阳安君: 陽安君)은 사기에 나오지 않는다.

그러면 무엇을 근거로 조나라 청동단검이라고 한 것인가?

신당서 권70, 표 제10(表第十) 종실세계(宗室世系)에 있는 「그 후에 이종(李宗)이 있었는데, 자(字)가 존조(尊祖)이고, 위나라가 단(段)에 봉하여, 간목대부가 되었다. (이종은) 이동(李同)을 낳았는데 조나라 대장군이 되었다. (이동은) 이태(李兌)를 낳았는데 조나라 상국이 되었다. (이태는) 이제(李躋)를 낳았는데 조나라 양안군(陽安君)이다(其後有李宗, 字尊祖, 魏封於段, 為干木大夫。生同, 為趙大將軍。生兌, 為趙相。生躋, 趙陽安君。)」라는 구절이다. 그래서 양안군(陽安君: 阳安君)이 조나라 사람임을 알 수 있다는 것이며, 이에 따라 그 청동단검을 조나라의 청동단검이라고 주장한 것이다.

그러나 신당서 종실세계(宗室世系)는 진실 여부에 논란이 있다. 즉 당고조 이연의 가문은 한족이 아니라 선비족이므로, 옛날 옛적부터 한족이었다는 신당서 종실세계는 가짜라는 것이다. 실제로 앞서 소개한 신당서 종실세계만 보아도 이태(李兌)가 조나라 상국이 되었다고 하였는데, 사기 조세가 혜문왕 기록을 보면 이태는 조나라 무령왕의 큰아들 공자 장(章)과 전불례의 난을 진압한 공로로 사구(司寇)가 된 일은 있었지만, 조나라 상국이 된 적은 없다. 또한 이제(李躋)가 조나라의 양안군(陽安君)이라고 하는데, 조나라에서는 군(君)이라는 칭호는 엄청난 칭호이다. 혜문왕 기록을 보면, 조나라 무령왕이 왕위에서 물러나 주부(主父)라고 하면서, 자신의 큰아들 공자 장(章)을 대(代)의 안양군(安陽君)에 봉한 일이 있고, 무령왕의 숙부인 공자 성(成)도 무령왕의 큰아들 공자 장(章)과 전불례의 난을 진압한 공로로 상국이 되면서야 안평군(安平君)이라고 하였으며, 조사(趙奢)라는 장수는 강대국 진(秦)나라를 대파하고서야 마복군(馬服君)이라는 칭호를 받았다. 그런데 이제(李躋)는 아무런 공로도 없었는데 양안군(陽安君)이라고 하니, 이는 있을 수 없는 일이다. 또한 이태의 아버지 이동(李同)은 조나라 대장군이 되었다고 하는데, 사기 조세가를 보면 이동(李同)이 조나라 대장군이 되었다는 기록은커녕 그런

사람 자체가 없다. 즉 신당서 종실세계 기록은 사실로 볼 수 없다. 그밖에 지면상 관계로 일일이 설명할 수 없지만, 신당서 종실세계는 실로 황당한 기록이 많다. 당고조 이연의 조상이 진(秦)나라 황실 가문에서 갈려져 나왔다느니, 노자(老子) 이이(李耳)의 후손이라느니… 등등. 따라서 신당서 종실세계는 가짜일 가능성이 매우 높다. 신당서 종실세계가 가짜이면, 거기에 나오는 양안군(陽安君: 阳安君)도 가짜이므로, 집안현에서 발견된 청동단검은 조나라 청동단검이 아니다.

집안현에서 발견된 청동단검이 위조품일 가능성이 있고, 거기에 새겨진 명문도 신당서 종실세계가 가짜일 가능성이 매우 높아 그 청동단검이 조나라 청동단검이 아닐 가능성이 크다. 그러면 여기서 논의를 끝내야 한다. 하지만, 사실 여부를 더 밝힐 사항이 있어서, 임시로 그것이 진품이라고 가정하고, 신당서 종실세계 기록도 사실이라고 가정하며 논의를 이어나가기로 한다.

3) 그 청동단검은 진나라 병사들이 조나라를 멸망시킬 때 노획한 것인가?

「길림성 집안현에서 발견된 조나라의 청동단검은 진나라 병사들이 사용했던 유물로 본 것」은 그 청동단검을 진나라 병사들이 사용했을 것이라고 추정한 것이고, 그렇게 추정한 이유는 그 청동단검은 진나라 병사들이 조나라를 멸망시켰을 때 습득한 노획물이었을 것이라고 추정했기 때문이다. 그러면 그 청동단검은 진나라 병사들이 조나라를 멸망시킬 때 노획한 것인가?

이러한 것을 알아보기 위해 그 청동단검에 새겨진 10년(十年)이라는 명문에 대해 알아보자.

사기 조세가 혜문왕 3년 조에 이태(李兌)와 조나라 상국 비의(肥義)가 대화하는 내용이 나오고, 4년 조에 이태(李兌)가 조나라 무령왕의 큰 아들 공자 장(章)과 전불례의 난을 진압한 공로로 사구(司寇)가 되었다는 기록이 있는데, 이태는 신당서 종실세계(宗室世系)에 의하면 양안군(陽安君: 阳安君) 이제(李躋)의 아버지이다. 그래서 7년이 아니라 10년으로 판정한 것이고, 10년(十年)은 조혜문왕 10년(서기전 289년)이다.

조혜문왕 10년(서기전 289년)에는 어떤 일이 있었는가?

사기 조세가 혜문왕 10년 조를 보면 「10년(서기전 289년), 진나라가 스스로 서제(西帝)라고 하였다(十年, 秦自置為西帝).」라고 되어 있다. 이어서, 혜문왕 14년 기록을 보면, 「14년, 상국 악의(樂毅)가 조나라, 진나라, 한나라, 위나라, 연나라를 거느리고 제나라를 공격해 영구(靈丘)를 빼앗았다. 진나라와 중양(中陽)에서 회맹하였다(十四年, 相國樂毅將趙、秦、韓、魏、燕攻齊, 取靈丘. 與秦會中陽).」라고 되어 있으며, 혜문왕 15년 기록을 보면 「15년, 연나라 소왕(昭王)이 와서 만났다. 조나라가 한나라, 위나라, 진나라와 함께 제나라를 공격하니 제나라 왕이 패하여 달아났는데, 연나라가 홀로 깊이 들어가 임치(臨菑)를 빼앗았다(十五年, 燕昭王來見. 趙與韓、魏、秦共擊齊, 齊王敗走, 燕獨深入, 取臨菑).」라고 되어 있고, 혜문왕 16년 기록을 보면, 「16년, 진나라가 다시 조나라와 몇 차례 제나라를 공격하니 제나라 사람들이 걱정하였다(十六年, 秦復與趙數擊齊, 齊人患之).」라고 되어 있다.

이러한 기록들을 보면, 조나라는 혜문왕 10년(서기전 289년)에 청동단검을 만들 일이 없었다. 다만 4년 후인 혜문왕 14년에 조나라가 여러 나라들과 연합해 제나라를 공격하였으므로, 만약 혜문왕 10년(서기전 289년)에 청동단검을 만들었다면, 4년 후를 대비해 미리 만든 것일 수 있다. 그리고 이 당시 혜문왕의 기록을 보다시피, 이때 조나라와 진나라는 동맹이었을 만큼 친밀했고, 같이 힘을 합쳐 제나라를 공격하던 때였다.

그런데, 조나라 청동단검을 진나라 병사들이 사용했다고 추정한 것은 진나라 병사들이 조나라 병사들을 공격해서 얻은 노획물이라고 추정한 것이다. 그렇지 않으면 진나라 병사들이 조나라 청동단검을 사용할 이유가 없다. 그러나 이 무렵에는 진나라가 조나라를 공격하기는커녕 동맹을 맺을 만큼 친밀했고 함께 제나라를 공격하던 때였다. 즉, 혜문왕 10년(서기전 289년) 무렵에는 진나라 병사들이 조나라의 청동단검을 노획한 일이 없었고, 따라서 진나라 병사들이 조나라의 청동단검 자체를 사용한 일이 없다.

무엇보다도 길림성 집안현에서 발견된 청동단검을 진나라 병사들이 사용한 증거가 있는가? 없다.

그냥 멋대로 그 청동단검은 조나라 청동단검이라고 판정하고, 진나라가 조나라를 비롯한 6국을 병합하였으니, 조나라 청동단검을 진나라 병사들이 노획해서 사용하였을 것이라고 추정한 것뿐이다.

조나라 청동단검을 진나라 병사들이 노획해서 사용하였을 것이라는 추정에 대해 살펴보자.

그러면 언제 진나라 병사들이 조나라 청동단검을 노획할 기회가 있었을까?

진시황이 조나라를 멸망시킬 때이다. 그때는 진시황 19년(서기전 228년)인데, 이때의 진시황본기 기록을 보면「왕전과 강외가 조나라 땅 동양(東陽)을 모두 평정하여 빼앗고, 조나라 왕을 잡았다. 군대를 이끌어 연나라를 공격하려고 중산에 주둔하였다. (중략) 조나라 공자 가(嘉)가 일족 수백 명을 거느리고 대(代)로 가서, 스스로 즉위하여 대왕(代王)이 되었으며, 동쪽으로 연나라와 군대를 합쳐, 상곡(上谷)에 주둔시켰다(十九年, 王翦, 羌瘣盡定取趙地東陽, 得趙王。引兵欲攻燕, 屯中山。(중략) 趙公子嘉率其宗數百人之代, 自立爲代王, 東與燕合兵, 軍上谷)。」라고 되어 있다.

그러면 집안현에서 발견된 청동단검은 진시황이 조나라를 멸망시킬 때(진시황 19년: 서기전 228년) 진나라 병사들이 노획한 조나라 청동단검인가? 아니다.

그 까닭은 첫째, 집안현에서 발견된 청동단검의 명문에 의하면 그 청동단검을 만든 때는 혜문왕 10년(서기전 289년)이다. 그런데 조나라가 멸망한 것은 그 혜문왕 10년(서기전 289년)을 지나, 효성왕, 도양왕을 거쳐, 유목왕 8년(서기전 228년) 10월의 일이다. 그 조나라 청동단검을 만든 지 무려 61년이 지난 때이다. 그러면 조나라가 멸망할 때 전투를 한 조나라 병사는 그 청동단검을 만든 때의 손자뻘 되는 병사인데, 그 손자는 할아버지 때 만든 무기를 들고 전쟁을 했다는 말인가? 61년 동안 고이 모셔놓았다가 61년 후에 손자에게 무기를 주고 전쟁을 하게 했다는 말인가? 그것은 터무니없는 소리이다. 조나라는 그 61년 동안에도 거의 해마다 전쟁을 하였다. 그 빈번한 전쟁으로 인해 10년이면 청동단검은 다 닳아, 다른 청동단검을 만들어 쓰지, 국가의 운명이 달린 전투에서 무려 61년이 지난 무기를 쓰는 나라가 있다는 말인가? 그런 정도라면 조나라는 진작에 망했다. 따라서 이 조나라 청동단검은 조나라 멸망 당시 전쟁 때 쓰여서 진나라 병사가 조나라를 멸망시킬 때 얻은 노획물이 아니다.

둘째, 노획물은 승전국 장병들이 고향으로 가져가거나 패전국 땅에 버린다. 그래서 노획물은 승전국 장병의 고향 땅에서 발견되거나 패전국 땅에서 발견된다. 그런데 길림성 집안현은 진나라 군사의 고국 땅도 아니며 조나라 땅도 아니다. 진나라 장병의 고향은 함양지역(서안지역)이고, 조나라 땅은 연나라(북경지역) 서쪽이기 때문이다. 따라서 길림성 집안현에서 발견된 조나라의 청동단검은 진나라가 조나라를 멸망시킬 때 얻은 진나라 병사의 노획물이 아니다.

4) 그 청동단검은 연나라를 멸망시킬 때 사용한 것인가?

그렇다면, 그 청동단검은 연나라를 멸망시킬 때 사용한 것인가? 즉, 길림성 집안현에서 발견된 청동단검은 진시황이 조나라를 멸망시켰을 때 진나라 병사가 노획해서, 그 병사가 그것을 가지고 있다가 요동군으로 피신한 연나라 왕을 잡을 때, 그 진나라 병사가 요동군에 진주할 때 가져가 주둔하면서 사용한 것인가? 그래도 혹시 조나라에서 61년 전에 만든 청동단검을 조나라 멸망 당시에 사용하여 진나라 병사가 노획하였고, 그 병사가 그것을 가지고 고향으로 가져간 것이 아니라, 요동군으로 진군할 때 가져가서 주둔하면서 사용한 것이 아닐까? 이러한 혹시나 하는 상상도 성립하지 않는다.

그것이 틀린 까닭은,

첫째, 조나라를 멸망시킨 병사와 연나라를 멸망시킨 병사가 다르기 때문이다.

진시황이 조나라를 멸망시킨 때는 진시황 19년(서기전 228년)인데, 이때의 기록을 보면「왕전과 강외가 조나라 땅 동양(東陽)을 모두 평정하여 빼앗고, 조나라 왕을 잡았다. 군대를 이끌어 연나라를 공격하려고 중산에 주둔하였다. (중략) 조나라 공자 가(嘉)가 일족 수백 명을 거느리고 대(代)로 가서, 스스로 즉위하여 대왕(代王)이 되었으며, 동쪽으로 연나라와 군대를 합쳐, 상곡(上谷)에 주둔시켰다(十九年, 王翦、羌瘣盡定取趙地東陽, 得趙王。引兵欲攻燕, 屯中山。(중략) 趙公子嘉率其宗數百人之代, 自立爲代王, 東與燕合兵, 軍上谷).」라고 되어 있다. 이것을 보면, 조나라를 멸망시킨 병사는 왕전(王翦)의 병사들이다.

그리고 진시황이 요동군으로 피신한 연나라 왕을 잡은 때는 진시황 25년(서기전 222년)인데, 이때의 기록을 보면「25년, 군사를 크게 일으켜 왕분으로 하여금 거느리게 하고, 연나라 요동을 공격하여 연나라 왕, 희(喜)를 잡았다. 돌아와 대(代)를 공격하여 대(代)왕, 가(嘉)를 사로잡았다. 왕전은 마침내 초나라의 강남 땅을 평정하였으며, 월(越)나라의 군주를 항복시키고 회계군(會稽郡)을 설치하였다. 5월, 천하에 큰 잔치를 베풀었다(二十五年, 大興兵, 使王賁將, 攻燕遼東, 得燕王喜。還攻代, 虜代王嘉。王翦遂定荊江南地;降越君, 置會稽郡。五月, 天下大酺).」라고 되어 있다. 이것을 보면, 연나라를 멸망시킨 병사는 왕분(王賁)의 병사들이다.

이렇듯 조나라를 멸망시킨 것은 왕전(王翦)의 병사이고, 요동을 공격하여 연나라 왕, 희(喜)를 잡은 것은 왕분(王賁)의 병사로 다른 병사이다. 비록 왕전과 왕분이 부자 관계라고 해도 각각 다른 전쟁터로 나가 각각 다른 병사를 거느렸기 때문이다. 또한 왕분의 병사는 새로이 군사를 크게 모집한 병사이다. 그럴 리는 없겠지만, 조나라가 멸망할 때 조나라에서 61년 전에 만든 조나라 청동단검을 사용해서, 왕전(王翦)의 장병이 그 청동단검을 노획하였다고 가정하여도, 그 병사가 6년 후 요동에 간 것이 아니고 새로 모집한 왕분(王賁)의 병사가 요동에 갔다. 따라서 길림성 집안현에서 발견된 조나라의 청동단검은 조나라가 멸망할 때 노획해서 연나라를 멸망시킬 때 사용한 것이 아니다.

둘째, 승전한 군대는 패전한 군대의 무기를 사용하지 않기 때문이다.

승리한 군대는 진군할 때 자국의 무기를 사용하지, 패전한 군대의 무기를 사용하지 않는다. 길림성 집안현에서 발견된 조나라 청동단검은 진나라 군대가 요동군으로 진군할 때 가져가서 주둔하면서 사용한 것이 아니라는 말이다.

셋째, 그럴만한 경황이 없었기 때문이다.

진시황 19년(서기전 228년) 조나라가 멸망시킨 왕전(王翦)의 군사들은 진시황 20년(서기전 227년), 연나라를 공격하였는데, 연나라와 대(代)나라는 군사를 일으켜 진나라 군대를 공격하였으나 진나라 군대는 연나라를 이수(易水) 서쪽에서 쳐부수었다. 이어서 진시황 21년(서기전 226년)에 왕전(王翦)의 군사들은 연나라를 공격하여 계성(薊城: 연나라의 서울-지금의 북경지방)을 빼앗았다. 그리고 진시황 23년(서기전 224

년)에 왕전(王翦)의 군사들은 초나라를 공격하는데 동원되었다. 또한 진시황 24년(서기전 223년)에 왕전(王翦)의 군사들은 다시 초나라를 공격해 평정하였다. 그리고 진시황 25년(서기전 222년)에 왕전(王翦)의 군사들은 요동을 평정하면서 연나라를 멸망시켰다. 만약 진시황 19년(서기전 228년) 조나라를 멸망시킬 때 조나라 청동단검을 노획했다고 가정해도, 그 후 6년 동안 거의 해마다 전쟁터에 나가 전쟁을 하였는데, 그동안 패전국의 무기를 가지고 다닐 수 있겠는가? 전쟁터는 그렇게 한가로운 곳이 아니다. 언제 죽을지도 모르는 극단적으로 위험한 곳이다. 게다가 자칫하면 자신의 무기도 없어지거나 잃어버릴 판이다. 그런데 한가하게 패전국의 무기를 6년 동안이나 가지고 다닐 수 있는가? 터무니없는 이야기이다. 따라서 길림성 집안현에서 발견된 조나라의 청동단검은 조나라가 멸망할 때 노획해서 연나라를 멸망시킬 때 사용한 것이 아니다.

넷째, 연나라를 멸망시킬 때, 진나라 군대는 요동에 주둔하지 않았기 때문이다.

왕분의 군대는 연나라의 요동을 공격하여 연나라 왕, 희(喜)를 잡은 후, 바로 돌아와 대(代)를 공격하여 대(代)왕, 가(嘉)를 사로잡았다. 즉 진나라 군대는 요동에 주둔하지 않았다. 따라서 길림성 집안현에서 발견된 조나라 청동단검은 요동군으로 진군할 때 가져가 주둔하면서 사용한 것이 아니다.

5) 그 청동단검은 6국 병합 후 집안현에 주둔할 때 사용한 것인가?

그러면, 그 청동단검은 6국을 병합한 뒤 집안현에 주둔할 때 사용한 것인가? 즉, 길림성 집안현에서 발견된 청동단검은 진시황이 조나라를 멸망시켰을 때 진나라 병사가 노획해서, 그 병사가 그것을 가지고 있다가, 6국을 병합한 뒤에, 그 진나라 병사가 집안현에 진주하여 주둔할 때 사용한 것인가? 그래도 혹시 조나라에서 61년 전에 만든 청동단검을 조나라 멸망 당시에 사용하여 진나라 병사가 노획하였고, 그 병사가 그것을 가지고 고향으로 가져간 것이 아니라, 6국을 병합한 뒤 집안현에 주둔할 때 사용한 것이 아닐까?

아마도 「길림성 집안현에서 발견된 조나라의 청동단검을 진나라 병사들이 길림성 집안현에 주둔할 때 사용했던 유물로 본」자들은 그러한 상상을 했을 것이다. 그러나 그것도 터무니없는 망상일 뿐이다.

그것이 터무니없는 망상일 뿐으로 틀렸다는 까닭은,

첫째, 길림성 집안현을 비롯한 요동반도 지역은 연·진시대의 요동군이 아니기 때문이다.

근본적으로 「길림성 집안현에서 발견된 조나라의 청동단검을 진나라 병사들이 길림성 집안현에 주둔할 때 사용했던 유물로 본 것」은 길림성 집안현을 비롯한 요동반도 지역이 연·진시대부터 요동군이었다는 주장이 숨어있다.

이 주장은 길림성 집안현이 요동군이었기 때문에 진나라 병사들이 주둔한 것이고, 길림성 집안현에서 진나라 병사들이 주둔할 때 사용했던 유물로 보이는 조나라의 청동단검이 발견되었으므로 길림성 집안현이 요동군이었다는 순환 논리를 구성하고 있다.

그러나 앞서 밝힌 바와 같이 연·진시대에 요동반도의 요양시는 요동군이 아니었다.

더구나, 길림성 집안현은 요양에서에서부터 540km(철도거리) 떨어져 있으므로, 요양에서부터도 1천3백 리 이상 더 떨어져 있다. 따라서 길림성 집안현은 연나라의 요동군이 아니다.

즉, 길림성 집안현은 연나라의 요동군이 아니므로, 길림성 집안현에 진나라 병사들이 주둔할 수도 없었고, 주둔한 일도 없었다.

따라서「길림성 집안현에서 발견된 조나라의 청동단검을 진나라 병사들이 길림성 집안현에 주둔할 때 사용했던 유물로 본 것은 올바른 추정이 아니며, 터무니없는 거짓말이다.

다시 말해서「길림성 집안현에서 발견된 청동단검은 진시황이 조나라를 멸망시켰을 때 진나라 병사가 노획해서, 그 병사가 그것을 가지고 있다가, 6국을 병합한 뒤에, 그 진나라 병사가 길림성 집안현에 주둔할 때 사용한 것」이라는 상상은 터무니없는 망상으로 거짓이다.

둘째, 그럴만한 경황이 없기 때문이다.

진시황 19년(서기전 228년) 조나라가 멸망시킨 왕전(王翦)의 군사들은 진시황 20년(서기전 227년), 연나라를 공격하였는데, 연나라와 대(代)나라는 군사를 일으켜 진나라 군대를 공격하였으나 진나라 군대는 연나라를 이수(易水) 서쪽에서 쳐부수었다. 이어서 진시황 21년(서기전

226년)에 왕전(王翦)의 군사들은 연나라를 공격하여 계성(薊城: 연나라의 서울-지금의 북경지방)을 빼앗았다. 그리고 진시황 23년(서기전 224년)에 왕전(王翦)의 군사들은 초나라를 공격하는데 동원되었다. 또한 진시황 24년(서기전 223년)에 왕전(王翦)의 군사들은 다시 초나라를 공격해 평정하였다. 그리고 진시황 25년(서기전 222년)에 왕전(王翦)의 군사들은 요동을 평정하면서 연나라를 멸망시켰다. 마지막으로 진시황 26년(서기전 221년)에는 왕분(王賁)의 군대가 제나라를 멸망시킴으로써 6국 병합을 완성하였다. 만약 진시황 19년(서기전 228년) 조나라를 멸망시킬 때 조나라 청동단검을 노획했다고 가정해도, 그 후 6년 동안 거의 해마다 전쟁터에 나가 전쟁을 하였는데, 그동안 패전국의 무기를 가지고 다닐 수 있겠는가? 전쟁터는 그렇게 한가로운 곳이 아니다. 언제 죽을지도 모르는 극단적으로 위험한 곳이다. 게다가 자칫하면 자신의 무기도 없어지거나 잃어버릴 판이다. 그런데 한가하게 패전국의 무기를 6년 동안이나 가지고 다닐 수 있는가? 터무니없는 이야기이다. 따라서 길림성 집안현에서 발견된 조나라의 청동단검은 조나라가 멸망할 때 노획해서 6국 병합 후 요동군에 주둔할 때 사용한 것이 아니다.

셋째, 승전한 군대는 패전한 군대의 무기를 사용하지 않기 때문이다.

승리한 군대는 진군할 때 자국의 무기를 사용하지, 패전한 군대의 무기를 사용하지 않는다. 길림성 집안현에서 발견된 조나라 청동단검은 진나라 군대가 요동군으로 진군할 때 가져가서 주둔하면서 사용한 것이 아니라는 말이다.

6) 길림성 집안현 조나라 청동단검의 결론

이상에서 살펴본 바와 같이 「길림성 집안현에서 발견된 조나라의 청동단검을 진나라 병사들이 길림성 집안현에 주둔할 때 사용했던 유물로 본 것」은 올바른 추정이 아니고 맞지도 않으며 사실도 아닌 거짓이다. 따라서 이러한 거짓 추정을 근거로 「중국 학계에서는 이것을 모두 진나라 병사들이 주둔할 때 사용했던 유물로 보고 이것이 진의 통치 세력이 일찍이 압록강과 한반도 북부까지 이르렀음을 입증해준다.」는 주장은 역사적 사실과 전혀 맞지 않은 터무니없는 주장으로 거짓이다.

가능성이 매우 낮지만, 만약 길림성 집안현에서 발견된 청동단검이 진품이며 조나라의 청동단검이라면, 그것은 조선(후조선)이나 고구려와 조나라의 교류를 입증하는 증거물이 되는 것이다.

결국 중국 학계에서는 허무맹랑한 거짓 근거로 터무니없는 거짓 주장을 한 것이다. 이러한 것이 바로 중국 학계에서 이야기하는 동북공정의 주장인데 동북공정의 주장은 이와 같이, 알고 보면 허무맹랑한 거짓 근거로 터무니없는 거짓 주장을 하는 것이다.

이렇듯 역사적 사실과 맞지 않는 허무맹랑한 거짓 근거로 터무니없는 거짓 주장을 하는 중국 역사학계도 문제이지만, 그것의 사실여부도 모르고 그 주장을 사실인 것처럼 인용한 것이 더욱 큰 문제이다.

9. 평안남도의 진나라 과(戈: 창)

『한국 고대사속의 고조선사』라는 책을 보면, 「길림성 집안현에서는 조나라의 청동단검이, 현 평안남도에서는 진나라의 과(戈) 등이 발견되었다.」고 하면서 「중국 학계에서는 이것을 모두 진나라 병사들이 주둔할 때 사용했던 유물로 보고 이것이 진의 통치 세력이 일찍이 압록강과 한반도 북부까지 이르렀음을 입증해준다고 보고 있다.」고 하는데, 현 평안남도에서는 진나라의 과(戈) 부분만 보면, 「현 평안남도에서는 진나라의 과(戈)가 발견되었다.」고 하면서 「중국 학계에서는 이것을 진나라 병사들이 주둔할 때 사용했던 유물로 보고 이것이 진의 통치 세력이 일찍이 한반도 북부까지 이르렀음을 입증해준다고 보고 있다.」고 한 것이다. 과연 그런가?

평안남도에서 발견된 진나라의 과(戈: 창)라는 것은 1925년 평양 석암리(현 평안남도 대동군 석암리)에서 발견된 진과(秦戈)를 말하는데, 이 창(戈)의 한 면에는 "上", "洛都", "武", "郡庫" 등이, 다른 한 면에는 "卄五〇上郡守□ 造高奴工師竈 丞申工□□□"라는 명문(銘文)이 있어 다른 금석문의 예에 비추어 볼 때, 진시황(秦始皇) 25년(서기전 222)에 제작된 것임을 알 수 있다고 한다. 즉 이것은 일제 강점기 때 발견된 것으로 진품인지 위조품인지는 알 수 없다.

아무튼 명문(銘文)에 의하면 진시황 25년(서기전 222)에 제작된 것인데, 이것 역시 진시황 25년(서기전 222)이라는 연도에 주목해야 한다. 이해는 진나라가 요동으로 도망간 연나라 왕, 희를 공격하여 사로잡은 뒤 바로 돌아와 상곡(上谷: 하북성 회래현)에 주둔해 있던 대(代)나라 왕, 가(嘉)를 공격하여 포로로 잡은 해이다. 그다음 해인 진시황 26년(서기전 221년)에 진시황은 장군 왕분에게 연나라 남쪽에서 제나라를 공격하게 하여 제나라 왕 전건을 잡아 제나라를 멸망시켜 6국 병합을 완성하였다.

이러한 역사적 사실에 비추어 보면「중국 학계에서는 이것을 진나라 병사들이 주둔할 때 사용했던 유물로 보고 이것이 진의 통치세력이 일찍이 한반도 북부까지 이르렀음을 입증해준다고 보고 있다.」는 이야기는 터무니없는 괴변이다. 「진의 통치 세력이 일찍이 한반도 북부까지 이르렀다.」는 것은 진나라 요동군이 한반도 북부까지 이르렀다는 주장이기 때문이다.

우선 앞서 밝힌 바와 같이 진시황 25년(서기전 222)에 진나라 군대는 요동에서 주둔한 사실이 없다.

또한 앞서 밝힌 바와 같이 연나라의 요동군은 지금의 하북성 창려현이다. 따라서 진나라가 6국을 병합한 뒤에 요동군에 주둔하였다면, 그곳은 지금의 하북성 창려현이지, 현 평남 대동군 석암리, 즉 평양지방이 아니다. 따라서 이러한 괴변 역시 역사적 사실을 무시한 터무니없는 거짓 주장을 한 것이다.

평양 석암리 진과(秦戈)를 근거로「진의 통치 세력이 일찍이 한반도 북부까지 이르렀다.」는 이야기는 사실 왜인들의 주장이다. 그러면 이 주장이 왜 틀렸는가? 평양지방이 요동군이 아닌 까닭은 무엇인가를 구체적으로 알아보자.

진나라가 요동에 진군한 경우는 두 가지이다.
첫째는 진나라가 연나라의 요동군을 점령했을 때이다. 둘째는 진나라가 6국을 병합한 뒤, 요동군에 주둔했을 때이다.

먼저 진나라가 연나라의 요동군을 점령했을 때를 생각해보자.

앞서 밝혔듯이 진나라가 연나라의 요동군을 점령했을 때는 진시황 25년(서기전 222)이고, 연나라 요동군의 위치를 알 수 있는 기록 역시 사기 진시황본기 25년(서기전 222) 조인데,「크게 군사를 일으켜 왕분으로 하여금 거느리게 한」기간이 최소한 73일이고, 지금의 북경에서 평양까지 거리(철도거리)가 1361km이니, 3천4백 리이므로, 북경에서 평양까지 가는 데만 114일이 걸린다. 거기서 한 달(30일) 만에 전투를 끝냈다고 하면 도합 217일이 걸리므로, 10월초에 군사를 일으켰다고 해도 연나라 왕, 희(喜)를 잡은 때는 5월 초이다. 그리고 평양에서 옛 상곡군인 지금의 하북성 회래현까지의 거리(철도거리)가 1491km이니, 3천7백3십 리이므로, 평양에서 회래현까지 가는 데만 124일이 걸린다. 그리고 상곡에서 한 달(30일) 만에 전투를 끝냈다면 도합 154일이 걸린다. 5월 초에서부터 154일이라면 10월 초가 된다. 4월에 모든 전투는 끝났고, 그것이 경사스러워 5월 천하에 큰 잔치를 베풀었다는 사기 진시황본기의 기록과 전혀 맞지 않는다. 따라서 평양지방이 연·진시대의 요동군이라는 주장은 터무니없는 거짓말이다.

그 다음 진나라 병사가 6국 병합 후, 요동군에 주둔한 경우를 생각해 보자.

진나라의 요동군은 지금의 하북성 창려현이다. 평양지방에 주둔한 것이 아니라는 말이다.

따라서 「진의 통치세력이 일찍이 한반도 북부까지 이르렀다.」는 이야기는 터무니없는 거짓으로 사실이 아니다.

그리고 만약 평양지방이 옛 연나라의 요동군이라면, 연나라와 진나라가 전쟁을 벌였고 연나라 군대가 패했기 때문에 평양지방에 연나라의 과(戈: 창)가 널려 있어야지, 왜 진나라의 과(戈)가 하나만 달랑 있겠는가? 평양지방이 옛 연나라의 요동군이라는 소리는 간단한 이치에도 맞지 않는다는 말이다.

그러면 진나라가 요동군을 점령한 이후에 영토를 더 늘리거나 요동군 밖으로 진출한 사실이 있는가? 없다.

그러므로 「평양지방에서 발견된 진나라의 과(戈)를 중국 학계에서는 진나라 병사들이 주둔할 때 사용했던 유물로 본 것도 잘못이며 틀린 것이고, 따라서 「이것이 진의 통치 세력이 일찍이 한반도 북부까지 이르렀음을 입증해준다.」는 것도 역사적 사실을 무시한 터무니없는 거짓 주장이다.

그러면 평양지방에서 발견된 진나라의 과(戈)는 무엇인가?

우선 그것이 위조품일 가능성이 있다. 두 번째, 만약 석암리 진과(秦戈)가 진품이라면 그것은 요동군(갈석산이 있는 곳)에서 전투가 벌어진 가운데 연나라 병사 중에서 어떤 자가 진나라의 병사를 죽였으나 진나라가 승리하자, 평화로운 조선(후조선) 깊숙이 도망치면서 가져온 것일 가능성이 있다. 세 번째 진승, 오광의 난이 일어나 진나라가 무너지면서 항우와 유방의 전쟁으로 이어지자 어떤 중국 사람이 조선(후조선)으로 도망 오면서 가져온 것일 가능성이 있다.

10. 유물에 대한 요약 및 결론

1) 요동군이 연·진 시대부터 현재의 요동반도 등에 있었다는 유물 증거로 둔유과(屯留戈)와 망과(亡戈), 계봉과(啓封戈), 춘평후검(春平候劍), 석읍과(石邑戈), 집안현에서 발견된 조나라의 청동단검, 현 평안남도에서 발견된 진나라의 과(戈)를 들었다. 그러나 그러한 유물들은 하나같이 요동군이 연·진 시대부터 현재의 요동반도 등에 있었다는 증거물이 아니다.

(1) 건창현에서 출토된 둔유과(屯留戈)와 망과(亡戈: 늡슈戈–망령과)는 연·진 장성이 건창현을 경유하여 요동반도까지 뻗어 있었다는 증거물로 제시한 것이다. 그러나 그것들은 진나라 군대의 노획물로써 진나라 군사가 건창현에 진군할 때 건창현에서 사용한 것이 아니다. 따라서 둔유과(屯留戈)와 망과(亡戈: 늡슈戈–망령과)는 연·진 장성이 건창현을 경유하여 요동반도까지 뻗어 있었다는 증거물이 아니다. 그러므로 연·진 장성이 건창현을 경유하여 요동반도까지 뻗어 있었다는 주장은 거짓이다.

(2) 신금현에서 출토된 계봉과(啓封戈)는 요동반도 남부까지 요동군이었다는 증거물로 제시한 것이다. 그러나 그것은 진나라 군대의 노획물로써 진나라 군사가 신금현에 진군할 때 신금현에서 사용한 것이 아니다. 따라서 계봉과(啓封戈)는 요동반도 남부까지 요동군이었다는 증거물이 아니다. 그러므로 요동반도 남부까지 요동군이었다는 주장은 거짓이다.

(3) 장하현에서 출토된 조나라의 춘평후검(春平候劍. 혹은 춘평후피–春平侯鈹) 역시 요동반도 남부까지 요동군이었다는 증거물로 제시한 것

이다. 그러나 그것은 진나라 군대의 노획물로써 진나라 군사가 장하현에 진군할 때 장하현에서 사용한 것이 아니다. 따라서 춘평후검(春平候劍. 혹은 춘평후피-春平侯鈹) 역시 요동반도 남부까지 요동군이었다는 증거물이 아니다. 그러므로 요동반도 남부까지 요동군이었다는 주장은 거짓이다.

(4) 관전현 태평초에서 발견된 석읍과(石邑戈)는 압록강까지 요동군이었다는 증거물로 제시한 것이다. 그러나 그것도 진 2세 군대가 관전현에 진군할 때 관전현에서 사용한 것이 아니다. 따라서 석읍과(石邑戈)도 압록강까지 요동군이었다는 증거물이 아니다. 그러므로 진시황 때 압록강까지 요동군이었다는 말도 근거 없는 낭설로 거짓이다.

(5) 길림성 집안현에서 발견된 조나라의 청동단검이라는 것도 압록강까지 요동군이었다는 증거물로 제시한 것이다. 그러나 그것은 위조품일 가능성이 높고, 조나라의 청동단검이라는 증거도 없다시피 한데다가, 진나라 군대가 길림성 집안현에 진군할 때 집안현에 남긴 것이 아니다. 따라서 그 청동단검도 압록강까지 요동군이었다는 증거물이 아니다. 무엇보다도 길림성 집안현을 비롯한 요동반도가 연·진시대의 요동군이 아니었다. 그러므로 진시황 때 압록강까지 요동군이었다는 말 역시 근거 없는 낭설로 거짓이다.

(6) 현 평안남도에서 발견된 진나라의 과(戈: 창)는 진의 통치 세력이 일찍이 한반도 북부까지 이르렀음을 입증해준다는 증거물, 즉 진나라의 요동군이 한반도 북부까지 이르렀다는 증거물로 제시한 것이다. 그러나 그 역시 진품인지 위조품인지 알 수 없을 뿐만 아니라, 진나라 병사들이

평안남도(평양지방)에 주둔할 때 사용했던 것이 아니다. 따라서 그 진나라의 과(戈 : 창)도 평안남도(평양지방)까지 요동군이었다는 증거물이 아니다. 무엇보다도 평양지방은 연·진시대의 요동군이 아니었다. 그러므로 진시황 때 평양지방까지 요동군이었다는 말 역시 근거 없는 낭설로 거짓이다.

2) 이러한 증거물은 「진나라 군대는 중국 동북지방에 대한 통제를 강화하기 위해 장성을 따라 병사를 두어 북방 동호 등의 남하를 방어했을 뿐 아니라, 요령 지역 남부의 중요지점도 병사를 나누어 지켰다.」고 주장하면서 이러한 점은 고고학 발굴상으로도 실증할 수 있다는 증거물로 제시한 것이다.

그러나 제시한 증거물 모두가 그 주장을 실증하는 증거물이 아니었다. 따라서 그 주장은 사실이 아니며 거짓이다.

특히 「석읍과가 요동 북부지방에서 발견되었으므로 이곳이 연·진대의 옛 장성 유지와 관련된 곳임을 알 수 있고, 《사기》의 기록 또한 정확한 사실임이 입증되었다. 이러한 유물들은 연나라 이후 중국 세력이 요동과 길림 일대에 진출하면서 남긴 흔적이라고 보는 것이 타당하다.」는 주장 역시 조사해 본 결과 사실이 아니어서 근거가 없으므로 거짓이다.

3) 그러면 그러한 유물들은 어떤 것인가?

그 유물들을 보면 3진의 한, 위, 조 세 나라가 다 나온다. 이것은 조선(후조선)과 3진의 세 나라(한, 위, 조)가 교류하였다는 명백한 증거가 된다. 나아가 조선(후조선)과 3진의 3나라는 연나라를 사이에 두고 원교근공(遠交近攻)한 증거로 보인다.

제2절 유적

그 다음에 유적 증거로 『한국 고대사속의 고조선사』라는 책 337~338쪽을 보면 「적봉시 왼쪽 칠로도산맥 끝자락에 위치한 위장현에는 진나라 장성 유지가 140km 정도 보존되어 있다. 장성은 다륜현(多倫縣: 내몽고자치구) 남쪽으로부터 위장현 북부로 진입하는데 적봉시 북쪽에 이르러 영금하 북안을 따라 축조되었고 동서로 이어졌다. 적봉 동북으로는 오한기·나만기에 진입하고 북으로 꺾여 망우하 동안에 이르며 다시 동남으로 향하여 고륜기에 이른 연후에 부신에 이른다.」는 중국사람 정소정(鄭紹宗)의 연구를 인용하고 있다. 그리고는 「중국학계에서는 부신 이하부터는 진나라 장성의 흔적과 연나라 장성이 대체로 일치하는 것으로 추측하고 있다.」고 하면서 「즉 진 장성이 창무·법고·개원·신빈·관전을 지나 이후에 압록강을 건너 수성 갈석에 이른다고 본다.」는 중국 사람 동동(佟冬), 총패달(總佩達)이 쓴 책의 문구를 인용하고 있다.

그러나 이것은 중국 사람들의 터무니없는 주장을 그대로 인용한 것이다.

우선 중국의 저명한 고고학자 곽대순과 장성덕이 쓴 『동북문화와 유연문명(상)』 번역판 579쪽부터 585쪽의 내용을 핵심적인 문장만 인용하면 다음과 같다. 「하가점(夏家店)하층문화의 취락군 가운데 구릉 일선(一線)에 연하여 나란히 펼쳐져 있는 형태의 석성보군이 있다. 가장 전형적인 것은 적봉(赤峰) 영금하(英金河), 음하(陰河) 유역에서 발견된 하가점(夏家店)하층문화의 유적군이다. 이들은 모두 커다란 돌로 담장을 쌓아 매우 강력 방어 기능을 갖춘 주거 지역으로 성장(城障), 성보(城堡) 혹은 석채(石寨) 유형의 석성 유적이다. 그들은 연쇄적으로 하나의 선을 형성하면서 펼쳐져 있으므로 마치 '원시장성'과도 같다. (중략) 음하(陰河)는 하북성 위장현(圍場縣) 경내에서 발원한다. 서쪽에서 동쪽으로 흘러 내몽고(內蒙古)자치구 적봉현(赤峰縣: 현 적봉시)으로 진입한 다음 구불구불 동남으로 흘러간다. 음하(陰河: 인허)는 적봉시(赤峰市) 북쪽에서 동쪽으로 흘러들어 온 석백하(錫伯河)와 합쳐서 영금하(英金河)를 형성하고 영금하(英金河)는 다시 동쪽으로 흘러 건창영(建昌營)의 동남에서 노합하(老哈河)로 들어간다. 전체 길이는 약 140km이다. (중략) 음하(陰河)와 영금하(英金河) 양안에서 3개의 석성 유적 조합이 뚜렷하게 나타난다. 서쪽에서 동쪽 순으로 첫 번째 조합은 윤가점(尹家店)에서 삼좌점(三座店) 일대의 약 20km 범위 내에서 발견된 20기의 석성 유적이다. (중략) 두 번째 조합은 초두랑(初頭朗)에서 당포지(當鋪地) 일대에 분포하고 있다. 이 일단(一段)은 약 20km로 첫 번째 조합과는 약 5km의 거리를 두고 있다. 이 조합에는 석성 유적 12기가 포함되어 있다. (중략) 세 번째 조합은 왕가점(王家店)에서 수지(水地) 일대에 분포하며, 두 번째 조합과는 약 25km 거리를 두고 있다. 20km의 범위에서 석성 유적 5기를 발견하였는데, 규모가 가장 큰 것은 수지(水地: 수이디) 북쪽에 있는 동팔가(東八家: 둥바자) 석성 유적으로 성내 면적은 2만 2천㎡이다. (중략) 이외에 대묘(大廟: 다먀오) 부근에서 석성 유적 4기가 발견되었는데, 또 다른 하나의 조합일 가능성이 있다. 석성이 이런 지리적 환경을 선택한 것을 보면 그 주요한 목적이 방어에 있었음을 분명하게 알 수 있다. (중략) 중심부에는 돌을 쌓지 않는 공간이 있다. 이 반원형의 구조물은 성벽 밖에 분포하며, 간격은 일정하지 않아, 어떤 경우에는 4~20m, 어떤 경우에는 20~25m이다. 대개 성벽이 꺾이는 부분에 이와 같은 구조물이 있고, 그 크기도 크다. 성벽 외측의 이 반원형 석축 구조물은 성벽을 단단하게 고정시키는 목적을 가지고 있지만 더 중요한 것은 성을 공격하는 자들을 3면에서 공격할 수 있도록 하는 기능이다. 즉, 방어력을 증강시키는 일종의 설비로써, 후대의 성벽에서 '마면(馬面)'이라 부르는 것과 매우 흡사하다. '마면(馬面)'의 선조라고 할 수 있겠다. (중략) 영금하(英金河: 잉진허)에 연하여 한 줄로 분포하고 있는 이들 하가점(夏家店: 샤자뎬)하층문화의 작은 석성보대(石城堡帶)는 공교롭게도 후대의 연(燕), 진(秦)의 장성과 평행하거나 중복되어 있다.」라고 되어 있다.

이것을 볼 때, 중국에서는 하가점(夏家店)하층문화의 석성보대(石城堡帶)를 원시장성이라고 부르고 있음을 알 수 있다.

그리고 『한국 고대사속의 고조선사』라는 책이 인용한 「위장현에는 진나라 장성 유지가 140km 정도 보존되어 있다.」라는 것은 진나라 장성이 아니라 하가점(夏家店)하층문화의 석성보대(石城堡帶: 원시장성)이며, 140km는 음하와 영금하의 길이인 동시에, 음하(陰河)와 영금하(英金河) 양안에서 발견된 하가점(夏家店)하층문화의 3개 석성 유적 조합의 길이라는 것을 알 수 있다.

즉, 위장현의 진나라 장성 유지(遺址) 140km라는 것은, 진나라 장성 유지 140km가 아니라, 음하(陰河)와 영금하(英金河) 양안에서 발견된 하가점(夏家店)하층문화의 3개 석성 유적 조합의 길이라는 말이다. 그 증거로 거기에서 발견되는 석성 유적을 보면, 중국에서 마면(馬面)이라고 부르는 고구려를 비롯한 우리나라 성벽의 치(雉) 구조가 명백하게 나타나 있다. 그러나 중국에서는 치(雉)의 구조를 당나라 때 고구려에게서

배워 그 후부터 나타난다. 다시 말해서 치(雉)의 구조는 그 석성보대(石城堡帶: 원시장성)가 진나라의 장성이 아니라는 명백한 증거이다. 따라서 위장현의 진나라 장성 유지 140km라는 것은 진나라 장성 유지가 아니다.

참고로 치(雉)의 구조를 가지고 있는 석성보대(石城堡帶: 원시장성) 사진은 경향신문의 [코리안루트를 찾아서] (1)편에서 볼 수 있고, 사진 설명에「츠펑 산줘뎬(삼좌점, 三座店) 석성」이라는 말이 나오는데 츠펑은 赤峰(적봉)을 중국식 발음으로 쓴 것이며, 삼좌점 석성은 앞에서 말한 3개 석성 유적 중의 하나이다.

그런데도 하가점(夏家店)하층문화의 석성보대(石城堡帶: 원시장성)를 중국에서 연, 진의 장성과 평행하거나 중복되어 있다고 주장하는 까닭은 그 주변에서 연·진대의 유물이 발견되었기 때문이다. 그것을 근거로 하가점(夏家店)하층문화의 석성보대(石城堡帶: 원시장성)를 연·진대의 장성이라고 주장하는 것이다.

그러면 하가점하층문화의 석성보대(원시장성) 주변 지역, 즉 대릉하 유역의 북방에서 확인된 장성 주변 지역에서 발견되는 연·진대의 유물은 무엇인가?

하가점하층문화는 하나라에서 은나라(상나라) 초기에 해당하므로(서기전 2200년경~1600년경) 하가점하층문화 사람들이 석성보대(石城堡帶: 원시장성)를 쌓은 때는 하나라에서 은나라 초기이고, 세월이 한참 지나 연나라가 조양(造陽)에서 양평(襄平: 요동군의 군치)까지 1천여 리의 장성을 쌓은 때는 서기전 284년 무렵이며, 진나라가 요동군까지 기존에 있던 장성을 고쳐서 쌓은 때가 서기전 215년(사기 진시황본기) 혹은 서기전 221년(사기 몽염열전)이다. 즉 서기전 284년 무렵 이전에는 연나라의 영토가 오늘날 하북성 회래현부터 창려현 서쪽 근처까지인 상곡군, 어양군, 우북평군, 요서군, 요동군에 없었다. 그보다 북쪽이나 동쪽에 연나라 영토가 없었던 것은 더 말할 나위가 없다. 이것은 진나라에도 해당된다.

그렇다면, 하가점(夏家店: 샤자뎬)하층문화의 석성보대(石城堡帶: 원시장성) 주변 지역, 즉 대릉하 유역의 북방에서 확인된 장성 주변 지역에서 발견되는 연·진대의 유물은 그 지역이 연나라 및 진나라와 문화적 교류가 있었던 증거이다. 오금당(烏金塘) 무덤이나 십이대영자 묘지에서 보듯이 연나라 때에는 요녕성 금서현(錦西縣: 지금의 호로도시-葫蘆島市) 지역이나 요녕성 조양시 일대에 벌써 연나라 문화가 퍼지고 있었다. 이들 묘지는 춘추 전기~중기(서기전 700년~서기전 600년 무렵) 때의 것이다. 그보다도 시기가 늦은 춘추 후기(서기전 500년 무렵~서기전 400년 무렵) 때의 정가와자(鄭家窪子) 묘지를 보면, 요녕성 심양까지 연나라 문화가 크게 퍼졌음을 알 수 있다. 연나라가 서기전 284년 무렵 갈석산 부근까지 장성을 쌓기도 훨씬 전에 이미 요녕성 금서현이나 조양시, 심양시까지 연나라 문화가 폭넓게 퍼진 것이다. 그런데 대릉하 유역의 북방에서 확인된 장성이 있다는 하북성 위장현(圍場縣)은 금서현(錦西縣: 지금의 호로도시-葫蘆島市)에서 북서쪽으로 약 291km(구글어스 지도상 직선거리. 이하 같음), 조양시에서 서북서쪽으로 약 228km, 심양에서 서쪽으로 약 471km 떨어져 있다. 즉 하북성 위장현(圍場縣)은 3개 묘지가 발견된 지역보다 연나라 문화가 훨씬 빨리 퍼질 수 있는 위치에 있었다. 그러므로 당연히 이들 지역보다 연·진과 문화적 교류가 빨랐다고 볼 수 있다.

따라서 하가점하층문화의 석성보대(石城堡帶: 원시장성) 주변 지역, 즉 대릉하 유역의 북방에서 확인된 장성 주변 지역에서 연·진대의 유물이 발견된 것은 금서현이나 조양시, 심양시보다 연·진의 문화가 빨리 퍼진 결과이자, 연·진과 문화적 교류가 있었다는 증거이지, 그 장성 자체가 연·진 장성이라는 주장은 사실과 매우 다른 주장이다.

연나라가 쌓은 장성은 조양(造陽)에서 양평(襄平: 요동군의 군치)까지 1천여 리라고 하였는데, 조양에서 1천여 리가 되는 곳은 도로거리로 측정해 본 결과 및 사기 진시황본기에 의하면, 하북성 창려현이다. 이러한 과학적인 증거를 볼 때도 창려현에서 북북서쪽으로 약 273km(구글어스 지도상 직선거리) 떨어진 위장현(圍場縣)에 있는 하가점(夏家店: 샤자뎬)하층문화의 석성보대(石城堡帶: 원시장성) 유적을 연·진 장성이라고 주장하는 것은 너무나 사실과 다른 터무니없는 주장이다.

그 다음 「중국학계에서는 부신 이하부터는 진나라 장성의 흔적과 연나라 장성이 대체로 일치하는 것으로 추측하고 있다.」는 것은 말 그대로 그들이 추측한 것이지 사실과는 거리가 있는 것으로 연·진대의 요동군이 지금의 하북성 창려현이 있었는데, 창려현에서 천 리 이상 떨어진 부신 이하에 무슨 진나라 장성의 흔적과 연나라 장성이 대체로 일치할 수 있는가?

또한 「즉 진 장성이 창무·법고·개원·신빈·관전을 지나 이후에 압록강을 건너 수성 갈석에 이른다고 본다.」는 것도 말 그대로 터무니없는 이야기일 뿐이다. 압록강을 건너 수성 갈석이라는 것은 이른바 낙랑군 수성현 갈석산이라는 것인데, 진(秦)나라 때 무슨 낙랑군이 있었으며, 세상이 다 아는 갈석산이 무슨 압록강 건너 남쪽에 있는가? 무엇보다도 연·진대의 요동군이 지금의 하북성 창려현이 있었는데, 창려현에서 몇천 리 이상 떨어진 창무·법고·개원·신빈·관전에 무슨 진장성이 있다는 말인가? 이런 것은 기초적인 이치에도 닿지 않는 수작일 뿐이다.

이상에서 살펴본 바와 같이 연·진시대부터 요동군이 요동반도에 있었다는 증거로 제시한 진나라 장성 유적은 진나라 장성 유적이 될 수 없다. 따라서 연·진시대부터 요동군이 요동반도에 있었다는 주장은 근거 없는 낭설이며 터무니없는 거짓이다.

제3절 요동군이 연나라 때부터 요동반도에 있었다는 주장에 대한 결론

연·진시대부터 요동군이 요동반도에 있었다는 주장은 거짓이다. 그 증거로 제시한 유물과 유적은 모두 연·진시대부터 요동군이 요동반도에 있었다는 증거물이 아니거나 될 수 없었다. 무엇보다도 연·진시대의 요동군은 지금의 하북성 창려현에 치소가 있었음이 명백하다. 따라서 요동군이 연·진시대부터 요동반도에 있었다는 주장은 근거 없는 낭설로써 터무니없는 거짓이다.

〈참고 문헌 등〉

1. 조선상고사, 신채호, 일신서적출판사, 1998.
2. 조선상고문화사, 신채호, 비봉출판사, 2008.
3. 조선사연구, 정인보 지음 문성재 역주, 우리역사연구재단, 2012.
4. 고조선연구, 윤내현, 도서출판 만권당, 2016.
5. 삼국유사, 일연 지음.
6. 제왕운기, 이승휴 지음.
7. 조선왕조실록 세종실록지리지.
8. 응제시주, 권람 지음.
9. 사기본기, 사마천 지음 김원중 옮김, 민음사, 2015.
10. 사기세가, 사마천 지음 김원중 옮김, 민음사, 2015.
11. 사기열전, 사마천 지음 김원중 옮김, 민음사, 2015.
12. 사기표, 사마천 지음 김원중 옮김, 민음사, 2015.
13. 한서본기, 반고 지음 최동환 옮김, 아우룸, 2019.
14. 한서지리지, 반고 지음 최동환 옮김, 생각나눔, 2019.
15. 후한서 본기, 범엽 지음 장은수 옮김, 새물결, 2014.5.5.
16. 중국정사조선전(역주), 국사편찬위원회 지음, 국사편찬위원회, 1990.
17. 정사 삼국지 위서, 진수 지음 김원중 옮김, 민음사, 2011.
18. 한국 청동기·철기시대와 고대사회의 복원, 최몽룡 지음, 주류성출판사, 2008.
19. 동북문화와 유연문명, 郭大順 張星德 지음 김정열 옮김, 2008.
20. 고조선 연구, 리지린 지음, 열사람, 1989.
21. 요동군과 현도군 연구, 서영수 배진영 윤용구 지음, 동북아역사재단, 2008.
22. 고조선문명의 기원과 요하문명, 우실하.
23. 홍산문화의 이해, 복기대 지음, 우리역사연구재단, 2019.

24. 고조선 력사개관, 사회과학출판사, 도서출판 중심, 2001.
25. 평양일대 락랑무덤에 대한 연구, 사회과학원 지음, 도서출판 중심, 2001.
26. 요하유역의 청동기문화와 고조선, 백종오 지음, 지식산업사, 2018.
27. 염철론, 환관 지음 김원중 옮김, 현암사, 2007.
28. 춘추좌전, 좌구명 지음 신동준 옮김, 인간사랑, 2017.
29. 수호지진묘죽간 역주, 수호지진묘죽간정리소조 지음 윤재석 옮김, 소명출판사, 2010.
30. 경향신문, [코리안루트를 찾아서].
31. 서울신문, [이덕일의 새롭게 보는 역사].

〈참고 논문 등〉

1. 복기대, 『臨屯太守章 封泥를 통해 본 漢四郡의 위치』, 백산학보 61집, 2002.
2. 강인옥, 『한반도 청동기 사용의 기원과 계통』, 한국청동기학회 창립 10주년 발표문, 2017.11.3.
3. 공석구, 『秦 長城 東端과 樂浪郡 遂城縣 관련기록 고찰』, 한국고대사학회 제147회 정기발표회 발표문, 2015.12.10.

〈참고 사이트〉

1. 다음: 한자사전, 중국어 사전
2. 네이버: 한자사전, 중국어 사전
3. 네이버 번역기(파파고): 현대 중국어 번역
4. 신한적전문(新漢籍全文-대만 사이트): 원문인용
5. 바이두(중국 포털 사이트): 중국 역사와 지도 등 검색